市之瀬 敦
ICHINOSE Atsushi

ポルトガル
震災と独裁、そして近代へ

Terramoto e Ditadura, e o Rumo da Modernidade Portuguesa

現代書館

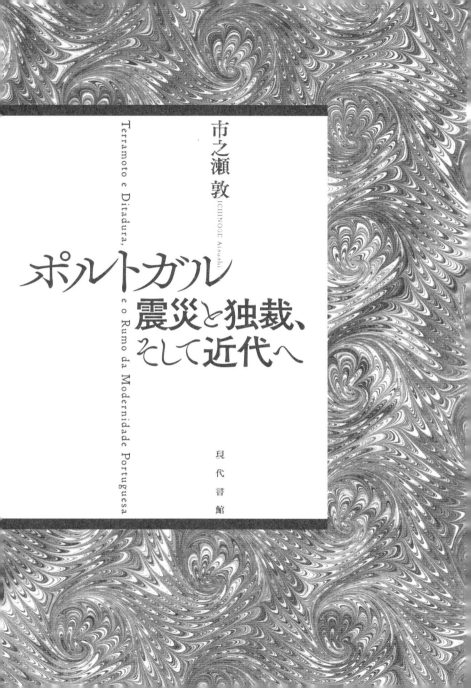

ポルトガル　震災と独裁、そして近代へ＊目次

ポルトガル
アソレス諸島
マデイラ島
カボベルデ
ギニアビサウ
赤道ギニア
サントメ・プリンシペ
ブラジル
アンゴラ
モザンビーク
ゴア
マカオ
東ティモール
赤 道

世界のポルトガル語圏

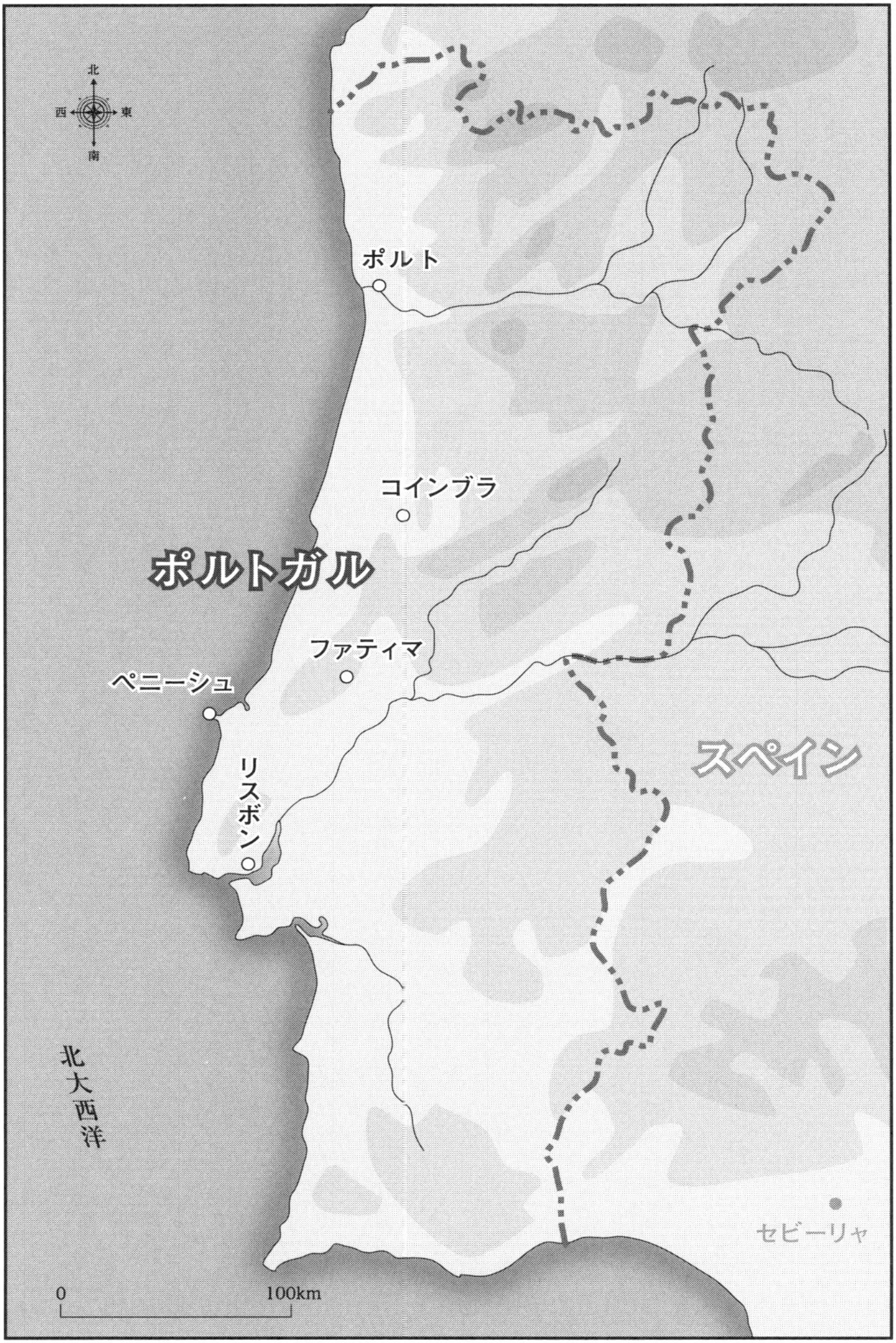
北
西
東
南
ポルト
コインブラ
ポルトガル
ファティマ
ペニーシュ
リスボン
スペイン
北大西洋
セビーリャ
0
100km

ポルトガル

地図製作／曽根田栄夫

リスボン

まえがき

ときどきでいいのだけれど、新聞やあるいはウェブ上で、日本のテレビ番組表をじっくりと見ていただきたい。すると、わりと頻繁にポルトガルを取り上げてくれていることがわかるだろう。地上波での露出はいま一つという感じだが、特に衛星放送のチャンネルがポルトガルをよく話題にしてくれるようだ。ポルトガル語を大学で教え、ポルトガル研究も重要な課題と考える私のような者にとってはありがたいことである。

ただし、そのときのパターンはおおよそ決まっていて、美しい風景やおいしい食事、そして何よりも外国からやってきた旅行者たちに親切でやさしい素朴な人々に重点を置きながら紹介するのである。映像を見られた方は、ぜひとも一度は行ってみたい国としてポルトガルの国名を記憶することだろう。ポルトガルに長期滞在の経験を持ち、毎年のようにポルトガルに旅行する私も、やはりまた行きたいという気持ちを起こさせられるものである。テレビの映像が及ぼす影響力は計りしれない。

一方で、活字の世界となると若干とはいえ趣が異なるように思える。確かに、旅行ガイドブックを見れば、テレビの映像を文字に置き換えたかのような記述をたくさん目にすることになる。使われる写真も近代的な高層ビルなどではなくて（ポルトガルにもあります！）、ひなびた漁村の漁師であったり、全身黒ずくめの年老いた女性であったりする。もう少しバリエーションがあってもよさそうなものだと思わないでもないが、一人でも多くの読者にポルトガルに足を運んでほしいのだから当然の選択なのであろう。外国人の多くは、ポルトガルに近代文明の洗礼ではなく、現代社会で疲れ切った心身の癒しを求めるのである。

しかし、活字メディアの世界では、優しいポルトガル人や美しい郷愁の国ポルトガルというイメージに基づく著作だけでなく、ポルトガルの歴史や社会・政治情勢を論じる本も出版されている（自慢ではないですが、私も出していますよ）。前者がソフト路線であるとすれば、後者はハード路線であろうか。硬軟合わせて初めて外国研究になると思うのだが、ポルトガルに関して言うとややハードな部分がまだ遅れているように感じられる。ソフトウェイもまだまだ必要であるが、とにかく今はハード路線を発展そして充実させることが急務である。

というわけで、本書では、日本では十分と言えるほどには理解が進んでいないポルトガルの近現代史を描いてみたいと思うのである。そして、ソフトな文体を採りながらも、中身はハードという路線を貫くことにしよう。つまり、できるだけ多くの方に読みやすい文章を用いながら、かつ内容的には専門家の方にとっても価値のあるものにしようとトライするつもりだ。我ながら大それた試みだと感じてしまう。

トピックとしては、未曾有の経済・財政危機に苦しむポルトガルの現状から始めることにする。イタリア、ギリシャ、スペインと並び、金融・財政分野で自力再生が不可能と見なされるＰＩＧＳの一つに数えられたポルトガルは、一九八六年一月に実現したＥＵ（厳密に言うと当時はＥＥＣだった）加盟後つかの間のユーフォリー（多幸感）はすでに過去のもの、今や社会全体で壁にぶつかっているように見えるのである。なぜこんな事態に至ってしまったのか？　やはり少しは考えておいたほうがよいだろう。

そんな状況の中、興味深いのは、ポルトガル社会に見られるフリーメイソンへの注目である。不思議な感じがするかもしれないけれど、ここ数年間、ポルトガルのメディアではフリーメイソンがしばしば取り上げられるのだ。そう、世界を陰で操る謎めいた秘密結社というイメージが広がっている、あのフリーメイソンである。世界で最も有名な秘密結社という、どこか矛盾を感じさせるのがフリーメイソン。いや、秘密結社にもいろいろとあって、その存在が秘匿されるケースもあれば、フリーメイソンのように参入儀礼（イニシエーション）には秘密が込められていても、存在は明らかにするケースもあるのだ。

日本人にとって、西洋社会との対決・対立で行き詰まったとき、陰謀論というのはわりと手っ取り早い慰めになるのかもしれない。さらに、ユダヤ資本がフリーメイソンを利用して世界支配をもくろんでいる（すでに支配している）というたぐいの論調も少なくない。最初に断わっておくけれど、私はユダヤ人やフリーメイソンが陰謀をめぐらして世界征服をたくらんでいるという考えを採る者ではない。いわゆる陰謀論は世界の諸問題の原因をシンプルに解き明かしてくれるように見えるが、世界はそんなに単純なものではないだろう。もちろん、「それは陰謀論だ！」と言って、一つの説明を頭ごなしに否定してしまうのもまずいのだけれど。陰謀論に対する批判も気をつけて行わねばならない。

日本のことはさておき、ポルトガルにおけるフリーメイソンへの注目も危機的状況と無関係とは思えないのである。

さて、ポルトガルの現状から入る第一章では、けっこう詳しくポルトガルにおけるフリーメイソンを論じる予定だが、本書全体をフリーメイソンに関わる歴史トピックだけに限定するつもりはない。リスボン大地震に始まる一八世紀半ばから、現在までのポルトガル近現代史における重要なトピック、人物を描くことも重要な課題としている。そこで、第二章では、リスボン大地震からの復興局面において獅子奮迅の活躍を見せ、歴史に名を残すことになったポンバル侯爵について一つの章を割くことにしよう。侯爵は立派な像となり今もなおライオンを引き連れて、リスボンの中心地で威容を見せつけている。第三章はポルトガルが王制から共和制へ移行する一九世紀末から二〇世紀初頭までの時代を描く。ポルトガルが国家的な大危機に直面した時代であった。

フリーメイソンではなかったはずだが、ポルトガル共産党書記局長を長く務めたアルバロ・クニャルについては以前から論じてみたかったので、二〇一五年一二月に九一歳になった元大統領マリオ・ソアレスと対比させながら今回取り上げることにした（第五章）。クニャル（と彼の政党）は政権の座には就かず、一方ソアレスのほうは首相にも大統領にもなったが、どちらもポルトガル政界における影響力は並外れたものがあった。彼らの言動を無視して、二〇世紀ポルトガル政治を語ることはできない。

また、マリオ・ソアレスと同時代の偉大な政治家でありながら不慮の飛行機事故（テロ事件？）で亡くなってしまった元首相フランシスコ・サ・カルネイロについても紹介しておきたい（第六章）。彼がもっと長く生きていれば、今日のポルトガル政治は違った様相を呈していたはずである。あまりにも早すぎた死の原因となった飛行機事故（テロ事件？）は今も謎のままであり、そこにこそ民主主義時代のポルトガルの大きな問題点があると言ってもよいはずなのだ。

また、アフリカの植民地支配にこだわり続けた独裁者サラザールのライバルとも言えたアフリカ独立の英雄アミルカル・カブラルを忘れることもできない（第六章）。カブラル死すともその思想は死なず。死後四〇年以上が経ってなお、世界がそう考えている。本書で取り上げる誰もが皆、ポルトガル近現代史を語る上では欠かせない人物たちである。
第四章が抜けてしまっているが、そこではポルトガルをポルトガルたらしめる「三つのF」のうち、ファティマ（カトリック信仰）とフットボール（サッカー）について論じてみる。第一共和制と呼ばれる一九一〇年から二六年は、カトリック信仰にとっては危機の時代でもあったわけだが、そんな時代のさ中の一九一七年に起こった聖母マリアの出現の意味とは何なのだろうか。聖地ファティマでポルトガル人が目にしたのは聖母マリアだけだったのか。彼らは他にも重要な何かを目撃したのではないだろうか。

また、かつてサラザールという独裁者に支配された半世紀の間、ポルトガルではサッカーの大衆的人気が政治的に利用されたと言われたことがあった。だが、本当に人々はサッカーに酔いしれることで、抵抗の気力を萎えさせていたのだろうか。そもそも体制側にサッカーの政治利用という明白な意図が存在したのだろうか。そんな疑問が生じても不思議ではない。サッカーの人気がますます盛んになる二一世紀初頭だからこそ問うてみたいのである。なお、本来なら、もう一つの「F」である国民的歌謡ファドについても論じるべきだろうが、それは別の機会に譲ることにしよう。

私は、二〇〇九年、『ポルトガル　革命のコントラスト――カーネーションとサラザール』（上智大学出版）という小著を上梓した。名誉なことに、二〇一〇年には在京ポルトガル大使館主催のロドリゲス通事賞を授与されることになったが、そこでは一九三九年以降二〇〇九年までのポルトガル史を取り上げた。今回はもう少し時代を遡り、一八世紀半ばから、そして今日までを扱うことにした。およそ二五〇年間を振り返っているが、その時間の中でポルトガルがどんな変化を遂げてきたのか、国際社会の荒波にもまれながらどうやって国難を乗り越えてきたのか、そんなことが描き出せていればと願う。また、勝手な言いぐさかもしれないけれど、ポルトガル史を知ることによってわれわれ日本人が学べることは少なくないのではないかとも考えるのである。

一五、一六世紀のポルトガル船団の航海士たちに比べればあまりにもささやかではあるものの、本書の執筆は私としては大きな冒険である。だが、魂が卑小でなければすべては甲斐がある、このようにポルトガルの偉大な詩人、フェルナンド・ペソアも言っているではないか。ポルトガル語圏世界の理解を深めることを目指す私の意欲と成果が卑小でないことを祈ろう。そして、新たな挑戦が成功しているか否かは、読者の方々の判断をお待ちするしかないのである。

第一章　現在の危機とフリーメイソン

「危機」に陥ったポルトガル

まえがきでも述べたが、日本のテレビを見ていると、わりと頻繁にポルトガルを取り上げる番組を目にすることがある。舞台が首都リスボンであれ、ひなびた漁村であれ、人里離れた内陸部の農村であれ、のんびりとした長閑な雰囲気を醸し出す映像が視聴者にもたらされる。せわしなく時間が過ぎてしまう現代文明からどこか取り残された感のある風景や人々の姿を見ていると、日本人がポルトガルに求めるイメージがどのようなものかわかってくる。というよりも、国籍を問わず、ポルトガルを訪れる旅行者が期待するのは、昔懐かしさを感じさせてくれる落着きある街並みや、のんびりとしたペースで暮らす人々との出会いなのだろう。高層ビルが乱立するビジネス街をポルトガルで目にしたいと願う人は、どうやら少数派のようである（というより皆無かも?）。ただし、現在、ポルトガルの全人口の三分の二が都市部の住民であることは覚えておいてよいだろう。

しかし、ポルトガルは現代社会に疲れた人たちの心を癒すために存在するただの保養地などではない。

日本で「大航海時代」、ポルトガル式では「発見の時代」と呼ばれる時代には隣国スペインと並んで世界を二分する大国だったし、その後、衰退の時期をいく度か経験したものの、二〇世紀の後半に入ってもアフリカ、アジアに海外領土を所有する、少なくとも面積としては「大国」であったし（植民地保有は当然のように国際的にも批判の対象となったわけだが）、一九八六年一月一日にスペインと同時にヨーロッパの仲間入りを果たした後は（つまり現在のEUの加盟国となった）、社会のありとあらゆる面で近代化を成し遂げ、それ以前のポルトガルを知る者にとっては別の国に変わったのではないかと目を疑わせるような国へと変貌を遂げたのである。

もちろん、言うまでもなく、二〇〇八年秋以降、世界中を覆う経済・財政危機はポルトガルに対しても甚大なる（悪）影響を及ぼしており、一二年九月には一九七四年の「四月二五日革命」以降では最大規模となる反政府デモ行進が行われたことも記憶に新しい。二〇一三年になっても、一四年になっても国民の抗議行動は続いた。国民は政治家たちによる国家運営にもはやうんざりしているということである。

よい意味でも、悪い意味でも、ポルトガルはただ穏やかな時間がゆっくりと流れるだけの国ではない。社会は常に変化しているし、人々もただのお人よしなどではなくて、不満があればデモ行進を行い、警察に拘束されたりもするのである。一般的には、ポルトガルはマイルドな社会と言ってもよさそうではあるけれど、ときに人々はワイルドに振る舞うのである。例えば、マリーザ・モーラというジャーナリストが『ポルトガル人の頭の中には何があるのか？』という本の中で指摘していることだが、二〇一一年、世界を駆け巡った「ロス・インディグナドス」（憤れる者たち）の運動の発祥の地はポルトガルだとも言えるのである。その年の三月一二日、ポルトガルの主要都市で数十万人という人々を動員したデモ行進は世界の注目を集め（彼らは「苦悩する世代」と呼ばれた）、スペインで「M15運動」が起こるのはそれから二カ月後のことであった。アメリカの「オキュパイ運動」はさらにその後のことである。一九七四年の「四月二五日革命」は第三の民主化の波の発生源だとされることもあるけれど、ポルトガルはときどき世界的な動きのスタート地点となることがあるようだ。先見の明があるのか、あるいは単に国民に忍耐力がないだけなのか。いずれにしても不思議な魅力のある国だと思う。

二〇一二年九月一五日のデモ行進では、唐突に警察官にハグする赤毛の女子高生が登場し、やはり世界のメディアをにぎわしたり、およそ半世紀近くにわたって続いた独裁制を終わらせた一九七四年の「四月二五日革命」のときのように、警察官に赤いカーネーションを手渡す女性も現れ、なかなか微笑ましかったりもするのだけれど。いや、正確に言うと、四〇年前は若い兵士たちに赤いカーネーションを贈ったのだった。

二〇一三年に入ってから、国会でパッソス・コエーリョ首相（社会民主党所属）が演説している途中に、傍聴席から突然「グランドラ、ヴィラ・モレーナ」の合唱が聞こえ、演説が中断されるという場面があった。首相は苦笑いし、じっとこらえるように聞いていた。「うるさい、黙れ！　警備員は何をしているのか?!」と言えないのは、同曲がポルトガルの民主化を促した「四月二五日革命」の開始の合図となった曲だからであろう。もちろん、それがプロテスト・ソングであることも首相は知っていた。知らない人間がポルトガルの首相になれる由もない。この場面がニュースになると、「グランドラーダ」（グランドラ、ヴィラ・モレーナを歌うこと、そうすることによって政治家の演説を妨害し抗議の意思表明とすること、と訳そうか）は流行のようになり、他の大臣たちも皆似たような目に遭ったのである。

私の本は話が頻繁に方々へ飛んでしまうのだが、このパッソス・コエーリョ首相（当時）、生まれはポルトガルのコインブラ。ヨーロッパでも最古の部類に入る名門大学がある町である。しかし、医師だった父親の仕事の都合で旧植民地アンゴラで育ち、独裁制を終わらせた一九七四年の「四月二五日革命」の後にポルトガルに戻った人である。つまり、ポルトガル社会で言う「レトルナードス」（帰還者）の一人ということになる。

レトルナードスは帰国後、長く社会での公的発言を妨げられ、彼らが過去の経験について口を開き始めたのはわりと最近のことである。本国に暮らす人々の仕事を奪うのではないかと警戒の目で見られ差別を受けたのが、彼らレトルナードスであった。そんな帰還者の一人である人物が首相になって、財政再建のために厳しい緊縮政策を実行し、国民生活を苦しめているということから、コエーリョ首相が行っていることは「レトルナードスの復讐」ではないかとも言われたのである。もちろん、本人にはそんなつもりはなかっただろうけど。

話を元に戻して。そしてとうとう二〇一三年三月二日の大規模デモ行進（Que se lixe a Troika!〈くたばれトロイカ！〉と呼ばれた）ではポルトガルの主要都市のいたるところでジョゼ・アフォンソの名曲が合唱されたのであった。二〇一一年四月、ポルトガルを経済・財政危機から救いに来た（見方を変えれば緊縮財政を押しつけに来た）トロイカ（もともと三頭の馬ぞりの意味）、すなわち国際通貨基金（ＩＭＦ）、欧州連合（ＥＵ）、欧州中央銀行（ＥＣＢ）の集合体が悪いというよりも、過去四〇年間にわたって国家財政を放漫なままに見過ごしてきた国民にも責任の一端はあるように思えるが、自分自身を責めるために合唱はしないだろう。

私はニュース映像しか見ていないのだけれど、ポルトガル人が緊縮政策に苦しむ様子には同情を禁じ得なかったものの、誰もが知っているプロテスト・ソングが国民全体に共有されているという事実にはうらやましささえ感じたものであった。日本でもかつてプロテスト・ソングというものが流行ったことがあったが、各世代に共有される曲はあっても、世代を超えて今も歌い継がれる曲はない（と思う）。だが、ポルトガルでは暴力に訴える前に誰もが一つの音楽で不満を伝えられる。政府の側もその意味の重さを理解できる。一面では、幸せなことだと考えるのである。ファドを生み出した国民はさすががうな、と思うのである。

ちなみに、二〇〇九年からポルトガルの大手出版社ポルト・エディトーラ社が選んでいる「今年のことば」というのがあるのだけれど、二〇一一年はausteridade（緊縮財政）、二〇一二年はentroikado（二位は「失業」を意味するdesemprego、三位は「連帯」を表すsolidariedade）であった。entroikadoとは「トロイカ（EU、欧州中央銀行、国際通貨基金）によって強要される条件下で暮らすことを余儀なくされる」という意味である。一九九〇年代初頭に「EUの優等生」と呼ばれた頃は経済も好調でポルトガル人のプライドも高まっていたが、二〇年後に「トロイカの優等生」となったときは経済・財政危機の真っただ中であった。

一九七四年の「四月二五日革命」を研究対象の一つとする私にとって、「トロイカ」と言うと、アメリカの雑誌『タイム』が左傾化するポルトガルを特集したときに命名した「リスボンのトロイカ」を思い出してしまう。具体的に言うと、当時の大統領コスタ・ゴメス、首相バスコ・ゴンサルベス、そして大陸作戦司令部司令官だったオテーロ・サライバ・デ・カルバーリョの三人の政治・軍事的有力者であり、三人の似顔絵は同誌の表紙にさえなった。ポルトガル（人）を取り上げることがほとんどなかった同誌としては破格の扱いであった。あれから四〇年近くが経って今度は外から「トロイカ」がやってきて、国家の命運を握ってしまう。昨今のポルトガルは、トロイカにずいぶんと無理やり引きずりまわされているのである。

もう一回だけ「ちなみに」を言えば、二〇一〇年の「今年のことば」はワールドカップ南アフリカ大会の応援で有名になったブブゼラ（vuvuzela）であった。一年を象徴する言葉をサッカーに関連づけるとは、まだポルトガル社会に余裕があったのだろう。過酷な緊縮財政政策が始まるのは二〇一一年になってからであった（本当は余裕などなかったはずなのだが、見て見ぬふりをしていたとしか言いようがない）。そこで二〇一三年、グランドラ・ヴィラ・モレーナを歌って抗議する、国会の議事進行を妨害することを意味するgrandolada（グランドラーダ）が「今年のことば」になるのではないかと私は予想したのだが、最後に選ばれたのは「消防士」を意味するbombeiro（ボンベイロ）であった。

二〇一三年に例年以上に多発した山火事で数名の消防士が尊い命を落とし、その衝撃がポルトガル国民には極めて大きかったのだろう。二〇一四年は「四月二五日革命」から四〇年だったが、「革命」とか「四〇年」が選ばれるのだろうか、などとどうでもいい想像をめぐらしていたのだが、「銀行」や「レジオネラ（菌）」や「セルフィー」や「エボラ（熱）」などの中から選ばれたのは「汚職」であった。確かに、二〇一四年はいくつかの汚職事件が社会問題となったが、中でも最大の話題は一一月末にジョゼ・ソクラテス元首相が「汚職」容疑で逮捕されたことであった。「銀行」が上位に来たのはもちろん、名門エスピリトサント銀行の破たんがあったからであり、「レジオネラ（菌）」というのは、やはり年末に、リスボン近郊の飼料工場から同菌が漏れ出し、近隣住民の間で数名の死者を出すという痛ましい悲劇があったからである。

元首相が「汚職」で逮捕とは、ポルトガル史上でもまれに見る出来事だったのだから、一年を象徴する言葉に選ばれるのも当然であった。興味深かったのは、二位には方言である「シュルディール（命をかけて戦う）」という動詞、三位には「セルフィー」（自撮り）という外来語が入ったこと。首位にはポルトガル語本来の語彙、二位が方言、三位に外来語というバランスが面白く思えたのである。なお、二〇一五年は「難民」であった。ポルトガルは二年間で四五〇〇人の難民を受け入れる予定だが、あまり来ないらしい。ポルトガルは暮らすにはよい国だが、就職のチャンスがあまりないと思われてしまうのだろう。

経済・財政危機下にあるポルトガル情勢を伝えるニュースなら、注意していれば日本でも目にすることはできただろう。一九六〇年代にポルトガルの農村地帯から数多くの人々が貧しさやアフリカでの戦争やさらには独裁政治から逃れるためにヨーロッパの国々に移民したが、今度は大学を卒業したばかりの若者たちが就職先がないせいでアメリカ、ブラジル、スイス、アンゴラなどに移民先を求めているというニュースも何度か報道された。経済は成長しない、投資も増えないとなると、労働者に残される道は移民となってしまうのである。

ポルトガル語という世界に広がるグローバルな言語、あるいは個々人の多言語能力を生かし、若者たちが海外での機会を求めることができるという事実を、私などはある面ではうらやましいとさえ思ったりもするのだが（さすがグローバル化の先駆者と呼ばれることもあるポルトガル人は、グローバルな人材になりやすいのだ、きっと）、やはり国の未来を背負って立つ若者たちが自分の母国で仕事を見つけられないというのは悲しいことだと思う。

二〇一三年一二月末、リスボンにある名門私立大学ポルトガル・カトリック大学が実施した調査によると、一八歳から二四歳の若者の三割近くが一四年のうちに移民することを考えていると答えたという。実際はそんなたくさんの若者が国を棄てるわけではないものの、これだけ高い率の若者たちが移民を検討しなければいけないくらいポルトガルの状況は苦しく、未来を悲観させるのである。

また、二〇一四年夏の調査によれば（これもまた同大学が協力して実施）、大学生の半分が二〇二〇年にはポルトガルにいないだろうと答えたという。ポルトガルをより良い国にするためにはポルトガルにいなければならないというわけでもないので、一概に悲観的になる必要もないのだろうけれど、気になる数値ではある。同調査によると、若者たちがポルトガルを良くする機関として大学を挙げるのは興味深いけれど、政党や教会に対する信頼度が低いのは気になるところである。政治離れ、そして世俗化が進んでいるということだろうか。それにしても、若い頭脳が流出する一方では、国のイメージは芳しくはならないだろう。ちなみに、この言語という国境を越えるための武器はポルトガルやスペインにあるが、イタリアやギリシャにはない（と言えるだろう。イタリアとしてはローマで生まれたラテン語を大きく変化させないほうがよかったかもしれない）。大きな犠牲を払って世界の各地へと航海した甲斐があったというものだ。

くどいようだけれど、博士号まで取得した若者たちが海外に職を求めなければならない状況というのは、たとえ彼らがポルトガルの国際的評価を向上させるのに貢献するにしても、やはり受け入れられないものである。教育の現場で教えられる内容と企業が求める知識の間に大きな溝があるのは事実だとしても、高学歴の若い頭脳の流出は国家的損失でしかない。優秀な若者たちの流出は、さらに大きな夢をかなえるためにというよりも、どう見ても強制されたものでしかないと思うのだ。子供たちに「大きくなったら何になりたい」と訊いたときの返事が、「移民」というのではあまりに悲しいではないか。失業してしまう、進歩の見込みがない、安い給料しかもらえない。夢のない国では移民するのが当たり前、というのはあまりにつらい。また、いわゆる頭脳流出の背景には、「革命」後に見られた国民の教育水準の向上のリズムと経済成長のリズムがミスマッチを起こしてしまったことがあるのだろう。若者と労働組合の間にある大きな距離も気になるところだ。解決の糸口を見つけるのはけっこう難しそうである。
　ついでに言っておくと、危機のせいで、出ていく人の数が増えただけでなく、入ってくる人の数も減っており、つまりポルトガルは人口が「空洞化」しつつあるのだ。同国の国立統計院によれば、二〇一二年ポルトガルでは八万九〇〇〇人が生まれ、一〇万七〇〇〇人が死亡し、一二万一〇〇〇人が移民したことになる。こんな数値は一九六〇年代以来初めてのことである。その一九六〇年代、ポルトガルの移民の八割は受け入れの基準が緩く給料がわりとよかったフランスに向かったのだが、そのときの移民は低学歴で、貧しさを逃れるためであったり、抑圧的な政治やアフリカでの植民地戦争を逃れるためにポルトガルを離れた。二一世紀とは状況が違ったが、必ずしも今のほうがよいとも言えまい。また、ポルトガルが入移民の国と認識されるのは一九九〇年代に入ってからのことである。

「もう一回“4月25日革命”が必要」という横断幕。2014年の革命40周年の日に。

　学校の話で思い出したけれど、かつてポルトガルの小学校では、お金持ちや大臣の息子・娘たちと、生活保護を受けるような家庭の子女が同じ教室内で机を並べて勉強したという。ところが今では経済格差が大きくなり、中産階級の親は子供たちを公立の学校には通わせないのだという。教育の質を思えば、それはしかたのないことでもあるのかもしれないが、今の子供たちが大人になったときの社会性に大きく影響するように思える。どの国にも貧富の溝はあるだろうが、両者が別の社会で互いに隔離されるようになってしまうのは、民主主義を身をもって体験できなくなるという意味で、まずいだろうと思うのだ。

ところで、現在のポルトガルの経済・財政危機は一〇年以上も前に予想できたことであったし、実際に警鐘を鳴らす専門家もいた。私のような経済（学）音痴の人間でもポルトガル人の暮らしぶりを見ているだけで、どこかいびつなものを感じていたのであり、専門家なら印象論ではなく実証的に結論を導き出すことができたはずである。当時、多額のローンに頼りながら、実際の可能性以上の暮らしをしていたとしか思えないのである。振り返ると、一九世紀、二〇世紀を含め、ポルトガルは民主主義の時代に国家財政を黒字にしたことはなかったのではないか。例えば、公務員に給料を支払いすぎるのである。ポルトガル人の国民性とは、ラディカルではなくライトな左翼という感じなのだろうか。

また、ポルトガル人は法律を変えれば問題は解決すると思いがちだが、それよりもメンタリティーを変えるべきなのかもしれない。ポルトガルの右派政党（社会民主党や民主社会中道党）は政権の座に就くと権力を恐れるようになるとも言われるが、それは国民性をよく知っているからなのだろうか。選挙を控えているときならまだしも、いざとなると、政府支出を抑えることをとても恐れるのである。

少し前の時代を振り返ってみる

ここで、今日の危機に至るまでの歴史を振り返っておいてもよいかもしれない。ポルトガルのベテラン・ジャーナリスト、エンリケ・モンテイロのコラム（週刊紙『エスプレッソ』二〇一三年七月二一日付掲載）が簡潔にまとまっているので参考にさせてもらおう。以下、要約したり補ったりしながら紹介する。

今回の経済危機において、社会保障、医療、教育の分野は大きく予算をカットされた。左派の政党や労働組合や憲法裁判所の抵抗は強かったが、以上の分野で予算はずいぶんと削減された。つまり、ポルトガルは七四年の「革命」で勝ち取った成果を失いつつあるのだ。国民の暮らしが厳しくなるわけである。しかし、ポルトガルが福祉国家らしくなったのはそもそも遅く、原因はサラザールが築きあげた「新国家」（エスタード・ノーボ）という独裁体制（一九三三－一九七四年）にある。独裁者サラザールは国民から自由を奪っただけでなく、基本的な人権も認めなかったのである。もっとも、「革命」から四〇年が経っても、福祉国家としては脆弱であり、福祉を支えるのは国家ではなく社会のほうに見えるのだが。

一九七四年の四月二五日のクーデターによってエスタード・ノーボは崩壊し、その後、七五年一一月までPREC（その二年間をPREC＝Precesso Revolucionário Em Cursoと呼ぶ）の時代となる。社会が荒れに荒れた「進行中の革命プロセス」のことだ。「革命」の余燼が鎮まるまでの間、社会党と社会民主党の投票によって国民に義務のない権利が確立され、憲法で承認された。人権が無視された時代への反動で、過剰なまでに権利が承認された時期がかつてポルトガルにはあったのだ。ポルトガル共和国憲法には二九六の条文があり、日本国憲法が一〇〇条ほどであることと比較すると三倍、ずいぶんと多いように思える。世界の憲法を平均すると一四〇条くらいらしいから、平均の倍もあるのだ。じっくりと検証すれば削除してもよい権利や自由というのもありそうなものだが、大幅に改正するつもりはないのだろうか。

もちろん、行き過ぎへのしっぺ返しはすぐにやってきた。一九七八年にはポルトガルはＩＭＦ（国際通貨基金）に援助を要請せざるを得なくなったのである。ポルトガル中央銀行総裁が当時のマリオ・ソアレス首相に電話して、「明日のお金がない」と報告し、泣きついた時期である。政府の力が弱まり、ラマリョ・エアネス将軍による大統領主導の政治が続くことになった。八二年、「革命」後最初の改憲を行ったが、社会主義的な色合いを消去することもなく、七五年以降に国営化された企業は民営化されることはなかった。欧米各国は経済における国家の役割を見直そうとしていたけれど、ポルトガルは頑迷に孤立し、社会主義的な政策にすがりついていた。いや、フランソワ・ミッテラン大統領が就任したばかりのフランスも企業の国営化を始めたから、ポルトガルはフランスに倣っていたところもあったのだろう。

国有企業の欠点の例としてしばしば引用されるのが、一九八〇年代の電話事情である。当時は自宅に固定電話を設置するのがけっこう難しかったのである。だが、それは金銭面での問題ではなく、そもそも電話線や機器が足りなかったのだ。民営化して競争させればこういう問題は即座に解決しただろう。ただし、自宅に看護師が暮らしている場合は例外的にすぐに設置してくれたため、家族内に看護師がいると嘘をついて早めに電話を自宅に設置することができた不届き者というかちゃっかりした輩もいたという。

一九八三年にはもう一度ＩＭＦを呼び戻すことになる。こんな短期間でまたしても支援を要請するとは、国際社会においてけっこう恥ずかしいことではないか。いくら革命があったからといって、言い訳はできないようにも思える。ポルトガル人はよほど国家財政の管理ができない国民なのだろうか。紙幣を印刷すれば済むというものでもないだろうけれど。それでいて経済の運営は国家主導なのだ。一七世紀インドのゴアにいたオランダ人がこんなことを書き遺しているという。ゴアは一九六一年末までポルトガル領であった。そのオランダ人によれば、ポルトガルの植民地開発はかなり国家に依存している。オランダでは民間企業に任され、いずれは国家に税を納めることになる。その結果として国家は強くなる。一方で、ポルトガルでは脆弱なくせに経済を支配する国家を構築しているのだ……。もっとも、その国家もどれだけ頼りになるのか心もとないのだけれど。しかも、ポルトガルの企業は内需のことばかり考えて、輸出を増加させることをあまり考慮しない傾向がある。だからこそ、誰もが国内消費を減らすことになる増税や給与削減を強く拒むのである。

話が逸れたが、二度目のＩＭＦ監視は社会党と社会民主党の連立政権の時代であった。このときも厳しい緊縮財政が施行され、高い失業率だけでなく給料の遅配も社会問題となった。私がポルトガルのリスボン大学に留学したのはこの時期のことで、町で失業者らしき人たちをずいぶんと目にしたし、下宿先の大家さんが働いていた農業機械の輸入会社も給与が数カ月間にわたって遅配という状況にあった。だから盛んに留学生を下宿させていた。「革命」から一〇年、ポルトガル人たちはかなり苦しんでいたし、生き残る術を個人レベルで模索していたのである。

一九八六年、ポルトガルは念願の欧州経済共同体（現在の欧州連合〈ＥＵ〉）に加盟する。スペインと同時加盟なので、一一番目なのか一二番目なのかは言えないのだが、当時は一二カ国から成る共同体であった。それが今ではクロアチアも加盟して二八カ国である。思えば、八六年の加盟というのはタイミングがよかったとも言えるのだろう。ＥＣＣは大きすぎず、ドイツはまだ東西に分かれ、政治の緊張感もありイベリア二カ国に寛大でいてくれた。帝国の夢にこだわり続けた社会にとっては、国際政治の現実に戻るためには加盟は最良の手段だったはずである。だが今ではＥＵ内部が北と南に分かれ、債権国と債務国に分かれている。大きくなり過ぎたＥＵ自体が方向性を見出せない中で、ポルトガルが苦しめられているように見えるのだ。翌八七年、二〇一五年時点の共和国大統領カバコ・シルバを首相とする社会民主党が絶対過半数を選挙で獲得。安定政権が誕生した。そのときの経済政策はズバリ、ＥＣＣのお金を使った公共投資である。その結果、雇用が増え、また公務員の数が増え、給与も上がった。国民の不満はかなり静まったのである。ポルトガルの右派勢力が見かけ上のヨーロッパ化を推し進めた時期でもあった。今から思うと、かなり良い時代であった。

社会民主党政権の後には社会党政権が戻った（一九九五年）。ポルトガルはアメリカのような二大政党制ではないが、実際に政権担当能力があるのは社会民主党と社会党のみである。首相となったアントニオ・グテーレス（二〇〇五年から国連難民高等弁務官を務め、次期国連事務総長の呼び声も聞かれる）は議会で過半数を得ることはなかったが、七年間近く持ちこたえた。カバコ・シルバ（元）首相はポルトガルをＥＵの「先頭集団」に仲間入りさせたかったのだが、後継者となったグテーレス政権が実施した政策はまったく同じ。公共投資を続け、また公務員数を増すことであった。一九九八年の「リスボン万博」、二〇〇四年のサッカーの「ＥＵＲＯ（欧州選手権）」のためにスタジアムを建設するなど、公共投資は継続され、ポルトガルは確かに見た目がよくなった。私は一九八一年に初めてポルトガルを自分の目で見たが、二〇年後は別の国のように見違えたものである。

グテーレス首相の時代、二〇〇二年一月からポルトガルは「ユーロ」を導入した。通貨の話である。

カバコ・シルバが求めた「先頭集団」入りの実現である。ポルトガルなりにグローバル化に対応したのだ。だが、グテーレスは地方選挙で敗れると職を辞し、代わりに社会民主党と民主社会中道党の連立政権が生まれた（二〇〇二－二〇〇五年まで）。当時の首相で、その後は欧州委員会委員長を務めたドゥラン・バローゾはブリュッセルに旅立つ前に「ポルトガルは腰巻をはいている」（財政難である）と言い残したが、約束したはずの改革はやり残してしまった。後継者はペドロ・サンタナ・ロペス（社会民主党）だったが、当時のジョルジュ・サンパイオ大統領が議会を解散させ、サンタナ・ロペス政権は敢え無く崩壊した。ポルトガルの大統領はお飾りなどではなく、いざとなれば大きな権限を持つことが証明された瞬間でもあった。

　二〇〇五年に誕生したジョゼ・ソクラテス首相の社会党政権もやはり国家機能を改革し、財政の健全化を図ろうとした（すでに触れたように、このソクラテスだが、一四年一一月二一日、脱税、汚職、マネーロンダリングの容疑で逮捕されてしまった。「元」とはいえ首相経験者クラスの大物が逮捕されるというのはポルトガルでは極めて異例なことである）。全議席の過半数を得た政権だったのだが、実際に行ったことと言えばやはり公共事業の推進であっ

2014 年の革命記念日。ユーロ圏離脱の国民投票を求めるデモ行進。

た。インフラの老朽化が進む日本の利用者から見たらうらやましいかぎりの高速道路網が整備され、リスボンに新空港の建設やフランスから伸びてくる高速鉄道ＴＧＶの敷設も検討された。まだ発展の夢を見ることができた時期であった。ただし、付加価値税が上昇したことは忘れてはならない。なお、ポルトガルで「改革」が話題になるときはだいたい「○○○の国では……」「某国ではすでに……をやっている」「△△△の国ではもっと進んでいる」などという表現が好んで使われるように思われる。古い言い回しになるが、「ではの神」が多い国なのだ。ユーラシア大陸の東側にあるどこかの国に似ていないか？　しかも、基本的には変化を嫌う。動きを起こすには外圧が必要となる。長い歴史を持つ国は自己修正に困難を伴うのである。

二〇〇八年の経済・財政危機はポルトガル政府の無責任を一気に白日の下にさらすことになった。二一世紀に入ってから、ポルトガル経済は平均すると一％も成長していないのであった。ポルトガルは二〇世紀に入ったときも深刻な財政難を抱えていたけれど、二一世紀もやはり同じような問題に苦しんでいるのだ。歴史は繰り返すというか、進歩がないというか。注意していれば気がつかないわけもないのだが、ポルトガル中央銀行総裁だったヴィットル・コンスタンシオはなんら手を打たなかった。それが今では欧州中央銀行副総裁であるから、正直、驚きである。二〇〇九年に総選挙が実施されたが、経済・財政危機の真っただ中にあったにもかかわらず、ソクラテス政権は公務員の数を増やしたし、給与も上げた。人気取りとはいえ、芸がない。というか策がない……、いや、愚策だろうか？　同年、アイルランドは公務員や政治家の給与を削減していたはずである。

その後、給与削減、増税、緊縮財政を骨子とする財政安定・成長計画を実施したものの、二〇一一年三月、ソクラテス政権は四度目の財政安定・成長計画を提出するも議会での否決を受け、トロイカ（国際通貨基金、欧州連合、欧州中央銀行）に援助を仰ぎ、そして総辞職。代わって政権の座に就いたのは社会民主党と民主社会中道党の連立政権であった。パッソス・コエーリョ首相はもはや公共投資も公務員の増員もできないことは十分に承知の上。実施した政策と言えば増税、予算カットくらいであった。ポルトガル人の不満が募るのもしかたないが、ギリシャに比べれば状況はよいように思える。国内総生産の落ち込みはギリシャほどではないし、公務員数の強制的な削減も実施されていないのだ。後世に大きなつけを残さないためにも、ここでは、「ギリシャでは」と言って納得してもらうのがよさそうである。そのギリシャも二〇一五年一月には選挙を実施し、新政権は大きく政策を転換させたようだが、自分たちのやりたい放題とはいかないだろう。

それにしても、「革命」後の約四〇年間の「ヨーロッパの時代」、ポルトガルはずいぶんとEUに振りまわされているように思えてならない。一八九〇年、イギリス政府から南部アフリカへの野心を棄てるように脅されてから（「最後通牒」を突きつけられた。これについては第三章で詳述する）、一九七四年の「革命」までずっとポルトガルに海外領土幻想にとりつかれ、ヨーロッパを忘れてしまったかのようでもあった。この四〇年間は忘却による喪失感を取り戻すためにあったようにも思えるが、今となってはそのヨーロッパに厳しくされているのが皮肉に思える。国際社会での交渉能力も喪失してしまった感がある。

かつては「優等生」になること、そうあり続けることに喜びを感じることもできただろうが、今ではそもそもEUは「良き教師」なのだろうか。自分たちはEUの「優等生」だと宣言したとき、「良き教師」なのかどうか見極めることをしなかった。ポルトガルも優等生ではなくなっているのだろうが、EUだって心もとない存在である。今や独仏通貨とでも言いたくなりそうな共通通貨ユーロ圏から離脱せよという議論が噴出するのも理解できてしまうのである。いや、本当にユーロ圏離脱をしたら今よりも状況は悪くなると思われるから、残るべきなのだろう（イタリアあるいはスペインが離脱すれば右に倣えをするかもしれないけれど）。かといって、かつての海外領土にもう一度夢を描くのは危険である（ブラジルやアフリカ大陸を無視しろと言っているのではない）。

総体的な見方をすれば、EUに加盟したメリットのほうが、非加盟よりもずっと大きかったとは思う。かつてポルトガルの支配層は無批判に植民地主義者であったが、昨今は無批判にヨーロッパ主義者なのだ。だが、ユーロ加盟がポルトガル経済によかったのかどうかは疑問だ。ユーロを導入したとき、いやECCに加盟したとき、ポルトガルは対等の立場というよりは仲間に入れてもらえるのをありがたがってメンバーになったのだが、その後についてもっと戦略を立てておくべきだったのだろう。ユーロ圏離脱を訴える者とて、確たる見通しを持っているようにも思えないのだが。ヨーロッパ諸国の財政立て直しには、できるだけ早く単一通貨に続く、単一予算を作る必要があるということなのだろうか？

ポルトガルでは危機の時代に「連邦制」が議論される。だが、現在のポルトガルにとって、古くからの英国との同盟関係、植民地、スペインとの連合、大西洋世界は、大きな役に立ってくれそうもないのである。

フリーメイソン・ブーム到来？

さて、このように苦しい状況が続く中、そんなとき人間が取る行動の一つに、スケープゴートを探して、自分の人生がうまくいかない原因をそこに押しつけることがある。本来なら、どんなに困難な状況下にあっても成功に必要な条件を探り、自らを成長させることが重要なわけだが、そこまで自分を律することができる人間などそうはいない。世界規模の不況の中、一人の力でできることなど限られている。自己責任などと言われても、どうにもならないことがある。だから、自分以外の誰かのせいで思い通りの人生を生きることができない。そうとでも考えないと、つらく厳しい日々を生きていけないと感じてしまうときがある。ポルトガル国民の多くが二一世紀に入ってそう感じているに違いない。実は、そう考えると納得できる現象があるのだ。

今、私の手元に『ポルトガルのフリーメイソンの権力』という一冊の小さな本がある。初版は二〇一二年三月、だが一カ月後の一二年四月にはすでに第二版が出されているから、かなり速いペースで売り上げを伸ばしたのだと思われる。手ごろな価格というのも売れ行きに貢献したと思われる。中身は、『ディアリオ・デ・ノティシアス』という日刊紙が二〇一一年一一月に掲載した大規模取材のルポをまとめたものである。同書が売り上げを伸ばした背景には、いやそもそもこのような企画が同紙によって実施されたのにはもちろん理由がある。フリーメイソンという秘密結社がポルトガル社会で話題になっていたのである。愛する者もいれば、嫌う者もいるという、あのフリーメイソンである。少なからぬポルトガル人が潜在意識の中で、現在の危機、生活の困難の原因の一端がフリーメイソンの存在にあるのではないかと疑っていたのではないだろうか。フリーメイソンに寄せられる興味はそのあたりから生じているように思われるのである。一方で、フリーメイソンが危機から自分を救ってくれると信じる人もいるだろう。

なお、本来なら、団体名としてフリーメイソンリー、個人会員をフリーメイソンと表記すべきなのだろうけれど、本書では広く流布しているように、フリーメイソンを団体名として、一方で個人のことはわかりやすく区別するためにメイソンと表記することにする。参考までに言っておくと、ポルトガル語では、組織としての名称はマソナリア、個人会員はマソンと呼ぶ。マソンはメイソンである。

一三〇ページほどある同書の内容を詳細に紹介するのは控えておくが、パラパラとページをめくるだけでも、ポルトガル社会にフリーメイソンの影響が深く浸透しているのではないかと思わせるのである。社会民主党に国民党（民主社会中道党）、さらには社会党といった、政権に就いている（あるいは就くだろう）主要三政党の幹部の中にメイソンがいる。政府要職に就く政治家はメイソンであるかどうかを公表すべきだという意見もあるが、それは抑圧的なサラザール主義の再現だという反論もなされる。選挙でメイソンが票を投じるとき、メイソンであることが影響するのではないかと疑いも持たれるが、それは各人の良心や信条に基づくものであり、フリーメイソンからの指示はない。

二〇一〇年にメディアをにぎわせたポルトガル政府の情報機関（情報防衛戦略局）の情報漏れ事件の主役はメイソンであった。「四月二五日革命」後、メイソンの政治家の数は急増した。司法の世界もフリーメイソンに支配されている。フリーメイソンが持っているのは権力ではない、情報である。ポルトガル政府にはフリーメイソン枠がある（らしい）が、二〇〇五年に政権をとった社会党のジョゼ・ソクラテス首相はその「決まり」を守らなかった……、などなど、はっきりとした証拠は示されないのだが、どうしてもフリーメイソンと政治経済的権力の密接な関係を感じ取らないわけにはいかないのである。もちろん一方で、共和国議会（日本の国会に相当）にメイソンである議員はいるが、それはフリーメイソンがそこにいるという意味ではない、とフリーメイソン幹部は反論するのだが……。

話を急ぎ過ぎただろうか。フリーメイソンという言葉は耳にしたことがあるという方も少なくないだろうけれど、多少の説明は必要であるかもしれない。ここではフリーメイソンとは何かを詳述することはやめておくが、辻隆太朗の『世界の陰謀論を読み解く　ユダヤ・フリーメーソン・イルミナティ』によりながら少しだけ述べておくと、それが宗教団体でないことは確かである。キリスト教色の濃い儀礼を行うものの、メンバーの信仰について問われることはない。さらに、実際のところどうなのかは別として、政治に対する干渉も避ける。政治と宗教の話題はご法度。確かに、他人とのつき合いを長続きさせるには、そうでなければならない。理念は「人間の完成」ということだが、かみ砕いて言ってしまえば、ある意味では、エリート層の人々の社交の場ということになるのかもしれない（もちろんそんなに単純ではないはずだが）。希望すれば誰でも入れるというわけではないのだ。

「まえがき」で述べたように日本ではフリーメイソンというと、ユダヤ人と組んで世界を支配する怪しげな秘密結社というイメージばかりが先行するが、ポルトガルでもやはり偏見を持たれ、誤解されている部分はある。おそらく世界中どこにでもそんなイメージはあるのだろう。現在でも、しばしばメディアなどでも論争のテーマとなったりする。だが、本書では、フリーメイソンに対しけっして色眼鏡などをかけず、できるだけ史実に基づき、フリーメイソン、あるいはフリーメイソンのメンバーだ（った）とされる人々の役割も見てゆきたい。それはポルトガル史の知られざる一面を覗くことにつながるはずなのである。

世界的に見て、歴史上にその名前を残す人物でメイソンであったとされる人々の中には、例えばベートーベン（作曲家）、チャーチル（イギリスの首相）、ゲーテ（作家）、リンカーン（米国大統領）、モーツァルト（作曲家）、ヴォルテール（作家）、ワシントン（米国初代大統領）、マーク・トゥエインやコナン・ドイル（作家）などがいる。これだけでも、そうそうたる顔ぶれである。

いやいや、まだまだいるのだ。人類史上初めて月面に到着したオルドリン船長、ペニシリンを発明したフレミング、ケンタッキーフライドチキンのカーネル・サンダース、安全剃刀のジレットもメイソンだったそうだ。ヒルトン・ホテルを創ったチャールズ・ヒルトン。紅茶のリプトン卿。フォード、クライスラー、シトロエンといった自動車会社の創業者。とにかくすごいものである（メイソンではなかった偉人もたくさんいるわけだが）。

そして、ポルトガル史上の重要人物の中にもメイソンだったと言われる人々がいる。日本人にはなじみのない名前が続くけれど少しの間だけ辛抱してほしい。例えば、フェルナンド・ペソア（詩人・作家）。本人はメンバーであることを否定していたが、フリーメイソンに好意的な文書を残している。いま生きていたなら、ノーベル文学賞間違いなしだと思う。

パルマ・カルロス（一九七四年「四月二五日革命」後最初の首相。すぐに辞任した）、アフォンソ・コスタ（第一共和制時代の政治家）、アレシャンドレ・エルクラーノ（一九世紀の歴史家・作家）、アンテーロ・デ・ケンタル（一九世紀の詩人・思想家）、アキリーノ・リベイロ（二〇世紀の作家）、ベルナルディーノ・マシャード（共和国大統領）、エッサ・デ・ケイロス（一九世紀の作家）、エガス・モニス（ノーベル医学賞受賞者）、ノルトン・デ・マトス将軍（大統領選挙の候補にまでなった）。ウンベルト・デルガード将軍（一九五八年大統領選挙候補者、サラザール時代の政治警察ＰＩＤＥによってスペインで暗殺された）、ポンバル侯爵（一八世紀の外交官、国王ジョゼ一世の大臣）、シドニオ・パイス（二〇世紀の軍人、大学教授、共和国大統領）、テオフィロ・ブラーガ（二〇世紀の作家、大学教授、大統領）、などなど。

こうした名前は、アントニオ・アルノーという作家・弁護士にして元政治家（ポルトガル社会党創設者の一人）がその著作『フリーメイソン入門』で挙げている。アルノー氏本人もメイソンである。以上あげた名前の幾人かは、本書でも登場してもらうことになるだろう。

また、ポルトガル人ではないが、かつてポルトガルのパスポートを所有していた人物に、一九九六年ノーベル平和賞を受賞した東ティモール大統領ラモス・オルタがいる。彼はノーベル平和賞を受け取る際に、感謝の印として手を胸にあてるというメイソン特有のジェスチャーを見せたという。ということは、ラモス・オルタもメイソンなのだろうか。ノーベル賞も受けており、資格は十分にありそうだが。

フリーメイソンは社交の場あるいは友愛団体と見なすことができるのだろうが、日本だけでなく、欧米諸国でもそれはどこか疑いのまなざしで見られることが少なくないようである。例えば、閉鎖的な秘密結社であり、裏切り者には死が与えられる、などと言われたりするらしい。民主主義に必要なのは透明性であり、秘密主義とは相性が悪い。秘密主義と相性が良いのはむしろ独裁制であり、それが現代社会においては疑いのまなざしを向けられる所以なのだろう。フリーメイソンは既存の秩序も宗教も破壊してしまうのではないか。さまざまな分野のトップレベルで活躍する人々がメンバーとなり、世界をコントロールしている……。先ほど紹介したように、世界の著名人の中にたくさんのメイソンがいることを思えば、世界支配という陰謀論が生まれてもしかたないのかもしれない。

フリーメイソンにまつわる陰謀論と言えば、一七八九年のフランス革命がとかく話題にされるのだが、メイソンが果たした役割はけっして大きくはなかったとも言われるし、組織としても一貫した行動をとったわけでもなかった。フリーメイソンの陰謀という「説」は、反革命言説の中から生まれたようである。処刑されたルイ一六世もメイソンだったというのだから、フランス革命がフリーメイソンの一方的な陰謀とは、とてもではないが言いにくい。さらに、アメリカの独立もフリーメイソンの活躍と結びつけられるが、確かにメイソンが関与しているものの、独立に反対したメイソンもいたとなると、アメリカを創ったのはフリーメイソンであるという話は怪しくなってくるのではないか。

ポルトガルに戻って、『ポルトガルのフリーメイソンの権力』によれば、元大統領、閣僚、国会議員、地方首長、外交官、情報機関上層部などなど、近年も、フリーメイソンとの関わりを指摘される要人の数は少なくない。逆に上層部にメイソンがいない分野を見つけるのはポルトガル社会では難しそうである。

政治とフリーメイソンの「共犯関係」もよく話題になる。そして熱い議論を呼び起こす。国民の大半が経済危機に苦しむ中、うまいことやっている奴らがいる。どうやらメイソンらしい。そこから少し飛躍すれば、メイソンたちのせいで自分たちは苦しまされるのだという極論に行きついてしまう。人々がフリーメイソンに関心を持つ背景には、そんな社会心理が働いているのだろう。

同書によると先に触れた第二次アントニオ・グテーレス政権（一九九九年一〇月－二〇〇二年四月）にはジョアン・クラヴィーニョ、ジョルジュ・コエーリョといった大臣がいたが、二人はグランデ・オリエンテ・ルジターノ（Grande Oriente Lusitano＝ＧＯＬ）のメンバーだと言われたことがある。グランデ・オリエンテ・ルジターノとは一八〇二年に創設されたポルトガル最古のフリーメイソンの分派である。ソクラテス政権にもメイソンがいたらしい。グテーレス政権で司法大臣、ソクラテス政権で内政大臣を務めリスボン市長にもなった社会党党首のアントニオ・コスタもメイソンだと言われる（首相にもなった）。権力の中枢にいる人々の名前を次々と突きつけられると、メイソンではない「俗人」からすれば、確かに権力がフリーメイソンの手中にあるように見えてしまうのである。

フリーメイソンという結社は権力の中枢にいる人物たちをメンバーにするために常に社会全体に目を配ってスカウト活動をしているのだろうか。いや、というよりはむしろ、フリーメイソンの入会に至る条件が厳しくて、エリート層に属していないとそもそもメンバーになれないのである。だからこそ、ポルトガルの主要なロッジに行けば、元大統領や閣僚や外交官や有名大学教授や大物弁護士たちを目にする可能性が生じるのである。聖職者がフリーメイソンに入会したこともあるというが、すでに触れたように、ロッジの中では政治と宗教の話はタブーだとも言われる。なおロッジとは、メイソンの拠点のことである。恥ずかしい話、私はフリーメイソンについて勉強するまで、ポルトガル語のロージャが英語のロッジに相当するとは知らなかった。ロージャと言えば、なによりもまず「商店」のことを思い浮かべてしまうのである。

会員たちは知識を深め、人間性を磨くためにロッジにいるはずだが、実際のところは互いの利益のために取り引きしたりはしないのだろうか。確かなことは、ポルトガルのどの有力政党もロッジの上層部に党員が所属していることである。ちなみに、メイソンの年会費は三〇〇ユーロくらいらしい。私のような庶民には高いなという感じだが、大した額ではないと思う人もいるだろう。

話が飛んで、今度はサッカー界の話題になるが、ブラジルではサッカー界もフリーメイソンによってコントロールされているという人がいる。どこまで本気なのだろうか？　それに対して、ポルトガルでもフリーメイソンがサッカーの世界に影響を及ぼしていると語る人がいる。『プブリコ』という日刊紙が週に一度付録としてつける「イニミーゴ・プブリコ」（社会の敵）というジョークに満ちたコラム欄に掲載された記事なので、そのまま真に受ける必要はないと思うが、二〇一三年九月七日に、フリーメイソンの選手はレギュラーになりやすく代表にも呼ばれやすいと書かれているのである。

さらにまた、一九八六年ワールドカップメキシコ大会で、二〇年ぶりの出場を果たしたポルトガル代表は一部の選手たちがボーナスの額をめぐって反乱を起こしたが（合宿地の地名にちなんで「サルティージョの反乱」と呼ばれる）、その背景にはメイソンの選手と非メイソンの選手の対立があったとも書かれている。二〇〇三年から〇八年までポルトガル代表チームを率いたブラジル人監督ルイス・フェリペ・

スコラーリがFCポルトの名GKビットル・バイーアを代表に呼ばなかったのは、バイーアがメイソンではなかったから（ちなみにスコラーリは敬虔なカトリック信者である）。二〇一〇年のワールドカップでジョアン・モウティーニョがカルロス・ケイロス監督に外されたのはモウティーニョがメイソンではなかったから。ボジングワとリカルド・カルバーリョがパウロ・ベント監督（二〇一〇－二〇一四年在任）に嫌われたのは、二人がメイソンではなかったから……。などなどである。笑い飛ばしてかまわないような遊び心に満ちたコラムだが、ポルトガル人が疑問に思っていることの答えとしてフリーメイソンが用いられることがあるのがわかるだろう。

また、二〇一四年になってすぐにはこんなことがあった。フリーメイソンの影響力の大きさを示唆する話題ではないが、関わるところもあるので紹介しておきたい。同年一月五日にサッカー界の国民的英雄、「黒豹（パンテーラ・ネグラ）」ことエウゼビオ・ダ・シルバ・フェレイラが七一歳で亡くなると、国立パンテオン（万神殿）に彼の亡骸を安置すべきか否かという議論が湧き上がった。正式名称は聖エングラシア教会国立パンテオンである。かつてその場所には軍の武器保管庫があり、軍靴の工場があった。ポルトガル人にとって事実上のパンテオンは大詩人カモンイスや航海士バスコ・ダ・ガマが安置されるジェロニモス修道院かもしれないが、植民地戦争によって国際社会で孤立するサラザール体制が、プロパガンダの一環として武器保管庫をパンテオンとして完成させたのである（誰を安置するかは二の次だった）。安置される偉人の候補者の中には、次章で取り上げるポンバル侯爵や二〇世紀の大詩人・作家フェルナンド・ペソアがいた。このサラザール体制との近さゆえに、一九七四年の「四月二五日革命」後の代々の政府はパンテオンとの距離を置いたのである。

現在、私たちが目にするパンテオンは一九一六年四月の法律によって定められ、サラザールの命令で一九六六年に建物の完成を見たが、そもそもの工事開始は一六八二年というからずいぶんと時間がかかったものである。時間がかかる作業のことを「聖エングラシアの工事」とポルトガルで言うのはそのせいである。合計二八四年間も要したのである！

パンテオンに最初に入ったのはサラザールの決定により、三人の大統領経験者（テオフィロ・ブラガ、シドニオ・パイス、オスカル・カルモーナ）と三人の作家（アルメイダ・ガレー、ジョアン・デ・デウス、ゲーラ・ジュンケイロ）であった。注目してほしいのは、オスカル・カルモーナとテオフィロ・ブラガとシドニオ・パイスはメイソンであったということ。あえて新国家体制の貢献者を外しているところが興味深い。一方で共和主義時代の偉人を多く選んでいるのは、それらの偉人たちを教会に安置することで市民の教育を再カトリック化することであったとされる。さらにまた、一九六六年に安置された最初の六名の後、新しいメンバーといえば、時代は「革命」後になるけれど、メイソンであったウンベルト・デルガード将軍（一九九〇年）、ファドの女王アマリア・ロドリゲス（二〇〇一年）、初代大統領マヌエル・デ・アリアーガ（二〇〇四年）、やはりメイソンであったアキリーノ・リベイロ（二〇〇七年）である。「革命」後最初に選ばれたのがサラザール体制に抵抗した軍人であったところに政治性を見ないわけにはいかない。

エウゼビオと同じ時代、すなわちサラザール独裁体制下のポルトガルに光をもたらしたファド歌手アマリア・ロドリゲスもこのパンテオンに眠る。一九九九年に亡くなり、二〇〇一年に安置されることになった。パンテオンの訪問客は外国人旅行者が七割近く、アマリア目当ての人が多い。しかし決定の当時は、もっと時間をかけて議論すべきである、ポルトガル人に喜びは与えたが、国民的価値観を象徴するような偉業を残したのか否かは定かではないという理由で反対する者も少なくはなかった。

エウゼビオのパンテオン安置に関する議論の中で興味深かったのは、バスコ・プリード・バレンテという作家の見解であった。リスボンのパンテオンには、すでに見たように、アマリア・ロドリゲスの他に、アルメイダ・ガレー、アキリーノ・リベイロ、ジョアン・デ・デウス、ゲーラ・ジュンケイロ、ウンベルト・デルガード、マヌエル・デ・アリアーガ、オスカル・カルモーナ、シドニオ・パイス、テオフィロ・ブラガの一〇人の「偉人」の亡骸が安置されている。二〇一四年春には、サラザール体制への抵抗でも知られた女流詩人ソフィア・デ・メロ・ブライネル・アンデルセンが一一番目になることが前年末に議会で決定されていた（一四年七月、すでに移送されている）。エウゼビオは一二番目の人物となったのだけれど、二〇〇〇年に定められた選考基準では、厳密にそれを適用すると、エウゼビオのようなスポーツ選手は候補になり得ないのだ（アマリアは文化的貢献者である）。

バレンテは続ける。誰がパンテオンに安置されるのか？ それは常に政治判断であり、議論を呼ぶ。例えば、ゲーラ・ジュンケイロという作家は激烈な共和主義者で、一九〇八年の王殺しの仕掛け人とさえ言われた人物である。満場一致の完全無欠な人物などいないのだ。現在パンテオンにいる人物たちのうち何人かは反カトリック教会主義者で共和主義者でフリーメイソンで、しかも互いに仲が悪かった者もおり、生き返ったら口もきかないだろう。今でも訪問客から花を添えられるのはアマリアと一九一八年に暗殺された元大統領のシドニオ・パイスくらいだともされる。そんな意見が割れるような人々の間にサッカーの英雄エウゼビオを加える必要があるのだろうか……。こんな風にしてバレンテという作家はエウゼビオの安置反対説を述べたのである（結局、エウゼビオはその死から約一年半が経って、パンテオンに祀られることになった）。

パンテオンは「万神殿」と訳されるように国民の神々を祀る場所。そんな場所に、フリーメイソンとされる人物が多いと批判する者もいるようだが、すでに見たようにサラザールの意図は別にあった。いずれにしても、パンテオンの人選が政治や時代と無縁でないことがうかがえるのではないか。

エウゼビオを祀るのか否かの議論は、ポルトガル人と歴史との関わり方を再考させるよいきっかけとなった。ポルトガル人は自国の歴史自慢というと大航海時代ばかりになるのだが、パンテオンにいる人物たちの時代にももっと関心を持って、誇りを感じてよいとも思うのである。

ポルトガルのフリーメイソン史を少々

以上、現在のポルトガル社会でフリーメイソンが話題の的になっていることを確認した。未曾有の危機のスケープゴートにされているようにも思えるが、同時に入会希望者の増加も見られるという。アメリカのように、国によっては、会員の減少と高齢化が問題になっていることもあるらしいけれど。ポルトガルに少子高齢化が進む国だが、フリーメイソンは人気があるのだ。求められ、疎まれ、ときには非難され。なんとも両義的で不思議な存在で、社会的〝タブー〟になりやすそうでもあるが、ポルトガル人にとってやはり無視できない結社なのであろう。いろいろな意味で、フリーメイソンはポルトガル人の心の奥深くにその存在を刻み込んでいるに違いない。日本における位置づけとはずいぶんと異なるように思える。

そこに至るまでにはもちろん長い時間が必要であった。降って湧いたような新興宗教ではないのである。ここで世界史におけるフリーメイソンの長い歴史を詳細に記すつもりはないが（他の専門書をあたってください）、そうはいっても大まかなところは述べておくべきだろうし、ポルトガル国内におけるフリーメイソンの歴史もやはり見ておくべきだろう。世界における位置づけと、ポルトガルにおける位置づけと共通する部分は多いが、それぞれ現状に至るまでのプロセスを確認しておく必要があると思うのである。

フリーメイソンに関する著作を読むと、石工（メイソン）のギルドに起源を求める記述をよく目にする。ギルドなら世界史の授業で習ったという読者も多いだろうけれど、中世ヨーロッパの同業組合のことである。けれど、欧州の各地でお城を建てたり、教会を建てたりする石工は移住が常でギルドは作りにくく、代わりに現場にロッジ（ポルトガル語ではロージャという）を設けたのである。

ヨーロッパの各地に広く構築されたのが、流動的な組織網としての実践的フリーメイソンであった。当時のヨーロッパは識字率も低く、石工の技能証明などを文字に記すことなど意味を成さなかった。そこで身分証明として仲間内だけのしぐさや合言葉などが発達し、それを伝え合う儀式が生まれたのである。フリーメイソンが秘密結社となったゆえんである。メイソンの数が増え、組織運営を行う者が石工ではなくなると、フリーメイソンは近代的な組織の姿を取るようになり、それが思弁的フリーメイソンと呼ばれるようになる。発祥の地はロンドンであった。

というような説明が一般的にはなされるのだが、『トンデモフリーメイソン伝説の真相』（皆神龍太郎・有澤玲共著）は異なる解釈を見せている。同書によると、実践的フリーメイソンは中世スコットランドにしか存在しなかったらしく、思弁的フリーメイソンに発達したわけでもないらしい。しかも思弁的フリーメイソンは一七世紀イングランドで、ごっこ遊びとして始まったのだともいうのである。詳しくは同書を読んでいただきたいのだが、ずいぶんと通説とは異なるものである。

かなり端折っているけれどフリーメイソン史についてはこれくらいにして、いまひとつのポイント、フリーメイソンが大きく二つに分かれていることもここで記しておくべきだろう。ポルトガルのフリーメイソンを語るうえでも、それは素通りできない違いなのである。一部の専門家たちは、アングロサクソン・フリーメイソンとラテン・フリーメイソンに分けるようだ。前者は「正規派（Regular）」であり、後者は「非正規派（Irregular）」と称される。正規派はイギリスのグランド・ロッジの影響下にあり、無神論者はメンバーとして認められず、有神論者だけを受け入れる。ただし、神＝宇宙の偉大な建築家を認めるならば、キリスト教徒でもイスラム教徒でもヒンドゥー教徒でもかまわない。ポルトガルで正規派と言えば、グランデ・ロージャ・レグラール・デ・ポルトガル（ポルトガル正規グランド・ロッジ＝GLRP）である。

一方で、合理主義的でリベラルな「非正規派」はフランスのグラントリアン社（大東社）のように宇宙の偉大な建築家を認めない。儀式から聖書への言及は消去してしまい、厳密にライシテ（政教分離）を擁護する。前述したポルトガルのグランデ・オリエンテ・ルジターノはキリスト教徒もイスラム教徒もヒンドゥー教徒もユダヤ教徒も無神論者も認めるが、ラテン的であることには変わらない。第一共和制の時代（一九一〇－一九二六年）、キリスト教を弾圧しすぎたため誤解されているようだが、ポルトガルのフリーメイソンはけっして反キリスト教会ではないという。なお、GOLの日本語訳は、ルジターノが「ポルトガルの」という意味だから、「ポルトガル大東社」とすべきなのかもしれない。

黎明期

自らもメイソンだったポルトガルの歴史家オリベイラ・マルケスは、ポルトガルにおけるフリーメイソンの歴史記述は豊かではないと述べている。そう書き記したマルケスの『ポルトガルのフリーメイソンの歴史』という著作は、大著過ぎて、容易に要旨を語るには適していない。したがって、ポルトガルのフリーメイソンという項目を立てて、その歴史を概観するのはとても困難なのだが、可能な範囲で試みてみたい。もちろん、マルケスの著作は大いに参考にさせていただくつもりである。マルケスには『ポルトガルのフリーメイソンと新国家』という著作もあり、こちらも勉強になるし、なによりコンパクトにまとまっているのがいい。ここで言う「新国家」とはポルトガルの二〇世紀の半分を支配した独裁者サラザールが構築した体制に与えられる名称のことである。

さらにまた、ポルトガルのフリーメイソンが自らの歴史をどう語っているのか、それも参考させてもらうことにしよう。つまり、グランデ・オリエンテ・ルジターノとグランデ・ロージャ・レグラール・デ・ポルトガルの二つのホームページが綴る歴史も参考にしながら、ポルトガルのフリーメイソンの歴史を語っていきたい。なお、グランデ・ロージャとはグランド・ロッジのこと、そしてそれは国あるいは地域ごとの統括本部のことである。

ポルトガルにフリーメイソンが伝えられたのは一八世紀前半（おそらく一七二七年）だと考えられている。一七一七年、イギリスで近代的フリーメイソンが生まれてからまだ間もない頃である。もちろん、本家本元のイギリスから伝わった。フランスやスペインなどの大陸諸国を経由したわけではない。一八世紀の初頭と言えば、すでにポルトガルにおいてイギリスの影響は大。ポルトガルで外国人と言えば、数百人というレベルで存在したイギリス人であったのである。

ポルトガルの貿易の大半はイギリス人によって牛耳られていたといっても過言ではない。一七〇三年のメシュエン条約によって、イギリスからは綿織物が輸入され、ポルトガルからはワインが輸出された。天候に恵まれれば、一週間でポルトガルからイギリスに船で行けた時代である。ほかにも数多くの商品がイギリスから船で届き、リスボンを流れるテージョ川でイギリス船を目にすることは頻繁であった。商業だけでなく、スペイン継承戦争を同盟して戦うなど、両国の軍事・外交関係も密であった。

文化面でも、イギリスで流行るものは必ずリスボンでも反響があった。大きな時間差もなく、イギリスの新聞・雑誌、書籍をリスボンで目にすることができた。外界にも開かれていたポルトガルのイギリス人世界はポルトガル人との交流も盛んであった。一七〇一年にはロンドンで最初の「葡英・英葡辞典」が出版されたが、それは両国間で交流が盛んだったことの傍証になるだろう。イギリス人作家の作品が翻訳されることも次第に増えていった。もちろん、文化面での影響ではフランスには遠く及ばなかったが。

ポルトガルのフリーメイソンの本拠地とも言えるグランデ・オリエンテ・ルジターノの外観。

　さて、フリーメイソンの話だが、ポルトガルに最初のロッジができたのはおそらくは一七二七年で（二八年とも言われる）、場所はリスボン、創設したのはイギリスの商人たちで、一〇〇名を超えるメンバーがいたようである。中心にいたのは、デュグッドというカトリック教徒であったが、その後カトリック教会とフリーメイソンが激しく対立することを思うと意外な感も残る。ただし、メンバーの大半はプロテスタントで、異端審問の記録には「異教の商人たち」として記されている。

ロッジ（ロージャ）の開設が、イギリスと一〇年間の時間差であるが、これは長いと見るべきなのか、短いと見るべきなのか。しかし、活発だった両国の交流を思えば、イギリスで生まれた結社がリスボンでも継承者を持ったのは当然の流れであっただろう。しかも、世界に広がったイギリス人たちが各地にフリーメイソンのロッジを創設した時期と重なる。ポルトガルは明らかに大英帝国の世界規模での拡張の枠の中にいたということでもある。

ちなみに、マドリードの最初のロッジ創設は一七二八年である。つまり、イベリア半島に関してはほぼ同時期にフリーメイソンが導入されたといってよいようだ。辻隆太朗の『世界の陰謀論を読み解くユダヤ・フリーメーソン・イルミナティ』によれば、（フリーメイソンは）一七三〇年から五〇年にかけてヨーロッパ大陸に広まり、とあるので、イベリア半島はわりと早い時期に広がった地域と見なしてよさそうである。

このポルトガル最初のロッジに関しては、わかっていることはほとんどない。ただし、デュグッドがリスボンに定住する前にイギリスですでにフリーメイソンのロッジを運営していたことは確かなようだ。名称も場所もメンバー構成も知ることはできないのだが。リスボンのロッジは、不活発な時期もあったようだけれど、一七三〇年代には復活し、イギリスのグランド・ロッジに「正規」としての承認を求め、実際に三五年四月、賛意を得ている。ただし、いずれにしても活動期間はあまり長続きしなかった。イギリス人以外には入会の門戸を開いていなかったようでもある。

文献によっては、この一七三〇年代に復活したロッジを二番目のロッジと見なすこともあるようだが（例えばフリーメイソンのグランド・マスターだった政治家アントニオ・アルノーの著作）、オリベイラ・マルケスは異なる立場をとる。復活劇では、ジョージ・ゴードンというイギリス人が中心となった。数学者の彼は、プロテスタント。彼のもとに集まったメンバーたちもプロテスタントであった。しかしながら、こちらのロッジもあまり長持ちはしなかった。

一七三三年から三五年の間にはアイルランドのカトリック教徒たちが別のロッジを創設している。オリベイラ・マルケスにとっては、これが二番目のロッジである。新しいロッジの開設が意味するのは、カトリックとプロテスタントの宗教の違いはフリーメイソンの活動の場でも意味を持ったということである。カトリックであるアイルランド人たちが別個のロッジを持ちたいと思っても当然であろう。アイルランド人とイングランド人は仲がよさそうでも、一緒に活動したくなかったのだと思われる。メンバー数は二四名。アイルランド人が大半だが、イングランド人もスコットランド人も、さらにハンガリー人もいたというから国際色豊かである。ポルトガル国内のロッジとはいえ、中では英語が用いられた。ポルトガル人にとっては別世界のようなものではなかったか。

さらに、その一〇年後にはフランス人たちが複数のロッジをやはり創設している。雨後の筍とは言わないまでも、けっこうハイペースでロッジが誕生したのであった。いずれにしても、初期のロッジはポルトガル人ではなく、外国人によってのみ運営されていたのだが、一八世紀の半ばを過ぎると、ポルトガル人も入会するようになり、ポルトガル人のメイソンも数千人という単位で存在したのであった。

フリーメイソンの思想がヨーロッパ全体に広がり、人々の生活に影響を及ぼすようになると、ローマ・カトリック教会は恐れを抱くようになる。カトリック教会は、同一のロッジの中でカトリック信者もプロテスタント信者もさらにユダヤ教徒も一緒に集うことが理解できなかったのである。フリーメイソンは無神論ではないけれど、信仰自体は何でもよいのである（これは正規派の話だが）。

そこで、一七三八年、教皇クレメンス一二世は回勅を発令し、フリーメイソンを異端として非難し、ロッジに通い続けるカトリック信者は追放すると決定したのである。これを見ると、反フリーメイソン言説の源の一部がカトリック教会にあることは確かなようである。ポルトガルのフリーメイソンは歴史上、いく度か禁止され、異端審問所による迫害を受け、地下活動を余儀なくされた。一七三八年から一八二〇年がそんな時期であった。回勅のあとは解散となったが、メンバーたちは他のロッジに籍を変えて活動を続けた。

イギリス生まれでプロテスタント的なフリーメイソンと、カトリックの教えには相容れない部分がある。カトリックが唯一真実の教えだと認めないところは許せないのだろうし、そもそもポルトガルの習慣となじまないところがある。ポルトガル人の入会が一気に進まなかったのもしかたない。だが、その後の一〇〇年間でも何度かローマ教皇が回勅を繰り返し発したところを見ると、フリーメイソンに共鳴するカトリック信者は少なくなかったと考えられる。一九世紀のレオ一三世の反フリーメイソン的な姿勢は特に有名である。カトリックの話ではないけれど、一九二二年、第四インターナショナルも共産党員がフリーメイソンに入会することを禁止している。

ちょっと急ぎすぎたので、話を一八世紀に戻して、ポルトガルでは異端審問によってフリーメイソンに対する抑圧を間もなく開始した。ポルトガルで初めてフリーメイソンの活動が記されたのは、異端審問に関する文書内である。カトリックの教義からはずれる考えは認めるわけにはいかず、異端審問裁判所としてはフリーメイソンは要注意な存在なのであった。数百人のメイソンたちが迫害を受け、牢獄に入れられ、処刑された。例えば、国王がフリーメイソンを禁止した一七四四年にはイギリスに帰化したスイス人ジョン・コストスが四年間の強制労働を科され、他にも二名のメイソンが国外追放処分を受けている。一七六五年には、メイソンだったコインブラの司教の著作が焚書された。さらに、一七七四年には、数学者だったマヌエル・バカーロというメイソンの著作がやはり焼かれている。メイソンも「魔女」（のようなもの）だったということだろうか。

ポンバル侯爵の時代から一九世紀へ

ポンバル侯爵については第二章で詳しく紹介したいのだが、話の流れ上、ここでも少しだけ述べておきたい。ポンバル侯爵は一八世紀後半のポルトガルを統治した啓蒙的政治家で、特に彼を有名にしているのは一七五五年のリスボン大震災後の復興計画の実現である。その彼自身がメイソンだったと言われることも少なくないのである。

実は、ポンバル政府の時代（一七五〇-一七七七年）、つかの間とはいえ、フリーメイソンは安定し、成長期を迎えている。ポンバル侯爵はポルトガル史上、いや欧州史上の大人物である。彼の時代は、ロッジが保護され、また宗教裁判所がメイソンたちを迫害するのを禁じたのである。ポンバル侯爵はイングランドで入会の儀式を済ませていたとも言われ（確たる証拠はない）、またリスボン市内のフリーメイソンの組織に所属していたとも言われるので、当然のことだったのかもしれない。逆に、ポンバル侯爵が失権すると、フリーメイソンは保護者を失い、以前のように迫害の対象に逆戻りしてしまった。リスボン在住のイギリス人メイソンが逮捕され、イギリスから政治的圧力をかけられたりもした。

フリーメイソンが歓迎されない時代になっていたとはいえ、一七八九年、イギリス人貴族の保護の下、ポルトガルにいくつかロッジが創設された。しかし、ポルトガルのフリーメイソンにとり、次第にイギリスの影響が弱まり始めたのもこの時期であった。

そうは言っても、フリーメイソンは完全に廃れることはなかったのである。一八〇一年、メイソンだったゴメス・フレイレ・デ・アンドラーデ将軍のリスボンの自宅に「兄弟＝ブラザー＝イルマゥン（兄弟の意）」が二〇〇人も集まったという。メイソンたちは互いをそう呼び合うのである。当時のリスボンで二〇〇人も集めるというのは、けっして少ない数字ではない。

ポルトガル最古にして現在も大きな影響力を持つオベディエンス（分派）の創設は一八〇四年のことなのだが、そのきっかけとなったのがこの会合であった。誕生したオベディエンスが、前述のＧＯＬである。その創設の計画が一八〇一年から存在したということである。リスボンで開かれた会合では、全国レベルでの大規模ロッジの必要が話し合われたのであった。一八〇四年、オベディエンスの議会（ダイエット）で、新分派の創設が宣言され、〇六年には最初のポルトガル・フリーメイソン憲法が制定された。〇八年にはメイソンを含むリベラル派たちがナポレオンに対し、憲法制定を要求する嘆願書を送付している。だが、一七年一〇月一八日には、グランデ・オリエンテ・ルジターノのグランド・マスター、ゴメス・フレイレ・デ・アンドラーデ将軍らが絞首刑となっている。

一九世紀初頭に繰り返されたナポレオン軍の侵攻もメイソンに対する迫害の動機となった。「祖国への裏切り」、それが理由であった。

かといって、フリーメイソンの思想の普及が止まってしまったわけではなかった。反啓蒙主義に対する戦いも終わらなかった。一八一八年ポルトに創設されたロッジはその二年後のリベラル革命の起源となっている。一八二〇年、北部の港市ポルトで起こったリベラル革命の立役者の中にはメイソンのメンバーが少なくなかったのである。法律家、大学教授、教会関係者、軍上層部、貴族の一部にもメイソンがいたという。リベラル革命がなされると、メイソンだったペドロ四世のもと、グランデ・オリエンテ・ルジターノは地位を固めることに成功、正規派になることができた（二〇世紀初頭イギリス統一ロッジから非正規とされてしまうのだが）。一八二八年ミゲル王が即位すると、メイソンを告発するよう勧める告知が出された。国外に逃げなければならなくなったメンバーもいた。

一八三四年、内戦を経てリベラル派が勝利すると、フリーメイソンは黄金時代を迎え、それはおよそ一〇〇年間続いた。政府首脳にも数多くのメイソンがいた。つまり、独裁者サラザールの登場までである。一九世紀初頭と言えば、植民地を含め、数千人のメイソンがポルトガルにいた時代であるが、グランデ・オリエンテ・ルジターノはその後いくつもの分派に分かれることになってしまう。とはいえ、一八六九年には統一グランデ・オリエンテ・ルジターノ（Grande Oriente Lusitano Unido）のもとに諸分派がまとまり、フリーメイソンはまさに黄金期へと入ることになる。そして、ポルトガル近現代史を飾る重要人物たちがグランド・マスターとしても名を連ねるのである。

共和制移行期

一九世紀末から二〇世紀初頭にかけて、フリーメイソンの理想と共和主義が同一化されるようになった。第三章で詳しく見ることになるが、フリーメイソンとポルトガル共和党の間には深いつながりがあり、一九一〇年の共和制樹立に緊密に結びつくことになる。ポルトガルでは共和制とフリーメイソンはペアを成して歩んできた、そう述べることもできるのかもしれない。実際のところは、王制派にもメイソンはいたのだが。フリーメイソンは進歩主義的であり、王国の退廃を憂えており、いつしか共和主義者と意気投合するのは当然であった。一九一〇年の共和主義革命は「メイソンたちの業績」（グランド・マスターでもあったジャーナリスト、マガリャンイス・リマの言）だという主張がなされることさえあるのだ。

ポルトガルのフリーメイソンは常に政治的な色合いを帯びていたと言われ、その頂点が一九一〇年一〇月の共和制樹立である。サラザールがいよいよ登場するきっかけとなる一九二六年五月二八日のクーデターの時点では、ポルトガルに一五〇〇のロッジが存在したという。

しかし、共和主義者たちが大活躍した一九一〇年の革命後、フリーメイソンは仲間割れすることになってしまった。共和党を支持するのか、民主党を支持するのか、メンバーの意見は分裂し、組織は弱体化することになった。一九一〇年一〇月五日、リスボン市役所のベランダから共和制宣言をしたジョゼ・レルバスのように、後にロッジに通うことをやめてしまった重要人物もいたくらいなのである。フリーメイソンが発展するのは、むしろ政争に関わらないときなのであるが。一九二六年、第一共和制が終わりに近づき、独裁制の予感が具体化しようとすると、フリーメイソンはまた統一されることになった。

さて、これはポルトガルの話ではなく、イタリアの話である。一九二三年、ムッソリーニが政権を握ってすぐにやったことの一つがフリーメイソンの弾圧である。「自由、平等、友愛」を謳う秘密結社の存在を許す独裁者などいないと言ってもよさそうである。いずれ自らに敵対するに違いないと思えるのだろう。メイソンだったファシストに脱会を命じた。素直に命令を受け入れた者はむしろ少なくて、多くの者は脱会のふりをしただけであった。当時のイタリア王ヴィクトル・エマヌエル三世もメイソンだったというくらいである。また、ムッソリーニを失脚させた反乱を指揮した人物もメイソンだったという。

サラザール時代のフリーメイソン

一九二六年五月二八日、北部の町ブラガに端を発する軍事クーデターによって第一共和制は終焉を迎える。フリーメイソンにとって受難の時代の始まりかと思われたが、軍人の中にカルモナ将軍やカベサダス提督のようなメイソンがいたためだろうか、迫害がすぐに始まることはなかった。しかし、独裁者サラザールが政権を握り、右派勢力の影響力を増すと、フリーメイソンの立場は悪くなった。そうなってしまった原因の一端は、時代の変化を把握しそこね、内輪の問題に没頭した感もあった結社そのものの体質にもあった。

一九二六年末、大西洋諸島や植民地を含むポルトガル全領土には三一五三人のメイソンがいたという。植民地の「原住民」を除くと当時のポルトガルの人口が約六五〇万人。二〇〇〇人に一人がメイソンだったことになる。多いのか少ないのか、正直言って、実感があまりわかないが、けっこう多いようにも思える。

ヨーロッパ全体を見ても、悪くない数字だったようである。メイソンの人口比率において、ポルトガルは中位に位置していたのである。スイス、ドイツ、オランダ、フランスなどの比率はもっと高かったのだが、スペインはポルトガルより率が低かった。スペインには二三〇〇万人の人口がいながら、メイソンは五〇〇〇人にも満たなかったのである。すなわち四六〇〇人に一人の割合である。

一九二八年一二月七日、グランド・マスター、マガリャンイス・リマが逝去する。後継者となったアントニオ・ジョゼ・デ・アルメイダも一年も経たずに亡くなってしまったが、その短い期間でフリーメイソンの運命が大きく変わることになった。アルメイダはコインブラ近郊の出身で、医師であり政治家にもなった共和主義者であった。リスボン大学とポルト大学の創設者でもあり、一九一九年から二三年までは共和国大統領であった。

同じ頃、財務大臣サラザールが徐々に権力を固めつつあった。一九二九年四月一六日夜、フリーメイソン本部、グレミオ・ルジターノ（ＧＯＬの本部）が共和国防衛隊（ＧＮＲ）と警察によって襲撃されるという事件が起こった。襲撃には一般市民も参加していたというが、驚くことに参加者の中に若き日のマルセロ・カエタノもいたという。カエタノはサラザールが病に倒れた後の六年間、エスタード・ノーボ体制の首相となった人物である。若いときから敬虔なカトリック信者であった。数多くのメイソンが逮捕され、書類も没収された。シンボル、芸術品、家具などは破壊された。その日以来、メイソンたちは自由に集会を開くことはできなくなったのである。いや、それだけではない。たくさんのメイソンたちが留置場、亡命、辞任に追い込まれる「ファシズムの長い夜」の始まりであった。

同年大晦日、ノルトン・デ・マトス将軍がグランド・マスターに選ばれた。のちに一九四九年の大統領選挙に挑戦しようとした軍人である（選挙の不正を理由に立候補を断念したが）。そして、彼は反動的政権への戦いの必要を訴えた。もし反動分子たちが勝利した暁には、停滞、不活発、悲しみがやってくると予言したのであった。

カトリック教会と二人三脚は言いすぎかもしれないけれど、緊密な関係を維持したサラザール体制は、逆にフリーメイソンを敵視した。民主主義勢力の主要な人物たちがそこに所属していたからである。メイソンに対する弾圧が続き、会員たちはロッジに通うことを止めてしまい、閉鎖に追い込まれるロッジもあった。活動するメイソンは大幅に減少してしまったのである。一九三三年には二六年と比較するとメンバー数は半減していた（逮捕されたり、国外追放になっていた）。「エスタード・ノーボ」体制が地歩を固めると同時に、反比例するかのようにフリーメイソンは弱体化していったのである。一九三一年から三五年まで、共産主義が第一の敵になる前に、フリーメイソンはサラザール体制から徹底的に睨まれ、第一の敵と見なされたのであった。

サラザールの登場とともに、旧勢力の古い憎しみがよみがえったのであった。グランデ・オリエンテ・

ルジターノ（GOL）は非合法化されたが、一九三五年に詩人フェルナンド・ペソア（この人もメイソンだったと言われる）がその法律を批判したことは有名な話である。のちにGOLの財産は「ポルトガル軍団」（Legião Portuguesa）に譲渡されてしまった。ポルトガル軍団とは、国防あるいは反共産主義のために組織された準軍事的な組織であった。その結果、GOLは地下にもぐり、受難の時代が始まった。

新たに生まれたばかりの国民議会の議員ジョゼ・カブラルが一九三五年一月一九日にポルトガル国民の秘密結社（具体的にはフリーメイソンのことである）への入会を禁じる法案を提出している。二月にはフェルナンド・ペソアがフリーメイソンを擁護する文書を発表したが、その甲斐もなかった。魂は卑小ではなかったと思うが、いつでも報われるわけでもないのだろう。グランド・マスターのノルトン・デ・マトス（一八六七－一九五五年）も国民議会議長に手紙を書いたが法案撤回に向けての努力は実らなかった。体制側の決意は固かったのだ。

そして、四カ月後に満場一致で法案が通り、一九三五年五月二一日の「一九〇一号法」によって、フリーメイソンは非合法化されたのである。それによって、一六歳以上の学生、公務員候補、現職の公務員たちは、役職に就く前に、フリーメイソンを拒むことを宣言し、メンバーでないことを公言しなければならなくなったのである。刑罰としては罰金、拘留のほか再犯の場合は国外追放もありえた。実際に逮捕され、抑留された者もいたという。

こうして、フリーメイソンはポルトガルで法的には解散させられたのである。一九三七年の「一九五〇号法」によって、グランデ・オリエンテ・ルジターノ（GOL）は財産を没収され（PIDEとして知られる国防国際警察や財務省の装飾に使われたり、一部は後にオークションにかけられ、その利益は福祉に役立てられた）、すでに述べたように、そこにはポルトガル軍団が本部を置くようになり、GOLは解散の憂き目にあった。なお、GOLが元の場所に戻るのは七四年の「革命」後のことである。

そうは言っても、フリーメイソンがポルトガルから消滅してしまったわけではない。人間を抹消することは可能であるし、文字どおりこの世から抹消された者もいたし、財産を奪い去ることもできる。だが、自由を求める人間の根源的な願望を消し去ることは誰にもできない。だから、地下にもぐりながら自由の明かりをともし続けたロッジもいくつか存在したのである。

フリーメイソンは、一九三七年からもずっと、弁護士にして陸軍将校ルイス・ゴンサルベス・レボルダゥンというグランド・マスターの下で生き残っていたのだ。だからこそ、一九七四年の「革命」が起こるとすぐにフリーメイソンは蘇ったのである。独裁制を許さないフリーメイソンは確かにサラザール体制の打倒のためにいくつかの反体制組織と関わりながら、しぶとく生き残ったのである。ただし、民主主義の時代となった今でも、職場でメイソンであることが明らかになったり疑いをかけられたりして、嫌がらせの対象になる人もいるのだという。

実はサラザール体制内にもフリーメイソンのメンバーがいたのである。例えば、共和国大統領だったオスカル・カルモーナはフリーメイソンに所属していた時期があったと言われる（確かな証拠はないのだが）。初代国民議会議長ジョゼ・アルベルト・ドス・レイスもメイソンだったと言われる。興味深いのは二人ともフリーメイソンを禁止する法律に反対することはなく、むしろ逆に支持したという事実である。本気でフリーメイソンの活動に取り組んでいなかったのだろうか。それとも大した法律ではないと思ったのだろうか。

また、コインブラ大学でサラザールと同期で大親友だった医師ビサイア・バレットもメイソンだったとされる。サラザールはバレットとは毎週土曜日には夕食を共にした。となると、サラザールは個々のメイソンは弾圧せずとも、組織としてのフリーメイソンリー（マソナリア）に脅威を覚えたということなのだろうか。有能であれば、メイソンでも出世を遂げることはできたとも言われる。もしそれが事実なら、サラザール時代はフリーメイソンの暗黒時代だったという認識自体を見直さないといけなくなるのだが。サラザールは人の心を操る術に長けていたとも言われ、カトリック教会を優遇しているように見せながらも、フリーメイソンに対しても目配せをしていたということなのだろうか。思い返せば、一九六八年九月、椅子から落ちて頭を強打したサラザールの手術を執刀した医師団は皆反体制派、しかも一人はメイソンであったことが知られているのだ。もっとも、手術の直前、メイソンを医師団から外せなどと命令するだけの能力はもうサラザールには残っていなかっただろうけれど。手術に付き添ったビサイア・バレットは、術後、メイソンである医師と握手をしたときに、メイソンの合図を送ったとされる。

なお、スペインのフランコも共和主義と親和性の高いフリーメイソンを迫害し、逮捕を免れた者は隣国ポルトガルに逃れてきたという。ということは、メイソンにとって、ポルトガルはスペインよりは居心地がよい国だったということだろうか。実際、ポルトガルではスペインほどフリーメイソンに対する迫害はなかったとも言われる。

余談ではあるけれど、ビサイア・バレットが地元コインブラに作ったポルトガル・ドス・ペケニートス（子供たちのポルトガル）というテーマパークは今見ても、ポルトガルと旧アフリカ・アジア植民地との関係が見てとれるようで興味深い。ポルトガル帝国内の「他者」をどう見ていたのか、そのまなざしの一例を垣間見ることができるように思えるのである。ただし入園料が高いのが難であろう。なお、ここはポルトガル人なら生涯で三度訪れる場所と言われている。最初は子供のとき。二度目は親として。

そして三度目は祖父母として。ちなみに私はこれまで二度入場しているが、もう一度行くべきなのだろうか。本音を言うと、他にも行くべきもっと重要な場所はあると思っているのだけれど。

一九四九年の大統領選挙に立候補し、サラザール体制を脅かしたノルトン・デ・マトス将軍もメイソンであった。だが、それはフリーメイソンが「エスタード・ノーボ」体制に反対したということだったのだろうか。それとも、サラザールに対立した軍人がメイソンでもあったということなのだろうか。

ところで、話題は急に現在に近づき、二〇〇九年にリスボン大学哲学センターの研究員であるコスタ・ピメンタという法律家が『サラザール　メイソン』という著作を刊行し、(少し)話題となった。サラザールはメイソンだったと言うのである。サラザールといえばカトリック教会と協力しながら体制を維持した政治家であり、彼の時代は実際フリーメイソンを禁じていたわけで、その彼が一九一四年、二五歳になったときからカトリック信仰を捨ててフリーメイソンに入会したという主張は衝撃的であった。

著者であるピメンタはサラザールがフリーメイソンに入会したことを証明する文書を発見したわけではなく、サラザールの発言や状況証拠などから、サラザールのマソニズモ(メイソンであること、メイソン性)を証明しようとしている。状況証拠なら、例えば、サラザールを大臣そして首相に選び任命したのはメイソンでもあったカルモナ大統領だが、通常フリーメイソンは重要ポストにはメイソンしか選ばない、だからサラザールはメイソンなのである、というような論法を使う。メイソンでなければ出世できず、サラザールは出世したからメイソンだというのは強引過ぎないか。それならば、カルモナ大統領の時代の大臣たちはみんなメイソンということになってしまうだろう。

また、サラザールの有名なフレーズに「われらは神を論じない」というのがあるが、フリーメイソンがロッジ内では宗教や政治を論じないという規則に相当する考えだという。ことばのうわべだけを捉えた屁理屈にも聞こえるが。日本人も上手な世間のつき合いのためには宗教を話題にしないという知恵があるが、日本人はみんなメイソンなのだろうか。ピメンタは、サラザールが残した写真にもメイソンのジェスチャーが見られるとも言うのだが、具体的にどれかは教えてくれないのである。

さらに、ピメンタはブラジルのリオデジャネイロのコルコバードのキリスト像「救い主キリスト」と、リスボン対岸にある「王としてのキリスト」（クリスト・レイ）は、どちらも教会にある十字架にはりつけられた苦しげで悲しげなキリスト像と異なり、フリーメイソンが描くキリストに近いという。しかも、ブラジルはフリーメイソンによって作られた国であり、その象徴的なキリスト像を意識したキリスト像をテージョ川の向こう側に建てさせたサラザールはメイソンだというのだ。うーむ。強引過ぎて苦しくないか？

私が知る限り、ポルトガルには「トンデモ本」というジャンルはないのだが、ベルトラン社のようなポルトガルの一流出版社が何の根拠もない酷い本を出したと言って嘆く歴史家もいる。ピメンタに倣ってサラザール＝メイソン説を唱える者が現れた様子もなく、一時的な受け狙いの本のようにも思えてしまう。ただし、ピメンタのフリーメイソンに関する解説は詳細にわたっており、彼自身はメイソンなのかもしれない、そんなことを思わせる。

それにしても、フリーメイソンが独裁者を認めることも考えにくく、どこか奇妙な本ではある。よくフリーメイソンから抗議が出なかったものである。興味深い本とはいえ、やはりサラザール＝メイソン説は読者たちを納得させることはできなかったように考えられるのだ。

民主主義の時代のフリーメイソン

一九七四年四月、ポルトガルに民主主義が戻ってきた。結社の自由も回復された。フリーメイソンも合法化されたのだ。その時点でのフリーメイソンのメンバーはわずかに二〇〇名だったというが、彼らが尽力し、委員会を作り、国家救済評議会（「四月二五日革命」後、政府を支えるために設置された軍人のグループ）や、メイソンであったパルマ・カルロス首相率いる第一次暫定政府に働きかけ、ポルトガル軍団の本部になっていたフリーメイソン宮殿（旧GOL本部）を取り戻そうとした。サラザールといえども、フリーメイソンを根こそぎにすることは不可能だったのだ（お隣スペインのフランコも同様にできなかった）。

一九七四年の「四月二五日革命」の直後、自身もフランス亡命時代にフリーメイソンに入会した当時の首相マリオ・ソアレスの署名を得てフリーメイソン宮殿がメイソンに返却されて新しい生命を得た。それに倣って、地下に潜って休眠状態だったロッジが活動を再開した。あるいは新設された。グランデ・オリエンテ・ルジターノは再編成され、新しいグランド・マスター、弁護士のアダゥン・イ・シルバの下で平穏を取り戻し、活動し始めたのだった。

「四月二五日革命」とフリーメイソンとを直接結びつける論述はほとんどないと思われるが、先に紹介したコスタ・ピメンタの『サラザール　メイソン』は二〇世紀二度目の大変革にもフリーメイソンが深く関わったと示唆している。革命を実行したのは軍事的ロッジであり、しかも「四月二五日」という日付けはグランデ・オリエンテ・ルジターノの創設日と一致するから選ばれたのだという。実際のところ、サラザール時代もフリーメイソンへの迫害は激しくはなく、メイソンは活動を続けていたから、革命を起こせたということになる。確かに、サラザール体制の要人の中にはメイソンとされる人もいたのだが、だからといって、「革命」を起こしたのもメイソンだというのは無理があるように思える。フリーメイソンが息を吹き返したからと言って、教会への報復というものはなかった。ここは一九一〇年一〇月五日との大きな違いである。

ただし、一つ重要なことを記しておかねばなるまい。オルランド・ライムンドというジャーナリストの著作『エスタード・ノーボの最後のファーストレディ』において、「革命」後最初の暫定政府の首相パルマ・カルロスはグランデ・オリエンテ・ルジターノによって選ばれたと述べられているのである。「革命」を成功させた国軍運動（ＭＦＡ）が共和主義的伝統の復権を望み、その決定を受けてのことだとされる。もしこれが事実なら、フリーメイソンは今から約四〇年前ポルトガルが民主主義を獲得するうえで、無視できない役割を果たしたことになるだろう。

一方で、現地週刊誌『エスプレッソ』（二〇一六年一月一四日ウェブ版）はもう少し複雑な経緯を掲載している。「革命」を成功させた国軍運動（ＭＦＡ）の若手将校たちは初代内閣の首相に三名の候補者を準備していたが、そのどれもが救国評議会議長になったスピノラ将軍から拒否されてしまう。同将軍にも意中の人物がいたのだが、当時の状況を考慮し旧体制との関連があったその候補者の任命は断念した。スピノラ将軍はそこで国軍運動推薦の三名の中にいたメイソンでもあったラウル・レゴに声をかけようとしたのだが、レゴは固辞し、代わりにフリーメイソン（グランデ・オリエンテ・ルジターノ）は世間では無名とはいえ民主主義者であった弁護士パルマ・カルロスを推挙したのだという。『エスプレッソ』誌は「スピノラ将軍はフリーメイソンの圧力を受けパルマ・カルロスを任命した」という書き方をしているが、ちょっと大袈裟なようにも思える。また、国軍運動の最初の候補者の中にすでにラウル・レゴがいたということは、彼らもフリーメイソンのメンバーを推薦していたということでもあり、オルランド・ライムンドの主張もまったく間違いというわけでもなさそうである。いずれにしても、独裁制の下でもフリーメイソンが生き延びて優秀な人材を擁していたことは確かなようである。

現在、フリーメイソンは祖国と人類の幸福のために節度を持って活動している。昔からの自由、平等、友愛という価値観は今も変わらず重要である。過去の失敗に倣い、政争からは一定の距離を置いているが、同時にポルトガル社会のどの分野でも重要な地位につくメイソンがいることも確かである。ポルトガルの政治を動かすのはフリーメイソンであるというのは言い過ぎだろうけれど、一定の影響力はあると推測される。

しかし、サラザール時代に受けた迫害を理由にして、メイソンたちは今も秘密主義の必要性を主張する。フリーメイソン迫害の歴史はフランスやブラジルよりポルトガルのほうが長いとも言われる。いや、今も極右集団からの脅迫は続くらしく、メイソンの個人データリストが盗まれたり、集会所に極右集団のメンバーが破壊目的で侵入してきたこともあったのだという。

だからこそ、民主主義になって四〇年間が過ぎても、フリーメイソンは表舞台には出ようとせず、陰に潜んでいるのである。秘密結社という呼び名も、自ら名乗ったというよりもむしろ敵から勝手につけられたものだとも言うが、「革命」後すぐに力を取り戻し、第一次暫定政府の首相がメイソンであるパルマ・カルロスであったことは象徴的である。地下にもぐりながらも、メンバーの中に国家の命運を背負える人材を擁していたということなのだろう。

ところが、民主主義の時代、自由を得たからなのだろうか。独裁制という共通の大敵を失ったからなのだろうか。フリーメイソンは統一性を失うことになった。フリーメイソンは教会ではなく、国境を越えた単一の中央機関があるわけではない。各ロッジには自治権があり、それらを各国でグランド・ロッジという連合体がまとめている。各グランド・ロッジも独立した存在である。八〇年代になると、グランデ・オリエンテ・ルジターノ（GOL）の一部メンバーたちがポルトガル・グランド・ロッジ（Grande Loja de Portugal）を創設、それは後にフランス・ナショナル・グランド・ロッジ・ポルトガル地区代表（Districto Português da Grande Loja Nacional Francesa）に変わった。さらに、この分派は一九九一年、自称正規派のロッジを集めポルトガル正規グランド・ロッジ（Grande Loja Regular de Portugal＝GLRP）に姿を変えることになった。このGLRPは今日ポルトガルで二番目に重要な分派であり、イギリスの統一グランド・ロッジに正規派と認められている。儀式も英米系のフリーメイソンと同じである。なお、GLRPの創設の中心となったジョゼ・マヌエル・アネスもGOLから独立した人物である。

メンバーの一部を失ったとはいえ、今日もGOLはポルトガルで重要なオベディエンス（分派）であり続けている。一方で、GLRPは一九九〇年代後半にはモデルナ大学のスキャンダルでダメージを受けてしまった。モデルナとはモダンのことである。「モデルナ事件」として知られるようになった、フリーメイソン（正規派）と政界を巻き込んだ汚職、放慢経営の事件であった。

九七年から九九年にかけて、モデルナ大学名義のクレジット・カードで八六万ユーロの金額が使われたことに関して、マネーロンダリング、文書偽造、詐欺などの疑いで一三名もの被告が生まれた。大学を経営する企業の金庫からも大金が消え、ロシアやコロンビアの組織との関連、売春、麻薬取引とのかかわりさえ発覚したのである。九九年一月には、メディアを通じて、ポルトガル司法当局がモデルナ大学と正規派フリーメイソンのつながりも発見したと報じた。結局、逮捕され実刑を受けたのは学長の息子だけだったが、正規派にとっては大きなイメージダウンとなったのである。このスキャンダルを受け、

ＧＬＲＰのほうも分離し、ポルトガル正規グランド・ロッジ－鐘の家が生まれ、それはさらにポルトガル・ナショナル・グランド・ロッジとルジタニア・フリーメイソン王家に分かれたのである。なんだかよくわからなくなる。

そうは言っても、現在、ポルトガルで重要な分派といえば、ＧＯＬとＧＬＬＰ／ＧＬＲＰの二つである。ＧＬＬＰとはGrande Loja Legal de Portugal（ポルトガル合法グランド・ロッジ）のことであるが、ＧＬＲＰが何度か分裂したせいで、このような両名併記になっているのである。ＧＯＬとＧＬＬＰ／ＧＬＲＰは互いに承認しあっているわけではないのだが、尊重はしている、という関係だろうか。どちらの分派も二〇〇〇名のメンバーがいると言う。若干の違いはあれ、どちらもスコットランド式の儀式にのっとる。同じ合図を用いる。どちらも目的はメンバーの精神面における完成である。メンバーたちは自由、友愛、平等をはぐくみ、階級のない社会を築き、知的向上を目指し、より自由で公正で平等な社会の構築を目指さなければならない。現在のような危機の時代にはフリーメイソンは、社会の変革に関与し、道徳的な発信力になる必要があるという。

さて、フリーメイソンと言えば、男性メンバーだけというイメージがあるが、実は女性メンバーもいる。古い時代には、メイソンに求められる勇気は男性だけのもの、女性には欠けていると考えられていたのである。また、入会の儀式で行われる試験も厳しく女性には耐えられないと見なされていた。しかし、一八世紀にはフランスで女性だけのロッジがあったというし、近年のポルトガルではグランデ・オリエンテ・ルジターノは女性メイソンをロッジに迎えることも、メンバーが女性のロッジに出入りすることも容認している。

一方で、ＧＬＬＰ／ＧＬＲＰのほうは夕食会にだけメンバーの配偶者が参加することを許可する。一九九七年には女性だけからなる分派ポルトガル女性グランド・ロッジ（Grande Loja Feminina de Portugal）も創設された。もちろん、グランド・マスターも女性である。さらに、男女混合というロッジもいくつかある。一九一一年、ポルトガルが共和制になって最初の総選挙で女性として初めて投票権を行使した、ポルトガル最初の女性外科医カロリナ・ベアトリス・アンジェロもメイソンだったという。

「革命」後、フリーメイソンは内紛や分離を繰り返しながらも、拡大し続けてきた。新規メンバーの獲得は主に勧誘という形を取る。友人、友人の友人、さらには家族を招くのである。もちろんコネがあるからといってすぐに入会できるわけではなく、何カ月にもわたって素行を観察され、何度も面接を受け、そして正式な勧誘を受ける。時代の流れとともに変化を余儀なくされてきたが、それはこれからも変わらないだろう。もしこの先、彼らの成長を妨げる組織があるとしたら、それはカトリック教会、中でもイエズス会とオプス・デイ（神の御業）くらいだろうか。ポルトガルのカトリック教会は「敵」という言葉は使わないものの、信者がフリーメイソンの儀式に従うことを「重大な罪」と見なすという。信者はメイソンであってはならないのだ。教会の上層部から見れば、「社会党の盟友」であるフリーメイソンがポルトガル社会を統制するのは認められないのだ。逆に、フリーメイソン側からは、教会との軋轢は弱まりつつあるとも言うのだが。

フリーメイソンとの関わりで少しだけでも触れておきたいのが、けっして良好な関係にあるとは言えそうもないオプス・デイである。「白いフリーメイソン」と言われたりもするようだけれど、オプス・デイのほうからすればフリーメイソンになぞらえられるのは心外でもあるだろう。日本人にはあまり聞き慣れない言葉だと思われるが、オプス・デイとは、「神の御業」を意味する。それは、ローマ・カトリック教会の組織の一つである。比較文化史家の竹下節子は『フリーメイスン　もうひとつの近代史』において、「カトリック系の篤信組織」と定義している。フリーメイソンに対抗するために創設された組織だと主張する者もいる。スペイン人神父ホセマリア・エスクリバー・デ・バラゲルによって一九二八年に創設され、三〇年には女性部門も創られた。五〇年になって教皇ピウス一二世の承認を得ている。しかし、今に至るまで、カルト集団と疑われることもあるようで、カトリック教会の中にもこの組織に懐疑的な者たちも少なくないらしい。なお、エスクリバーは二〇〇二年バチカンで列聖されている。

その活動は当初はスペイン国内に限られていたが、二〇年後にはポルトガルにやってきて、今では六〇カ国以上に拠点が置かれている。日本でも一九五八年から活動しており、メンバーの総数は九万人を超えるという(その四割近くはスペイン人)。著名なメンバーには、ポーランドの元大統領レフ・ワレサ、国際オリンピック委員会の元会長ファン・サマランチなどがいる。FBI元長官の名前もあるという。個人的には、イタリア人サッカー監督ジョヴァンニ・トラパットーニがメンバーだと言われると「へー、そうなんだ」という思いに駆られる。ということは、二〇〇四/〇五シーズンに彼が率いたベンフィカ・リスボンがポルトガル・リーグを久しぶりに制覇したのも「神の御業」なのかと思わされるのである(実際は、同監督の采配の妙とか、FCポルトのJ・モリーニョ監督がチェルシーへ移ったとか、他にも違う理由があるはずだが、神のご加護もあったのかもしれない)。

当初はフランスに進出する予定だったようだが、聖母マリアの出現を目撃したファティマの牧童の一人、シスター・ルシアの支援を得て、まずはポルトガルから世界展開を開始させた。ファティマ信仰がポルトガルのカトリック教会内で、あるいは政界で、大きな影響力を持っていたことがうかがわれる。そうは言っても、サラザールの時代には、秘密警察PIDEによって監視対象とされていたというから、話は複雑である。ＰＩＤＥは、オプス・デイがスペイン主導のイベリア連合の確立を目論んでいるのではないかと、またサラザール亡き後のポルトガルで政権奪取を計画しているのではないかと疑ったのである。ポルトガルでは約二〇〇〇人が所属するとも言われたこともあったが、現在は約一五〇〇人に減少したらしい。

だが、人数は少なくとも、銀行業界や政界では力があると言われる。経済面では、フリーメイソンよりもオプス・デイの影響力のほうが強いとさえ見なす者だっている。人口一千万人の国で、一五〇〇人が社会で要職に就けば、それなりの影響力は行使できそうでもある。なにしろポルトガル商業銀行の創設者であるジョルジュ・ジャルディン・ゴンサルベスという銀行家は、このオプス・デイの「顔」とも言われた人物である。このゴンサルベスは二〇〇五年に引退したとき、後継者にやはりオプス・デイのメンバーを任命し、結束力の強さを見せつけたことがある。もっとも、この後継者はその後の内紛などもあり、結局銀行をやめ、オプス・デイからも離脱してしまったのだが。

ノーベル文学賞を一九九八年に受賞したポルトガル人作家ジョゼ・サラマーゴの未亡人ピラル・デル・リオは、オプス・デイのメンバーだった父を持つのだが、その目的は権力だけだと批判する。もちろん、オプス・デイ側は否定しているのだが。実際のところはわからないが、ポルトガルの国民党党首パウロ・ポルタス（二〇一五年一一月までポルトガル副首相）はこのオプス・デイとの関係を指摘されたことがあったし、元大統領のラマリョ・エアネスも近い関係にあると見なされている。元共和国議会議長であるジョアン・モタ・アマラルもメンバーだとされる。また、二〇一三年一月には、久しぶりにオプス・デイのメンバーが入閣したと話題になった。やはりメディア的にも気になる存在のようである。

オプス・デイが目的とするところは、メンバーの日常生活の聖化であり（聖性の追求）、市民社会への普及である。メンバーは毎日のミサ、聖体拝領、観想生活、精神的指導者への従順を求められる（対して、フリーメイソンは平等を謳っている）。聖性を高めるために苦行難行を行うこともある。こうした厳しさは聖職者だけでなく一般信者にも同様に適用される。信者の獲得は特に学生、知識人、企業家をターゲットとしている。つまり社会のエリートと見なされる人たちである。エリートたちを介して社会への影響力を行使しようと考えているのだ。エリートがメンバーになるという点ではフリーメイソンとの共通点も見出せそうだが、苦行難行とか毎日のミサと言われると、両者の違いが見えてくる。

オプス・デイを「白いフリーメイソン」と呼ぶ人もいるようだが、メンバーたちは「自由な石工」たちとの比較を拒絶する。また、政治の世界における影響力などもまったくないと主張する。確かに、例えば単純に、ポルトガルの共和国議会の議員数を比べれば、圧倒的にフリーメイソンに軍配が上がる。もっとも、どちらも政界で影響力を行使するためにメンバーを国会に送り込んでいるとは言わないだろうけれど。メンバーたちが国会議員になっていても、それは本人の意思によるものであり、組織が命じているわけではないということである。

ただし、こんなことはあった。かつて、両者の間で閣僚ポストの分配が話題になったのである。具体的に言うと、国連難民高等弁務官になったアントニオ・グテーレスが首相だった時代である（一九九五―二〇〇二年）。グテーレス内閣にはメイソンが多かったのである。このグテーレスはオプス・デイのメンバーにはならなかったけれど、その関連施設住居に暮らしていたとされることがあり、関係があることをうかがわせる人物である。本人は所属を否定するが、学生時代に勧誘されたことはあったようだ。もう一つ興味深い事実としては、二〇一一年から共和国議会の議長を務めるアスンサン・エステヴェスは、フリーメイソンとオプス・デイの両方からメンバーになるように誘われたことがあるのだという。

オプス・デイとフリーメイソンの関係がけっして良好とは言えないことはわかるが、それではカトリック教会とフリーメイソンの関係はどうなのだろうか。これは第三章の大きなテーマの一つであるが、過去にカトリック教会がフリーメイソンを敵視したことは事実だし、逆にフリーメイソンがカトリック教会の神父を国外に追放したことも確かである。しかし、両者の関係が融和に向かった時期もあるようで、やはり複雑だと言わざるを得ない。

フリーメイソンというと、陰謀論を張り巡らされるなど、外部に敵が多くいる分、内部の結束は固そうに思えるが、実際はそうでもないようである。例えば、三年に一度行われるグランド・マスターの選挙の際には、候補者同士の間で誹謗中傷が飛び交ったりすることもあるという。メイソンの「兄弟」たちはしばしば仲たがいを起こす。兄弟は他人の始まりということだろうか（というか、もともと他人か）。内部対立から飛び出したメンバーたちによって新しいロッジが作られることもある。ロッジの増設は、メンバーが増えたから新しいロッジが作られるという理由ばかりでもないようだ。

また、秘密結社である以上はメンバーの個人情報などはけっして外部に漏れてはならないはずだが、二〇一二年にはネット上に数千人のブラザーたちの氏名が公表されるという一大事件も起こっている。メイソンたちの情報を外部に漏らし、秘密結社としての信頼感を損ねようとする内通者がいるということだろうか。政府も大企業も狙われる中、フリーメイソンとて、サイバー攻撃に用心しないといけない時代なのだ。

フリーメイソンでさえ秘密保持が難しいご時世とはいえ、やはりそのメンバーの多くは知られておらず、集まるときもひっそりとしている。ポルトガル社会の重要な部門・部署には必ずといってよいくらいメイソンがいるのだが、迫害の過去を理由に、自らの素性を明らかにはしない。それぞれの職場の任務遂行においては、フリーメイソンの重要な価値観、自由、平等、友愛、寛容を何よりも重視する。どんな分派（オベディエンス）に属していても、可能な範囲で「兄弟」を助ける義務がある。それは二〇〇年前から変わらぬルールだが、彼らも今ではスマホを使って連絡を取り合っている。時代が変わり、フリーメイソンも変わりつつあるが、もちろん変わらないこともある。

メイソンたちはロッジに集う。すでに触れたが、ポルトガル語なら「ロージャ」である。ロッジには最低でも七人のメンバーが所属しなければならないが、上限はない。上は何人でもいいのだ。ロッジの上に位置する母集団はオベディエンス。ポルトガル最古のオベディエンスが、今日でも力を失っていない、一八〇四年に創設されたGOLであることもすでに述べたとおりである。

いろいろと社会を騒がせるフリーメイソンであるが、けっして裕福であったことはないとはいえ、彼らの地位はさらに強まっているのかもしれない。二〇一〇年九月、GOLのメンバーが二〇〇〇人という大台に乗ったのだが、それは一九一〇年に共和制が樹立された一〇〇年前と同じ数字である。サラザールによる抑圧的とされた時代にだいぶメンバーを失っていたから、民主化開始後の四〇年間で元の数字を取り戻したということだ。また、二〇〇五年からメンバー増加率が八％を超えるのもフリーメイソンの黄金時代に匹敵するのである。会員数では、ポルトガルで最も人気のあるサッカーチーム、ベンフィカに遠く及ばないものの（二七万人もいて、その数は最近まで世界一だった！）、社会の影響力でははるかにベンフィカをしのぐ。一人のメイソンは一〇〇〇人のベンフィキスタ（ベンフィカ・サポーター）に相当するとさえ言われる。

それにしても、世界で最も有名な秘密結社などと言われると、その表現自体にどこか矛盾を感じないわけにもいかないけれど、フリーメイソンは確かに有名である。そして、おそらくかなりの程度その本質を誤解されている。セクレート（秘密主義）ではなく、ディスクレート（節度のある）なのだと韻を踏まれて言われても、社会の中でずいぶんと目立っているように思える、近年は入会希望者が多くて、対応が間に合わないそうである。

フリーメイソン・ブームと言っては語弊があるのだろうが、危機の中、ポルトガル社会でもフリーメイソンの存在感が増しているように思える。もちろん、二〇〇八年以降の危機がフリーメイソンの陰謀だと言うつもりはない。状況はむしろ逆で、ふだん信じてきた価値観が揺らぎを見せる危機の時代だからこそ、フリーメイソンの存在感が増すのだろう。そして、実際に入会したいと希望する者も増える。

いずれにしても、フリーメイソンをキーワードにポルトガル社会を眺めてみると、また違った側面が見えてくることも事実である。

ところで、本章の最後に一つ情報を付け加えさせていただきたい。二〇一二年一二月には、同年五月コロンビアで開かれたフリーメイソンの世界大会で、正規フリーメイソンが公用語の一つとしてポルトガル語を認めたというニュースが流れたことがあった。それほどまでにフリーメイソンの中でポルトガル語話者の存在、人数が重要になっていることの証であろう。この決定により、ポルトガル語話者であるメイソンは、海外で開かれる集会で英語あるいは開催地の言語を話す必要がなくなる。フリーメイソンにとってポルトガル語は重要な言語であり、またポルトガル語圏とフリーメイソンは深いつながりがあるのだ。

第二章　ポンバル侯爵とリスボン復興

日本がポルトガルを思うとき

第一章では、昨今のポルトガルの経済・社会情勢を振り返るだけでなく、日本ではまったくと言ってよいくらい知られていないポルトガルにおけるフリーメイソンの歴史を概略し、さらに現代における社会的な影響力を紹介してみた。フリーメイソンがポルトガル社会にしっかりと根を下ろしていることが、そしてメイソンとされる人物たちが歴史の中でかなり重要な役割を果たしてきたことが多少なりともわかっていただけたと思う。なによりも、ポルトガルにもこんな史的側面もあったのか！　と実感してもらえたのではないだろうか。

歴史を語る流れの中で、ポルトガル最初のメイソンと言えそうな人物のことも紹介したが、しかし歴史上に名を残すような活躍をしたわけではない。そもそもその人物はイギリス人であって、ポルトガル人ではなかった。そこで、ポルトガル史上、誰もがその名前を知っているような人物で、しかもメイソンだったと思われる人を歴史を遡って探すとどうなるだろうか。ポルトガル最古の著名人メイソンとしておそらくはポンバル侯爵（マルケス・デ・ポンバル）の名前を指摘することになるはずだ。

今では、首都リスボンの中心地に巨大な銅像となり、テージョ川に至るまでの目抜き通りをずっと見下ろし続けている歴史上の人物である。銅像の下には地下鉄の駅があり、テージョ川沿いにあるコメルシオ広場までそのまま行ける。リスボンも便利になったものである。ちなみに、二〇〇七年に実施されたテレビ番組『最も偉大なポルトガル人』のアンケートによれば、九位にランクインしている。いや、これから見ていくように、彼の偉大な功績を思えば、九位というのはランクが低すぎるのではないかとも言いたくなるのだが、人々の記憶が届く距離は短く、一八世紀の人物に票を入れたくなる現代人の数は減ってしまうのだろう。

リスボンのポンバル侯爵像。とにかく大きい!!

個人的には、首位に輝いた独裁者アントニオ・デ・オリベイラ・サラザールに次いで二位に入ってもよかったのではなかったかと考えているくらいである。もちろん、同コンテストで実際に二位につけた元共産党党首アルバロ・クニャルも、イデオロギーの是非はともかくとして、偉大な政治家ではあったのだが（この人については第五章で語ることにしよう）。

と書かれても、何のことだかわからない

という方も多いと思われる。リスボンに旅すれば、必ずと言ってよいくらいポンバル侯爵の像を目にするはずだが、その偉業の内容まではきちんと日本に伝わっているわけではない。ポルトガル近現代史のいくつかの側面を語る本書としては、まずはこのあまりに偉大であるがゆえに毀誉褒貶の激しい人物から取り上げてみたいのである。ポルトガル人の中には、フィロポンバリズモ（ポンバル好き）とアンチポンバリズモ（ポンバル嫌い）が並存するのだ。

今、ポンバル侯爵のことは日本では知られていないと言ったばかりで恐縮なのだが、実は数年前、日本のメディアでこのポルトガル人貴族がずいぶんと取りざたされたことがあった。私も新聞の論説でちょっとだけ論じさせていただいた。ポンバル侯爵が話題になったのは、今後、日本史を綴るときに触れないわけにはいかない日付け、二〇一一年三月一一日以降のことである。いや、さらにもう一度、NHKが二〇一五年一月に特集番組を放送してくれたことがあった。もちろん、阪神・淡路大震災から二〇年を記念してのことである。どうやら、日本人は大地震を思うとき、このポルトガル人貴族を思い出すようである。ポルトガル史を学べば、地震だけが彼を偉大にしているわけではないことがわかるのだが。

さて、二〇一一年三月一一日。忘れろと言われても、忘れられない日付けである。その日の午後二時四六分、東日本の広い範囲を大地震と巨大な津波が襲った。それだけではない。地震と津波という自然災害だけでなく、続いて起こった福島第一原子力発電所の現代文明的な事故によって、日本は変わることを余儀なくされることになった。世界が変わったのかもしれない。たとえ地震の揺れを覚えず、津波も届かず、直接的な被害を受けなかった者だって、その日を境として、べつの人生を生きざるを得なくなったはずである。二〇一一年三月一一日は日本を変えた日。まちがいなく、その日、日本は、そしておそらくは世界も変わったのである。

お気づきになったかどうかわからないけれど、二〇一一年三月一一日以降の数カ月間、日本では珍しいことに、ポルトガルがメディアでずいぶんと話題になった。テレビCMのおかげで少年歌手ミゲル・ゲレイロ君も一躍有名人になったりもした。ポルトガルで大統領選挙があっても、政権が交代しても、未曾有の経済・財政危機に見舞われても、日本では小さなベタ記事にしかならない国なのに（それさえないときも多いが）、大地震、大津波、そして原発事故の後、ポルトガルに急に脚光が当てられたのである。

ポンバル市のポンバル侯爵胸像。

日頃、日本でポルトガル関連のニュースがほとんどないことに不満を覚えている身としてはありがたいことではあったが、中身を見れば素直に喜ぶわけにもいかなかった。ただし、「三・一一」以前は日本とポルトガルの直接的な関わりは一六世紀の南蛮貿易時代くらいかと思っていたのだが、地震と津波という大災害の経験も共有しているというもう一つのつながりを認識できたのは、ある意味でよかったのかもしれない。

当時（今も？）、日本もポルトガルも財政破たんの危機下に置かれていた。日本はそこに大地震と津波、さらに原発の爆発が起こった。津波と大地震が、一七五五年のリスボン大地震に重ね合わせて語られたのである。一八世紀半ばには、さすがに原発はなかった。というか今もポルトガルには原発はない。そして予算も技術もないことから当分の間はないと思われる。日本人にとってポルトガルが歴史に登場するのは大航海時代と南蛮貿易時代だけだから、よくぞ一八世紀のポルトガルの（欧州の）出来事を思い出してくれたものだと私は感謝したものである。

当時、週刊誌などを読んだりしていると、マグニチュード九に及んだとされる大規模地震と、直後の大津波によってリスボンでは万単位の死者が出て、その影響を受けポルトガルという国そのものが一気に衰退の道をたどり始めたかのように感じられた。地震、津波、原発事故によって衝撃を受けていた、日本の読者の危機感を煽るという意図もあったのかもしれない。けれど、私はポルトガルが衰退しきった国だとは思わないし（実際に行ってみれば、インフラの整備など一部は日本よりもすぐれていたりもする）、一七五五年の大震災が引き金になってポルトガルの衰退が始まったというのは少し事実とは異なるのではないか。

大地震当時のポルトガルの国際派エリートたちは自国の多方面にわたる遅れを自覚していたし、むしろ地震をきっかけとして、この後で見るように、近代化に成功した側面もあったのだ。ポルトガルは危機を好機に変えることができた国であり、その意味で、日本はポルトガルから学べることがあるはずなのである。

リスボン大震災は欧州レベルでの出来事でもあった。いや、その影響の大きさを考えると、世界規模だろうか。大地震の原因は神の怒りなのか？　それとも自然界にあるのか？　信仰心の篤かった一八世紀のポルトガル人なら、前者の見方を取っただろう。つまり、神罰だという考えである。だが、一七五五年一一月の地震の後は、単純に宗教的な解釈だけでは満足できなくなったのである。

国際レベルの影響と言ったが、例えば、フランスでは哲学者ヴォルテールがリスボン大地震を根拠として、ライプニッツが主張した、神が創った世界は最善であるという最善観を否定してみせたし、一方ドイツでは、カントが地震学の基礎を打ちたてている。

ひるがえって現代日本の哲学者、黒崎政男は『今を生きるための哲学的思考』という著作の中で、リスボン地震をきっかけとして、ヨーロッパでは、神を中心とした世界観から人間を中心とした世界観に大きく変化したと述べている。そして、福島の大災害によって、人間中心観が崩壊したというのである。

ユーラシア大陸の両端、極西と極東の大災害が世界観を大きく変えるというのは興味深い一致であろう。神は細部ではなく、辺境に宿るということだろうか。というよりも大陸の両端は地震が起きやすく、大地震に見舞われると人間は世界の根底が崩れたように感じてしまい、世界に対して違った見方をするようになるということなのだろうか。実際に足元を揺さぶると心も揺れるというのなら、地震兵器というのは本当に作ってみる価値があるかもしれない（まさか本当にやる人はいないですよね？）。

ポンバル侯爵の生涯

ポンバル以前の時代

さて、ここでポンバル侯爵に話を戻そう。大震災後のリスボン復興に獅子奮迅の活躍を見せたポンバル侯爵はリスボンだけでなく、ポルトガルを変え、さらにヨーロッパ文明にも大きな影響を与える変革を成し遂げた人物である。ポルトガル国民の間では、彼の進歩主義的な偉業を称える者、あるいは貴族や聖職者階級を攻撃した独裁者として非難する者、両方がおり、今でもその評価が二分される存在ではあるが、どちらの立場を取るにしても、ポルトガル史を語るときに欠くことができない名前である。

もちろん、白馬に跨る救世主でなかったことは確かである。そう呼ばれるためにはあまりにも残虐な側面を持ちすぎである。だが、統治者たちによる国有資産の浪費と汚職に苦しむポルトガルを救い（現在も似たような状況にあるのが悲しくなる）、その国際的名声を再び取り戻した政治家。長期的展望に立って権力者たちの特権を廃止し、階級格差をなくそうともした。すでに述べたが、歴史における影響力を考えるとき、ポンバル侯爵は二〇世紀ポルトガルが生んだ独裁者サラザールに匹敵するくらいの存在ではないかと私は思っている。

大規模な自然災害後に発揮したリーダーシップを見ると、今からでも遅くはない、日本人も彼をもっと知るべきだと思うのである。ポルトガル史上最も好き嫌いが分かれる人物であるし、その功績が広く知られているわけでもないのだが、危機下にある現在のポルトガルは、彼の功績から学べることは少なくないはずである。首都の中心地に大きな像が配置されている歴史上の偉人というだけでは、あまりに情けない。「ポンバル侯爵」という名前の地下鉄駅もあるのだから、地下鉄を利用するときに、たまには彼の時代、彼の功罪に思いを寄せてもいいのではないだろうか。

まずは以下に、ポンバル侯爵が活躍した一八世紀という時代がどのようなものだったのかを記しておこう。

一八世紀に入る前、イベリア連合の時代、すなわち、一五八〇年から一六四〇年、ポルトガルがスペインに統合されていた時代のことである。イギリス、フランスそしてオランダが隙をついてポルトガルの海外領土の一部を占拠してしまう。ポルトガルは海の支配権を失い、残されたのはアジアにおけるゴア、ディウ、ダマン、マカオ、ティモール、アフリカではギニア（ビサウ）、カボベルデ、サントメ・プリンシペ、アンゴラ、モザンビーク、そして南米のブラジルくらいであった（これだけの海外領土を所有していただけでもすごいと思うが）。一六世紀にはすでにインドの香辛料より、サトウキビ、綿花、たばこなどブラジルの産品のほうがポルトガル経済にとっては重要になっていた。

そして、一八世紀。ブラジル沿岸部から内陸部へと旗（バンディラ）を担いで探検に向かった奥地探検隊（バンディランテス）が金（ゴールド）の鉱山を発見した。彼らは金で得た利益の五分の一を手にし、残りはポルトガルの王室に譲渡した。ブラジルの金でポルトガル王室は大いに潤ったのである。一七〇六年から五〇年までの約四三年半もの長い間ポルトガルを統治したジョアン五世の時代（これだけ王座に座り続けた王はほとんどいない）、ブラジルから届く金とダイアモンドによって、ポルトガルは豊かになった。王は就任前からの産業育成政策も継続した。

「寛大王」と呼ばれるジョアン五世は文化面でも大きな功績を残し、例えば、王立歴史アカデミーが設立されている。また、荘厳というよりは黄金の装飾で知られるコインブラ大学図書館や、アジューダ王立図書館、無闇に大きいだけかもしれないマフラ修道院の建設もこの時代である。マフラの修道院はノーベル文学賞作家ジョゼ・サラマーゴの名作『修道院回想録』の舞台である。マフラ修道院を目にしたフランス人旅行家は、黄金を石に変えてしまう王がいるのはポルトガルだけだ、と述べたというが、ただの石ころに変えてしまったわけではないので、そんなに悪いことではなかったようにも思えるが。

最先端の知識や技術を学ぶために海外から指導者を招いたし、病院に外科を設立した。王宮には自然史博物館も作った。天文台が建設されたのもこの時代である。また、富の象徴として芸術振興にも力を入れた。海外の著名な画家の作品を購入し、絵画・タペストリー・宝飾など装飾芸術を保護し、有名な建築作品でもあるリスボンの水道橋（市内の噴水の水はここから来たので、市民にとって有益だった）も建設した。

こうして見ると、ポルトガル史上、大航海時代を含め、最も物的に恵まれた時代だったと言えそうであるが、実際のところ王やその部下たちは国費をずいぶんと無駄遣いしてしまった（王は女好きで、数多くの女性と浮名を流した）。忘れてはならないのは、ポルトガルに幹線道路も運河も作られなかったこと。運河を作っておけば国内の輸送にもう一つ便利な手段ができたのに、惜しまれる。そして、このあたりにイギリス、ドイツ、フランスとの違いを感じてしまう。港も砂に覆われたままであったし、庶民の大半は、ぼろを着た物乞い同然の姿をしていた。

すなわち、この時代、ポルトガル国内における文化、学問、芸術の発展のための策は取られたものの、やはり限界はあったということだ。そこでポルトガルの研究者や学者たちは外国へ留学する必要に迫られたのである。彼らは海外の大学で学び、新しく得た知識をポルトガル国内で還元・普及させる任務を帯びていた。彼らのような留学帰りの人々は「外国組」（estrangeirados）と呼ばれた。この「外国組」の中には『百科全書』の編纂に協力した医師アントニオ・サンシェスやアントニオ・ヴェルネイ神父らがいた。大航海時代と異なり、ポルトガルはすでに知の発信地ではなくなっていたと解釈してよいだろう。

ジョアン五世は、海外から学者らを呼び寄せるだけでなく、ポルトガルの富を誇示するためにウィーン、ローマ、パリにポルトガル外交団を派遣したりもした。もちろん、王室そのものが贅で溢れていた。宮殿という宮殿には高価で派手な装飾品が陳列されていた。終わりを知らない宴席ともなれば料理の品数は尽きず、最後には必ずコーヒーとチョコレートが提供された。社交パーティーでは貴婦人たちがダンスに興じる姿が見られた。貴族たちは芝居やオペラに足しげく通い、また闘牛場で彼らは勇気や乗馬の技を披露した。ただし、王室や貴族たちが贅を尽くした生活を送っている一方で、庶民たちの生活は苦しく、少しでも暮らしぶりを改善させるためにブラジルへの移民が盛んだったことは記しておくべきだろう。しかも、同じような状況が二一世紀になってまた繰り返されているように思えるのがなんとも言えない。

さて、ジョアン五世の後を継いだのは、その息子ジョゼ一世である。妻はスペイン人、フェリペ五世の娘にして、フランスの太陽王ルイ一四世の曾孫であった。この女性、本来ならフランスで王女になるはずであった。王室内では、夫より力があったようだ。ただし完全な男尊女卑の時代であり、やはり政治は王女にまかせはしなかった。そこでポンバル侯爵の登場となったのだ。ジョゼ一世は乗馬術に長け、今もリスボンのコメルシオ広場に馬に跨った雄姿を目にすることができる。嫉妬深い妻マリアナ・ビクトリアによれば、女性に跨るときはもっと上手だったらしいが、本書のように高尚な内容を売りにする作品にはこれ以上の下ネタはよろしくない。

独裁者としての資質などなかったジョゼ一世は、父親を助けた大臣たちに引き続き同じような協力を要請した。その中に混ざって、外務大臣としてセバスティアン・ジョゼ・デ・カルバーリョ・イ・メロが任命された。この人物が後のポンバル侯爵（一七七〇年に叙爵）である。ジョゼ一世の母親マリーアンヌはオーストリア出身、マルチリンガルの教養人で、セバスティアン・ジョゼの仕事ぶりに関しオーストリアから送られてくる報告書に感銘を受けており、彼女の進言でセバスティアン・ジョゼは登用されたとも言われる。国王自身の尽力ではなかったが、彼が統治した時代のポルトガルは史上まれに見る改革の時期であった。経済、財政、どれも父親の時代には無理をし過ぎた感じだったが、国際的名誉を含め見事に回復させてみせた。

「寛大王」の時代の後は「改革者」(ジョゼ一世)の時代となったのである。それが可能だったのは、ポンバル侯爵の啓蒙的政策に全幅の信頼を置いたからである。国王自身は前任者たちと変わらず、音楽会を鑑賞し、狩りに興じ、馬に乗って散策を楽しみ、会議に出てはあくびをかみ殺し、といった感じだった(もちろん、女性とのアバンチュールも満喫した)。彼の最大の功績は、自分は何もせず、セバスティアン・ジョゼを発掘したことだろう。父親より腐敗度も低かったようだ。国を治める者、自らが万能でないのなら、有能な人材を抜擢する能力を持っていれば、それはそれで合格である。

権力の座へ

さて、ポンバル侯爵の生涯をざっと振り返っておくことにしよう。ポンバル侯爵の人生のハイライトはジョゼ一世の統治期間、王の代わりに王だった時代、すなわち一七五〇年から七七年であり、ここではその前後に分けて彼の生涯を描いてみたい。もし本当に王になっていたら、セバスティアン二世になっていたはずだが、一世が「望まれし者」なら、二世はなんと呼ばれただろうか。

生まれは一六九九年、リスボン。セバスティアン・ジョゼ・デ・カルバーリョ・イ・メロが本名である。マルケス・デ・ポンバル(ポンバル侯爵)は貴族の称号であって、生まれたときに授けられたものではない。どうしても貴族になりたかったというから、人生の大きな目標は達成したことになる。長く続き、控訴院判事も祖先の中にはいる貴族の家系ではあったが、両親に大きな財力はなかったという。一二人兄弟の長男であった。そのうち、一歳年下のフランシスコ・シャビエル・デ・メンドンサ・フルタードと三歳若いパウロ・デ・カルバーリョ・イ・メンドンサは忠実な協力者となった。

セバスティアン・ジョゼが四歳のときの出来事なので、彼が行使した影響など何もないはずだが、一七〇三年一二月、ポルトガルとイギリス両国の間でメシュエン条約が締結されている（「毛織物とワインの条約」とも呼ばれる）。メシュエンとは当時の在ポルトガル・イギリス大使の名前（ジョン・メシュエン）である。この条約によって、ポルトガルは保護主義政策を放棄し、イギリスの毛織物を輸入するようになり、一方イギリスはポルトガルのワインを購入することになったが、イギリス側の出超で、ポルトガルは次第にイギリスの経済的支配下に置かれるようになるのである。ワインと毛織物の差額を埋めるためにブラジルの黄金を使うことにもなった。たった三つの条項から成り、欧州外交史上最も短い条約とも言われるが、短い条文のわりには効力はかなり長続きのように思える。

一五八〇年から一六四〇年までポルトガルはスペイン王室の支配下に置かれたことは周知のとおり。そして、再独立を達成するために、国土の荒廃を招いている。そこからの復興のためにオリーブやワインが生産されるようになったのだが、ポルトガルが直面した苦難がリスボン大地震だけではないことはわかるはずである。また、ワインで利益を得ることを学んだ農民たちが他の農産物を育てることを怠ってしまう原因にもなったのである。後にポンバル侯爵がこうしたポルトガルに不利な状況を変えようと試みるのだが、貴族たちの反対にあい、政策転換はかなわなかった。植民地ブラジルで金が豊富に採掘できた時代にポルトガルが豊かになれなかった理由の一つが、このメシュエン条約であったと言っても誤りではなさそうである。

セバスティアン・ジョゼはポルトガルで唯一だった名門コインブラ大学で法律を学んだが、勉強が肌に合わず、一年間で中退してしまう。さらに、軍隊に入隊したこともあったが、下級貴族の出自では将校に登りつめる可能性がないことがわかり、こちらも除隊してしまう。「望むし、できるし、だから命ずる」という性格の人物であった。一七二三年、二三歳のとき、一〇歳年上の未亡人と最初の結婚を果たしたが、相手の有力貴族の家族からは認めてもらえず、修道院から強引に拉致して結婚したのである。しかし、そのおかげで有力貴族の仲間入りを果たすことはできた。ただし、子宝には恵まれなかった。セバスティアン・ジョゼの女性関係はけっして華やかではなかったが、この最初の結婚は大きな冒険であった。彼の情熱はなによりもまず、政治に向けられるのであった。

一七三八年、三九歳にして、政治の世界に足を踏み入れた。おじのコネを利用して、おそらくは妻の家族の力も借りて、駐英大使に任命されたのである。当時は単にカルバーリョとだけ呼ばれていた。一二年間に及ぶ外交官としての時代の始まりである（長くロンドンにいながらも英語は身につけなかったとも言われる）。オーストリアの任期中、最初の妻を失うことになるが、後にオーストリアの将軍の娘と再婚した。セバスティアン・ジョゼに与えられた任務はけっして楽なものではなかった。時の国王ジョアン五世は政治的判断の機会を与えてくれなかったのだ。

だが、啓蒙時代の欧州の現実に目を開くのには役立ったはずである。イギリス経済の成長の秘訣を探ることというのは困難ではなかったかもしれないが、両国間の経済関係が圧倒的にイギリス有利となっている現状を変えるために条約の見直しを模索するというのは実現困難としか言わざるを得なかった。実際、ロンドンでの任期中、セバスティアン・ジョゼは大きな外交的成果を収めることができずに帰国したのであったが、イギリス在住のポルトガル人とポルトガル在住のイギリス人に同等の権利を与えるための交渉には能力を発揮した。

一七四三年、英国から帰国した後、次は四五年オーストリアに赴任したが、そこでの任務はバチカンとオーストリアの対立を解消することであった。その時期もバチカンとハプスブルク家に仲介を求める意向はなく、ポルトガル外交は不発に終わったのであった。イギリスとオーストリア。いずれの赴任先でもセバスティアン・ジョゼの成果はゼロと言っても過言ではないとする者もいる。しかし、個人としては得たものも少なくなかった。知的にも政治的にも成長することができたのである。たとえ任務完遂とはいかなかったものの、彼は赴任先での経済政策（特にイギリスでは当時主流であった重商主義的な政策や、ポルトガルに対する優位の基盤も学んだ。また、ポルトガルの要求を法的に正当化するために法律の最先端知識も学んだ）、政治そして国際関係を自らの目でつぶさに観察することができたのである。

オーストリアでは、啓蒙専制主義の政治を観察できたし、バチカンの権力行使の手法も、またポルトガルに有利な国際関係のあり方も考察できたのである。ポルトガルを離れないと得ることができない経験、知識を身につけられたのは大きな特権であった。だが、一番の収穫は外からの視点でポルトガルを見ることができたこと。他の国の発展の度合いを観察して、ポルトガルを相対化することができたのである。彼の目には、経済・社会・思想面でポルトガルが遅れていることは明らかであった。ヨーロッパの中でも、経済的に貧しく、政治家のレベルも低く、文化的にも無知で、教会や王宮は裕福でも庶民は貧しい国であった。帰国後、実際に政策を実行に移すときに必要な理論武装は海外経験から学んでいたのである。ところで、ポルトガルにはブラジルやアフリカ植民地との関係を重視する「大西洋主義」と、欧州の先進諸国との関係を重視する「ヨーロッパ主義」の対立があるが、ポンバルはポルトガルをヨーロッパにしようと試みた政治家であっただろう。

一七五〇年。国王ジョアン五世が逝去する。貴族や宗教人、特にイエズス会士が行政や教育を支配したそれまでの時代に大きな転換期がやってきたのだ。ヨーロッパの国々はポルトガルを脅威とは見なしていなかった。そんな中で登場した元外交官には、当然のように、大した注目も寄せられはしなかった。

再婚した相手レオノールとの間には五人の子供が生まれた。子宝に恵まれただけではない。海外経験の成果だけでなく、この結婚のおかげもあって、セバスティアン・ジョゼは本国政府で大臣という要職を得ることに成功するのである。セバスティアン・ジョゼ夫妻は、できるだけジョアン五世の王宮から物理的に距離を置くようにしていた。だが逆に、ジョゼ一世の時代が始まると、同時にセバスティアン・ジョゼの時代がやってきたと言えよう。二人のジョゼの時代である。セバスティアン・ジョゼはすでに五〇歳になっていた。オーストリアから呼び戻され、間もなく国家の重要人物となった。ジョアン五世の妻、オーストリアのマリーアンヌ王女から受けた寵愛が役に立ったとも言われる。レオノールとの間を取り持ってくれたのも王女であった。レオノールとの結婚は愛ゆえというよりは共犯関係のようなものであったかもしれない。

当初は大臣候補の一人にすぎなかったのだが、激しい権力闘争が繰り返される中、ジョゼ一世の外務および戦争大臣に任命されたのである（それ以前にジョアン五世からも大臣就任を打診されたことがあった）。外交官ではなく、政治家としての人生のスタートである。セバスティアン・ジョゼはすぐに閣僚の中でも頭角を現し、間もなくして国務長官（当時は首相というポストはなかったが、これが相当した）に任命された。真のステーツマンにして、改革者。知性、政治的直観に恵まれ、決断力と実行力にも溢れ、それは書き残した書簡や意見書などに表れている。

一七五五年、セバスティアン・ジョゼを歴史上の偉大な人物にのし上げる出来事が起こる。言うまでもない、リスボン大地震である。詳細は後で触れるとして、大地震後のエネルギッシュな活躍により、国家権力、王権を強固にし、自らその頂点に立ち、ジョゼ一世から大いに評価され、首相、そしてオエイラス伯爵（一七五九年に叙爵）、さらにはポンバル侯爵の地位を授けられることになったのである。当時、ヨーロッパのほぼすべての王国では啓蒙専制主義の概念が支配的で、ポルトガル王室もそれに倣った。絶対的な権力を得たジョゼ一世は政策を執行するための全権限をセバスティアン・ジョゼに託していたのである。

王の庇護の下、二七年間にわたり、彼は絶大な権力を行使し、国家の機構を強化した。すべて国王の名のもとに統治したポンバル侯爵は、貴族や教会から特権を奪って社会の平準化を試みた。奴隷を解放し、改宗したユダヤ人＝「新キリスト教徒」やアフリカ系住民たちを公職につけることも許可し、階級差を埋めることに貢献した。今から見ても評価に値する改革ではないだろうか。

大地震から三年後、まだ道路脇には瓦礫の山が見られた頃、一七五八年九月三日、ジョゼ一世への暗殺未遂事件の際（王は右腕と腰を撃たれた）、機を見るに敏なセバスティアン・ジョゼは敵視していた有力な貴族たちをここぞとばかりに逮捕（刑務所は政治犯で溢れた）、処刑し（タボラ家の当主と息子二人などの関係者）、国王の権力の強さを見せつけている。処刑の知らせにはヨーロッパ全体が怯えあがった。世俗版の魔女狩りであり、後にフランス革命の処刑方法にも影響を与えたと言われる。容疑者の弁護が終わる前すでにポンバル侯爵が判事に判決を伝えていたともされる。情報統制という意味では、ヨーロッパで定期刊行物が盛んになり始めた頃、ポルトガルで唯一の新聞『ガゼッタ・デ・リスボア』を発禁処分にしてしまった。

貴族たちの処刑の場所はリスボン名所の一つベレンの塔で、しかも公開された。処刑された者たちは焼かれる前に手足をもがれ、首を切られ、遺灰はテージョ川に捨てられた。啓蒙主義者のやることとは思えないが、それは二五〇年後の現代の感覚というもの。当時はありふれた処刑法だったのだ。ただし、そのとき国王は宮殿から一歩も外出しなかった。

さらに一方では、ポルトガルをわがものと見なしていたイエズス会士たちの陰謀関与を非難し（当初セバスティアン・ジョゼはイエズス会のお気に入りであった）、財産を没収し、学校（コレジオ）を閉鎖し世俗の教育機関と代え、植民地を含め彼らを逮捕、国外退去を命じた。タボラ家と「暗黒教団」＝イエズス会が共謀して王暗殺を企てたと見なしたのである。そのせいで、ポルトガルはバチカンと九年間にわたり関係を断ってしまう。こうした「業績」をもって、セバスティアン・ジョゼはオエイラス伯爵となったのである。

セバスティアン・ジョゼに見られたのは残酷な人間性だけではない。例えば、税制改革に司法改革。産業振興。文化行政。それまでポルトガル王室の弱点だった領域に大ナタを振るってみせている。国家（＝王権）は社会のエンジンであり、社会は改革ではなく革命的断絶によって動くのであった。社会の困難を救済するのも国家。だから経済だけでなく、精神も「国有化」しようとしたのだ。彼はポルトガル人のメンタリティーにある国家頼みの心性をよく理解していたのである。教育局長というポストを新設し、すべての教師が同じ理論を同じテキストを使って教えるように決めた。思えば、二〇世紀の独裁者サラザールだって、彼のライバルとなった共産党書記局長アルバロ・クニャルだって（この人については第五章で見ます）、国家に最後の拠り所を求めていたのである。

セバスティアン・ジョゼがついた役職と言えば、首相、外相だけでなくダイヤモンド採掘の監督、コインブラ大学における国王の代理など。また、自分で担当しなくとも身内など腹心の者を、王国だけでなく帝国全体を覆うように役職につけた。身内の他には司法に強い者、外交官、経済界の人間が重用された。

セバスティアン・ジョゼが政治の実権を握る以前からポルトガルには経済発展が続いていた。しかし、収益の増加のためには工場増設の必要があった。彼は毛織物製造、製紙、絹織物の工場に改革を施し、特にリスボンにあった王立絹織物工場では彩色を施したファイアンス陶器や刃物も製造するようになった。イギリス人から多額の借金をして、マリーニャ・グランデに王立ガラス工場を建設した(一七六九年)。そのおかげでポルトガルはイギリスに次いで二番目にクリスタルを生産する国になった。現在もマリーニャ・グランデはガラス製造で有名である。

また、ブラジル領土の拡張も成し遂げ、さらにイエズス会士による現地語による布教を禁止し、ブラジルの学校でのポルトガル語の使用を義務化し、ポルトガル語の普及を促進した。今日、ポルトガル語が世界的な大言語でいられるのはブラジルの存在あってのことだが(アフリカのアンゴラやモザンビークも重要だけれど)、そのブラジルで広くポルトガル語が話される事実には、ポンバル侯爵の決断が重要な役割を果たしていたのである。ポンバル侯爵こそが、ルゾフォニア(ポルトガル語圏)の生みの親であるとさえ言いたくなる。生みの親は大げさだとしても、重要な土台を築いた一人であることは確かだろう。

転落劇と復権

とはいえ、後継者も育てていたのだが、一七七七年にジョゼ一世が病死すると彼の計画はすべて立ち往生することになる。権力の後ろ楯を失ったポンバル侯爵には、それまでとはまったく異なる人生が始まることになった。王の死後、リスボンの通りや主だった地区では反ポンバル侯爵のパンフレットが飛び交ったとも言われるのである。

一七七七年、国王ジョゼ一世の後を継いだ信心深い娘マリア一世の周りには貴族と聖職者たちがいた。かつては享受していた特権をポンバル侯爵の改革によって失った者たちである。大改革を行ったポンバル侯爵には当然ながら政敵も多かった。政治権力を失い、政府から遠ざけられたポンバル侯爵が思うがままに振る舞える時代は終わり、汚職を理由に国外退去を命じられたが、年齢と健康上の理由で何とか国内にとどまることが許された。

公開の場で首を切らせたがる者も少なくなかった。マリア一世は、ポンバル侯爵のことは大嫌いだったが、彼は父親の右腕だった元大臣である。そんな人物に対して残酷な復讐などできなかった。かつてのポンバル侯爵の政敵に繰り返し要求されても、処刑台には送らなかった。女王がしたことと言えば、王宮広場にあるジョゼ一世の騎馬像に刻まれたポンバル侯爵のレリーフをはがし取るくらいなもの。年金だって支給してあげた。リスボン市民の間でもポンバル侯爵に厳罰を求める声は聞かれたが、同時に、「どれもダメならポンバルだ」という声がひそかにささやかれるようになっていた。

ポンバル侯爵の失墜はビラデイラ（VIRADEIRA）という語で知られる。「逆転劇」あるいは「転落劇」くらいの意味だろうか。それはポンバル侯爵によって一度は迫害された貴族たちの復権さらには出世と同意語と言ってもよいだろう。しかもそれは、一度は復興の道を歩み始めたポルトガルが、ポンバル侯爵が政治の表舞台から去ると同時に再びヨーロッパから遅れ始めてしまうことを意味した。せっかく彼がヨーロッパ化あるいはヨーロッパへの接近を進めてくれたのに。さらに、対英従属からの脱却が未完成に終わり、なおも続くことになったのである。

ところで、失権したとはいえ、ポンバル侯爵はただ黙っているだけの人物ではもちろんなかった。侯爵は責任を故人となったジョゼ一世に押しつけ、自らの業績を前面に出しながら自己弁護をはかったのである。何年にもわたり訴訟の対象となり、一七八一年には王宮から二〇レグア以上近づかないことを求められた。この二〇レグア（一三〇キロくらい）というのはポンバル侯爵の敵と、まだ彼に味方しながら権力の座に残っていた者たちの間の思惑の妥協点であったのだろう。

それから数カ月後の、一七八二年五月八日、短くない闘病の末にポンバル侯爵は長い生涯に幕を降ろすことになる。八三歳だった。彼の亡骸はまずはポンバル（地名である）にある聖アントニオ修道院に葬られた。一八一〇年にフランスからナポレオン軍が侵略してきたとき、兵士たちがポンバル侯爵の墓を荒そうとすると、司令官がフランス語で「この墓を尊重すべし」という文言を貼りつけたという。また、フランス軍を三度も破ったイギリスの軍人、ウェリントン侯爵もやはりポンバルまで足を延ばし、敬意を表している。彼はポンバル侯爵をイギリスの大宰相ウィリアム・ピットに比したこともあった。

ポンバル侯爵の名誉回復も間もなくして始まる。一八三三年一〇月一〇日の法令によって、ジョゼ一世の騎馬像にあったポンバル侯爵のレリーフをもう一度元に戻すことになった。そして、一八五六年には、母方の孫にあたるサルダーニャ元帥によって、ポンバル侯爵の遺体は、洗礼を受けたリスボンのメルセス教会に移送されることになった。一八六九年にはコインブラ大学教授にしてメイソンだったエミディオ・ガルシアがポンバル侯爵のリベラルで民主主義的な政治を讃える小冊子を出版したりもしている。

一九二三年と言えばすでに第一共和制の時代だが、その年にもう一度、セバスティアン・ジョゼの休息の場は変更されることになる。一七五八年にジョゼ一世が、暗殺未遂を逃れたことを記念してセバスティアン・ジョゼが命じて建てさせた、アジューダ地区のメモリア宮殿の霊廟に移送されたのである。彼の功績を思えば、リスボンのベレン地区にあるジェロニモス修道院で一六世紀の大詩人カモンイスの脇で休んでも、国立聖廟（パンテオン）でファドの女王アマリア・ロドリゲスのそばにいてもよさそうなものだが。

時間をもう一度遡るが、一八八二年五月八日には、リスボンでもポルトでも、そしてブラジルでも、ポンバル侯爵の没後一〇〇年を記念する式典が大々的に催された。ポンバル侯爵の神話化を促した大イベントである。そこではフリーメイソンの役割が大きかったとも言われる。例えば、歴史家オリベイラ・マルケスは、一〇〇周年記念式典を大いに盛り上げたのはフリーメイソンのロッジであったと述べている。メイソンたちには宗教的ではない英雄の創出が必要であったのだが、一〇〇周年記念というのはそうするのに都合の良い行事であった。

年明けとともに式典の前から印刷物を使いポンバル侯爵の政治的業績を讃え、「絶対主義的な政治家だったが、逆にリベラルの代表者、ポルトガル民主主義の先駆者、近代ポルトガルの建設者」などというイメージをかもし出そうとした。フリーメイソンから見れば、国家の病を診断し、治療薬を処方したのはポンバル侯爵であった。ポンバル侯爵を讃える言葉は、天才、賢人、哲学者、勇敢、決断力、自由の闘志など、フリーメイソンの理想と重なった。ポンバル侯爵のマソニズモ（マソン＝メイソンであること）を確定するかのようである。こうした状況もあり、一九世紀末には侯爵の復権はずいぶんと進んでいたようだ。ただし、フリーメイソンの側がポンバル侯爵をメイソンと正式に見なすのは第一共和制の時代であった。

さらに、式典を国際的に知らしめようとしたのもフリーメイソンであった。フリーメイソンが式典に熱心だったのは、当時の若者の教育を一手に引き受けていたイエズス会への牽制の意味もあった。イエズス会の影響力を弱め、フリーメイソンの友愛と進歩の時代の到来を告げようとしたのだ。社会の世俗化を進めたい共和主義者たちも参加した。ポンバル侯爵は英雄であり、イエズス会士は言わば悪魔とされた（同じことはブラジルでも行われた）。ポンバル侯爵の称賛は、イエズス会のネガティブキャンペーンと同時進行。式典ではパレード（フリーメイソンの代表者も参加した）、展示会、学術的会議などが催され、ポンバル像を建設するための募金活動も実施された。メイソンである知識人は総動員されたと言ってもよい。もっとも、彼の巨大な銅像がリスボンに姿を見せるのは半世紀も経ってのことであったが、ただしその場所は首都の中心にして高級な地区であった。

一つ言っておかねばならないが、イエズス会側も反撃している。例えば、一八八二年五月八日、ポルトで発刊されていたカトリック系新聞『ア・パラブラ』は第一面が黒く塗りつぶされ、ポンバル侯爵に関する記事には十字架が付されていた。また同年、会議が開かれ、イエズス会のイメージ回復を図った。また、カミロ・カステロ・ブランコというロマン派作家は同年『ポンバル侯爵の素顔』という著作を緊急出版し、侯爵を激しく非難している。ブランコはポンバル侯爵が有力貴族やイエズス会士に対して行った蛮行ゆえではなく、彼の人間性が嫌いなのであった。矛盾しているようにも思えるのだが、この作家はフリーメイソンに入会していたと言われる。それならポンバル侯爵を擁護してもよさそうなものだが。フリーメイソンが必ずしも一枚岩ではないことの証だろうか。

今もポンバル侯爵の評価は分かれると言ってきたが、それは一九世紀も同様であった。称賛する者もいれば、褒め言葉は聞きたくもないという人もいた。だが、一九一〇年から二六年まで続く第一共和制は公式にポンバル侯爵を讃え、リスボンに壮大な記念像を建てることまで決めている。ただし、完成に二〇年もかかり、できあがったときはもうサラザールの時代になっていた。サラザールのエスタード・ノーボ体制にしてみれば、ポンバル侯爵の進歩主義的な姿勢は評価できないが、独裁的なところはむしろ親近感を抱かせたはずである。なんとも扱いにくい存在だっただろう。

ポンバル侯爵の失脚から一〇年後、フランスで革命が起こり、近代化への道を歩み始めた。ポンバル侯爵は王制を廃さず国王を利用したが、彼の改革は時代の先を行っていた部分もあった。もしポンバルの改革がそのまま継続されていたら、ポルトガルは啓蒙の時代の先頭集団になれたかもしれない。たられぱの話をしてもしかたないとはいえ、ポルトガルは惜しい機会を逃してしまったようにも思える。一八〇八年にそのフランスのナポレオン軍による侵攻を受け、ポルトガル王室がブラジルに逃れるまでにはほんのわずかの時間であった。

ちなみに、ポンバル侯爵の記憶の利用というのは現在でも見られる。二一世紀に入り、リスボン市役所がポンバル侯爵の顔を用いた広告を大々的に展開したことがあった。工事で通行禁止される道路があること、自家用車ではなくバスや地下鉄や市電など公共の交通手段を使用することをリスボン市民に求める内容であった。ポンバル侯爵の口から言われれば、リスボンをよくするためには多少の不便も我慢したくなるということなのだろうか。

リスボン、破壊と復興

一七五五年一一月一日。リスボンを大規模な地震が襲った。人口は約二〇万人。当時は世界でも一〇本指に入る大都市であった。ポルトガル南部にはすでに一三五六年、さらには一五三一年に大地震が襲っていた。だが、ポルトガルの地震といえば一七五五年のそれである。その日は「万聖節（諸聖人の日）」。多くの市民がミサを挙げるために教会に集まっていた。教会の蠟燭には火が灯され、台所の火を消さないまま出かけた家庭が多かった。朝九時半、不気味な地鳴りが響きわたり、地震は六、七分間も地面を揺らし続けたという（大げさなポルトガル人なら「何世紀にもわたって」と表現するところだ）。

三度の揺れで地面は裂け、家屋は倒壊し、バイシャ（下町）地区はテージョ川からロッシオ広場まで到達した三階建ての高さに相当する波に呑まれ、火を消す者がいない町は四日間にわたって燃え続けた。余震はその後の二カ月間にも及び、合計五〇〇回を数えた。直近のところでは、一七二四年と一七五〇年にも大規模な地震がリスボンを襲っていたが、今回は規模が破格であった。なお隣国スペインの首都マドリードでも揺れが感知されたという。

台所から出た炎は家々の梁を伝って燃え広がった。リスボンのテージョ川沿いのバイシャ地区とバイロ・アルト地区は完全に破壊され（逆にアルファマ地区はあまりダメージを受けなかった）、今日私たちが目にするリスボンの町はそれ以前とはまったく別物である。王宮も、異端審問所も、六カ月前に完成したばかりのオペラハウスも倒壊してしまった（ジョアン五世の時代に建設された水道橋は残ったが）。二世紀もかかって完成したこのオペラハウスは、当時としては画期的で、バレリーナをロープでつるし、まるで宙を舞っているかのように見せることができたのである。焼死する者、圧死する者、溺死する者、すべてを合わせた死者数に関してはさまざまな説があるが、万は超えたのではないだろうか（一万人と言う人もいれば、一〇万人と言う人もいる）。死者の中で、社会的な地位のある人物としてはスペイン大使がいた。

ちなみに、ジョゼ一世はリスボンでも、ベレン地区にいたのでまったく地震を感じなかったらしい。同地区にはジェロニモス修道院やベレンの塔があるが、地震の被害をまったく受けず、往時の姿を保った。しかし、地震の恐怖を知った国王は死ぬまで郊外のアジューダ地区に暮らすようになったのである（今はアジューダ宮殿がある）。逆に言うと、もし国王が以前と同じ場所に暮らしたいと主張していたら、リスボン復興計画は自由を制限され、かなり困難になっていたに違いない。また、揺れなかったからこそ、新リスボンはもっと西側寄り、つまりベレン地区側に再建されるべきと言った人もいたのだが、セバスティアン・ジョゼは一ミリも動かさないことを決めた。旧リスボンの真上に新リスボンを再生させたのである。

さて、今さら言うまでもなく、大地震で壊滅的な被害を受けたリスボンの復興に大きな役割を演じたのが啓蒙的専制を行った宰相セバスティアン・ジョゼである。緊急の措置としては、感染症の拡大を予防するために遺体を埋葬することを命じた。「今なすべきこと？　死者を埋葬し、生者を手当てすることだ」という歴史に残る言葉はこのときのものである（長年にわたりポンバル侯爵の口から発せられたものとされてきたが、実際は別の人物アロルナ侯爵の言葉のようである）。

生き残った者たちへの手当てには食料が必要だったが、テージョ川に停泊していた船に積まれた食料を譲り受け、小麦などは内陸部の地方から取り寄せた。また、火事場泥棒のような行為に走る者は逮捕し、刑罰を科すように命じた。輸入品に四％の関税を課したりもした。そして、リスボン市の復興に着手したのである。すなわち、セバスティアン・ジョゼは三つの緊急的優先事項を立てたのだ。疫病の蔓延を防ぐために死者と生者を引き離すこと。住民たちに食料を安定供給すること。さらに、治安を維持することであった。偉大な政治家は、非常事態に何をすべきかよくわかっている。

外交官としての国際経験からポルトガルの改革の必要性を痛感していたセバスティアン・ジョゼは、エネルギーと決断力を以ってリスボン復興を一手に引き受け、啓蒙時代に相応しい都市計画を実現しようとした。計画を立てた後は、ぶれなかった。まだ信心深い庶民たちが神の怒りを口にしていた頃、セバスティアン・ジョゼの政敵たちが伝統に縛られた言説を繰り返し、彼を批判した頃、自然災害に対し合理的な発想で立ち向かおうとしていた。そのとき、今日的な意味での「政府」が誕生したとも言われる。

袖の下、賄賂は受けつけなかった。だからこそ幅広く直線的な道路網、広大な広場を現在目にすることができるのだ。新しいリスボンの地図を描いたのはマヌエル・ダ・マイアというエンジニア。またエウジェニオ・ドス・サントスという建築家の協力も仰いだ。バイシャ地区の再建計画案はそのずっと前からあったとも言われるが、実行に移されたのは地震後である。

計画実現のために、増税が行われたことも忘れてはならないだろう。再建のための増税を引き受けたのは税金を払える人すべてだが、特にブラジルの富裕層、大農園の所有者たちだった。彼らはポルトガルに来たことはなかったのだけれど。ブラジルの黄金も役に立った。つまり、リスボン再建はブラジルのおかげと言えないこともない。いずれにしても、当時の人々の苦労のおかげで、現在のリスボン市民は恩恵を受けているのである。道路の広さを非難する声が出たときには、セバスティアン・ジョゼは「それでもいつかは狭くなる」と答えたという。政治家は長期的展望に立たないといけない。

新リスボンでは、セバスティアン・ジョゼの意見で、もともとあったものをそのまま再現するのではなく、合理的モデルに従って都市を復興することになった。大規模プロジェクトが立案されるまでは、いかなる土地の売買も建築の実行も法律で禁じてしまった。ジョアン五世の時代精神は贅を尽くすものであったけれど、ジョゼ一世時代は近代的で商業的でプラグマティックであった。地震の被害を抑えるために道路は広くなり（歩道ができるのは一九世紀）、碁盤の目のように整備された「バイシャ地区」の道路網は必ずどこかの広場に突き当たるように線が引かれている（軍事エンジニアのカール・マルデルのアイディアである）。

防衛上の理由から狭くて曲がりくねった道路がヨーロッパでは当たり前だったが、そうした道路は作らなかった。現在も同地区の道路には「黄金通り」「銀通り」「靴屋通り」などの名前がついているが、これらは当時その地域で栄えていた産業からとったものである。王宮があった場所は今ではコメルシオ広場（商業広場）となっているが、そこには各省庁が設置されることとなった。商業広場の名の由来は、リスボン再建で商人たちが果たした金銭的な支援に感謝するためであった。

「ガイオラ」（鳥かご）と呼ばれる革新的な耐震補強を施したビルの建設を命じたのも、このときである。四角い枠の中で四本の柱をクロスさせている。どのビルも同じデザインにして統一感を持たせ、しかも教会や宮殿ではなく、新しい時代の商業都市に相応しくビジネス街や市民の住宅地にあてた。教会を建設する場所も制限され、塔も作ることは許さなかった。さらに、下水道を整備し、窓から汚水を投げ捨てる古き悪習を終わらせたのもセバスティアン・ジョゼの功績である（地方に行くと、二〇世紀後半になってからもこの悪習は残っていたが）。市民の衛生と健康にはずいぶんと配慮したのである。

新しく建設されたビルの装飾は質素で、窓と屋根裏部屋が目立つくらいであったが、社会的身分差も考慮されていた。貴族たちが住む低層階にはベランダやバルコニーがつき、狭い天井部屋は庶民にあてられた。リスボン復興の背景には、もちろん国内産業に刺激を与えるという意図も見られた。

ポンバル侯爵には近代地震学の創設者という側面もある。リスボンの住民たちに、地震が起こったとき何をどう感じたのか、アンケート調査を実施したのである。返答しなかった場合は罰することにしたところはさすが専制政治家の面目躍如である。地震は何時に始まり、どのくらいの時間続いたのか？　どちらの方角で、より大きな衝撃を感じたのか？　倒壊した家屋の数は？　誰が亡くなったのか？　著名人はいたのか？　割れた地面には何が見えたのか？　食糧不足はあったのか？　火災はどれくらいまで続いたのか？　などなど。神の怒りではなく、自然現象として地震を捉えるポンバル侯爵の近代人としての顔を見て取ることができる。

ポンバル侯爵が失脚した一七七七年にはまだリスボンの再建は途上であったという。一九世紀初頭のフランス軍の侵略後にやってきた大使夫人もリスボンに残る残骸を描写している。だが、彼の指揮下で成し遂げられたリスボン復興のありさまは、今でも目にすることができ、それが二五〇年以上も前のことだったと思うと、より一層、ポンバル侯爵の偉大さが実感できるのではないだろうか。

さて、大地震の際、ただ一人冷静さを保ち、強力なリーダーシップを発揮したセバスティアン・ジョゼはその後さらに独裁権力を固め、貴族階級および教会を支配下に置くことに努めた。イエズス会士や貴族階級への攻撃がご都合主義だったのか、社会変革のために綿密に練られたものだったのか、確かによくわからないところがある。しかし、教育を受け持つイエズス会士が国民を迷信的な教えで惑わしていると考えられ、さらにイギリス人と経済的利害で結びつけられていたらしいことは知っていたはずである。

だからこそ、国家による権力の独占を進めたのである。ポンバル時代以降、ポルトガルでは社会を動かす原動力は国家であり、社会を動かすには段階的な改革ではなく革命的な断絶が必要であるという認識が広がるようにもなった。二〇世紀、王制から共和制へ移行するときも（一九一〇年）、サラザールの独裁制から民主制へ移行するときも（一九七四年）、革命が必要だったことがわかりやすい例であるだろう。ポンバル侯爵がポルトガルの歴史を作った人物の一人であることは明らかである。

ポンバル侯爵の業績はリスボン復興だけではない。ポルトガル唯一の大学であったコインブラ大学の改革に着手するなど、ヨーロッパに対する遅れを取り戻すために教育面でも手腕をふるった。数学学部と哲学学部を創設。医学部では修学年数を増やした。自然法研究も導入した。彼が作ったカリキュラムは当時のヨーロッパでは先進的だった。また外国人教授を雇ってもいる。

ブラジルの先住民（インディオ）の奴隷化を禁じる法律も作った。奴隷制を廃止したのは、祖母が黒人だったからではないだろうけれど。異端審問の時代にカトリックに改宗したユダヤ人（いわゆる新キリスト教徒）に対する差別的扱いもなくそうとした。

規律を欠く無力な軍の改革も行った。軍事を軽視した時代、ポルトガルには人も武器も馬も船も不足していた。部隊には子供や栄養不足気味の大人たちがいたのである。軍の名に値しない、戦争のできない軍しかないポルトガルには国境がないかのようであった。もちろん国民も軍の防衛力などあてにしていなかった。兵役から逃れることしか考えていなかったのである。だから、スペイン軍に比べても脆弱で、ポルトガルを世界的大国にするなど無理であった。そこで、イギリスからリッピ伯爵を招聘し、軍の再建を託すことにした。さらに、オランダ、スカンディナビア諸国からも海軍の教官を招かねばならないくらいポルトガル軍は弱体化していたのであった。

国家財政の再編を行い、また経済的な対英従属を減らすためにポートワインをはじめ製造業界の整備にも力を入れている。独占企業を創設し、イギリス人と直接取引をすることを小規模農園主に禁じたのである。そのとき、古くからのポルトガル英国同盟に瑕《きず》をつけなかったのは、ポンバル侯爵の外交手腕の見せ所であった。

そうは言っても、大臣としてさまざまな改革を行ったがゆえに、そのせいで教会、貴族、軍の中に数多くの政敵をつくることになってしまった。いつしかポンバル侯爵は、ポルトガルの独裁者、専制政治家となっており、批判する者は終身刑に処されるか国外退去させられるか死刑にされるかした。すると人々は黙らざるを得なくなった。ポンバル侯爵は、全権力は国王の手中に収められるべきだと考えていた。すなわち、絶対主義である。啓蒙的専制である。言うまでもないだろうけれど、実際に権力を行使するのは国王ではなく、自分なのであったが。

ところで、ナオミ・クラインというカナダ人ジャーナリストが二〇〇七年に『ショックドクトリン惨事便乗型資本主義の正体を暴く』という著作を発表し、世界的な話題となった。原題では「災害資本主義」という言葉が使われている。時の政治権力が、戦争や政変や大災害で多数の被害者が茫然自失しているタイミングを利用して、自分たちに都合のよい大規模改革（市場原理主義の導入）を実施してきたというのである。そこで思い至るのが、ポンバル侯爵が大地震以降に実行して見せたものは、ある面では一八世紀の「災害資本主義」のようなものだったと言えるのではないかということである。例えば、歴史家マーリン・ニューウィットはそのような見解を述べている。長い海外生活からポルトガルの遅れを知っていたセバスティアン・ジョゼが、地震と津波で破壊し尽くされたリスボンを見て、新しい時代に相応しい街づくりを思い描いたのである。そして、生まれ変わったリスボンは近代に見合った商業都市の様相を呈していた。遅れていた一八世紀的ポルトガルを変えるには、文字どおりの激震が必要だったのだろう。

もちろん、大地震以降のセバスティアン・ジョゼの業績を批判的にのみ捉えるつもりはない。彼の手法には批判すべき点もある。だが、大地震という自然災害がもたらした危機は、保守的な社会や政治を変える好機でもあったが、それを活かすことができたのは、「世界」を知り己を知る政治家がいたからである。ポルトガル史上最悪の大災害はインフラを破壊しただけではない。社会生活の基盤さえも揺るがし、その結果としてポルトガル史上でも最大規模の大変革をもたらしたのである。セバスティアン・ジョゼとスタッフは利用できる資源やアイディアをフル活用し、国王からの特権も得て、復興に尽力した。彼のおかげでポルトガルは一時的とはいえ、近代化を遂げ、資本主義の発展を見ることができた。

危機を好機に変えたセバスティアン・ジョゼが先見の明のある優れた指導者であったことは否定できないのである。

逆に言えば、革新的な変革が不可能に思えた伝統主義的な国家機構・教会・貴族・そしてイギリスという同盟国など、古くからの利害が複雑に絡んだ国ポルトガルを変えるには、人類史に残るような大災害が必要だったということでもあるだろう。大地震の時点で、ポルトガルのインテリ層は海外生活を経験した者たちだったが、彼らはポルトガルの近代化にはイギリス、イエズス会、そして宗教裁判所から権力を奪う必要を感じていたのである。

ちなみに、ポンバル侯爵は後にリスボン復興に関して、ポルトガルは設計でも絵画でも彫刻でも外国人を嫉妬する理由はないと書き遺したらしいが、実際のところは海外でリスボン復興の偉業はあまり評価されなかったという。海外の哲学者や思想家はリスボン大地震の意味は論じたが、復興については興味を示さなかったようである。ポンバル侯爵の名前が国際的に知られるようになったのは、復興の偉業よりもむしろ、イエズス会士の追放や貴族の処刑時に示した残忍さであった。ポンバル侯爵に残酷な側面がなかったとは言うまい。だが遅くはない。我々は大災害に襲われた都市を見事に復興させた政治家の偉業を、今からでももっとよく知るべきではないだろうか。

二〇一四年五月、安倍晋三総理がポルトガルを公式訪問し、日本のポルトガル語諸国共同体（CPLP）のオブザーバー参加を決めてくれたのはうれしかったけれど、「三・一一」の直後に時の首相（あるいは担当大臣）がポンバル侯爵の復興政策から学ぶという名目で訪問していれば、実際に有益な知見を与えてもらえただけでなく、日本の現役首相が初めてポルトガルを訪れることによる外交的効果は甚大であっただろう。残念なことをした気がする。

雨上がりのポンバル侯爵像（左）。台座にはポンバル侯爵の偉業の数々が記されている（右）。

なお、二〇一三年八月一七日、フランスの日刊紙『ル・モンド』が「過去に前例のない地震がヨーロッパで起こり得る」という記事を掲載した。そこに記された欧州地図を見ると、今後五〇年間で大地震の可能性が高いのはトルコ、ルーマニア、イタリア半島、バルカン半島あたりだということが確認できるのだが、ヨーロッパの西端を見るとリスボン周辺もハイリスクであることがわかる。ポルトガルは二五〇年に一度くらいのペースで大地震に襲われるという説もあるのだが、一七五五年からすでに二六〇年が過ぎており、リスボンは大丈夫なのか、経済・財政だけでなく、インフラ面の安全もなんだか不安になってくる。専門家によれば、もし現在二六〇年前と同規模の地震が起こった場合、被害は前回よりもかなり酷いものになると見込まれるのである。ポルトガルで死者を出した最後の地震は一九〇九年のこと。人々の忘却というのも危険要素の一つであろう。

　そもそも、ポンバルの像は倒れないのだろうか。八〇年も前の作品ともなれば心配になってくる（余計なお世話だろうか）。新たに建造されたものを含め、ポルトガルのビルには十分な耐震構造が施されているようには思えず、何らかの手を打ってほしいと思うのであるが、今の経済状況では酷な要求かもしれない。サンタ・マリア病院や小中学校の建物、古い官庁など、心配の種は尽きないのだ（日本もよそのことは言えないが）。著名人を数多く輩出してきたリセウ（リセ）・カモンイスなどはかなり危険な状況にあるらしい。一方で、その近くにある司法警察本部は大丈夫だという。テージョ川にかかる四月二五日橋、バスコ・ダ・ガマ橋も安全だそうだ。

　ポンバル侯爵の時代に「ガイオラ」と呼ばれる耐震構造を施された建物も、その後、水道工事などが実施され、本来の強度を失ったとも見なされる。一九六〇年代以前に法の整備もなされておらず、リスボンに不動産を購入しようと思っている方は気をつけたほうがよさそうだ。そして、買うなら低層の物件がよいだろう。建築基準を満たすための監視が行き届いているかどうかも気になるところなのだ。などと、不動産購入のアドバイスをしてもおせっかいなだけか。

　あらためて思うのだが、ポンバル侯爵の評価は難しい。一八世紀という時代を考えても、彼に残虐な一面があったことは否定できない。あまりに理性を信頼し、心を見失ったからだろう、異端審問を廃止したわけでもなかった。厳しく検閲も行っている。ポルトガルには政治警察の歴史が二〇〇年間続いたという説もあるが、その最初の制度化はセバスティアン・ジョゼが一七六〇年に創設した「王室王国警察監督局」である。外国からの書物の輸入を制限したことで啓蒙時代がポルトガルには完全に届かなかったと批判することも可能だ。政敵の土地に二度と花や果物が実らないように塩をまく必要もなかろう。しかし、汚職とは無縁で、近代化のための諸改革を貫き通し、国庫を潤し、権力者の特権を廃し、階級差を縮小し、社会を世俗化させた。教育水準の高い官僚や進取気鋭の企業家たちを広く登用した。商業都市リスボンの生まれ変わった姿に彼らの影響を見て取ることができるはずだ。

ポンバル侯爵の革命がどれほどポルトガル社会を変革したかについても、今なお議論が分かれるところだ。確かに、革命を経た一八世紀末フランスのように、ポルトガルも教会と貴族を攻撃の対象とした。だが、逆に言えばそれ以外の社会基盤は放置したのである。リスボンは大きく変わったが、それ以外の農村部は手つかずのまま残された。改革派エリートと伝統主義者の乖離は広がった。その溝は長い間にわたって残されたままとなった。また、あくまでも王制は残った。というよりも王の庇護下で改革を進めたのである。そうは言っても、ポルトガルを国際舞台で恥ずかしくない国にもう一度導いたことは評価せねばならない。犯した誤りはあったとはいえ、彼が残した功績は永遠だと思われるのである。

ポンバル侯爵に言葉よりも行動、思考よりは実行、会話よりは実践の人物であった。現在のような危機の時代、ポルトガルにはポンバル侯爵のような政治家が必要だろう。もちろん、政敵を虐殺するようなことがあってはならないのだが。ポンバル侯爵は自己の利益のために専制政治を行ったわけではなく(兄弟を要職につけるなど、縁故主義的な側面も見られたが)、ポルトガルを偉大な国家に再建するため、ジョゼ一世の時代をポルトガル史上で最も豊かなものにするためであった。思えば、独裁者サラザールもポルトガルを偉大な国にすることにこだわり続けた。政敵を倒すときも、残虐さゆえではなく、国家のために決断したのだろう。そして、二人の時代は、確かにポルトガルは国際社会での地位を高めていた。

それはつまり、ポルトガル人は専制的政治家を持ったときに偉大な国民になれるということなのだろうか。

ポンバル侯爵はメイソンだったのか？

ポンバル侯爵はポルトガル史上最高の政治家なのか、政敵たちに対し容赦なく振る舞った専制政治家だったのか。最終的な評価は現時点でも出されていない。要はコインの表を見るか裏を見るかの違いのようなものであり、したがって答えは永遠に出ないだろう。どちらも間違っていないのだ。

そしてまた、彼がメイソンだったのか、それとも違ったのか、その点に関しても今なお結論に至っていない。彼がロンドンとウィーン在勤時代にフリーメイソンに入会したのか、しなかったのか。歴史家たちの意見は二分されるのである。

最初に言っておくと、ポンバル侯爵がメイソンだったといわれるときの根拠は、一つは彼が取った反イエズス会的な政策。二つは啓蒙的な近代化政策。そして三つ目は彼の子孫がフリーメイソンのロッジに所属したという事実である。そしてロンドンやウィーンに在勤した事実が傍証として用いられたりもする。一七七〇年マデイラ島でメイソンの集団が反乱を起こしたとき、メイソンの外国人を一人逃がしてしまったことがあった。そのとき、マデイラ島の司教がポンバル侯爵を「メイソン」と非難したことも根拠の一つかもしれない。ポルトガル軍再建のために招いたリッピ伯爵がドイツで入会したメイソンであったことも話題になる。はっきり言えば、だいたいが状況証拠である。「新しい政策を実行に移すには、権力を握るイエズス会士は敵であった。マデイラ島から逃げたメイソンは逃がしてあげたわけではない、逃げてしまったのだ。リッピ伯爵は能力を評価して招聘したのである」。こう反論することも可能なわけだ。

では、歴史家たちがどう言っているのか、少し具体例を見てみよう。例えば、ポルトガルの著名な歴史家オリベイラ・マルケスは自身もメイソンであるが、ポンバル侯爵がロンドン時代にフリーメイソンに入会したという確たる証拠はないものの、その可能性が高いと見なしている。オリベイラ・マルケスの本によると、ポンバル侯爵はもちろんのこと、リスボン復興の絵を描いた建築家カルロス・マルデルもメイソンだったことになる。彼らは国内のロッジに所属した。

ペドロ・ラモス・ブランダゥンとアントニオ・シャーベス・フィダルゴの共著『フリーメイソンとポルトガルの共和政樹立』によれば、やはりポンバル侯爵はメイソンだったとされる。この共著者自身がメイソンか否かはわからないが、同著作によれば、侯爵はおそらくロンドンで入会したが、ロッジに通い始めたのはオーストリアのウィーンで、モーツァルトが所属したロッジにも通ったことがあったという。だからこそ、ポンバル侯爵は、君主制は否定しなかったものの、よりリベラルな考え方に寛容だったのだという。また、一七三三年にフリーメイソンのロッジがリスボンに創設されたが、ポンバル侯爵はそのことを知っていたという。

また、アントニオ・アルノーが二〇〇九年に出版した『フリーメイソン入門』という本によれば、やはりポンバル侯爵はメイソンだったことになる。アントニオ・アルノーはグランデ・オリエンテ・ルジターノ（GOL）のグランド・マスターだった弁護士であり、無責任な発言をするような人物ではない。同書には、ポンバル侯爵はポルトガル史に名を残すフリーメイソンのメンバーの一人として記されているのだ。

一説によれば、ポンバル侯爵の入会は一七四四年のことであり、イギリスの著名科学者の集まりである王立協会にも入会を認められていたとも言われる。だからこそ当時の啓蒙思想をポルトガルに取り入れることができたのかもしれない。余談になるが、地震のあった一七五五年頃、ポルトガル北部地方にイギリスの軍人やワイン商人の影響でフリーメイソンのロッジが建設されたとされる。北部は災害被害を免れていたからである。

しかし、外国で書かれた文書などの信憑性には疑問が残り、確たる証拠はないことから、ポンバル侯爵のマソニズモ（メイソンであること）を認めない歴史家たちがいることもまた事実である。確かに、ポンバル侯爵がフリーメイソンに所属していたことを証明できる絶対的な証拠というものはまだ発見されていない。イエズス会士を敵視したからといって、メイソンであったことの十分な証とはなり得ない。

しかし、彼が徹底的にイエズス会を弾圧したこと、教会の特権を減らしたこと、こうした事実を以って多くの者たちは、特に一九世紀以降、ポンバル侯爵はフリーメイソンの計画にのっとっていたと考えるようになったのである。ポンバル侯爵が実権を握る前まで、ブラジルの黄金がもたらす富を教会の建設や聖職者を養うために費やしていたカトリック教会はフリーメイソンにとって許せない敵であった。侯爵をフリーメイソンと結びつけたのは、迫害を受けたイエズス会側だけでなく、リベラリズムそして第一共和制の時代のメイソンたちも同じことをした。メイソンたちはポンバル侯爵を秘密結社のシンボル的な存在へと持ちあげた。同時に、イエズス会の否定的な側面も強調されたのである。

しばしば指摘されることだが、ポンバル侯爵の啓蒙的政治家というイメージ作りにフリーメイソンが大きな役割を果たしてきたとされる。リスボンを復興させるだけでなく、ポルトガルの国際的地位の再構築の立役者というイメージはフリーメイソンなしではあり得なかったということである。なお、不本意だったのかもしれないが、ポンバル侯爵は死後カトリック教会によって葬られている。そのときの棺のレプリカはポンバルにあるポンバル侯爵博物館に保管、展示されている。

ポンバル侯爵がフリーメイソンであったのか、なかったのか。「であった」を証明するには頑張って史料を見つければよいのだが、「なかった」を証明するのは永遠に困難な作業になる。私にはその検証を行う能力はないけれど、啓蒙の時代に大改革を数多く行ったという意味ではフリーメイソン的な政治家だったようにも思える。ロンドンに長く暮らしたという点も重要なのだろう。また、イエズス会士を敵視したところも、二〇世紀のフリーメイソンの態度を先取りしていたように見える。だが、見方を変えれば、一八世紀に改革を実施しようと思えばイエズス会は当然の敵であった。フリーメイソンでなくとも、彼らは政敵にならざるを得なかった。メイソンであったのかどうか、決定打は打ち出せそうもない。一つだけはっきりと言えるのは、ポンバル侯爵がポルトガルにおけるフリーメイソンの定着と成長に大きな貢献を果たしたということである。

一九一〇年一〇月四日、共和主義者たちが最後の砦としたロトゥンダ（現在のポンバル広場）に、ポンバル侯爵の巨大像を建設することが決定されたのは一九一四年のこと。一七年には基礎工事が始まり、二六年五月一三日（ポンバル侯爵の誕生日である）の定礎式にはベルナルディーノ・マシャード大統領（メイソン、グランド・マスター）が姿を見せている。記念碑建設実行委員会会長であったマガリャンイス・リマ（メイソン、グランド・マスター）も同席した。

完成のお披露目もやはり一九三四年五月一三日。今度もまた大統領（メイソンでもあったオスカル・カルモーナ将軍）が参列した。メイソンだったとされる要人の関わり方を見ていると、ポンバル侯爵の巨大な像の建立の計画にフリーメイソンが大きな役割を果たしたという見方は、本当なのかもしれないと思ってしまうが、考えすぎか。時代はすでに、ポンバル侯爵と比肩する独裁者サラザールの支配下にあった。

ロトゥンダにあるポンバル侯爵像は獅子の像を連れているが、それは国家的任務から決して逃げなかった侯爵の力や決意を象徴しているという。足元には、改革に貢献した数々の協力者たちの肖像。コインブラ大学も描かれている。彼の功績を讃えるには十分なだけの装飾を施されて永遠の存在とされたポンバル侯爵は誇らしげである。

「自由の日」となった四月二五日のデモ行進も、そこから始まる。ベンフィカあるいはスポルティングといったリスボンの大クラブがサッカーのリーグ戦で優勝を決めても、ポルトガル代表が国際試合で貴重な勝利を収めても、リスボン市民はそこに集う。リスボンの、いやポルトガルの一大中心地であることは確かである。

ところで現在、ポルトガルの首都リスボンはヨーロッパ人が好む観光地の一つになっている。その魅力の一端はポンバル侯爵の復興策にあると言ってよいだろう。二〇一四年一月にはスペインの旅行雑誌「*traveler*」が世界で最も美しい三一の通りの一つに、バイシャ・ポンバリーナ(「ポンバルが造ったバイシャ」と訳しておく)地区のアウグスタ通りを認定した(ポルトガルからはもう一つ、ポルト市のカイス・デ・リベイラ地区も選ばれたが、確かにこちらも美しい)。

大地震はポルトガル史上最大の自然災害だろうが、その危機を活かすことができた政治家がタイミングよく国内に存在したことはポルトガル人の幸福ではないか。リスボンの中心地に来る者が、ロータリー沿いに彼の像をぐるりと一周することになるのも当然だと思われるのである。

それに比べ、同じように独裁的で強権的だった二〇世紀の政治家サラザールがリスボンの中心地に銅像を建ててもらうことは、当分の間はなさそうである。というよりも、半永久的になさそうである。生まれ故郷のサンタ・コンバ・ダゥンに自分の名前を付けた広場を造ってもらうのが関の山かもしれない。いや、地域振興の一環で、彼の名前を付したワインが発売されるくらいが限界だろうか。それだって、故郷を別にすれば、他の地域では非難のまなざしで迎えられるのである。

かたやポンバル侯爵は首都の目立つ場所に巨大な銅像を建ててもらっている。それがフリーメイソンとカトリック教会の力の差だとは言うまい。だが、ともに強権的であった政治家二人のポルトガル社会における位置づけの違いは興味深く映る。いや、サラザールの銅像がポンバル侯爵の銅像にとって代わることがあるのだろうか。いつの日か、リスボンの中心地にサラザールの像が建てられるのだろうか。あり得るとしたら、次の大地震で大津波がリスボンを再び襲いポンバル像を流し去ってしまう場合だろうか。そして、経済危機にあるポルトガルに相応しく、財政の神様と呼ばれたサラザール像を建てる？　いや、まさかそんなことはあるまい。こんな夢想（妄想）は、悪趣味と言われてもしかたない。

ちなみに、ポンバル広場のすぐ北に位置するのがエドゥアルド七世公園。一九〇三年にポルトガルを訪問し、ポルトガル・英国の両国間関係の絆をあらためて強固にした王に敬意を表して造られた場所である。ポルトガルと英国の特別な関係を物語るかのような、美しい緑を目にしながら、なだらかな坂を歩くのは心地よいものである（とはいえ、夜間は要注意です）。

ポンバル侯爵にゆかりの地にフリーメイソンの象徴が残されていることはよく指摘される。だが、それらの多くは侯爵の死後に現れたものばかりである。再建されたコメルシオ広場をテージョ川の方向から見ると、二本の柱が左右に立ち並び、その間に三角形の天井を持つ建物が見え、それがフリーメイソンのシンボルと似ているという指摘もある。しかし、だからと言って、ポンバル侯爵がフリーメイソンだとするのはこじつけが過ぎるだろう。

メイソンだったのか、そうではなかったのか。そんなことはどうでもいいではないか。それよりも自分の業績を一人でも多くの人に正しく評価してほしい。自分がやったことがフリーメイソンの価値観に合っており、それならばメイソンだと信じたいのなら、自由にそうすればよい。地震被害から再建された地区を眺めながら、ポンバル侯爵は苦笑いを浮かべ、もしかしたらそう思っているのかもしれない。

ブラジル独立とフリーメイソン

南米の大国、ブラジルではポルトガル語が話される。なぜなら、かつてポルトガルの植民地であったから……というのはかなり単純化されたもの言いだが、間違ってはいない。誰でも知っている世の常識とは言わないまでも、ブラジルはかつてポルトガル領土の一部だったのである。両国の国土面積を比較すると、宗主国（ポルトガル）と植民地（ブラジル）の関係は逆だったのではないかとさえ思えてくるのだが、イベリア半島の一角を占める小さな国ポルトガルが南米にブラジルという巨大な植民地を領有していたというのが厳然たる歴史的事実なのである。

ブラジルがポルトガル人航海士ペドロ・アルバレス・カブラル率いる船団によって〝発見〟されたのが一五〇〇年四月二二日。一五〇〇年という年号は切りがよくてとても覚えやすい。一方、ブラジルがポルトガルからの独立を果たすのは一八二二年九月七日。普通の日本人に覚えてもらおうとしても、なかなか記憶に残りそうもない年号である。もっとも、ブラジル人なら覚えておくべき年号ではあるだろうが、日本人が知っていなくても誰からも叱られるわけでもないので、憶えやすかろうが、記憶に残りにくかろうが、はっきり言ってどうでもよい話ではある。

ブラジルにはすでに「発見」から五〇〇年を超える歴史があり、独立国としても二〇〇年近い歴史がある。その長い歴史の中におけるポルトガル語の普及のプロセスを記すことは本章の目的ではないが、一つだけ重要な出来事を指摘しておくと、ポンバル侯爵が大きな役割を果たしたことがわかる。すでに述べたが、リングア・ジェラルの使用を禁止し、ポルトガル語の使用を義務づけたのである。広大な領土にポルトガル語が普及し始める大きなきっかけであった。ルゾフォニア（ポルトガル語圏）は単なる数の問題ではないけれど、やはりブラジルに二億人の話者がいるという事実は大きい。南半球で最も母語話者が多い言語という統計も興味深い。地球儀を真横に半分に割ると、下側はポルトガル語が最優位の世界なのである。

そのブラジルだが、実はポルトガルに負けず劣らずフリーメイソンの歴史的役割が指摘されることがある。独立のときも、共和制に移行したときも、フリーメイソンの名前が出てくる。同じ土俵で論じるべきではないのだろうけれど、現在のブラジルサッカー界にもフリーメイソンの影響が及んでいると訴えた元審判もいたくらいだ（これは根拠のない陰謀論の類か？）。

ここから先は期間を限定して、ブラジル独立のプロセスにフリーメイソンがどの程度まで関わったのかについて少しだけ触れておきたい。一説によれば、ブラジル独立はフリーメイソンの運動の直接的な成果であるとまで言われたりもするようなのである。なにしろブラジルの初代皇帝ペドロ一世がメイソンでもあったくらいなのだ。ブラジルの独立にはフリーメイソンの役割が大きかったことがよく指摘されるのであるが、でも本当のところ、その重要性はいかほどだったのだろうか。

繰り返しになるが、ブラジルの「発見」は一五〇〇年。その後でポルトガルの領土となったわけだが、ブラジルが独立するのは一八二二年九月七日のこと。ヨーロッパで商品化できる物品を見つけられなかったため、到着した当初はブラジルに大きな興味を持たなかったポルトガル人だが、一五三〇年から定住を開始している。アフリカ大陸から連れてきた奴隷の労働力を利用し、サトウキビ農業を発展させていったブラジルは、次第にポルトガル本国の経済を凌ぐことになる。

そうは言っても、一九世紀初頭のブラジルといえば、独立国の可能性を秘めた国とは思えなかった。三人に二人は奴隷、逃亡奴隷、先住民など。経済の基本は大土地所有制度であり、奴隷貿易に依存し、住民の大半は貧しかった。識字率は一割くらいだっただろうか。地域間の対立も激しく、内戦が起こっても不思議ではなかった。だが、歴史は予期せぬ方向へと時代の流れを、人々を導くことがあるようだ。

ナポレオン軍の侵略を三度受けたポルトガルは、王室をブラジルに避難させることに決めた。一五隻の船に約一万人の人々を乗せた船団は一八〇八年一月、リオデジャネイロに上陸する。これによって、ポルトガル王国の首都はリオデジャネイロとなったのである。見方によっては、ポルトガルは植民地の植民地のようになったのである。なんとも不思議な事態ではないだろうか。それにしても、外国軍の侵略を受けたときは本国を放棄して、大西洋を越えてブラジルに避難してしまうという発想はなかなか頭脳的ではあるし、オリジナリティーも感じるが、一方でポルトガルのエリート層の棄民体質の発露と言いたくもなる。一気に一万人を輸送したのは、一種の歴史的偉業だとは思うけれど。

イギリスの支援を受けたポルトガルはフランス軍を撃退し、一八一五年、「（イベリア）半島戦争」は終わり迎えたものの、国土は疲弊しきっていた。しかも、ポルトガルに残された政府機能はイギリス人将軍ベレスフォードの統制下に置かれるようになってしまう。やはり自国の領土は自力で守らなければダメである。一八一七年のイギリス人追放の計画も前もって鎮圧されてしまった。

国民の不満が募る中、一八二〇年にポルトで軍事蜂起、リベラル革命が行われた。翌年にはブラジルに避難していた王室も帰国する。二二年にはリベラルな性格を持つ新憲法が制定され、ポルトガルに立憲君主主義が確立されることになる。

ポルトガル王室がブラジルに避難していた一四年間で、ブラジルは大きな発展を遂げることになった。だがその結果として、国王ジョアン六世が帰国すると同時に、ブラジル独立の機運が高まってしまう。そこにポルトガル本国政府はあらためて宗主国としての傲慢な態度を取り始めたのである。ブラジルの貿易の独占、再植民地化、そしてペドロ王子の帰国を求めた。しかし、ペドロ王子は帰国を拒否、一八二二年九月七日、イピランガの丘で「独立か死か。ポルトガルとは切り離された」と叫び、独立を宣言してしまう。ポルトガルがブラジルの独立を承認するのは三年後のことであった。

ブラジル独立への流れはざっとこんな感じなのだが、このブラジル独立に関しては一つの「神話」が出来上がっている。ブラジル人作家のラウレンチノ・ゴメスはブラジルの歴史には神話が満ちており、それらに各時代の都合に合わせて作られ変更されてきたと言う。独立に関しても神話化が見られるのである（そういうことはどの国でもありそうだが）。それは、イピランガの叫びの前からフリーメイソンの各ロッジでポルトガルからの分離が決定されていたというものである。歴史家の一部にはフリーメイソンの関与を決定的なものであったとして重視する者がいる。ブラジル独立はフリーメイソンの陰謀とは言わないまでも、極めて重要な役割を果たしたとされるのである。ブラジルでは、植民地時代の末期にはフリーメイソンのロッジがすでに存在していたと言われる。

だが、ゴメスの著作『一八八二』を読むと、ブラジル独立に関しても、フランス革命と同じようことが言えるのかもしれないという気になってくる。つまり、ブラジル独立という重要な歴史の節目に関し、フリーメイソンの立ち位置は一致していたわけではなかったのである。一致団結して独立に向けて突き進んだというわけではなかった。メイソンたちこそが内部で独立をめぐって熱い議論を戦わせたのであり、その一人が、フリーメイソンのグランド・マスターであり、ブラジルの初代皇帝となるペドロ一世でもあったのだ。ちなみに一八八六年、ブラジルの共和制を宣言した軍人デオドロ・ダ・フォンセカ初代大統領もグランド・マスターであった。

ゴメスによれば、一八二二年のブラジルで、フリーメイソンは二つのグループに割れていた。どちらのグループも独立派であったものの、一つは共和主義的な思考の持ち主たちであり、もう一つは立憲君主制の枠内でペドロ一世を皇帝として抱いたまま独立を果たそうという考えであった。この両者の権力闘争は激しさをきわめていた。ペドロ一世がぬかりなかったのは、どちらのグループの集会にも顔を出し、動向を監視していたことであろう。

組織立った政党などなかった時代である。フリーメイソンのような秘密結社こそが地方の隅々まで独立の種を広められたとしても不思議ではないだろう。その意味でのフリーメイソンの貢献は認めるべきだ。しかも、一九世紀当初のフリーメイソンといえばかなり反体制的な組織であったと言える。それまでとは違う政治体制（例えば共和制）を植えつけようと考えていたのである。彼らにとって、長く植民地支配下にあった南米は、自分たちの理想を実現するうえで、うってつけの場であった。南米諸国の独立に外国人メイソンの軍人や知識人の活躍が目立ったことは確かである。かなりの速度でフリーメイソンの反動的思想は大陸を駆け巡ったのである。

ただし、忘れてはならない事実があるのだ。ペドロ一世のフリーメイソンの所属期間は極めて短かったのである。少なくとも公式には、入会は一八二二年八月であり（独立宣言の一カ月前）、二カ月後にはグランド・マスターの座に就いた。かなりのスピード出世である。さらに驚くのは、グランド・マスターの座にあったのはわずか一七日間だけで、独立宣言を助けたロッジの閉鎖と調査を命じたのである。疑い過ぎかもしれないが、これではただ独立するためにフリーメイソンの力を借りただけのようにも思えてくるではないか。

逆に言えば、フリーメイソンだけがブラジル独立の主導的役割を演じたということはできそうにない。むしろ皇帝にうまく利用されたところもあったのではないか。皇帝はある意味、裏切り者にも見えてしまうのだが、言いすぎか。フリーメイソンの役割には両面があり、利用し、利用され、ということだったのではないか。独立にはさまざまな利害が絡み、その中でフリーメイソンも、決定的とは言えないまでも、一定の役割を果たしたということのようである。

第三章　青と白から緑と赤へ——王制の崩壊と共和制樹立

地名が告げる歴史の節目

いきなり思い出ばなしで恐縮だが、一九八一年夏、初めてポルトガルを訪れた。というよりも、そのときの旅で、生まれて初めて海外の地を自らの足で踏んだ。お金に余裕のなかった私は、友人たちと一緒にパリまでバンコク経由で飛行機を乗り継ぎ、花の都の北駅から長距離列車で出発し、遠路はるばるスペインを横断してポルトガルに陸路で入国したとき、もちろん初めてポルトガルの貨幣エスクード（当時）を手にした。今ではもう何エスクードの貨幣だったのかは憶えていないのだが、銀貨にREPÚBLICA PORTUGUESA（ポルトガル共和国）と書かれていたことを鮮明に記憶している。

大学のポルトガル語学科に入学して三年目の夏だったから、ポルトガルが王国ではなく共和国であることくらいは当然のように知識として持っていたが、そのポルトガル語名称に少なからぬ驚きを感じたことは確かである。ポルトガル共和国という日本語から勝手に類推し、ポルトガル語ではREPÚBLICA DE PORTUGALというのだと漠然と思い込んでいた。「ポルトガルの」という前置詞句ではなく、共和国をPORTUGUESAという形容詞で修飾するのが国家の正式名称であることをまったく知らなかったのである。ましてや、それがフランス共和国のRÉPUBLIQUE FRANÇAISEという国名を模していることを知るのはずっと後のことであった。ポルトガルはさまざまな面でフランスの影響を強く受けてきた国である。

高校時代、世界史を勉強したとき、ヨーロッパの歴史を学べば、「○○○王国の、×××王が統治した時代」の出来事ばかりが出てきた。ポルトガルにとって一番の栄光の時代、大航海時代のときもエンリケ航海王子の名前が出てくるし、なのでポルトガルも王国というイメージが強かった。しかし、意外なことに（と、どうしても言いたくなるのだが）、ポルトガルはヨーロッパで三番目に古い共和国なのである。順番で言えば、フランス、スイス、そしてポルトガル。どことなく保守的なイメージが強いポルトガルではあるが、大きな体制変化をかなり早い時期に経験している国なのである。思い出してみれば、海外進出においてもパイオニアではなかったか。新しいことを恐れないからこそ、ヨーロッパの中で一独立国としての長い歴史を刻んでこられたのだろう。一九世紀後半に死刑を廃止したという事実を見ても、けっこう世界の流れを先取りしているように見えるのである。ちなみに、二〇一〇年には同性婚も承認している。二〇一五年一一月には、同性カップルが養子縁組をすることを認める法案も成立した。

一九八四年秋からポルトガルに留学したときも、ポルトガルの歴史よりも、世界に広がるポルトガル語の状況やポルトガル語とアフリカ諸語が接触して形成されたクレオール語に興味があったため、共和制への移行に関しては大きな関心を抱くことはなかった。リスボンの幹線道路の一つである「共和国大通り」から並行するように「一〇月五日通り」が伸びていても、その意味合いを深く意識することもなかった。ポルトガルのどの町に行っても、町の中心に「共和国広場」があって、その近くに「一〇月五日通り」が走っている一種の〝法則性〟に気がついたのもずっと後のことであった。

ポルトガルは一九一〇年一〇月五日に王制の崩壊を迎え、そして同日、共和国の成立がリスボン市役所のベランダから宣言されたのであった。もう少し厳密に言うと、一九一〇年一〇月五日の午前一〇時までは国王マヌエル二世が統治していた。他の大半のヨーロッパ諸国と同様、ポルトガル共和国もかつては王国だったのだ。違いは、ポルトガルは第一次世界大戦の少し前に王制の崩壊を迎えている点だろうか。共和国になったばかりで大戦に参加。しかもアフリカではアンゴラとモザンビークの二つの戦域で戦い、ヨーロッパでもフランドル地方へと遠征部隊を派遣したのである。一九一〇年代のポルトガルはまさに激動の時代であっただろう。なお、第一次世界大戦への参戦と、ポルトガルのフリーメイソンを結びつけようとする見方もあるようだが、当時のポルトガル政界にいた有力者はそもそもがメイソンが多かったわけであり、フリーメイソンがポルトガルを戦争に導いたかのような考え方は取るべきではないと思われる。

徒歩や自動車で数えきれないくらい何度も通ったリスボンの両方の道路「共和国大通り」にしても「一〇月五日通り」にしても、その日付け以前は別の名前だったことなどまったく想像することもなかった。実際に通った道路の名前の由来をその都度調べていれば、今ごろ私はポルトガル史の大家になっていたかもしれない。まさに、後悔先に立たず、惜しいことをしたものである。

などと今さら歯ぎしりしていても意味のないことなので、ここから先は遅ればせながらの勉強の成果を披露していこうと思う。ポルトガルの歴史は建国から今日まで約八世紀。そして、最初の七世紀は王制の下で過ごした。残りのおよそ一〇〇年間が現在に至る共和制。ポルトガルの歴史を大きく変えたこの体制転換を知らずして、ポルトガルを語ることなどできるわけもないのである。一九七四年の「四月二五日革命」もポルトガル社会に大きな変化を与えたが、一九一〇年の「一〇月五日」の体制変化も負けず劣らず大きな影響をポルトガル社会に残したと思うのである。変わらないポルトガルというものもあるけれど、二〇世紀のポルトガルは大きな変革を二度も経験しているのだ。

ポルトガルの共和主義

人間を二種類に分けろと言われたら、あなたはどうするだろうか。男と女、というのは単純でわかりやすそうだ。大人と子供というのもいいかもしれない。しかし、唐突だが、自らが生きる社会を当たり前のものとして受け入れ変革など望まない者と、批判的に分析しそこにあるさまざまな問題や矛盾を解決するために大変革を起こそうとする者がいる、この事実に着目するというのはどうだろうか。ヨーロッパの国々は長い間、王制によって統治されてきた。主権者が合議体ではなく、一人の人間だったということだ。だが、一七七六年、アメリカ合衆国がイギリスからの独立を宣言したとき、新しい政体の時代の到来を教えてくれた。彼らは国王を戴く代わりに国民が大統領を選ぶ共和国なるものを築いたのである。

ヨーロッパにもその影響は届いた。伝統の力は強かったが、新しい政治体制を夢見る者が現れた。共和主義運動がいくつかの国で生まれ、一七八九年フランスで近代ヨーロッパ最初の共和国が誕生することになる。途中に後戻りはあったが、一八七六年以降フランスは今日までずっと共和国である。

ポルトガルの話をすると、最初に王制が批判されたのは、早くもフランス革命の時代だった。つまり、一八世紀末のことである。だが重要なのは、それ以前に、前章で論じたポンバル侯爵の時代に、高級貴族の力を奪っていたことがある点だ。フランス革命の時代にはすでに、王制批判を言える状況があったのである。また、異端審問を禁止し、イエズス会士を国外追放にしていたことも王制批判を可能にしていた。貴族が力を失い、商人たちが勢力を得た。彼らには新しい時代精神が宿り、教会の支配を抜け出し、王制とは大きく異なる概念を持つようになっていた。やはり、ポルトガル史におけるポンバル侯爵の影響は大きいのであろう。

ポンバル侯爵の時代の後も、王制とカトリック教会に対する批判はやむことはなかった。確かに、共和国という言葉を口にする者はほとんどいなかった。人口に膾炙したのはフリーメイソン、啓蒙派、ジャコバン派、理性、道徳といった言葉であった。しかし、共和制移行への種は着実にポルトガル社会にまかれていたのである。しかも、大切なことは、一八世紀末になると、メイソンであることはリベラルであるということと同義語であり、批判精神の持ち主という意味でもあった。となれば、衰退期にあった王制をメイソンが批判するのは当然のことでもあった。

一九世紀末になると、変化の風はポルトガルでも強く感じられるようになった。国王ルイス一世の時代(一八六一－一八八九年)である。妻はイタリア王の娘マリア・ピアであった。息子が後に王殺しに遭い、孫はポルトガル最後の国王となるマヌエルであった。マリア・ピアは共和制の樹立をもって故郷イタリアへ亡命者として帰国することになる。ルイス一世は庶民派で、政治姿勢もリベラルであった。言論の自由も認められ、政府も国王も批判できたのである。当時の新聞や雑誌は政治家や王家を茶化すような漫画を平気で載せていた。一八七〇年代半ばまでポルトガルの政党はすべて王制派で、再生党と進歩党の二大政党制といってよかった。この両党が政権の交代を繰り返したので、歴史家の言葉によれば、「政党ローテーション制」と呼ばれた。

一見、合理的な制度のようにも見えるかもしれないが、この「政党ローテーション制」は政治の腐敗、無力の象徴のようなものであった。再生党が政権に就く。数多くの問題が生じるが解決することができない。王が政府を罷免し、議会を解散し、選挙を実施させる。すると最大野党の進歩党が政権に就く。けれども進歩党も同じことを繰り返す。つまり、延々と問題を解決できないままなのである。問題を解決できないだけではなく、与党は政権保持のために不当な手段を用いたのである。各地方の大地主（カシケと呼ばれた）に優遇措置を与える代わりに選挙で投票するように求める。カシケに雇われた使用人も投票を求められる。さらには、すでに死んだ人に投票権を付与し、インチキで投票させたりもした。選挙の不正は広く知られており、新聞や雑誌などもときに激しく批判し、ときに揶揄した。国民の不満は高まり、海外から届く新しい思想に共鳴し始め、ついには王制の廃止を口にする者も現れたのである。

一八七〇年頃には、海外から届いた思想の影響でポルトガル社会には動揺が走っていた。大きく分ければ三つの思想潮流があった。一つは王制を打倒し共和国樹立を目指すグループ。知識人、大学生、弁護士、医師、教員、商人、事務職員などが多かった。二番目は同じく王制打倒を目指すが共和制では満足できず社会主義国家を目指すグループ。富を全人民に分与し、権力も人民のものとする。後で見る「衰退論」を唱えたアンテーロ・デ・ケンタルはこの思想の持ち主として有名であった。三つ目は無政府主義者たちである。この世の悪は国家が存在するからなのである、と唱えるグループである。

これら三つのグループの間の関係は必ずしも良好ではなく、また共和主義者の中でも、ポルトガルを単一の共和国にしようとする者もいれば、四つに分けてアメリカのような連邦共和国にしようと考えた者もいた。北と南に分け、二年ごとに首都をリスボンとポルトで交代するというアイディアも出された。それなら平等かもしれないが、平等に混乱するだけのようにも思える。

一八七八年には選挙が実施され、その二年前に創設されていたポルトガル共和党が初めて候補者を擁立した。そのときポルトの選挙区から立候補したロドリゲス・デ・フレイタスが共和主義者として初めて当選を果たしている。共和主義者たちは勢いづき、集会、討論会を繰り返し、王室の無駄遣い、選挙の腐敗、増税、王制派政治家の無能、聖職者の悪影響を激しく非難し、国民からの支持を広げた。

ところで、一九世紀末、ヨーロッパの国々では歴史上の人物を大規模に讃える式典を開催することがしばしば見られた。ポルトガルも例外ではなかったらしく、一八八〇年六月一〇日には、大詩人ルイス・デ・カモンイスの没後三〇〇周年を記念する式典が催されたりもしている。共和主義の概念が初めて大規模な舞台でお披露目された舞台でもあった。式典の実施を熱心に要求したのは野党である共和主義者たちで、このときにカモンイスの遺体は現在と同じジェロニモス修道院に移送された。実行委員のリストにはのちにフリーメイソンのグランド・マスターになるマガリャンイス・リマの名前もあった。逆に政府は共和主義者たちが深く関わる式典には消極的で、禁止はしなかったものの参加もしなかった。王室も同様で式典に距離を置くことにした。マガリャンイス・リマは『オ・セクロ』(「世紀」という意味)という新聞を創刊し、王室批判を展開した。

カモンイスの式典は、その像が設置されるカモンイス広場で開かれた。多くの群衆が集まった集会では、共和主義者たちがカモンイスの悲劇的な運命とポルトガル国民の悲劇を上手に重ね合わせ、聴衆の興味を引いた。社会の大変革だけがポルトガル人を救えると納得させたのである。その結果、共和主義に賛同する者がさらに増えたという。カモンイス没後三〇〇年に関連するイベントはポルトガル国内の各地で広く実施されただけでなく、ブラジルでも記念行事が行われたくらいである。ポルトガル語の偉大な詩人は、両国の友好の象徴なのであった。

二年後にもう一つ重要な記念式典が開かれた。一七八二年に亡くなったポンバル侯爵の没後一〇〇周年であった。共和主義者たちは侯爵がイエズス会士を国外追放にしたことを思い出し、教会に権力を与えることを拒み、聖職者が政治に関与することを避けるように求めた。さらに三年後、フランス共和国大統領エミール・ルーベがポルトガルを公式訪問すると、共和主義者たちはまたしても機を見るに敏で、大統領を歓迎するのと同時に、共和主義体制を讃えたのであった。歴史家ミゲル・サルディーカの言葉を借りれば、共和主義は新たなセバスティアニズモ（ポルトガル独自のメシア信仰）となっていたのだ。

一八八九年、カルロス一世が王位に就く。妻はフランスのオルレアン家のアメリアであった。繰り返しになるが、夫妻には二人の息子が生まれ、長男は王位継承者であったルイス・フィリペ、そして二男がポルトガル最後の王となるマヌエルであった。ポルトガルは厳しい経済危機下にあった。銀行や企業は破産し、失業率は上昇し、疫病の流行でたくさんの死者が出た。労働者は低賃金でしかも毎日一〇時間以上働かねばならなかった。農園や鉱山では児童就労も見られ、大人と同じ時間を働き、しかもさらに低賃金であった（低賃金と児童就労はポルトガルだけでなく、ヨーロッパ全体の問題であったが）。デモやストが繰り返されるのは当然であっただろう。

一九世紀後半のポルトガル

さてここで、一九世紀後半のポルトガルの様子について少し触れておこう。ナポレオン軍の侵攻には遭う、一八二二年にブラジルが独立してしまうなど、一九世紀前半のポルトガルは不安定な状況が続いた。ナポレオン軍侵攻の際には、ポルトガルの王室はブラジルのリオデジャネイロに避難してしまうが、そのアイディアは一七世紀に遡るのだという。しかし、一九世紀の後半になると政情も安定し、フォンテス・ペレイラ・デ・メロ大臣の下で、工業、商業、交通輸送面において大きな進歩が見られ、行政面でも近代化が進められた。当時の国王はペドロ五世。国王自身も該博な教養の持ち主だったが、ポルトガルの繁栄のためには国民それぞれが勉学に励む必要があると考えていた。進歩のためには知識や文化的素養にさらなる価値を認めるべきだとしたのであった。国王の具体的な業績としては、教育の基盤となる小学校を作ったこと、リスボンに天文観測所を建てたことが指摘できるだろう。

一九世紀後半にポルトガルで活躍した人物としては、先に触れたフォンテス・ペレイラ・デ・メロの名前を憶えておきたい。私がかつて在ポルトガル大使館で仕事をしたとき、事務所があった通りがこの政治家の名前を有していたので、個人的にもとても親しみを覚える。一八五一年に政府の人間になった彼は海軍・海外領土大臣だけでなく財務大臣も担当した。さらに五二年には公共事業・商工業大臣にもなった。ポルトガルのインフラ整備を推進した彼の諸政策はフォンティズモ（フォンテス改革）と呼ばれる。メロの功績には例えば、一八五六年一〇月二六日の日曜日に、リスボン―カレガード間（三六・四五四キロ）に初めて鉄道を走らせたことがある。日本では一八七二年が初めだから、ポルトガルは一六年も早く、距離も七キロ長かった。

少し詳しく鉄道開設の日の話を記しておくと、その日は日曜日で、リスボンのサンタ・アポロニア駅には国王ペドロ五世など王族、政府高官、外交団、リスボン枢機卿らが集まっていた。ポルトガルを初めて走ったのは二台の蒸気機関車と一四台の車両であった。機関車は当然かもしれないけれど、イギリスのマンチェスター製であった。列車は朝の一一時頃出発し、四〇分後にはカレガードに到着した。仮設の駅舎では贅沢な宴席が設けられた。厄介だったのは復路で、午後四時半頃に出発したものの、途中で機関車の一台が故障してしまったのだ。一台では一四両は牽引できず、最初に王族たちを乗せた車両など六両をまずはリスボンまで届け、乗客をリスボンで下ろした後でもう一度引き返し、残りの八両を引っ張った。旅の終わりは、最終的には夜の一〇時になったというから、なんとも長い一日であった。遅延の被害に遭った乗客たちを見て、「進歩の遭難者たち」と呼んだ者がいたらしい。でも、とにかくその日初めてポルトガルで鉄道が走ったのである。なお、フォンティズモの負の側面としては、一八九二年の国家財政破たんがある。ポルトガルの財政破たんは一九世紀末にも見られたのであった。

鉄道はべつとして、経済も政治も行き詰まり、解決策を見出してくれない国王に対する国民の不満は高まっていた。当時、ポルトガルは欧州で最も貧しく、遅れた国の一つであったに違いない。ポルトガルに進歩、自由、平等を約束してくれる共和主義者たちが勢力を増したのも当然である。そんな中、国王が国民の支持をさらに失う大きなきっかけとなったのが、一八九〇年一月の出来事、いわゆる「最後通牒」であった。その二年前、スペインはアメリカと戦争を戦って敗れ、カリブ海や太平洋の領土の管理権を失っていた。つまり、イベリア両国にとって、よくない時代だったのである。

一八八四年から八五年にかけて行われたベルリン会議とは、アフリカ人がまったく意見を求められなかったアフリカ分割会議のことであるが、そこで見られた重要な転換は、アフリカの領土を保有する根拠が「歴史」あるいは「伝統」から、「実効的な支配」へと移ったことである。歴史的根拠、すなわち早い者勝ちであるならば、最初に喜望峰を周回したポルトガルは圧倒的に有利なのだが、実際に支配しているのかどうかを問われれば、沿岸部の一部のみにプレゼンスを示していただけのポルトガルは不利になった。ポルトガルの主張が受け入れてもらえなかった背景は、ポルトガルを利すれば、それは同盟国イギリスを利することになると他の大国が考えたからだとも言われる。

大慌てでポルトガル政府はアフリカ内陸部の探検を企画、そしてアンゴラとモザンビークを横断的に領有しようという壮大、と言うか、身の程知らずの計画を立てたのである。だが、それはカイロからケープタウンまでアフリカ大陸を縦に支配しようというイギリスの企てと真っ向から衝突することになってしまう。アフリカにおける植民地領有をめぐりポルトガルとイギリスは利害が対立、譲歩しない場合は武力による攻撃もあり得ると当時の最強国イギリスから「最後通牒」を突きつけられて脅され、ポルトガルは同盟国イギリスの前に屈したのだが、国民はその屈辱を許そうとはしなかったのである。ポルトガルとイギリスの関係の本質は古くからの恋愛感情のようなものかもしれないが、そのぶん不実な行為も見られる。

一九一〇年の共和制宣言とほぼ同時にポルトガル国歌となった「ア・ポルトゥゲーザ」は、「最後通牒」のときに生まれた反英調の歌詞を持つ曲であった。メロディーにはフランス国家「ラ・マルセイエーズ」の影響が指摘されるが、世界で最も美しい国歌の一つだとも言われる。今ではサッカー選手たちも終盤のさびの部分で「大砲に向かって突き進め」と歌っているが、かつては「ブリテン人に向かって突き進め」と歌われたのである。無謀すぎる話であった。

今にして思えば、一八九〇年前後は、ポルトガル史において重要な時期であった。テニスやフェンシングが得意でサッカーも愛好していた国王カルロス一世は即位したばかりである。ポルトガルは南部アフリカにアンゴラとモザンビークという広大な領土を保有していたが、イギリス、フランス、ドイツ、ベルギーなど他のヨーロッパ諸国がそこに触手を伸ばそうとしていた。いわゆる「アフリカ分割」の時代である。というよりも、「スクランブル・フォー・アフリカ」、つまり大急ぎでアフリカ大陸を分捕り合った、そんな時代である。

そうした状況において、ポルトガル政府はアンゴラとモザンビークを結びつける計画を練り、実際にその計画をアフリカ地図の中に描いてみせたのであった。ポルトガル領になる予定の地域をバラ色（ピンク）で塗ったので、「バラ色地図」（Mapa Cor-de-Rosa）と呼ばれる（作成の中心になったのは当時の外務大臣エンリケ・デ・バロス・ゴメスと言われるが、当の本人は認めなかったらしい）。初版ができたのは一八八一年のこと。リスボン地理学協会の壮大な計画の下で生まれた地図である。完成はおそらく一八八六年のことであるが、公開されたのは翌年のことであった。ポルトガル外務省は欧州諸国の政府にこの地図を含む文書を送付したのである。利害が衝突しないドイツとフランスは承認してくれた。

国歌を作曲したアルフレード・ケイルの像。

「地図」が机上の空論であってはならないため、ポルトガルはアフリカに軍を派遣し、平定作戦を実行に移した。「平定」とは pacificação（パシフィカサゥン）の訳であるが、実際にやったことは、抵抗する人々には戦いを仕かけ、制圧し、主従関係を築き上げたのである。ことの善悪は別として、ポルトガルなりに努力したのである。しかし、セルパ・ピントという軍人・探検家が率いた部隊がイギリス国旗を掲げたマコロロ人の部隊を鎮圧し、彼らが持っていたイギリス国旗を降ろさせたことを知ると、イギリス本国の政府の怒りを買ってしまった。カイロからケープタウンまでを謳っていたイギリスの利害が関わっていたザンビア、ジンバブエ、マラウィをポルトガル領として含んでしまう地図にはしょせん無理があったのだ。すると、一八九〇年一月一一日、イギリス政府は「最後通牒」を突きつけてきた。簡単に言ってしまえば、ポルトガル政府は即刻アフリカから軍隊を撤退させよ、さもないと宣戦布告するという脅しであった。イギリスの首相ソールズベリ卿はポルトガル人に手厳しい教訓を与えようとしたのである。

神話あるいは非現実主義の同義語にもなった「最後通牒」はポルトガル社会に、ナポレオン軍侵略以来の深刻な傷を残すことになる。国内政治の現実も、国際政治の限界も無視した無謀な計画であったつけは大きかったのだ。ポルトガル帝国は永遠であると信じ込んでも、当時のポルトガルには最強国イギリスに逆らうことは無理であった。かといって、対英従属の国は国際的には孤立してしまう。ベルギーがよい見本だが、ポルトガルのような小国は大国同士が対立する隙をついて巧みに立ち回る外交が有効なのである。イギリスべったりではフランスやドイツを味方につけることは不可能。イタリア、ロシア、スペインなどポルトガルを支持してくれた国もあったのだが、イギリス外務省に抗議するくらいで、それ以上の行動は取ってはくれなかったのである。王と大臣たちの判断、すなわち政府としてはイギリスの要求に対する譲歩であったが、一方で国民は納得しなかった。イギリス政府の脅しに屈した自国政府の弱腰は国民から非難の対象となった。王室に対するプロパガンダは卑劣を極め、そのせいもあって評判はがた落ち。王室は、それ以降立ち直ることはできなかったと言ってよいだろう。共和主義者たちは王制の限界を指摘し、より優れた体制、すなわち共和制が必要だと訴えた。実際、共和制の人気は高まったのである。小さいが高貴なわれらが祖国のすべての問題の原因はイギリスと王制である、そう主張された。そして国民は、国家の元首を血統ではなく、自分たちの判断で選びたくなったのである。

実のところ、「最後通牒」を突きつけられた国王カルロス一世は外交手腕に長けた人物であったが、断交するというイギリスからの脅しは厳しいものであった。もしイギリスとの関係が絶たれたとしたら、他の国からも同じような手段を講じられる恐れだってあった。ポルトガルのような小さな国がヨーロッパで、世界で孤立する？　想像するだけでも恐ろしいことではないか。後に「誇りを持って孤立する」と述べた独裁者サラザールの時代でも、ポルトガルはけっして孤立してはいなかった。「バラ色地図」を断念したポルトガル政府の判断はしかたないものだったのだろうが、やはり国民は黙っていなかったのである。

何の権利があってイギリスはポルトガルに命令するのだ？　何の権利があって、アフリカに最初に航海し上陸したポルトガル人に、その土地を譲渡するよう求めるのか？　なぜ政府は反論しないのか？「最後通牒」から二日後の一月一三日には、リスボンのロッシオ広場にあるカフェにジャーナリストたちが集まり、こう叫んだ。「ポルトガル、万歳！　イギリスに死を！」。そしてカフェを後にして市街に出ると群集がついてきた。「くたばれ、海賊！」。そんな叫び声も聞こえた。イギリス領事館では門に飾られた紋章を引きはがし、劇場に行ってはイギリス人労動者を追放させようとした。コインブラでもリスボンでも学生たちが暴動を起こし、また新聞・雑誌ではイギリス、最後通牒、国王、王制を激しく批判する記事を載せた。時代を予言するかのように、王殺しをテーマとする詩さえ書かれたのであった。

後に共和国大統領になるアントニオ・ジョゼ・デ・アルメイダは、当時はまだコインブラ大学医学部の学生だったが、「国王は死なせずに動物園の鳥かごに入れて、藁の寝床で休ませろ」なんていう侮辱的な文章を発表している。アルメイダは逮捕されたが、すると連帯を示すためのデモ行進が実施された。イギリスと戦う目的で武器や戦艦を買うための義援金募集を始める者も現れた。国民はイギリスの新聞を買うのをやめ、ホテルにイギリス人を泊めさせないようにし、国王もイギリスから授与されたすべての勲章を返上した。次第に植民地問題は国民全体の問題となっていったのである。

外交手腕に長け、ヨーロッパの各王室に信頼も厚かった国王カルロス一世もただ手をこまねいていたわけではない。ヨーロッパの他の国々に支援を求めようともした。だが相手はイギリス。同情の言葉をかけてはくれても、具体的にポルトガルを支援する国は一つもなかった。また国内各地で続く群衆の蜂起を鎮めようと警察を派遣したが、警官が厳しく振る舞えば振る舞うほど共和主義の人気が上昇するだけであった。一八九〇年九月には『ポルトガル共和国』（República Portuguesa）という将来を予見するかのような名前の新聞が共和主義系のジャーナリストたちによってポルトで創刊、王制打倒、共和主義擁護を訴えている。創刊者の中に、ジョアン・シャーガスがいたが、彼は共和制樹立に中心的な役割を後に果たし、最初の首相にもなった人物である。

ここで一つ補足しておくと、ポルトガルとイギリスの関係が再び良好になるのは、ヴィクトリア女王の死を受け、一九〇一年に即位したエドワード七世の時代である。イギリスの国王がポルトガルを訪問したのは彼が最初である。一九〇三年のことであった。そして、一九一〇年一〇月に共和主義者たちの時代が来るわけだが、以前はずいぶんとイギリスを批判した彼らも、共和制への移行期、さらには第一次世界大戦の参戦をめぐってはずいぶんとイギリスの顔色をうかがっているのである。

衰退しない衰退論

ポルトガルの動向に日頃から注目している者として言わせてもらえば、ポルトガルという国は小さいながらも、国際社会の中でしたたかに、そしてしぶとく生きているものだと感心している。日本で海外ニュースを見ていてもまったくと言ってよいくらい話題にならない国だし、なったとしてもここ数年間は財政の破たん国家として取り上げられるくらいだけれど、自分たちは世界の中でどうあるべきなのか、どう振る舞えばよいのかをポルトガル人は的確に理解しているように思えるのである（褒めすぎだろうか？）。自分のことを自分で決められず、いつも周辺国の顔色をうかがいながら右往左往しているどこかの国に比べれば、よほどしっかりとしたビジョンを持った国家に見える。

「生きている」なんて表現を使うと、国を生き物のように表現するな、国家を有機体ととらえたサラザールみたいではないか⁉　という批判が聞こえてきそうだが、その是非はこの際脇に置いて、ポルトガルという国は今なお独特な存在感を世界において示しているのではないだろうか。ポルトガル語という共通の文化遺産によって、ポルトガル語諸国共同体（CPLP）という国際間組織を築いてしまうところなど、世界で仲間を作るのが上手な国だと感心させられたりもするのである（互いに真の友好国であるか否かは別問題だが）。一九九六年夏に創設されたこの「共同体」にはどれほど実態が伴っているのか測りかねるところもあるのだが、注意深く見ていると重要な活動もしている。特にアフリカ政治においては重要なキープレーヤーになっているように思える。世界に二億人以上の話者がいるポルトガル語という共通の絆は侮れないのである（ポルトガル政府の言語普及策を無邪気に讃えればそれでよいというものでもないのだが）。

ちなみに、私は以前からずっと日本はこの共同体のオブザーバー・メンバーになるべきだと主張してきていた。日本とポルトガルは長い付き合いがあるし、ブラジルにも移民の歴史がある。だいぶ数は減ったとはいえ、日本のいくつかの地域ではブラジル移民が暮らしている。最大の時期に比べれば半減してしまったが、それでもまだ一〇万単位の日系ブラジル人が日本で暮らしているのである。彼らはポルトガル語の母語話者である。フルメンバーになるかどうかは別として、オブザーバーになる資格は十分にあるというのが私の主張の趣旨で、日本のオブザーバー参加が二〇一四年七月末に東ティモールの首都で開催された首脳会議で承認されたことは、個人的にはとてもうれしいニュースであった。日本とポルトガル語圏世界との関係がより緊密になることが期待できるはずである。CPLPを舞台として、民主主義と平和の重要性を世界に向かって訴えたっていいと思うのである。

二〇〇九年、経済・財政危機が深刻化し、ポルトガルの大卒の若者たちが言葉の共通性を武器にブラジルやアンゴラに移民するケースが増えたという動きを知ったときも、本国で就職先がないのは悲しい事態だとは思えたものの、外国語の習得の必要なしに母語を用いながら海外で就職ができるという〝特権〟をうらやましく感じたものである。海外で自分たちの母語を話してくれる仲間がたくさんいるというのは大きな武器である。閉塞感を覚える日本の若者たちを見るにつけ、日本語も海外で平和的にもう少し話者を増やしたらよいものをと考えざるを得ないのである。

とはいえ、一般の日本人からすれば、ポルトガルという国は、はっきり言って「過去の国」というイメージが強いのかもしれない。サッカーファンでもあれば、魅力的な名選手を生みだす強豪国という大きな存在感を抱くかもしれないが、海外サッカーを強く意識しているわけでもない人から見れば、ポルトガルとは遠い昔の大航海時代はすごかったけれど、今ではずいぶんとこぢんまりとまとまってしまった国ということになるのかもしれない。ひどい人になると、ポルトガルってまだあるのですか？　なんて真顔で尋ねたりもする。たとえヨーロッパの周縁に位置する国とはいえ、ＥＵのメンバー国に対し、ずいぶんと失礼な話である。

確かに、日本の学校教育で学習する世界史の中で、ポルトガルは大航海時代に一度だけ大きく取り上げられるが、そのあとはまったくと言ってよいほど話題にならない。なぜそうなるかと言えば、一五〜一六世紀に絶頂を極めた後、世界の主役の座を失ったままで、二度と取り戻したことはないからである。日本の世界史教科書がべつだん偏った記述をしているわけではないのである。国際社会の中で影響力を失ってしまったポルトガルという認識は日本人だけのものではなく、世界中の人々が感じていることだし、誰よりもポルトガル人自身がよくわかっている。だからこそ、「ポルトガル衰退論」なるものが存在するのである。A decadência de Portugal である。

日本では、二〇一一年三月一一日の大震災以降、唐突に想起されたかのようにも思えたポルトガルの衰退だが、ポルトガル人はずっと前からそのことに気づいている。日本人が二一世紀に入ってポルトガルの衰退を議論するのもけっこうだが、その前に本家本元の分析を知っておくことも大切だろう。ポルトガル衰退論の再考というのは、あまり最高ではない議論かもしれないが、試みる価値はある。

最初に注意しておかないといけないことがある。ポルトガル語で「衰退」とは decadência という。そして、この単語をフランス語にするとdécadence となる。つまり、デカダンスである。日本語でデカダンスというと、おそらく一九世紀末フランスで流行した文芸の一傾向のことを思う人が多いのではないだろうか。ボードレールやランボーなどの「退廃派」が活躍した時代である。私がこれから先、議論していこうとしているのはこの文芸運動の話ではない。一つの社会あるいは文明が衰退するという議論を展開したいのである。

衰退という言葉で何を理解するのかというのはむずかしい問題で、定義はさまざまあり得るのだが、経済的には例えば国内総生産が低下するとか、輸出入のバランスが大きく崩れるとか、ハイパーインフレに襲われる、といった現象が指摘できるだろう。社会的には政府に対する不満からデモ行進が繰り返される、あるいは文化的な活動が停滞するといったことが考えられる。政治面では外交的な問題に苦しまされることもあれば、国政が不安定になることもあるだろう。これらの条件がすべてそろえばまさに国家は危機的状況にあり、いくつかが満たされるだけでも衰退は話題になるはずである。現在のポルトガルでは衰退論が話題になっても不思議ではない。

さまざまな時代と場所で、衰退論というものは存在した。数多くの思想家たちが衰退の状況やその原因を探ろうと努力した。だが、このテーマに関する論考が盛んになったのは一九世紀から二〇世紀にかけてである。例えば、ニーチェ、フロイト、シュペングラー、マンハイム、オルテガ・イ・ガセー、ウナムーノ、トドロフ、さらにはアドルノなどによるものである。いつの時代も衰退が論じられていると いうことは、衰退とは恒常的で自然な現象なのだろうが、その強度が激しく感じられる時代というものがあるのだろう。衰退がいつ始まり、いつ終わるかを境界づけることは困難だろうけれど、衰退が実感される時代というものがあるのだ。

ところで、第二章で論じたポンバル侯爵は一八世紀後半に活躍した人物であるが、同世紀の前半、イベリア半島を旅した北欧の旅行者たちによって、ポルトガルの遅れ、特に文化面での遅れが指摘されていた。それは「衰退」という言葉で表現されている。北欧の旅行者とはプロテスタントであり、よってポルトガル文化の遅れはカトリック信仰が原因とされたのである。

さてここからが本題である。一九世紀ポルトガルには、アンテーロ・デ・ケンタルという作家・詩人がいた。第一章で述べたように、メイソンだったとも言われる人物である。社会主義的思想の持ち主であった。名門コインブラ大学で法学を学んだが、文学によってポルトガルを革新しようと試みた人物であった。残念ながら私には文学的才能が完全に欠けているが、その意気やよし、と言ってあげたくなる。ケンタルは、日本でも翻訳作品が出ているポルトガルの大作家エッサ・デ・ケイロスと同時代の作家でもある（ちなみに、このエッサ・デ・ケイロスもまたフリーメイソンだったと言われる人物である）。ただ、最期はうつ病を患い、拳銃で自殺というところがなんとも痛ましい。彼の死によって、文学によるポルトガルの革新はならなかったのだ。一九九八年にノーベル文学賞をもらったジョゼ・サラマーゴもポルトガルを大きく変えたわけでもなさそうだ。サラマーゴとポルトガル共産党との関係は常に確固たるものであったけれど。

そんなケンタルが一八七一年五月二四日、リスボンのカジノで開かれた民主主義会議の第一部で、歴史に残る名演説「半島民族衰退の諸原因」を行った。数年前から衰退論は活発になっていたらしい。「半島」とはイベリア半島のことである。ケンタルと仲間の知識人たち（例えばエッサ・デ・ケイロス、アドルフォ・コエーリョ）が、ポルトガルの衰退ぶりを議論するための会議を催したのだ。大航海時代、地球儀を二分したスペインとポルトガルという「大国」が衰退し、二流国家になりはてていたことは知識人なら自覚していた。なぜ往年の栄華を失ってしまったのか。ケンタルは自らの分析を展開してみせた。

ポルトガルはどこで間違ったのか。ポルトガル人はどこで選択を誤ったのか。現代のポルトガル人が読んでもけっこう耳が痛くなるような指摘もなされており、十分に傾聴に値すると思われるのである。ポルトガルを研究対象とする外国人である私にとっても参考になる、そして説得力のある分析である。いや、国力の低下を目の当たりにしている日本人にとっても参考になるのだろう。世の中に法律はもちろん必要であるが、文学の力も侮ってはいけないと思うのである。

さて、ケンタルが指摘した三つの衰退要因の一つ目は、一六～一七世紀に行われた異端審問。正統とされる信仰に反する考えを抱く者に対する裁判である。精神的要因と言ってもよいだろうか。カトリック教会の締めつけによってポルトガル人は自由な思想を失ってしまい、ポルトガルはイノベーションが起きない国になってしまったのだ。この説明はすでに同時代の作家アレシャンドレ・エルクラーノが別の場所で指摘していたことでもある。改革派からしてみると、やはりカトリック教会の教えは、近代化の足かせなのであった。ケンタルは時代の先を行くプロテスタント諸国との対比も行っており、『プロテスタンティズムの倫理と資本主義の精神』を書いたマックス・ウェーバーよりも先見の明があったのではないかと思わせられたりもする。

第二が、地方の自立心を失わせることになった、絶対王政による行き過ぎた中央集権主義。これは政治的要因か。地方分権は二〇世紀末になってもまだ国民の意見を二分してしまったくらい根の深い問題でもある。モンテスキューの『法の精神』で述べられたことをやはりエルクラーノが取り上げていた。

そして、三番目が大航海時代の言ってみれば「バブル経済」。文字どおり経済的要因である。遠く日本までやってきたのは立派というべきだろうが、そのつけと言うか、一時的な富の蓄積によって逆にポルトガルはまともな財政運営も勤勉さも失ってしまったのである。この点については、一七世紀、一八世紀の学識者たちがすでに問題視していた。

こうして見てくると、ケンタルはオリジナルな意見を披露したというよりは、すでに流布した議論を上手にまとめて発表したということになる。これら三つの要因の他にも衰退の原因を指摘できるのかもしれないが、カギになるポイントは押さえていると思われる。特に大航海時代というポルトガル史上で最大の出来事を含めている点はさすがである。いい意味でも悪い意味でも、大航海時代はポルトガル人のメンタリティーをつくってきたのである。

また、ポルトガルのカトリック教会は、もともとはイスラム教徒にもユダヤ人にも寛容な態度で接していた。けれども、一五四五年に始まり一五六三年に終わったトリエント公会議の後は寛容さを失い、態度を硬化させるようになったのである。宗教改革に対するカトリック教会の態度を決定した同会議の影響はポルトガルにとっても極めて大きなものであったのだ。トリエント公会議の前にも一五三六年に異端審問が定着すると、ポルトガル人は自らを監視するようになっていたが、その傾向にさらに拍車がかかったのである。

ポルトガルの衰退、危機を唱えたのはケンタルだけではなかった。「新世代」と呼ばれたオリヴェイラ・マルティンス（政治家）、エッサ・デ・ケイロス（作家）、テオフィロ・ブラガ（政治家、作家）、ゲラ・ジュンケイロ（政治家、作家）、ラマリョ・オルテガン（作家）などもやはりポルトガルの危機を認識していた。その頃、交互に政権交代を繰り返していた二大政党は国家の経済危機を認識しながらも、具体的な策を講じようとはしなかった。政治家たちは国王の保護にすがり、一方で国王は、「最後通牒」の前でもあり、英国に助けを求めていた。共和主義が次第に若い世代を中心に広がり始めた。一九一〇年一〇月に共和制へと移行するが、これはポルトガル共和党が政治の衰退を巧みに利用したということでもあったのだ。

なお、ケンタルの講義の意義は、ポルトガル衰退の要因を明らかにした点だけでなく、それまでは国土や海外領土の保全にとり脅威としてとらえられていたヨーロッパを、ポルトガル人にとって追いつくべきモデルに変えたという点にもあるだろう。一方で、残念だったのは、演説の数日後、宗教および国家を攻撃しているという理由で時の政府によって会議が中止させられてしまったことである。

繰り返しになるけれど、二〇一一年三月一一日。日本は東日本大震災という未曾有の災害に見舞われた。東日本太平洋岸を広く襲った津波によっておよそ二万人の方の命が失われ行方不明となった。さらに福島第一原発の事故によって放射能汚染による危機が国中を覆うことになった。折からの経済・財政危機もあり、日本という国が終わってしまうのではないか？　そんなことさえ危惧されたのであった。

なにもそんなときに思い出さなくてもよいと思うのだが、日本ではポルトガルが衰退のモデルになるのではないかという論評が見られたのである。ギリシャの財政破たんの後はポルトガルの番ではないかと言われていた頃のことだからしかたないのかもしれないが、衰退という言葉で日本とポルトガルを結びつけるのには少し違和感を覚えた。かつて大航海時代で繁栄したポルトガルは一七五五年のリスボン大震災で壊滅的な打撃を受け、その後は徐々に衰退し、昨今の経済・財政危機を迎えつつあるが、それでもＥＵの一国としての存在感は残している。日本もポルトガルのように大きな繁栄の後に静かに普通の国になっていけばよい、という論調であった。

私が覚えた違和感はまず、一七五五年の大地震でポルトガルが衰退し始めたという認識である。実際は、すでに見たように、ポルトガルはポンバル侯爵という偉大なリーダーのもと、大航海時代の栄光をとっくの昔に失っていたにもかかわらず、一時期はもう一度発展を遂げているのである。リスボンのポンバル様式バイシャ地区の区画整備など、いま目にしても見事なものである。

確かに、ポンバル侯爵が失脚し、一九世紀になると衰退論が叫ばれた。引き続き、二〇世紀もサラザールの政策によって停滞させられた。しかし、一九七四年の「革命」を経て、八六年にヨーロッパの仲間入りを果たすと、ポルトガルはまた大きな変貌を遂げることになった。私はその頃からポルトガルと付き合っているけれど、衰退という言葉がとても相応しいとは思えない。むしろ、偉大な発展を遂げる国とさえ呼びたくなる。衰退したポルトガルなんて言う人には、本当にポルトガルを知っているのですか？と問い質したくさえなるのである。

例えば、高速道路網の整備を見ただろうか。リスボンからポルトを結ぶ高速道路の建設が始まったの

郵便はがき

お手数ですが
切手をお貼り
ください。

102－0072
東京都千代田区飯田橋３－２－５
㈱　現代書館
「読者通信」係行

ご購入ありがとうございました。この「読者通信」は
今後の刊行計画の参考とさせていただきたく存じます。

お買い上げいただいた書籍のタイトル
ご購入書店名　　書店　都道府県　市区町村
お名前《ふりがな》
〒 ご住所
TEL
Eメールアドレス
ご購読の新聞・雑誌等　　特になし

上記をすべてご記入いただいた読者の方に、毎月抽選で
５名の方に図書券５００円分をプレゼントいたします。

本書のご感想及び、今後お読みになりたい企画がありましたら
お書きください。

本書をお買い上げになった動機（複数回答可）

1. 新聞・雑誌広告（　　　　　　）2. 書評（　　　　　　）
3. 人に勧められて　4. SNS　5. 小社HP　6. 小社DM
7. 実物を書店で見て　8. テーマに興味　9. 著者に興味
10. タイトルに興味　11. 資料として
12. その他

ご記入いただいたご感想は「読者のご意見」として匿名でご紹介させていただく場合がございます。

※新規注文書↓（本を新たにご注文される場合のみご記入ください。）

書名　　　　冊	書名　　　　冊
書名　　　　冊	書名　　　　冊

ご指定書店名

書店　都道府県　市区町村

ご協力ありがとうございました。
なお、ご記入いただいたデータは小社での出版及びご案内やプレゼントをお送りする以外には絶対に使用いたしません。

は一九六一年、完成するのは一九八〇年代になってからというのは、確かに時間がかかりすぎていて、ちょっと情けないことではあるが、とにかく完成はしたのである。衰退はしていない。

二〇一一年秋。大西洋に浮かぶマデイラ島の知事選挙の際、当時現職だったアルベルト・ジョアン・ジャルディンが、大陸側から聞こえてきた批判に対し、「ポルトガルは恥知らずで、デカデンテな国だ」と言い返したことがあった。この場合の「デカデンテ」は「衰退した」ではなく「退廃した」と訳すべきであろうが、久しぶりに「衰退論」的な言説を耳にした気がしたものである。昔ながらの「地元のボス」的な政治家であるジャルディン氏は毀誉褒貶の激しい人物であり、彼が口にする批判をそのまま鵜呑みにすることはできないけれど、二一世紀になってもポルトガルはデカデンテな国であるという言葉を聞くことはある種、新鮮なことでもあった。

確かに、ポルトガルは大航海時代の栄華を失った国である。スペインと世界の覇権をもう一度競い合うなんてことはあり得そうもない。そもそもかつてのライバル・スペインも財政・経済危機で苦しんでいる。トルデシリャス条約の時代は二度と戻ってはこないのだ。だが、ポルトガル国民がそのことを自覚しながら、でも歴史を大切にしつつ、自分らしさを失うことなく生きていくのなら、それはそれで素晴らしいことではないか。大航海時代の浪費癖をそのまま二一世紀に再現したとしたら、それは愚かなことではあるけれど、少なくとも大統領や財界指導者たちの発言を聞いている限りでは、自戒の念もあるようだ。

ポルトガルは世界の中心国という座を失って久しい。確かにその意味ではすでに衰退した国なのかもしれない。だが、彼らの生活ぶりを見ていれば、退廃した国ではないのではないだろうか。

何度も繰り返される衰退論だが、それ自体が衰退しないし、ポルトガルで最も衰退してもよい現象なのかもしれない。

共和制樹立へ！

一九一〇年一〇月五日に起こった共和革命はリスボンの出来事であったと言えないこともない。「外国」をポルトガル全土に押しつけるのはリスボンの役目である。「押しつける」が言い過ぎなら「広める」にしようか。ポルトガルにおいて、リスボンは世界への扉なのである。ヨーロッパ規準では、人口四〇万人にも満たないリスボンは小さな都市だったが、しかし、王制を廃止し共和制を樹立するための革命の最初の試みは一八九一年一月末、北部の都市ポルトで起こっている。共和党の幹部たちは、支持者が多いのはポルト、だからそこから革命を起こすのがベターだと考えたのである。アルベス・ダ・ベイガという弁護士とサントス・カルドーゾというジャーナリストが中心となり、下級軍人たちの多くが賛同し、反乱を起こそうとしたのである。ジョルジュ・モライスという歴史家は、フリーメイソンの分派グランデ・オリエンテ・ルジターノ・ウニド（ウニドは「統一」の意味）の幹部が計画を描いたと記すのだが、事実はどうなのだろうか。

一八九一年一月三一日未明、およそ八〇〇人の兵士たちが蜂起、後の国歌となる行進曲「ア・ポルトゥゲーザ」に合わせ、市内のバターリャ広場を目指した。支援する市民たちが窓辺から声援を送り、裕福な家庭の家主たちは使用人に兵士に提供する朝食を作らせた。勝利は間近と思われたのである。

首謀者の一人アルベス・ダ・ベイガも実際そう思った。王制の終わり、共和制の樹立を市役所の窓から市民に向かって宣言したくらいである。大臣の名前さえ公表した（ポルトの著名人ばかりだった。ならば、ポルトガル共和国ではなくポルト共和国か？）。だが、彼らの認識はどうやら甘すぎた。事を急ぎ過ぎてもいた。本当の意味での共和制支持者はほとんどいなかったのである。革命のために押さえるべき要所も押さえておらず、すぐに王制派の軍隊が反撃の狼煙を上げた。銃撃戦の後、反乱軍は逃亡するしか術がなかったのである。こうして反乱は失敗に帰したのだが、かといって共和制移行の望みが消えてしまったわけではない。国王も閣僚たちもそのことはよく自覚しており、後の混乱を恐れ、反乱者たちを裁判にかけることはしなかった。

ところで、イギリス政府から突きつけられた「最後通牒」によって「バラ色地図」は断念したという話はした。では、その後のポルトガル領アフリカはどうなったのだろうか。ポルトガル外交の汚点になった出来事の後で国王カルロス一世は外遊を重ねた。「外交官」というニックネームをつけられたくらいである。一八九一年六月には、アンゴラとモザンビークの境界線を定める合意をイギリスとの間で締結している。だが、アフリカへの野心がヨーロッパ列強諸国からなくなることはなかった。特にイギリスとドイツはポルトガルにとって厄介な相手なのであった。

アフリカ大陸南端にケープ植民地を領有していたイギリスは、領土をさらに北部に広げる野心を持っていた。金とダイヤモンドが豊富に埋蔵されていたオレンジ共和国とトランスバアル共和国に触手を伸ばそうとしていた。そこはボーア人の領土であった。一八九八年から一九〇二年まで続いたボーア戦争においてイギリスは、ドイツと密約を交わし、ドイツの中立を確保していた。密約はポルトガル領に関するもので、もしポルトガルが財政難ゆえに借金を申し込んできた場合は、イギリスとドイツはポルトガル植民地の関税権を要求し、もし返済できなかった場合は両国でポルトガル領を奪うという内容で、アンゴラの北部と南部、モザンビーク北部とティモールはドイツのものに、アンゴラの中部とモザンビーク南部はイギリスのものになるという合意であったが、幸いなことに（？）、ポルトガル領の分割は起こらなかった。ボーア戦争はイギリスにとって厳しいものとなり、軍隊をモザンビークから投入する必要に迫られた。そこでポルトガル政府の許可を得てはじめて、一九二〇年の勝利が可能になった。そのおかげでイギリスはドイツとの密約を忘れ、ポルトガル領アフリカが残ったのである。

こういう書き方をすると、アフリカ人がまったく出てこないで、ヨーロッパ人がアフリカ大陸で自由に好き勝手なことをしていたみたいな錯覚に陥りそうだが、アフリカ人も歴史の主体である。植民地支配を唯々諾々と受け入れたわけではないし、抵抗もせずに奴隷にされたわけではない。侵略者の到来を歓迎したわけでもなく、武器を手にして戦ったのである。しかも、アフリカ人には有利な点も多々あった。なにしろ人数が多い。土地をよく知っている。気候にも慣れている。熱帯病にも耐え得る。食糧補給も容易であった。サッカー的に言えば、ホームで戦う有利さである。

しかし、戦争はそれだけでは勝てない（サッカーも勝てない）。勝利する部隊には整備された指揮系統と十分な兵器が不可欠なのである。弓矢で大砲に勝てるわけもない。アフリカ人が武器商人を介して大砲や機関銃を入手しても、仲間割れしてしまっては、やはり敗れる。十分な兵器を備え、一貫した指揮系統の下で部隊がまとまらない限り、待っているのは敗戦である。話が急に飛ぶが、一九六〇年代の解放闘争でポルトガル領アフリカ植民地の人々が苦しんだのも同じ問題であった。そして、ポルトガル軍はアフリカ側の内部分裂を巧みに利用したのだった。歴史は繰り返されたのである。

ポルトガル領でポルトガル軍が手こずった相手といえば、モザンビーク南部、グングニャーナという戦士に統率された地域である。首都ロレンソ・マルケス（現マプト）にいたポルトガル人を追い出すために勇敢な戦闘を見せたのである。しかも、彼らの背後にはイギリス人がおり武器を提供していた。

一八九五年にモジーニョ・デ・アルブケルケ率いる派遣部隊がやっとグングニャーナらを捕らえ、リスボンに連れてくると、一時的とはいえ国王カルロス一世と王制の人気が高まったのである。

アフリカの問題は徐々に片付いても、本土内での危機は続いた。企業は倒産し、失業率は上がり、ストが続いた。問題を解決することもなく、政権交代だけが続いた。そして政権が変われば変わるほど問題は深刻化し、要は悪循環であった。国王は議会に直接的な影響力を行使できなかったのだが、信頼できる政治家に貴族の称号を授与するなどして自らの望む法案の通過をもくろんだ。こうした手法は不評を買い、さらに王家の贅沢な暮らしぶりも批判の対象となり、王制の評判はより悪くなった。結論は王制はもう限界、体制変換こそが求められるというものであった。ここで王党派の政治家の意見が分かれた。一つは選挙のインチキをやめ、真に有能な政治家を選び、国民にもっと自由を与える。もう一つは議会での討論をやめて独裁者に任せてしまうというもの。驚くべきことに、ポルトガルは後者を選んだのである。

一九〇六年、選挙が実施され、ジョアン・フランコ率いる再生自由党が政権を握った。フランコは王室の出費増加を認め、その判断を国王も喜んで受け入れ、だがその分、庶民の間では共和主義の人気がまた高まった。フランコは国王に議会解散を求め、しかも選挙は行わず、独裁制を可能にさせた。政府に反対する者は逮捕され、政府を批判する新聞も発禁とした。フランコを批判する者は王制派の中でも少なくなかったが、彼は批判には一切耳を貸さず、国王からの支援も受けていた。いかなる反乱も抑えつけられると自信満々だったが、その拠り所は実はある女性手相占い師の言葉なのであった。マダム・ブルヤールという占い師は大臣を選び、宝くじの番号を当て、年ごろの乙女のフィアンセを見つけてあげる万能の女性であった！　ポルトガル政治は独裁者の手に委ねられ、しかもその独裁者は、神頼みでさえない、占い師に手相を読んでもらっていた。行き詰まりは明白であった。

一九〇七年には、ポルトからリスボンへ場所を変え、二度目の革命の準備が始まった。秘密厳守はもちろんのこと。その意味では、準備の中心となった共和党の指導者のうち多くがフリーメイソンのメンバーであったことは相応しかったと言えるだろう。なにしろ秘密結社である。さらにはカルボナリアの成員たちもいた。カルボナリアとは、一九世紀から二〇世紀にかけて、イタリア、フランス、スペインそしてポルトガルで活動した秘密結社のことだが、この組織については後でもう少し詳しく触れたい。

一八九一年のときと異なり、今度は数カ月もかけて、入念に準備した。軍だけでなく市民の間にも可能な限りの人数の支持者を揃えようと考えた。そして警察官、兵士、水兵、将校、記者、教員、医師、弁護士、商人などが加わったのである。アルフレード・レアルという商人が集めた資金で兵器を購入、自家製の爆弾も作った。リスボンをいくつかの地区に分け、反乱軍も三〇人から六〇人で成るいくつかのグループに分け、それぞれが一地区を受け持った。そして担当地区にある兵舎、あるいは警察署を占拠する予定だった。

テージョ川に浮かぶ戦艦を無力化する任務を課されたグループもあった。兵舎にも警察署にも船内にも協力者を確保できた。蜂起する日は王家の面々が狩りのためにリスボンを離れる一九〇八年一月二八日と決めた。共和主義者たちも国王個人を傷つけたくはなかった。国王カルロス一世はヨーロッパで評判がよく、彼に危害を加えることはのちに悪影響を及ぼし得たのである。

しかし、入念な準備をしながらもやはり情報は漏れていた。ジョアン・シャーガス（記者）、ルス・デ・アルメイダ（カルボナリアのリーダー）、アルフレード・レアル（商人）、アントニオ・ジョゼ・デ・アルメイダ（共和主義者のリーダー）が逮捕され、刑務所送りとなったのである（庶民の反発を恐れた王党派の一部はこれらの逮捕は失敗だったのではないかと懸念した)。だが、計画は続行された。一月二八日、まずは独裁者ジョアン・フランコを逮捕することがもくろまれた。

午後四時、フランコが執務に向かうために家を出るところを襲い、確保のあとすぐに花火をあげることになっていた。それを合図に、他の仲間たちが兵舎や警察署を襲撃する手はずだった。だが、偶然なのか、情報漏れなのかわからないが、フランコはいつもと違って自宅で昼食をとらず、計画は中途半端になってしまった。襲撃を遂行した者たちも、王党派の勢力に鎮圧されてしまったのである。この日はもう一つ興味深い出来事がある。逮捕されなかった共和派指導者たちはリスボン市役所の近くで落ち合い、革命が成功した場合は市役所から共和制宣言を行う予定だったのだが、立派な身なりをした人間が集まっているのを怪しんだ警察に見つかってしまい、やはり逮捕されてしまったのである。アフォンソ・コスタ、エガス・モニスがこのときに捕まっている。

フランコは不審な人物はすべて逮捕させ、またメディアには事件の報道を禁じた。逮捕された共和主義者の中にはアフリカやティモールに流刑にされる者もいた。国家の安全保障を害する者は流刑に処す、というのはこのときにできた法律である。狩りを楽しむためにリスボンを離れていた国王カルロス一世の署名をすぐにもらえたのは、すでに鉄道が開通していたからであった。

交通の便利さが国王殺しの原因とはもちろん言わないが、第二回目の蜂起から四日後の二月一日、リスボンに戻るや否や、国王と皇太子を悲劇が襲う。休暇から戻る途中、車両が脱線したのは何かの予兆だったのか。あるいは、誰かの破壊行為だったのか？　不安に駆られた国王は車中、二度と口を利こうとはしなかった。テレイロ・ド・パッソ駅で警官に「どんな具合か？」と訊ねると「王様、とても悪いです」ということばが返ってきたという。国王は迎えに来たジョアン・フランコや大臣とあいさつを交わし、さらに二男のマヌエルとも抱擁し合った。

王家の面々はそこからネセシダデ宮殿へ向かう予定だった。国王らが乗った馬車の周囲には興奮した人々が溢れた。すると群集の中から突然髭の濃い男性が飛び出し、銃を発射した。混乱の中、別の方角からも男性が襲いかかり、国王カルロス一世の背中に一撃を与えた。長男ルイス・フィリペも防御しきれず撃たれてしまった。王女アメリアは花束を片手に振り上げ、「卑劣者、卑劣者！」と叫ぶ。警察が到着したときはすでに遅く、群衆が去った後には「国王が殺されたぞ！」という叫び声だけが残った。

国王暗殺の実行者の一人マヌエル・ドス・レイス・ブイサはカルボナリアのメンバーであった。もう一人のルイス・アルフレード・コスタが実際に国王と皇太子を殺害したのだが、彼もまたカルボナリアとのつながりが知られている。実行犯の二人はその場で警察によって殺されたが、死後、ブイサの子息の養育費の募金活動も実施され、かなりの額が集まったという。国王殺しの首謀者を英雄視する者たちが少なくはなかったということである。

そんな雰囲気の中、共和主義者たちは国民の説得を続けた。「諸悪の根源は末期症状を呈する王制である。共和制だけがポルトガルを救えるのだ！」。一九〇八年の総選挙、ポルトガル共和党は票を稼ぎ、七人も当選させることができた。大きな進歩である。同年の地方選挙でもリスボンで勝利した。首都での勝利は大きな意味を持ち得たが、他のいくつかの地方都市でも健闘した。だが、ここで共和主義者の間で意見の対立が生じる。大変革もなく政権を取れると考える者。それとは異なり、革命を起こして初めて政権の座に就けると考えたカルボナリアの面々。

穏健派と急進派。両派の対立の中で、カルボナリアのいく人かのメンバーは共和党内部に入り込み、指導部に圧力をかけようとした。もし誰もクーデターを起こさないなら自分たちだけでやる！　それが彼らの脅し文句であった。その成果かどうかはわからないが、一九〇九年四月末、リスボンより南にあるセトゥーバルで開かれた共和党大会で、新執行部が選出されたが、それは革命路線を選択したことを意味したのである。執行部にはテオフィロ・ブラガ、バジリオ・テレス、ジョゼ・レルバス、エウゼビオ・レアン。革命委員会にはカンディド・ドス・レイス、アントニオ・ジョゼ・デ・アルメイダ、アフォンソ・コスタ、ジョアン・シャーガス。誰もが一九一〇年に始まる第一共和制の主役たちである。

セトゥーバルの党大会からちょうど一年後の一九一〇年四月、今度はポルトで党大会が開かれた。そこで、カルボナリアとそれまで以上に積極的に協力して革命を目指すことが決定された。大きな流れは止めようもなかった。もう一つの重要な決定といえば、当時は王国が大半だった欧州の国々への外交的根回しであった。なにしろ共和国はフランスとスイスしかなかったのである。中でもポルトガルにとってはフランスとイギリスの反応が重要で、ポルトガルが共和国になることを妨害しないことを確約させたかったのである。

根回しに向かったときの外交団の主だった顔触れは、ジョゼ・レルバスとマガリャンイス・リマであったが、彼らのフリーメイソン・コネクションが大いに有効だったと言われている。レルバスは短期間だけ熱心なメイソンだったようだが、特にリマはジョアン・フランコの独裁制時代（一九〇六―〇八年）はパリに亡命しており、フランスに人脈が広かった。一〇月五日、リマはパリにいたくらいなのである。また、ヨーロッパ、アメリカ、ブラジルの主要新聞を介して、ポルトガルの行き詰まりの原因は王制にあること、とはいえポルトガルの未来は信頼に値することを宣伝していた。

安心材料としては、王国イギリスにとって、共和国となってもポルトガルが「最古の同盟国」であり続けてくれればそれでよいということであった。後の一九七四年の「四月二五日革命」では外交的な根回しはなかったが、一九一〇年は入念であったのである。ポルトガルにとっての外交というと、いかに外国からお金を融通してもらうかの交渉を思い出してしまうのだが（失礼か？）、このときは目的が違った。共和派にとって、足りないのはお金というよりも、国際的な信用なのであった。

外交活動と同時に国内での革命準備も進んでいた。共和党指導部は資金を集め、スペインから武器を購入した。武器は党本部に隠しておいた。一九一〇年八月二八日、国会選挙があった。共和党はさらに議席数を伸ばし、一四名も当選させることに成功した。結果を受けて穏健派は平和的手段での体制変化をあらためて主張したが、実力行使派がやはり勝利した。共和革命の下地を作った主な指導者といえば、カンディド・ドス・レイス提督（カルボナリアのメンバー。軍事面のリーダー）、アルバロ・ポペ中尉、サ・カルドーゾ大尉、エルデル・リベイロ中尉（カルボナリアと協力して革命の作戦を作成）、アントニオ・ジョゼ・デ・アルメイダ、ジョゼ・レルバス、ジョアン・シャーガス、ミゲル・ボンバルダ、アフォンソ・コスタ。これらすべてが共和党急進派でありフリーメイソンのメンバーであった。一九一〇年の共和革命はフリーメイソンの作品という人がいる所以である。さらに、他のフリーメイソンやカルボナリアのメンバーたち、セバスティアン・マガリャンイス・リマ（グランド・マスター）、ジョゼ・デ・カストロ（グランド・マスター補佐）、ルス・デ・アルメイダ（カルボナリア）、マシャード・ドス・サントス（カルボナリア）も協力した。さらに、他にも無政府主義者たちも参加したのである。

共和国宣言！

一九八四年秋、リスボン大学に留学したとき、私はすぐに同大学文学部歴史学科の学生と知り合った。

なかなかの愛国者で、ポルトガルを誇る話をたくさん聞かせてくれたのだが、中でも印象に残ったのが、ポルトガルには八世紀の歴史があるというものであった。八〇〇年間にわたりほとんど国境に変更を加えず（植民地＝海外領土の問題は除く）、独立国としてずっと存続してきた国はヨーロッパでは珍しく、彼が誇らしく語る気持ちも理解できた。

しかし、最後の一〇〇年間は共和制の国だから、王国としての歴史は七〇〇年間となる。とはいえ、一口に七〇〇年間といっても実に古い体制であり、王制は社会に根を下ろしていたのである。それを変えるのが容易なことでないことは、二度の失敗を見ればよくわかる。例えば、武器や兵器を準備すると言っても、ではその資金は誰がどう手配すればよかったのだろうか。クーデターを起こすとして、誰が指揮するのか？　指揮系統が乱れては、ただの銃撃戦で終わってしまう。将校クラスの軍人が指揮してくれれば成功の見込みは増えるが、彼らの多くはまだ王制支持であった。

一九一〇年九月二八日、リスボンのサン・カルロス劇場広場にあった共和党本部に臨時招集がかけられ、革命を即座に実施することが決められた。一八九一年の革命はポルトを舞台としたが、今回はリスボンで革命を起こすことに決めた。首都で共和制樹立を宣言すれば、すぐに国中に広がると予想されたのである。制圧拠点としては、海軍兵舎、陸軍兵舎、カルモ広場のリスボン市防衛隊本部、王家が暮らすネセシダデ宮殿であった。一九七四年の「四月二五日革命」に比べると、ずいぶんと制圧拠点は少なかったのだと思う。

これらの目的を達成するには、全軍人が武装市民の力を借りて兵舎を制圧する必要があった。兵舎の制圧後は市内の拠点を押さえに向かう。海軍はテージョ川に遊弋する三隻の軍艦を制圧する。蜂起する市民の大半はカルボナリアだったが、彼らは兵舎で軍人を支援するだけでなく、市内の重要拠点の占拠も担当し、リスボンと他の都市の間の通信網と交通網の遮断も任されていた。こうすれば国王の支援部隊の到着は不可能になるはずなのであった。

共和主義者たちが計画実行を早めなければならない状況が生まれつつあった。九月三〇日、カルボナリアのメンバーたちがたまり場としていた市内のブラジレイラというカフェに警察官が姿を見せたのである。組織内にスパイがいると誰もが思った。また、一〇月一日になると、テージョ川の戦艦がカスカイス方面へと姿を消し、この事態もまた情報漏れの疑いを強めさせた。そして、とうとう二日、党本部での緊急会合で、カンディド・ドス・レイス提督がゴーサインを出したのである。三日から四日にかけての夜に行動を起こす！　もちろん反対意見も出された。情報漏れしているからには王制派も反撃を準備しているはずだというのである。だがレイス提督は引き下がらなかった。

翌三日、予期せぬ出来事が共和主義者側に起こった。午前一一時一五分、市民部門を指揮していた医師ミゲル・ボンバルダが入院患者によって銃殺されてしまったのである。精神を病んだ者による偶発的な行為だと見なす者もいれば、政府側が入院患者に銃を渡し犯行へと駆り立てたと考えた者もいた。王制派は共和主義者の暗殺リストを準備していて、ボンバルダは最初の犠牲者だというデマさえ広まった。王制派の陰謀だろうか。だが、ボンバルダの死を受けた共和主義者たちの判断は、即刻行動するというものだった。確かに自宅に電話などない時代に、短時間で三〇〇〇人の人間を動員し、武器を配布するのは容易な業ではなかった。だが、進むしかなかったのだ。その夜の八時、最後の会合で、レイス提督は、王制派が兵舎を厳戒態勢下に置いたので、行動は慎重を要すると皆に伝えた。しかし、彼の言葉には覚悟が宿っていた。「勝利か死か！」。勇気を与える檄であった。

王制打倒を企てた共和主義者たちはこの集会で、四日未明一時にテージョ川に停泊中の戦艦が三一発の艦砲射撃を行うことを決めておいた。それを合図に共和主義者たちは進撃、共和制を宣言する予定であった。だが、三一発は鳴らなかった（ように思えた）。ここでも、計画は狂っていた。

一〇月四日未明、いくつかの兵舎内の反乱分子（共和派）たちが蜂起したが、大半は失敗、成功例は三つだけであった。兵舎を出たグループも途中でリスボン市防衛隊のパトロール部隊と鉢合わせ、銃撃戦に巻き込まれた。四日未明の段階で、反乱軍の計画は順調には進んでいなかったのだ。確かに、王制擁護から寝返った部隊も現れたが、ネセシダデ王宮を陥落させることもできていなかったし、現在のポンバル広場＝ロトゥンダ（ロータリー）に集結した部隊はテージョ川で何が起こっているのか知る由もなかった。

結局、反乱軍はさらに王制派と戦闘を交わした後、ロトゥンダにたどり着き、苦し紛れの状況下、バリケードを張った。午前五時頃になると、そこにいたのは一五〇人ほど。怖気づいて逃亡してしまった者も少なくなかった。武器もあまり残っていなかったのである。そうは言っても、テージョ川沿いにあった海軍兵舎は反乱軍の手に落ちていたし、三隻の戦艦のうち二隻は共和主義者たちが制圧していたから、悪いことばかりではなかったのだが。

しかし、やはり全体としては成功より失敗が多く、見通しは悪かった。おまけに、こうした困難な戦況を見て絶望したカンディド・ドス・レイス提督が、なんと自殺を図ってしまうのだった。負け戦だと早合点してしまったのである。その死は共和主義者たちにとっては大きな痛手となり得た。そこでジョゼ・レルバスは新聞社へと急ぎ、自殺のニュースを否定したのである。とはいえ、その効き目は芳しくなく、革命の失敗を早とちりした将校たちがロトゥンダから安全な場所へと逃走したのである。わずかな可能性を信じてマシャード・ドス・サントスは持ち場に残ったが、彼の判断が革命の成功にとって大きな意味を持つことになった。また、将校たちが逃走しても、軍曹たちはサントスとともに命を賭けて敵の砲撃を受けながらも踏みとどまった。

午前一一時頃、テージョ川の戦艦二隻、アダマストール号とサン・ラファエル号がネセシダデ王宮を砲撃した。マヌエル二世の寝室まで届いた砲弾もあり、王宮内はパニック状態、ハチの巣をつついたような騒ぎとなった。大臣たちの勧めで国王はリスボンを離れマフラに避難することに決めた。大修道院があるマフラである。王家の人々は四日から五日の夜はマフラで過ごしている。

反乱軍はロトゥンダに拠点を置いていた。一方で、王制派の部隊はリベルダデ大通りを下った突き当たりのロッシオ広場に陣取った。どちらも決定打を打ち出せず膠着状態が続く中、次第にロトゥンダの部隊に加わる兵士や市民が増えていった。四日の午後には一五〇〇人に増え、いったん家に帰って腹ごしらえをしてくる者、負傷者の手当てに顔を見せる女性もいた。この日、王制派の英雄といえば、パイバ・コセイロ司令官。部下をロトゥンダ付近まで連れて行き、サントスの部隊に向かって砲撃を加えてみせた。ロトゥンダに陣取った共和派を相手に戦おうとしたのは、パイバ・コセイロの部隊だけであった。最後まで国王に忠実であった。彼の勇敢さ、執念、一貫性は讃えてよいだろう。

だが、コセイロ部隊には、他の部隊の支援がなく、兵器も乏しかった。だから、サントスの部隊も持ちこたえられたのである。ここで政府軍が全力を投入できていれば、革命は頓挫していたはず。しかし、政府軍の受け身の姿勢もあって、共和主義者たちは五日を落ち着いて迎えることができた。つまり、戦闘らしい戦闘はなかったのである。ロトゥンダにおける死者は文民が一名であった。

また、四日は共和主義に運が次第に向き始めた一日でもあった。王制派は地方の連隊に出動要請をしていたが、カルボナリアのメンバーたちが橋や道路や鉄道を封鎖することに成功。外部からリスボンに入ることはできなかった。また、テージョ川の三隻目の戦艦も共和派の手に落ちた。四日から五日にかけての夜は遠くで銃撃戦の音が聞こえ、市内ではさまざまな噂話が広がっていた。共和派のサントスの命令を受けた部隊が一晩中ずっとロトゥンダ（＝ポンバル侯爵広場）で砲撃を続けていたのだから、近隣のリスボン市民はあまりよく眠れなかったはずである。

五日朝、ある意味とても滑稽だが、重要な出来事がきっかけとなり、王制派は戦意を喪失することになる。共和派たちにとって助けになる出来事であった。ドイツ大使館の臨時大使が、リスボン在住外国人を避難させるため白旗を手に外出してきた。一時的に交戦を停止してもらいたかったのだ。それを受け、八時四五分から一時間にわたって停戦することが合意された。

サントスは王制派が降伏したのだと勘違いし、話し合いに出向いた。一方で、王制派の部隊はというと、自軍の将校たちが白旗を上げたのだと思い込んでしまったのである。政府側の混乱を見て取ったサントスはリベルダーデ大通りを下り、ロッシオ広場にある王制派本部まで進むことを決心した。王制派の中には、負け戦を続けてもしかたないので、武器を手放し、共和主義者と和平を結ぼうとする者たちまで現れたという。道すがら、サントスは市民の熱い支援の声を耳にした。意外にも、大した抵抗もなく、本部内に入れた。窓の下には市民たち、中には共和国万歳を叫ぶ兵士たちもいた。リスボン地区軍司令官も防衛をあきらめ、政府側は軍事的支柱を完全に失った。

サントスと王制派のゴルジャン将軍の会談がついに実現したが、同将軍はとりわけ国王の身の安全を気にしていた。サントスもそれに関しては万全の態勢を約束した。一〇月五日の革命で決定的だったのは、サントスの勇敢さと粘り、そして海軍の砲撃であったとされる。なお、サントスは共和政樹立後になっても頑迷なまでの政治姿勢を崩さず、二一年には暗殺されてしまう。こうして、姿を消していた共和党員たちもリスボン市役所のベランダまで辿りつくことができるようになったのである。

一〇月五日朝九時、共和革命の勝利が確実となったとき、ジョゼ・レルバスがリスボン市役所のベランダからリスボン市民に共和派の勝利を伝えた。写真を見る限りでは大群衆を前にという感じには思えない。その後も何人かの同僚が演説し、選挙までの暫定政府の大臣の名前も明らかにされた。そのうちの二人は結局就任せず、別の二人が任命された。ここで、共和革命の準備段階では重要な位置にありながらその成功を見ずに直前に亡くなった二人のことは改めて記しておくべきだろう。精神病患者に射殺されてしまった医師ミゲル・ボンバルダ。革命の行く末を悲観し自殺してしまったカンディド・ドス・レイス提督。革命の特筆すべき犠牲者である。革命後、幸いなことに、軍の将校の大半は新体制に忠誠を誓い、また公務員たちも同様であった。

ところで、この共和革命では死者が七〇名ほど、負傷者は約五〇〇名も出たのだが、死傷者の多くは、砲撃の犠牲となった通行人あるいはやじ馬たちであった。軍事行動によって破壊された建物もほとんどなかった。リスボン市民の大部分にとって、革命は遠くから聞こえる砲弾の音だけだったのだ。しかも、政府側が大した抵抗もなく敗れ去るというのは、一九七四年の四月二五日の革命も同様だったことを思い出させるのである。

一九七四年に起こったその「四月二五日革命」の四名という犠牲者数はかなり少ないと言える。無血革命という言葉が用いられるのも当然であろう。しかし、六一年から続いたアフリカ領土での植民地戦争でポルトガル人兵士が一万人も近く斃れたことを思えば、多くの犠牲を伴って遂行された革命であったとも言えるだろう（アフリカ人の死者数を加えたら何万人になるのだろうか）。「四月二五日革命」の起源がアフリカ領土における戦いにあったことを考慮すれば、「花と音楽の革命」という優雅な表現もけっこう虚しくはなるのである。

「サウダーデ王」の行く末

さて、長年にわたって続いた王制が打倒された後、王家の人々はどうしたのだろうか？　行く末が気になるところだ。すでに記したとおり、一九〇八年二月一日、ポルトガルでは国王殺しが実行に移され、カルロス一世と後継者になるはずだった息子ルイス・フィリペ皇太子も命を落としていた。その三カ月後に王位に就いたのは二男マルエル二世（一八八九－一九三二年）であった。二男であり本来なら王位を継ぐはずもなく、彼は海軍学校に入学の予定であった。

その彼も、国王暗殺の翌日には国家評議会を召集、国王殺しの原因をつくったとしてジョアン・フランコ首相を更迭している。後継者としては政党色のないフェレイラ・ド・アマラル提督を任命、国民の動揺を鎮めようとした。新政府は政治犯を釈放し、その成果もあってか、共和主義者たちも、国王殺しは自分たちの目的ではなく、王制を終わらせることが大切なのだと発表した。

弱冠一九歳だったマルエル二世は国民思いの国王であり、ポルトガル国民の生活水準を向上させるため、フランスからわざわざ専門家を招いたりもした。だが、効果は出なかった。政治は不安定なまま、腐敗し続け、失業の問題も改善されず、国民の不満はなんら解消されなかった。彼が望んだ改革も一九一〇年一〇月五日に頓挫することになった。彼の王位期間は二年九カ月間であり、三年にも及ばなかった。そして彼はポルトガル最後の王となったのである（現時点では）。

一九一〇年一〇月一日には、欧州歴訪中だったブラジル大統領エルメス・ダ・フォンセカ元帥が装甲艦サンパウロでポルトガルに入国していた。ポルトガル政府の招待を受け、リスボンのベレン宮殿に滞在することにした。二日にはマルエル二世がブラジル大統領を歓迎して晩餐会を開催、翌三日にはマルエル二世は大統領と装甲艦上で対面している。

サンパウロ号はフォンセカ大統領を乗せ、革命で沸き立つリスボンを、五日に後にしている。ブラジルは一〇月二二日にポルトガルの新政府を承認しているが、それは隣国アルゼンチンがその日にポルトガル共和国を認めたからである。実はアルゼンチンの独立を最初に認めた国はポルトガルであり、アルゼンチンは返礼の意味を込めて早目にポルトガル新政府を承認したのであった。

国王の運命を大きく変えた四日から五日にかけて、共和制宣言の前、王家のメンバーをすべて連れてリスボンの北部にあるマフラ（修道院で有名）に逃れるようにという電話を国王は受け取っている。不本意ながら、万策尽きた国王は勧めに従うことにした。ポルトに向かい、保守派の反撃の先頭に立つという案も検討されたのだが、保守派の信頼はすでに国王にはないことはわかっており、断念した。

王家の面々は数人の貴族と使用人を伴い、自動車で、マフラからエリセイラの海岸へとさらに向かい、徒歩で移動した後、プライア・ドス・ペスカドーレス（漁民たちの海岸という意味）という名の海岸からはボン・フィン（「よき終わり」という意味深な名前だ）という名の小舟に乗せられた。漁師にはなにがしかの額を支払ったらしい。若き国王は沖合で母親と祖母に続いてドナ・アメリア号という豪華ヨットに乗り移り、スペイン南部のジブラルタルへと航海、イギリス政府が用意してくれた王室専用ヨットに乗ってイギリスへと旅立った。ボン・フィンの舳先には青と白の小旗、すなわち王室の旗が掲げられていた。海岸には地元民が溢れ、誰もが沈黙する中、多くの者の目からは涙がこぼれた。国王の表情は青ざめていたという。

エリセイラの海岸から沖合に浮かぶドナ・アメリア号までボン・フィン号で移動したときの写真を見ると、王家の最後の瞬間のみじめさが伝わってきてなんとも悲しくなる。漁船に乗り込む際は魚を入れる箱やかごを利用したという。砂浜と町の間にある一〇メートルくらいの断崖が、王家の帰還に立ちはだかる高い壁にも見える。国王に忠誠を誓った軍人や政治家の中にも、いざとなると姿を隠してしまう者も少なくなかったのである。ヨットの中で（元）国王は、「私はポルトガル人であり、永遠にそうあり続けるだろう」としたためたという。このときはまだポルトガル王国の復活を信じていたのであろう。なお、国王たちを乗せた漁船がヨットに達する直前に武装した共和派を乗せた自動車が海岸に姿を見せたのだが、彼らはもう少し早く着いていたら船に向かって発砲するつもりだったらしい。ギリギリのところで、新たな国王殺しは避けられたのであった。

エヴォラ市で見つけたミゲル・ボンバルダ通り。

イギリスに着くと、最初の三カ月間は財産もなく、母方のおじオルレアン公爵の邸宅に仮の住処を見つけた。その頃のマヌエル二世の暮らしは慎ましいものだったという記録が残っている。召使の給与も払えなかったらしい。しかし、年が明け、共和国政府が前年の一〇月に遡って年金を支給してくれるようになると、王家の亡命生活にはずいぶんと余裕が生まれた。政府は年金に加え、ブラガンサ王家所有の財産も送ってくれたのである。

一家はロンドン郊外に二階建ての邸宅を借りることにした。（元）国王が気に入ったのはその家にピアノと図書室が備えつけられていたことであった。一九一一年の時点では、王制

リスボン市役所。このベランダで共和国樹立が宣言された。

派の反乱を信じ、金銭的支援をしたこともあったが、うまくはいかなかった。第一次世界大戦が勃発すると、ポルトガル軍の参戦に賛成し、そのために王制派の反乱も中断するように訴えたくらいである(王政復古を断念したという誤解も生んだが)。(元)国王は戦争負傷者の救済にも熱心で、赤十字の活動にも関わった。

話が遡るが、イギリスでマヌエル二世は従姉弟のアウグスタ・ビトリアと結婚し、一九一三年にはロンドン郊外トゥイッケンハムのフルウェル・パークにある邸宅に引っ越しをしている。彼にとり、終の棲家であった。二〇ヘクタールの土地を持ち、庭ではゴルフや大好きだったテニスに興じることもできた(ウィンブルドンには何度も足を運んだ)。競馬にも熱を上げた。夫妻は敬虔なカトリック信者で、近所のセイント・ジェイムズ教会に通い、さまざまな寄贈品も残している。本の虫だったマヌエル二世はポルトガル古典文学の研究にいそしみながら、社交も続け、日曜の午後にはしばしば英国王夫妻を昼食に招いたりもした。

マヌエル二世はロンドン郊外の屋敷でポルトガルの古書の分類をし、カタログを作成しながら余生を過ごすことになった。しかし、彼の計画はまたしても突然頓挫することになった。一九三二年、夫妻の邸宅に強盗が押し入り、貴重な品々を盗んでしまったのである。そんな不幸な出来事もあり、(元)国王は「疲れた」とこぼすようになった。その頃はもう王政復古の夢はあきらめていたようである。

一九三〇年には「ポルトガルでは正義がなされるには、人からよく言ってもらうためには、死ぬ必要がある」と諦念を露わにしている。祖国への思いはけっして捨てることがなかった（元）国王は、興味深いことに、第一共和制崩壊の後に登場した独裁者サラザールのことは高く評価していたという。

一九三二年七月二日。マヌエル二世はまだ四二歳という若さで亡くなってしまう。見かけは健康そうだったが声門水腫が死因であった。前日にはテニスを楽しんでいたのに当日の午後になり呼吸困難になって、そのまま帰らぬ人となったのである。死ぬまでポルトガル語で執筆し続けたという。国王の死は、ポルトガル本国でもすぐにニュースとなった。死の一カ月後、国王の遺体をリスボンに移送するように命じたのはサラザールであった。彼は閣僚評議会議長に任命されたばかりであった。遺体はリスボンのサンビセンテ・デ・フォーラ教会の聖廟に安置されることになった。港から教会までの間、家の窓に青と白のベッドカバーをかける者もいたという。

また、マヌエル二世はフルウェル・パーク近隣の人たちからも敬意を持って受け入れられた。彼が暮らした邸宅はその後一九三四年にになって売却され、取り壊され、住宅街となってしまったが、そこには今もマヌエル・ロード、リスボン・アヴェニュー、ポーチュガル・ガーデンが残っている。ヨーロッパらしく、ポルトガルの国王にも伝統的にニックネームがつけられるが、彼には「愛国者」が与えられた。つまり「愛国王」である。だがそれよりも王制派たちが名づけた「レイ・サウダーデ」（サウダーデ王）という呼び名のほうがしっくりくるし、ポルトガルらしいようにも思える。ポルトガルでもイギリスでも、彼にサウダーデ（翻訳不可能とされる語だが、ノスタルジーと訳しておく）を抱く者がいるはずである。

なお、マヌエル王の祖父ルイス一世、父カルロス一世には、メイソンだったのではないかという噂が立ったこともあるようだけれど、証明されたことはない。マヌエル二世はどうだったのだろうか

共和制へ移り変わった頃の社会状況

共和制への移行を果たした頃のポルトガルというのは、すなわち今からおよそ一〇〇年前のポルトガルということである。私が実際に目にしたことのあるポルトガルはせいぜい今から三十数年前の姿なので、タイムマシンでもあれば話は別だが、もちろん一〇〇年前の描写は書物や映像に頼らざるを得ないわけで、実体験風でないことはご容赦願いたい。共和制移行一〇〇周年を祝った二〇一〇年一〇月五日ならポルトガルのコインブラに滞在していたので、当日の様子は覚えているのだが、それについては後ほど触れてみたい。少しだけ言っておくと、未曾有の経済・財政危機下で迎えた共和制一〇〇周年記念日はあまり華やかとはいえない一日だった。政治家たちも一般国民たちも、お祝いするより、心配することのほうが多かったのである。

さて、およそ一〇〇年前のポルトガルについてかいつまんで言ってしまえば、経済が停滞したままの貧しい農業国であり（今は農業国ではないけれど、経済はやはり停滞している）、ヨーロッパで最も産業化が遅れた国の一つだった。貧困から抜け出すために新しい可能性に賭けようとすれば、リスボンやポルトのような沿岸部の大都市に引っ越すか、あるいは大西洋を渡ってブラジル（あるいは他のアメリカ両大陸諸国）に移民するかしかなかった。移民の流れがフランスやドイツに向かうのは一九六〇年代以降のことである。なお、一九〇〇年の調査によると、当時は国民の九九・八%がカトリック信者であったという。ほぼ全員である。ポンバル侯爵の時代からの反教会的な思想の伝統があったにもかかわらず、である。彼らの生活は公私ともに宗教に支配されていたと言ってもよいだろう。海外からの近代的な影響を受けた人々はリスボンやポルトに暮らすほんの一握りの人たちだけだったということなのだろう。

以下に共和制になったばかりのポルトガルの社会情勢を少しだけ記すが、多くは週刊紙『サバド』（二〇一〇年九月二三－二九日号）の「シルクハットとコルセットの時代」という記事に基づくことを断っておく。新しい正書法への移行期に敢えて一〇〇年前の正書法で書かれているところがなかなかしゃれている。残念ながら、私は一〇〇年前の日本語で書くことはできないけれど。

正書法が出てきたついでに記しておくと、ここ数年間、ポルトガル語を学ぶ者たちの間での大きな話題といえば、新正書法の導入である。ブラジルでは二〇一三年一月一日から全面的に施行ということになっていたが、三年間延期され二〇一六年一月からの施行となり、相変わらずの実行力の欠如が嘲笑の対象になったりもした。そもそも、ブラジルではReforma Ortográfica（正書法改革）と言い、ポルトガルではAcordo Ortográfico（正書法合意）と呼び、同じことをやろうとしても名称からして「一致」していないわけで、限界を感じないわけにはいかない。ブラジル文学アカデミーなどはこれでまた国連公用語化の道が遠のくと嘆いてもいるが、無理に一致させようとするよりも、多様なポルトガル語をそのまま認めさせるほうが賢明な判断にも思える。すでにポルトガル語はいくつかの国際機関で公用語となっており、国連だからと言って気負うこともないと思うのだが。国連職員も好きなようにポルトガル式、あるいはブラジル式で書けばよいだけのこと。大きな誤解は生じまい。

と言うのは余談なのだが、共和制になったばかりの頃のポルトガル語と言えば、física（物理学）ではなく、語源に近くphysica、época（時代）ではなくepochaと書かれていた時代でもある。正書法という語自体がortografiaではなくorthographiaと書かれていたのである。また、今では若い女性の意味でraparigaが使えるが、当時は「娼婦」を意味していた（ブラジルでは今もそう）。共和制への移行はポルトガル語そのものにも大きな変更を加えたのである。これは正書法の話ではないが、一九一〇年を境として、人々は「この王国では」(Neste reino)ではなく「この国では」(Neste país)と口にするようになったのである。

さて、今でこそ一〇〇〇万人を超えているが、一〇〇年前ポルトガルの人口は約六〇〇万人。そのうちの七割が農業に従事し、主要な産品としては小麦、ワイン、そしてコルクなどがあった。当時の経済エリートは工業化に関心を持っていなかったというから、人口の七割が農業に従事していたというのは驚かないのだが、七五%が非識字者であったと聞くと、いかに教育がおろそかにされていたかがわかり、愕然としてしまう。それが現在では約五%だから、大きな進歩を遂げてきたことがわかるだろう。やはりポルトガルも変化しているのだ。ちなみに、医者の数より娼婦の数のほうが三倍も多かった、なんていう統計もあるらしい。男性が娼婦館に通うことは容認されていたということだ。値段には大きな開きがあって、現在の通貨ユーロに直すと一ユーロくらいから四五ユーロくらいまで幅があったらしい。娼婦の多さの背景にはやはり教育制度の不備や貧困があっただろう。逆に恋愛は自由ではなく、両親の許可が必要だった。お付き合いは手紙、窓辺の会話、あるいは監視つきの散歩であった。おきて破りは決闘にまで至ったらしいけれど、剣や銃を使ってもほとんど死者は出なかった。

ちなみに、公衆電話機は全国で三台のみ、自動車は三〇〇〇台強、まだサッカー選手は国民的なスターではなく、代わりに闘牛士が人々の憧れの的であった。サッカー選手がスターダムの座にのし上がるのは一九二〇年代以降のことである。

何度も言うが、ポルトガルは貧しい国であった。特に農村地帯の生活は苦しかった。農業労働者の平均収入は日給二八〇レイスで(今の五・五ユーロくらい)、収穫期でも五〇〇レイス(同じく九・九ユーロくらい）が精いっぱいであった。リスボンやポルトの工員たちの給料はもう少しよく、一日に五〇〇から六〇〇レイス稼げたという。ただし男女差は大きく、一般的に女性の給与は男性の半分であった。労働者の勤労条件も厳しく、一日九時間労働の建前はあったとはいえ、長いときは一四時間にも及んだ。夜明けから日没までと思ってよいだろうか。週末も工場や店舗は休まずに営業していた。使用人たちはいつ解雇されても文句も言えず、しかも何の補償もなされなかった。共和国政府が労働条件を改善しようと法律を作っても、その後に監視する者がいなかった。労働者が休めたのは宗教上の祝日だけであった。

当時、ポルトガル人のエンゲル係数は高く、収入の六割が食費に消えたというから驚く。だからと言って贅沢な食事をとっていたというわけでもなく、貧しい人々の食事はパンとワインと野菜とフルーツであった。魚と肉は贅沢品で、家計を管理するのは女性の仕事であった。家庭を守る女性というのはサラザール時代の専売特許ではなかったのだ。

いや、裕福な貴族やブルジョワ階級だって、いつもおいしいものを口にしていたわけではない。食事は一日に三回、朝食にコーヒー、紅茶、ミルク、チョコレート、フルーツ、ケーキ、卵やパパス（お粥）、アソルダ（パン粥）が出された。正午には、スープ、オードブル、さらに二、三の料理がジャンタールとして出された。ジャンタールとは今のポルトガル語なら「夕食」を意味する。そして、夕方六時から七時の間に夕食をとったのである。夕食は当時はセイアと呼ばれたが、こちらのほうが量的には多かった。料理をするのは使用人女性であった。なお、熱病を予防するために水は沸騰させる必要があった。外食は贅沢そのもの。また、住宅内にトイレはなく、人々の体臭もきつかった。

誰もが遠出をすることはまれで、都市部の人は地方を知らないまま人生を送り、農村地帯の人は大都市も海も見ないで人生を終えることが多かった。今は片道三時間で済むリスボン－ポルト間の旅も当時は半日を要した。それを思うと、国内移動がずいぶんと楽になったポルトガルは、交通の面でも大きな進歩を遂げてきたのである。

国歌と国旗をめぐる論争

現在のものでけっこうだが、ポルトガルの国旗のデザインがどんなものか思い浮かべることができるだろうか。中央に描かれる細かい図柄のことは別として、左側に緑、右側に赤である。二色の配分は一対一ではなく、二対三。赤い部分のほうが若干多い。緑は希望。赤はポルトガル人が歴史の中で流した血の色だろうか、それとも共和主義の色だろうか（共産主義ではない）。説明は一つだけではないようだ。いずれにしても、インパクトのある色の組み合わせである。だが、この国旗の歴史はわりと新しくて、共和制の誕生とともに始まるのである。厳密に言えば、正式には一九一一年六月三〇日以降である。では、それ以前、王政時代の国旗はというと、青と白が基調であった。

ポルトガルでは、時代が変わり、体制も異なり、国歌だけでなく、国旗も新しくしようという機運が生まれたのであった。国旗は国家の重要な象徴である。遠い昔のポルトガルには、国旗を奪おうとする敵軍に両手を切られながらも、歯を食いしばって守り抜いた兵士がいたという。

一九七四年の「四月二五日」革命では国歌も国旗も変わらなかったが、一九一〇年の体制変換ではどちらも変わった。王制の時代は王の身体が国家を象徴できたが、共和制は抽象的な概念であり、しかも国民の多くは非識字者たち。目に見える具体的な物を作らねばならなかったということである。だから、一九一〇年の革命では国歌と国旗が新しく変えられたのだろう。

国歌のほうはすでに存在した曲の歌詞を一部だけ変更し、満場一致で採用されることが決まったが、国旗のほうは激しい討論の末に新しいものが選択された。そこには伝統と革命の対立という構図がきれいに描かれていたのである。

現在私たちが耳にするポルトガル国歌は「ア・ポルトゥゲーザ」という。実はこの国歌は史上二番目のもので、最初の国歌は「イーノ・ダ・カルタ」と呼ばれる。作詞は一九世紀初頭の国王ペドロ四世である。ここで言うカルタは日本に伝わったカルタではなく、手紙でもなく、Carta Constituicional、すなわち憲法のことである。「国王万歳／聖なる宗教万歳／幸いなる憲法」という感じの歌詞を持つ行進曲であった。共和制の樹立まで使われたというから一〇〇年近く国歌だったことになる。

「ア・ポルトゥゲーザ」は、共和主義運動の枠組みではなく、一八九〇年の「最後通牒」の後に反英ソングとして作られたことはすでに述べた。ブラガンサ王朝に捧げられた行進曲である。その分だけ、愛国心には溢れている。作詞はエンリケ・ロペス・デ・メンドンサ、作曲はアルフレード・ケイルだが、二人ともメイソンであったと言われる。メイソンが作った曲だから採用されたのかどうかはわからないが、なんだか関連がありそうにも思える。名前から想像できるだろうがケイルはドイツ系ポルトガル人である。幼少時から絵画と音楽に才能を発揮していた。ドイツ留学も経験している。絵画も音楽も、彼の作品群は国際的にも評価されたというから、かなり多才な人物であった。

まずは「最後通牒」に対する義憤に駆られたケイルが曲を作り（フランス国歌の影響を認める専門家もいる）、メンドンサの自宅に押しかけ、曲は書けたから残りは歌詞だと言って、「エロイス・ド・マール（海の英雄）」で始まる歌詞を作らせたのである（現行の三倍もあった）。民衆の怒りを言葉にしてほしかったのである。数日間の共同作業を経て完成後、「ア・ポルトゥゲーザ」という曲名をつけ、楽譜を自費で一万二〇〇〇部も印刷すると、すぐに売り切れたという。ちなみにケイルは一九〇七年にハンブルクで死亡しているので、自分の曲が国歌として選ばれたことを知るには至らなかった。一方のメンドンサは軍人だが、国際経験が豊富で、そうして文化的素養を磨いた。こちらは一九三一年の死亡だから、共和制の混乱を経験し、サラザールの登場を見てから亡くなったことになる。

楽譜が売られ、すぐに通りでもカフェでもクラブでも劇場でも「海の英雄、高貴なる民……」と歌われるようになった。「海の英雄」というフレーズで始まるのはポルトガルらしくてよいと思う。誰からも愛され、全国的な人気を博したが、初めて公の場で演奏されたのはある劇場の芝居の合間であった。祖国愛、ナショナリズムを高揚させる曲であった。特に共和主義者たちが好むようになったのだが、理由は、ポルトガルの歴史を歌いながらも、歴代の国王の名前がまったく出てこず、しかも戦闘意欲を煽っている点がよかったのだという。その反英主義的な歌詞を政府が恐れ、演奏を禁じたこともあった。とはいえ、逆にそれが人びとの心に火をつけ、なおのこと愛されるようになった。公の場ではないところで歌われ続けていたのである。

一〇月五日の革命が起こったとき、新しい国歌に選定されるのは既定の路線になっていた。ただし、そのときはすでに英国とのいざこざは過去のものとなっていたので、最後の部分にあった「ブリテン人に向かって突き進め」は「大砲に向かって突き進め」に変更されている。一方で、「武器を取れ、祖国のために戦わん」の部分は王制打倒のイメージに合致するために残されることになった。なお、ブリテン人は「ブリトンイス」、大砲は「カニョンイス」だから、ちゃんと韻を踏んでいる。興味深いのは、一八九〇年の「最後通牒」の後に、北部愛国連盟の議長になり、ポルトガル衰退論を唱えたアンテーロ・デ・ケンタルが、イギリス批判ではなくポルトガル（人）の自己批判をした際に、我々（ポルトガル人）

の価値を示すのは大砲を用いてではないといさめていることである。二〇年後、歌詞を変更した人物がアンテーロ・デ・ケンタルの批判を知っていたのかどうかわからないけれど、一八九〇年では大砲を使うことを考えた人がいたのに、一九一〇年では逆に武器を手に取り大砲に向かって突き進むことを考えたというのは、注目に値するのではないだろうか。

もう一つ面白いと思うのは、長い間「ア・ポルトゥゲーザ」にはさまざまなバージョンがあったこと。メロディーラインが統一されるのは一九五七年になってからであった。冷戦構造が終結した一九九〇年代、「大砲に向かって突き進め」という部分が好戦的過ぎるので歌詞を変えるべきだという主張がなされたことは記憶に新しいが、フランス国歌やアメリカ国歌はもっと戦闘的だが誰も変えようとはしていないという反論もあり、けっきょく変更はなされなかった。

一方で、国旗のほうの選考はスムーズにはいかなかった。全面的な刷新とはいかずとも、数十ものアイディア、提案がなされたのである。誰もが賛成したのは、国旗から王冠を外すこと。そして、中央に描かれる盾とアーミラリ天球だけは変わらずに維持されることになった。なにしろこの天球は大航海時代のシンボルなのだ。消すわけにはいかなかったのだ。けれども、それ以外は、なかなか意見がまとまらず、新しく生まれた共和国政府は国旗をどうするべきか検討するための委員会を立ち上げる必要に迫られた。一〇月一五日のことである。王制時代の青を残すべきだという意見もあった。それは海であり、月明かりであり、ポルトガル人の魂なのであり、またアフリカ人がポルトガルと結びつける唯一の色なのであった。さらに、詩的でもあり、プラグマティックでもある、と見なされた。

とはいえ、やはり変更すべきだという意見が勝った。王制時代に用いられていた青と白の国旗から単純に王冠を外せばすむのか？　共和主義者たちが使っていた旗のどれかを国旗に変えればよいのか？

思えば、王制末期の時代に共和主義者たちがシンボルに選んでいたのは緑と赤であった。だから、赤と緑は突然選ばれた色ではなかったのである。一八九一年一月三一日、ポルトで起こった共和主義者による最初の反乱でも、一〇月五日でも赤と緑が用いられていた。ロトゥンダで王党派の反撃を持ちこたえたマシャード・ドス・サントスが手にしていたのも緑と赤の旗であった。いや、ポルトガル史を遡れば、この二色の使用には多くの前例があった。一四世紀末スペイン軍の侵略を撃退したアルジュバロータの戦いでも、大航海時代のマヌエル一世の統治下でも、一六四〇年スペイン支配を脱するときの戦いでも、赤と緑であったというのだから。

体制移行から一〇日後に立ちあげられた国旗選定委員会には、画家、作家、ジャーナリスト、軍人などが顔をそろえた。結論は二週間後には出され、公に宣言されるのは一二月一日であった。この日は国旗の日と定められた。お気づきの方もいるかもしれないが、一二月一日は一六四〇年にスペインによる統合から脱した記念日。つまり、新体制の樹立がポルトガルの長い歴史の否定ではないことを国民に知らしめる意図が隠されていたのだ。そして、雨模様の天気にもかかわらず、リスボン市民は新しい国旗を祝福したのだった。

興味深いのは青と白から緑と赤に変えることで、王制の歴史との断絶を象徴させたのに対し、描かれる図柄は国の成り立ちを語るものをそのまま残したことである。つまり、革命と伝統をバランスさせたのである。なお、当時の著名な画家のコルンバーノ・ボルダロ・ピニェイロは緑と赤には賛成だったが、そのトーンに関しては悔いを残したようである。

ちなみに、王制から共和制に変わったとき、ブラジル、ブルガリア、オーストリア、アルバニア、ハンガリーなどでは国旗から王冠は外したものの色までは変えなかったが、ポルトガルでは色も変えた。

これは例外的で、仲間はソ連とナチス・ドイツくらいではないだろうか。

なお、ポルトガル人は学校に通い始めるとすぐに国歌を覚えさせられるという。だが、その後は歌う機会も多いわけではなく、今ならサッカーの国際試合くらい。スタンドで最初から最後まで熱唱するサポーターももちろんいるのだが、さびの部分の「武器をとれ！」のところだけ歌詞を口ずさんで、残りは「ラララ」としか歌えない人もけっこういるのだという。

共和制が変えたもの

王制が終わり、共和制になって変わったのはなにも国歌と国旗だけではなかった。それはあくまでも象徴的な変化であり、社会そのものが大きな変動を被ったことを忘れてはならない。なにしろ、七世紀も続いた王制が終わったのである。社会が混乱しないわけがない。混乱はさまざまな側面で見られた。目につく混乱はと言えば、町の治安。王制派と見なされた警察とリスボン市防衛隊は通りから姿を消していた。軍隊は誰が自分の上官がわからないままでいた。特に革命の舞台となった首都リスボンの混乱は大きかった。武器も弾薬も残っていたのだ。

一〇月五日直後のリスボンはひどい状態だった。武装した市民が教会や修道院を襲撃、盗難を働くだけでなく、修道女や神父たちに暴行を加え、ひどいケースだと罪をでっちあげて死にさえ至らしめた。新聞社などの社屋だけでなく民家さえも襲われたが、警察は機能していなかった。一〇日に激しい雨が降って外出できなくなり、それをもってやっと人々の破壊行為が止んだのだった。七〇〇年の王制が終わり共和制に変わったのである。とはいえ、最初の五日間の混乱はその後の予兆に過ぎなかった。

大きな変革を起こし、成功させた者は、祝福に酔いしれる時間はほとんど許されず、約束された改革を実行に移すことがすぐに求められる。期待を裏切れば、支持してくれた大衆からいずれはそっぽを向かれるだけである。そのことを自覚していた共和主義者たちは一〇月五日の眠りから覚めると、さっそく仕事に取りかかったのである。

共和主義者からすれば、王制を支えていたカトリック教会は敵視すべき存在であった。一九一〇年一〇月四日までこの世の春を謳歌していた教会司祭たちにとっては、共和制宣言の直後から受難の時代が始まった。それまで、カトリック信仰は公式宗教であり、誰もがその信者でなければならなかったのである。ポルトガルの防衛は聖母マリアに委ねられ、「ポルトガルの女王」として崇拝された。ポルトガルの国王が王冠を頭上に戴冠せず、手で抱えるようになったのはそのためである。カトリック信仰は王制派のもの。共和主義者に教会を受け入れることができるわけもなかった。

新しく生まれた政府は国家と宗教は分離されるべきだと考え、宗教教団は解散し、司祭や修道女たちは国外へと追放され、修道院を国有資産に変える法案を通した。今でも国家機関が旧修道院に設置されているのは、このためである。キリスト教教義を小学校や師範学校で教育することを禁止した。社会の無宗教化、世俗化である。結婚を純粋に民事の契約と見なす法律も公布した。

聖人にまつわる祝日も労働すべき平日に変えてしまい、一二月二五日は「家族の日」と呼ばれるようになった。確かに、クリスマスは恋人と二人で過ごすための日ではなく、家族で過ごすというのは私自身もポルトガルで経験したことではあるが、だからと言ってあえて呼称を変える必要はなかっただろう。さらに、一月三一日はポルトの共和主義者による蜂起を祝うために祝日とされたし（今は違う）、もちろん一〇月五日も祝日となった。

一九一〇年一〇月八日。暫定政府は「宗教結社と修道院に関するポンバル侯爵とジョアキン・アントニオ・デ・アギアールの法令」を全面的に施行した。さらに、教育や文明の普及に専念するなら宗教団体を組織してもよいとする「一九〇一年インツ・リベイロの法令」も取り消した。

一九一一年四月には、フランスの法律に倣った「教会と国家の分離法」が成立した。それは世俗化という意味では最も重要な法律であった。同法によって、カトリックは国家の宗教でなくなり、信仰や聖職者の給与のための国家の支出も認められなくなり、建物も没収された（実際のところ、教会の無料使用は認めたし、共和制に敵対しない一部の聖職者には年金を支払ったのだが）。教会の外での宗教行事も禁じられ、農村部での行進などもできなくなった。同法律は、教会にとり、「宣戦布告」とまでは言わないにしても、むき出しの敵意ではあっただろう。軍隊は宗教儀礼に参列することが認められなくなった。出生・結婚・死亡は、教会ではなく国家に登録することが義務づけられた。世俗国家と教会の間で対立が深まるのは当然であった。強制される近代文明と、伝統との衝突と言ってもよいだろう。

また、一八二二年に制定された憲法は当然のように王制的だったので、改憲の必要があった。一九一一年八月二一日に署名されたポルトガル共和国政治憲法では、当たり前かもしれないが、国家元首が共和国大統領に変わっている。司法（最高裁判所）・立法（共和国議会）・行政（大統領府）の三権分立が明記されていた。ただし、最も強い権力を有したのは大統領を罷免できた議会（立法府）であろう。逆に、大統領が議会を解散できるようになるのは約十年後のことであった。

初代大統領には穏健派マヌエル・デ・アリアーガが選ばれた。アリアーガ大統領はコインブラ大学で法学を学び、同時に共和主義に目覚めた。父親はその思想を許せず、学費の支援を打ち切ったものの、息子は家庭教師をしながら学業を継続させた。弁護士として名を成し、政治家としても周囲の信頼を勝ち得、共和党の中で彼の悪口を言う者はいなかった。初代大統領に選ばれるのも当然であっただろう。倹約をモットーとする政治家で、家賃も自分で払い、公用車ではなく市電を使ってリスボン市内を移動した。倹約というとサラザールを思い出すが、アリアーガは独裁者ではなかったし、長期政権を担うこともなかった。

大統領が市電で移動、で思い出したのだが、市電という公共交通機関を保証していた企業がカリスである。当時の経営者はイギリス人であったが、革命から一カ月後に最初のストライキが同社で決行されている。もちろん市民は足を奪われ不便極まりなかったが、労働者の権利を求めた戦いが始まったという意味では画期的であった。カリスの後には、靴職人、パン職人、工員などのストも続き、場所も全国規模で広がっていった。新政府は厳しく取り締まりたくとも、そもそも前もって労働者の権利の改善を訴えていたのは彼らだったから、そうはできなかったのである。代わりにというか、政府は経営者側にロックアウトの権利、つまり会社が工場を閉鎖してしまう権利を承認したのであった。ストライキの嵐に対する対応策の違いによって、新政府のメンバーたちの間にあった思想の違いも次第に明らかになり、さらなる混乱を予感させたのであった。労組の活動が激しさを帯びた理由の一つは、労働者たちがカルボナリアに所属した経歴があり、武器や爆弾を所持していたからもであった。

共和制になって明らかによかったと言えそうなのが、教育であろう。十分な成果とは言えないかもしれないが、二〇世紀初頭七五%くらいあった非識字率に改善が見られたし、学校の数も増え、大学もコインブラだけでなく、一九一一年にはリスボンとポルトにも創設されている。児童労働は当然視されていたが、子供たちの教育の権利を認める意見も公にされるようになった。児童労働はその後も長く社会問題であり続けたけれど、認識の変化は大きな進歩と言えた。

ちなみに今ポルトガルに行くと通貨はユーロ（エウロ）だが、私が長くお世話になったのはエスクードであった（二〇〇一年一二月三一日まで）。この通貨だが、王制時代は「レアル」、それが一九一〇年の革命によってエスクードになったのである。「盾」という意味である。

一九一〇年一〇月四日夜、革命の行く末を悲観して、カンディド・ドス・レイス提督が自殺してしまったことはすでに記した。だが、彼の貢献は大きく、その後、アルミランテ・レイス大通りとなって歴史に名を刻むことになった。アルミランテが提督である。ちなみにその通りの旧称は、女王に敬意を表してドナ・アメリア大通りだったし、今、共和国大通りと呼ばれている幹線道路は、リスボンの主要道路を設計したエンジニアの名を取ってレサノ・ガルシア通りであった。

面白いのは、皿、コップ、ライターなど、共和制を想起させるデザインを施されたグッズが当時よく売れたことである。さらにまた、「マリア・ダ・レプブリカ」（共和国のマリア）、あるいは「ベンビンダ・レプブリカ・ポルトゥゲーザ」（ようこそポルトガル共和国）というような名前を子供たちにつける親がいたのである。一〇〇年前のポルトガルのキラキラネームということか？

また、国歌と国旗が変わっただけでなく、例えば政府機関の名称も変更された。それまでは「王の」を意味する「レアル」という形容詞が付されていたものが、「ナシオナル」（ナショナル）に変わったりした。「王の」ものが「国民の」ものに変わったのである。王個人への敬意を感じさせる名称から、広く国民のものという感覚を生み出す名称に変わったのだろう。さらに、当然のことだろうが、すべての貴族の称号や権限も廃止されている。確かに民主主義的と言うことはできるだろう。もちろん王制はまったく民主主義的ではないなどと言うつもりはないけれど。

共和制樹立と二つの秘密結社――フリーメイソンとカルボナリア

一九一〇年一〇月五日、ポルトガルは共和制へと移行した。およそ七世紀にわたって続いた王制に終止符が打たれ、まったく新しい時代が始まったのである。私がこの世に生を受ける半世紀も前の出来事なので、想像するしかないのだが、さぞやインパクトの強い変化がポルトガル社会を襲ったに違いない。二〇世紀ポルトガルの「革命」と言えば、権威主義的かつ独裁的だったサラザール体制に引導を渡した一九七四年の「四月二五日革命」が有名だが、一九一〇年の共和制樹立も「革命」の名に相応しい大変化だったと思うのである。なにしろ、七世紀間におよびポルトガルを統治してきた国王がいなくなり、血筋には関係なく国家元首＝大統領が選ばれるようになったのだから。

いや、むしろ一九一〇年の「革命」のほうが社会的なインパクトは大きかったのではないか、と思ったりもする。なぜなら、比較の仕方が荒っぽ過ぎるという批判を覚悟の上で言ってしまうと、一九七四年の「革命」の余波が静まるのにはおよそ二年間かかったが、一九一〇年のほうは二六年に独裁者サラザールが登場するまでの一六年間にわたりポルトガル社会は荒れに荒れまくったのである。七四年の「革命」後には確かにテロ集団が活動した時期もあったが、大統領や首相の暗殺という事態にまでは至らなかった（もちろん、民間人なら殺していいと言っているのではない）。及ぼした影響の大小は別にして、二〇世紀、ポルトガルは二度の大きな革命を経験したと言うべきなのだと思うのである。

さて、欧州史の復習になるが、ヨーロッパで王制が打倒され、共和制になった国と言えば誰もが、なんといってもフランスを思い出すに違いない。一七八九年のフランス革命である。その次に共和制になった国はスイスであり（一八四八年）、意外に知られていないことのようだが、ポルトガルは欧州で三番目の共和国なのである。ポルトガルは文化的にはフランスの影響を強く受けてきた国だが、共和制への移行にもフランスの影響は見て取れる。具体的には思想的な影響を指摘することができるのだが、本章ではその点は触れずにおいて、すでに触れてきているけれど、日本ではほとんど無視されているといってもよい、フリーメイソンの果たした役割について述べてみたいのである。そして、こちらはもっと知られていないのだが、フリーメイソンと混同されることもあるカルボナリアという組織の貢献についても取り上げてみたい。前者はこれまでもずいぶんと取り上げてきたので、後者に特に注目していきたい。

フリーメイソンというと、日本では、というより海外でも、とすべきだろうけれど、何度も述べてきたように、ユダヤ人と並んで陰謀論の中心的な存在で、世界中の不幸や悪行の責任を一身に背負わされているかのような秘密結社である。アメリカ合衆国の独立もフリーメイソンの手になるものと指摘されることがあるけれど、これは幸不幸で判断すべき出来事ではないだろう。ポルトガルでもフリーメイソンはやはりどこか謎めいた存在で「ロッジの中に初めて当テレビ局のカメラが入ります！」というような感じの番組が制作されたりもする。

とはいえ、日本とは違う点もある。そこはやはりヨーロッパの一国ということなのだろうけれど、新聞や雑誌、あるいはテレビなどでも要人に対して、「○○はメイソンである」とか「△△はメイソンと言われる」といったような表現がわりと当たり前のように使われるのである（日本でも、鳩山由紀夫元首相のメイソン説というのがあるけれど）。例えば、一九八六年から二期大統領を務めたマリオ・ソアレスに関してはかなり前から公然の秘密であるかのように、メイソンであると言われてきている。亡命していたフランスのロッジでイニシエーションを受けたとされるのである（この点については第五章で詳

述しよう）。彼の跡を継いだジョルジュ・サンパイオ元大統領（一九九六－二〇〇六年在任）に関しても
やはりメイソンだという声が聞かれる。

二〇〇五年から六年間首相だったジョゼ・ソクラテス（社会党）に関しても同じような噂があったし、その跡を継いだパッソス・コエーリョ（前）首相（社会民主党）もメイソンだと言う人がいる。本人に直接確認したわけではないので、「と言われている」としか書きようがないのである。あるいは「と言う人がいると言われている」という言い方にさえなるだろう。もちろん、誰かに聞かれても、メイソンのメンバーたちの大半は「はい、そうです」とは答えないだろうけれど。何しろ秘密結社なのである。

フランス革命に戻ると、それはフリーメイソンが仕組んだ陰謀だったという説がけっこう広まっているようだ。「革命」の二年後となる一七九一年にはアベ・ルフランがフランス革命はフリーメイソンによる陰謀だったという説を唱えたという。モンテスキューやヴォルテールなど、フランス啓蒙主義者の中にはメイソンが多くいたとも言われる。人権宣言を起草したラファイエット侯爵もメイソンだった。三色からなるフランス国旗はそのラファイエット侯爵がメイソンのロッジで考案したものであるという。

しかし、さまざまな著作が明らかにするように、事実を積み重ねると、フランス革命＝フリーメイソンの陰謀（？）という考えは成り立ちそうもない。革命に対する姿勢はフリーメイソンとして一枚岩というわけではなかったし、ギロチンで処刑されたルイ一六世自身もメイソンだったというのである。革命に反対したロッジもあったようだ。よって、メイソンがフランス革命を起こし、古い秩序を破壊したという主張は通りそうもない。言えることは、社会的に大きな影響力を行使し得る人々の中にメイソンが多いということくらいではないだろうか。社会のエリートならメイソンであるということではないのだろうが、メイソンの多くが社会のエリートと言うことはできそうである。

フランス革命よりも少し時代は前だが、アメリカ独立革命とフリーメイソンの関連もよく話題になる。一七世紀、イギリスからアメリカに移民した者の中には数多くのメイソンがいたと考えられる。イギリスのグランド・ロッジの創設が一七一七年だから、それ以前の記録はわからない。だが、三〇年にはボストンとフィラデルフィアにはすでにロッジが存在したという。イギリス同様、アメリカでもフリーメイソンにはさまざまな階級の人々が集まり、ロッジは社会的に重要な集いの場となった。ボストン生まれのベンジャミン・フランクリンは三一年、フィラデルフィアのロッジでフリーメイソンに入会した。非常に熱心に活動し、ペンシルバニア州のグランド・マスターにまで登りつめている。

一七五三年頃、ジョージ・ワシントンがフリーメイソンに入会した。言うまでもなく、初代大統領である。独立後、ワシントンは「革命」の背後にはフリーメイソンがいたと明言している。イギリス船に積まれた数トンもの紅茶を海に投げ捨てたボストン茶会事件もメイソンが起こした事件である。フリーメイソンが歴史の大転換に関与し始めるのはこのときである。フランクリンやワシントンだけでなく、独立前後の政府要人にはメイソンが多く、彼らの貢献なしにはアメリカ独立はあり得なかったという見解があるのだ。だが、一方で、独立宣言に署名した五六名のうちメイソンは九名だけだったという。すべてのメイソンが独立革命に賛成したわけでもなく、彼らの態度は一枚岩というわけではなかった。よって、アメリカ独立革命もフリーメイソンの計画と一方的に決めつけるのはやはり無理がありそうだ。

そして、ポルトガルである。一九一〇年一〇月五日の共和制宣言。この日付けについて話そうと思えば、必ずといってよいくらい二つの秘密結社の重要な役割が取り上げられる。フリーメイソンとカルボナリア（元となるイタリア語ではカルボナリ＝炭焼党）である。フリーメイソンは有名でも、日本ではカルボナリアの知名度は劣るのではないか。

ロトゥンダの英雄と呼ばれるマシャード・ドス・サントスは「ポルトガルの革命の偉業もフリーメイソンだけによる」と記し、物議をかもしたことがある。サントスは「だけ」のところを筆記体にして強調していた。それだけを見ると、共和革命はカルボナリアと関係なかったかのように読める。だが、同時に彼は「フリーメイソンはすべての革命の母である。なぜならカルボナリアの主要メンバーがそこに関わっているからである」とも述べている。サントスにとってカルボナリアとは非正規のメイソンなのであった。つまりフリーメイソンとカルボナリアをほぼ同一視していたのである。確かに両方の組織に同時に加入することは可能だったし、サントス自身も両方のメンバーであったのだが。

このような経緯もあり、しばしば混同されることのある両結社だが、実際は起源も結成に至る経緯も組織の目的もすべて異なる、別の組織である。ときにカルボナリアはフリーメイソンの「武闘派」のように見られたりもするが、実際はそんなこともない。確かにどちらもポルトガルの共和制樹立のために戦ったのだが、第一共和制の樹立後に辿った運命も別れ別れになった。二つの秘密結社といったが、本当に秘密主義的なのはカルボナリアのほうで、通常フリーメイソンのほうは指導者の名前は明らかにされているし、機関紙や年鑑も発行している。だが、カルボナリアのほうは最大限に秘密裏に行動していたのである。フリーメイソンに関してはすでに歴史を概略し、共和制移行に貢献した人物たちの活躍ぶりも見てきたので、ここではカルボナリアについて少しだけ紹介しておきたい。

フリーメイソンは一八世紀にイギリスで創設されたが、カルボナリは一〇〇年遅れて一九世紀初頭にイタリア南部のナポリ王国で誕生した秘密結社である。イタリアの独立と統一を目的としていた。さらに自由主義的な改革を目指し、北上していった。だが、ナポリやピエモンテでの革命運動に指導的役割を果たしたもののオーストリア軍による弾圧に遭い、次第に衰退していったのである。同じころフランスでも結成され、七月革命で活躍したこともあった。

メンバーには、ウィーン会議後のヨーロッパのあり方に満足できない者たち、リベラル派、旧ナポレオン軍兵士、ブルジョワ層、インテリ、学生などがいた。政治と宗教について論じることを禁じ、エリート的でもあったフリーメイソンとの違いは、カルボナリが政治的であり、庶民的だったこと。彼らは政争を恐れなかったのである。また、フリーメイソンが建築を象徴として用いるのに対し、カルボナリは森や森の中の作業をシンボルとしていた。ちなみに、カルボナリとは「炭焼き（職人）」の意味である。

そのカルボナリは、ポルトガル語ではカルボナリアとなる。ポルトガルでは一九世紀末から一九一二年頃まで大きな影響力を社会的に行使し、共和制の樹立には重要な役割を果たしたとされる（あまり強調し過ぎてもいけないのだろうけれど）。カルボナリアの重要メンバーと言えば、ルス・デ・アルメイダ、サラザールの側近ビサイア・バレット、作家アキリノ・リベイロ（三人とも同時にメイソンでもあった）等が挙げられるだろう。すでに見たけれど、一九〇八年の国王殺しの主犯格の二人もカルボナリアのメンバーであったと言われる。この事件は、カルボナリアの独断による犯行であり、フリーメイソンはその計画を前もって知っていたわけではないようである。

フリーメイソンは政治には直接関与しないのが規則である。規約的には、正統と見なされる体制を尊重しなければならない。しかし同時に進歩と社会正義の実現を目的としていることもまた事実である。したがって、ときとして、特に社会に大危機が訪れた場合など、政治に深く関与することを余儀なくされることもある。それが一九一〇年の大転換であった。しかし、フリーメイソンとしては、自分たちは武器を持って体制打倒などできないので、カルボナリアと手を組んだという感じがしないでもない（逆に、カルボナリアのほうが、フリーメイソンのロッジに浸透し、王制打倒の支援を勝ち取ったとも言えるかもしれない)。いったん共和政治が樹立されると、カルボナリアの役割は終わったように見え、すぐに表舞台から姿を消したのであろう。それが一九一二年という年号に表れている。

過去の教訓に学び、共和主義者たちは合法的な政党だけでは反乱を成功させることが難しいとわかっていた。開かれた組織には警察が紛れ込んでもわからないのである。しかし、フリーメイソンやカルボナリアのような秘密結社であればその心配は減る。それゆえに、彼らが一〇月五日に活躍することになったのである。

もう少し詳しく話すと、カルボナリアがポルトガル人の間で初めて話題にされたのは一八三〇年代の頃、パリに亡命していたリベラル派たちの間であった。当初はいくつもの協会に分かれ、統一感のある活動を見せることはなく、歴史的な重要性もなかった。カルボナリアとされる組織は生まれては消えることを繰り返したのである。したがって、一九一〇年にポルトガルに共和制を樹立させるうえで一役買ったカルボナリアの登場はずっと後のことであった。フリーメイソンがいくつものロッジに分かれて活動しているように、カルボナリアも一つのまとまった団体ではなかったことには要注意である。

一八九七年、マソナリア・アカデミカという学生組織を中心として、共和主義的なカルボナリア・ポルトゥゲーザ(ポルトガル・カルボナリア)がポルトガルに誕生した。このマソナリア・アカデミカという組織は、マソナリアという名称はついていたが、グランデ・オリエンテ・ルジターノなどのフリーメイソンとは直接の結びつきはなかったとされる。そうは言っても組織構成などは類似点も多くあり、疑似フリーメイソンという感じだろうか。

ルス・デ・アルメイダ(彼自身はメイソンでもあった)をグランド・マスターとするそのグループもできたはいいが、やがて休眠状態に入ってしまい、当初の活動はけっして目立つものではなかった。そこでは、入会の儀式で仮面が使用されるなど、メンバー候補者に恐怖心を抱かせる演出が施されてもいた。同じころ、ボン・フィンという名の組織も存在した。急進的な共和主義者や無政府主義者たちから形成されていたが、警察に発見され、自ら解散の道を選んでいる。しかし、その中心メンバーたちはのちにカルボナリア・ルジターナを創設することになる（別名は「無政府主義者たちのカルボナリア」であった）。このカルボナリアはフリーメイソン（「未来のメイソンたち」）とのつながりがあったことがわかっている。さらに、ポルトガル共和党とも協力関係があった。

二〇世紀に入り、一九〇七年末あるいは〇八年初頭、この二つのカルボナリアが統合された。「未来のメイソンたち」のメンバーたちの多くも入会した。当時、カルボナリアのメンバーは誰もが武器を所有していた。このときに、マシャード・ドス・サントスが加わったのは大きな意味があった。ルス・デ・アルメイダはカルボナリアの普及に国中を駆け回ったが、ほどなくしてルス・デ・アルメイダはベルギーとフランスに亡命を余儀なくされ（帰国は共和制宣言の後）、代わってサントスが重要な役割を果たすようになるのである。また、のちに内務大臣になるアントニオ・ジョゼ・デ・アルメイダの入会も、カルボナリアに共和主義の影響とフリーメイソンへの接近をもたらしてくれた。

指導者のルス・デ・アルメイダはカルボナリアと共和党指導部の間の懸け橋でもあった。彼はマシャード・ドス・サントスとアントニオ・マリア・ダ・シルバという二人の共和主義者の指導者を味方につけることにも成功している。この両名がカルボナリアに加わってくれたおかげで、組織がしっかりしたのである。情報漏れを防ぐために反スパイ網が築かれ、カルボナリアの各成員が陸軍あるいは海軍の中に一人「従兄弟」（協力者）を見つけるという戦術は功を奏した。カルボナリアは武器を購入し、爆弾を製造し、同じく革命を望む無政府主義者やフリーメイソンとの連絡を密にしていった。

フリーメイソンに関して言えば、政党政治に関わることが本来は禁じられているとはいえ、マガリャンイス・リマがグランド・マスターに就任する前から内部の共和主義化は急速に進み、メイソンたちが体制の変化に深く関わるきっかけを作った。フリーメイソンは人類の進歩を信じる結社であるので、ポルトガルの王室は遅れの元凶とも言うべき旧体制の象徴であり、政党の問題ではなく国家としての体制変換を求めるのも当然であった。一九一〇年六月には数百人規模の集会も開かれ、ポルトガル共和党の方針と調整しながらフリーメイソン抵抗委員会を組織するための権限がグランド・マスターに委託された。革命直前の九月二九日、ポルトガル共和党本部で開催された会合では、革命準備の目的の下、フリーメイソン、カルボナリア、政党指導者たちが顔を合わせていた。

一〇月五日の革命、カルボナリアの役割は重要であった。フリーメイソンのグループは無血革命を望んだものの、実際の作戦行動ではカルボナリアのメンバーに頼らざるを得なかったのである。マシャード・ドス・サントスを中心に、ロトゥンダにバリケードを張って持ちこたえたのは、「共和制の父」と呼ばれるようになるサントスを含め、カルボナリアの面々であった。ただし、勇敢なカルボナリアのメンバーとはいえ、残された家族のことを心配し活動をためらう者が多かったのだが、逮捕された場合の家族の面倒を組織としてきちんと見ると約束されたので、立ち上がる者が増加したという背景はあった。

共和制樹立後のカルボナリアについては情報が乏しいのが実情である。王制派の反抗に対する動きの中では活発に振る舞っていたことがわかっているが、新政府では重用されず、ポルトガル共和党内部の対立によってカルボナリアは終焉を迎えることになる。さらに、王制派が消えるつれ、カルボナリアの存在意義もなくなり、消滅の運命を辿ったのである。つまり結果としては、カルボナリアはフリーメイソンと異なり、あくまでも旧体制を打倒するためだけの結社だったことになりそうなのである。しかも、実際のところは、秘密結社カルボナリアは大して活動しなかったとも言われたりもする。評価が難しい組織である。

一方のフリーメイソンは、一九一〇年から二六年までの第一共和制の時代、政治・社会・文化などさまざまな分野で勢力を拡大していった。一九一〇年三月の時点で、統一グランデ・オリエンテ・ルジターノには九七のロッジが存在したが、一年後には一二二に増えていた。正式メンバー数も二八四四人から三一九二人にやはり増加した。もちろん、中には共和主義者にお墨付きをもらいたいがゆえに入会した者もいたのだが。

第一共和制の時代、閣僚の半分、議員のおよそ半分はメイソンだった。三人の大統領、ベルナルディノ・マシャード、シドニオ・パイス、アントニオ・ジョゼ・デ・アルメイダもメイソンで、しかもマシャードとアルメイダは統一グランデ・オリエンテ・ルジターノのグランド・マスターであった。しかし、権力の座に就いたポルトガル共和党は次第に派閥に分裂し、党内抗争に明け暮れるようになり、その余波はフリーメイソンにも及ぶようになった。一九一四年にはフリーメイソンの結束は破られ、再びまとまるのは一九二六年のことであった。興味深いのは、初代大統領のマヌエル・デ・アリアーガはメイソンでなかったことである。選挙ではグランデ・オリエンテ・ルジターノのグランド・マスターにもなったベルナルディノ・マシャードとの決選投票になったのだが、「俗人」であるアリアーガが勝利したのである。議会の半数以上はメイソンだったのにこの結果ということは、フリーメイソンも一枚岩ではないということなのかもしれない。

時代はずっと下るが、一九七四年の「四月二五日革命」に関して、フリーメイソンとの直接的な関わりを調べてみると、興味深い事実もわかってくる。ジョン・アンドラーデという歴史家が出版した『四月二五日辞典』（二〇〇二年）という著作の「フリーメイソン」という項目を読むと、「四月二五日革命」の準備段階でメイソンたちが関与していたと記されている。例えば、「革命」の日、権力の座を追われたマルセロ・カエタノ首相に会うために、カルモ広場のGNR（共和国防衛隊）の本部にスピノラ将軍が自動車で向かったとき、その自動車はフリーメイソンの重要メンバー、カルロス・ビエイラ・ダ・ローシャの所有だったという（だから何なのだ？　とも言いたくなる）。ただし、この解説は誤りだという指摘もあるので、さらに無理なこじつけにも思えてくる。

それよりも意味が深く思えるのは、革命後の最初の首相パルマ・カルロスがメイソンだったという事実であろう（こちらは誰も否定しない）。第一章で触れたが、パルマ・カルロスを選んだのはグランデ・オリエンテ・ルジターノだったとも言われる。もちろんだからと言って「四月二五日革命」がフリーメイソンの陰謀だったなどと言うつもりなどないのだが。

いずれにしても、一九二六年の時点でポルトガルに存在した（政治）組織の中でサラザール体制の時代を生き残ったのは、共産党とフリーメイソンだけである。水と油のような関係の両者かもしれず、協力し合ったとはとても思えない。しかし、どちらも地下に潜っていたとはいえ組織の根幹は崩されずに残し、しかも国際的にも確固たる基盤を持ち、その意味でも「革命」後、ポルトガル社会ですぐに威力を発揮したのは当然であったのだろう。特にフリーメイソンのほうはサラザール政権の中枢にもメンバーがいたことはすでに見たとおりである。

一九一〇年と一九七四年の二つの革命。どちらの革命もその後には大きな社会的な混乱を引き起こすことになった。だが、時間の長さや混乱の度合いをあえて比較すると一〇年のほうが七四年よりも大きかったように思える。そこにはさまざまな要因があるだろう。しかも混乱を鎮める要因がサラザールという独裁者の登場であったのと、EU加盟というのでは、大きな違いがある。だが、混乱の度合いに差が生まれた要因としては、カトリック教会への対応にもあったようにも思えるのだ。

ここで唐突だが、一九一〇年と一九七四年、二つの革命における対宗教政策の違いを確認しておきたい。一九一〇年の共和主義者たちはイエズス会士を迫害し、追放しようと試みた。つまり、人々の信仰に干渉しようとしたのだ。だが、七四年の革命を遂行した国軍運動ことMFAの若手将校たちは人々の信仰にまでは口を挟もうとはしなかった。革命を受け入れる国民としては、どちらがありがたい存在であったか、言うまでもないだろう。

一九一〇年の共和主義者たちはエリートで、自分たちの判断の正しさを信じて疑わず、いわば上から目線での変革であったと言えるだろう。一方で、七四年はもう少し地に足がついていたように思える。国民の信仰に手を突っ込んだ一〇年と、手をつけなかった七四年の違いは、思い切って言ってしまえば、フリーメイソンが深く関わった革命と、そうではなかった革命の違いにも思えるのだ。フリーメイソンを批判するつもりなどないのだが、一〇年のほうは行き過ぎたのだと思えるのである。もちろん、彼らはあの時代に必要だと判断したことをしたのだろうけれど。

二一世紀になり、社会の世俗化が進んでも、ポルトガル人の心の奥深くにはカトリック信仰が根づいているのではないか。カトリック信仰も時代とともに変化を遂げているものの、やはりそれは伝統的な根幹をなしている。フリーメイソンに象徴される近代も、ポルトガル人にとってももちろん重要である。人生のすべてを教会に委ねて生きる人はもはや農村に行っても見つけるのは困難である。具体的にどの程度のものなのかはわからないけれど、フリーメイソンの影響力というものは続くのだろう。ポルトガルという社会は（も？）、伝統と近現代のせめぎ合いの中で微妙なバランスをとりながら歩んでいるように思えるのである。

あれから一〇〇年が経ち……

二〇一〇年、それは日本とポルトガルの修好通商条約締結から一五〇周年という記念すべき年であったが、ポルトガル的に見ればなんと言っても共和制移行から一〇〇周年の年なのであった。

そうした事情があって、二〇〇九年になると、ポルトガル政府は共和制移行の意義を国民に伝えるために、さまざまな行事を催したのである。ところが、二〇一〇年、一〇〇周年記念日の直前に実施されたアンケート結果を見ると、七割以上の人々が「以前よりも共和制移行に関する知識が増えたとは思わない」と答えていたのである。だからと言って、すべては税金の無駄遣いだったと批判するつもりなどないのだが、失望させられる調査結果ではあった。

王制に終止符を打った一〇〇年前の「革命」の舞台は首都リスボンであった。その後、遷都が実施されたわけでもなく、二〇一〇年の記念式典の舞台も当然のようにリスボンが中心になった。私は当時コインブラ大学文学部の客員研究員としてコインブラに暮らしていたので、リスボンで記念行事を実体験するというわけにはいかなかったのだが、テレビが長時間にわたって生中継してくれたので、それを見ることにした。

共和制宣言がなされたリスボン市役所前の広場に設けられた特設会場には、カバコ・シルバ大統領、ジョゼ・ソクラテス首相（当時）、国会議長、政党党首（右派である民主社会中道党と中道右派の社会民主党の党首は欠席）など、錚々たるメンバーが顔をそろえていた。やはり、共和制移行一〇〇周年は重要な国家イベントなのであった。だが、広場は人で埋め尽くされていたのだが、よく見ると意外と一般市民の姿が少ないことに気づいた。経済危機の時代、今さら政治家の言葉などに関心がないということだったのだろうか。もう少し盛り上がるのではないかと期待していたのだけれど。

二〇一〇年一〇月、ポルトガルはすでに大きな危機に直面していた。国家財政は破たん寸前、失業率も一〇%を超え、経済成長は停滞気味。共和制移行一〇〇周年を手放しで喜ぶ気分など、誰にもなかったと思われる。むしろ、二〇一〇年の一〇月五日に多くの国民が思ったことは、国家の行き詰まりという意味では、一〇〇年前と状況がよく似ているということではなかっただろうか。

カバコ・シルバ大統領にしても、ジョゼ・ソクラテス首相にしても、記念演説の中で、いま大切なのは政党間の垣根を越え国民が一致団結して危機を乗り越える努力をすることであり、政治への無関心を克服し、世論を支配する悲観論を打破することである、という点を強調していた。そのとおりだと思った。一方で、メディアの論調では、こうなったらＩＭＦ（国際通貨基金）にまた来てもらうしか救いの道はない、という弱音がよく聞かれたのである。国家の指導者としては、国民にポジティブなメッセージを送るときだったに違いない。結果は第一章で記したように、翌年にはトロイカ（国際通貨基金、欧州中央銀行、ＥＵ）がやってきた。政治家の言葉だけでは厳しい現実を乗り越えることはできなかったのである。

私が滞在していた一〇月五日のコインブラはと言うと……。その点にも触れておこう。準備のよい（？）私は前もってコインブラ市役所のＨＰにアクセスし、予定されていた行事をチェックしておいた。九時半に市役所前の「五月八日広場」でコインブラ市オーケストラによる国歌吹奏、一〇時からは市役所内で記念式典、そして午後三時半からはやはり同じ広場で「アライアル」が実施されると書かれていた。「アライアル」とは屋外での庶民参加のフェスタのことである。ポルトガルの古い舞踊を見たければ、とても参考になる。軽やかなステップを踏みながら両手の指を器用に鳴らす民族舞踊は見ていて心地よい。昔、一度だけ参加させてもらったことがあるのだが、かなり難易度の高いダンスに思えた。私の運動神経がにぶいだけか？

まだ肌寒さを感じる八時半にアパートを出て、広場へと向かった。ところが九時を過ぎているというのに誰もいないし、舞台のようなものも何もない。ひたすら閑散としていたのである。だまされたか？一瞬、嫌な予感が走った。ま、そうはいっても、ポルトガル人は物事をギリギリになって始めるし、最後はそれなりの形にするし、と考えて気を取り直し、少し時間をつぶした。

だが、九時半を過ぎても何も起こらず、いったんアパートに帰ろうかと思った矢先、少しずつ市民が広場に集まり始め、一〇時一〇分前くらいに軍用車が一台到着した。一五人くらいの兵隊さんたちは楽器を手にしており、どうやらオーケストラではなく、軍の楽隊が国歌吹奏を実施するらしいことがわかった。一〇〇年前の大変革を行ったのも軍人が中心だったのだから、当たり前の選択だったのかもしれない。市役所の二階のベランダにも国旗が掲げられ、なんとなく雰囲気が出てきた。そして一〇時ちょうど、楽隊が国歌を演奏したのだった。共和国宣言の時刻に合わせたのだろう。なお、一〇月五日の式典はポルトガル全土どこでも市役所で実施するのだが、それは一九一〇年の宣言がリスボン市役所で行われたからだという。

私は「エロイス・ド・マール……」（海の英雄たち……）と歌おうかと思ったけれど、誰も口ずさんでいなかったのでやめた。敬意をこめてポルトガル国歌を歌っても、不思議なことをする「シネーシュ」（中国人）がいると思われるのが関の山のように感じられたのである（ポルトガルでは東洋人はまず中国人として認識される)。兵隊さんたちは国歌を演奏し終わるとすぐに姿を消してしまった。市役所の中では行事が予定されていたようだが、私は招待されていないので、もちろん入れなかった。残念な思いを胸に私はいったんアパートへと引き上げた。

午後四時頃、我ながらしつこいなと感じながらもう一度外出、「五月八日広場」に向かう。すでに広場は市民で埋まり、その中に、民族衣装を着たグループ、あるいは制服に身を包んだ楽隊の姿が混ざって見えた。すぐ隣にあるコメルシオ広場には出店もみられ、フェスタの雰囲気を醸し出していた。ここで青と白の王制時代の国旗を持った人たちが姿を見せて、共和主義者たちと論争でも始めてくれればもっと面白かったのだろうけれど……、などと言っては不謹慎か。

10月5日、コインブラ市役所前で兵士が国歌吹奏。

ちなみに、ポルトガルには王位継承の権利を持つ人物がおり、二〇一〇年一〇月五日にもメディアに登場し、王政復古を主張していた。そのためには憲法改正も必要であり、実現の可能性があるとは思えないのだが、別の体制の可能性を残しているのは、ポルトガル人のしたたかな知恵なのかな、と思ったりもするのである。

思い出せば、共和制へ移行した一九一〇年も明るい話題で始まったわけではなかった。自然からしてポルトガルにやさしくはなかった。ポルトガルの各地は前年の一二月から悪天候に見舞われ、年が明けるとポルトは大洪水に襲われたのである。ドーロ川沿いの建物の玄関や階段は水浸しになった。家を失っ

共和国100周年の日のコインブラ。

た人も出たくらいである。さらに、政治も混乱し、人々を苦しめた。特に生活が厳しかったのは農村部の住民たち。そして、当時はポルトガル人の七割近くがまだ農村部に暮らしていたのだから、国民の多くが生活に苦しんでいたのである。裸足で歩く人も少なからずいた。

一方、工業に携わる者は二割くらいであり、総人口は六〇〇万人くらいであった。ポルトガル国民全体がサッカーに熱狂するのはもう少し後のこと。当時は闘牛のほうが人気の競技であった。リスボン郊外の保養地カスカイスでイギリスからやってきたテニスに興ずるのは、ほんの一握りの人たちだけであった。どんな時代でも優雅に暮らす人はいるものだ。

そんな時代に、権力と権威に従順だった人々も次第に政治家や聖職者たちに不信感を抱くようになっていた。都市部の教育を受けた人々も、カフェで新聞を読みながら王制に対する疑問を口にするようになっていた。そしてとうとう一九一〇年一〇月五日、政治、経済、社会、信頼の危機によって腐食していた王制はほとんど抵抗らしい抵抗もしないまま崩壊したのである。

「セン・アノス・セン・レイ」。王のいない一〇〇年間。共和制が二つなのか、三つなのか見解は分かれるのだろうけれど、一見停滞しているようでいて、この国の歴史はかなり激しく動いているようである。なお、一九七四年の「革命」後が第三共和制なのかそれとも第二共和制なのかは興味深いテーマになり得るだろう。一九一〇年から二六年が第一共和制であることは誰にも異論がないが、二六年から七四年が第二共和制なのか否かについては見解が分かれるのだ。多くの者は二六年から七四年までを「第二」と見なすようだが、一部の人々（例えば元大統領マリオ・ソアレス）は共和制は民主主義的であるはずとして、サラザールの時代を「第二」とは考えず、七四年以降今日までの四十数年間を「第二共和制」と呼ぼうとする。共和制に対する理解の違いが浮き彫りとなるのである。

※本節は、白水社HPに連載した「クレオール語をはじめて聞いた町から～ポルトガル・コインブラだより」の第六回のコラムに修正、さらに大幅な加筆を施したものであることをお断わりしておきます。なお、現在は同HPから削除されています。

「一〇月五日」のまとめ

とても長い章になってしまったので、締めくくるにあたり、一九一〇年一〇月五日の出来事についてもう一度ざっと振り返っておこう。

『ポルトガル史』という大著を著わしているポルトガルの歴史学者ルイ・ラモスは、ポルトガルの共和国宣言は今日に至るまできちんと人々に伝えられてきていないと述べたことがある（週刊誌『サバド』三三四号、二〇一〇年）。研究もあまりなされてこなかったし、むしろ忘れられてきたのだ。彼は問うた。国王が確かに存在したが、一九一〇年一〇月五日以前すでにポルトガルには共和制が実施されていたことを誰が覚えているのか？「革命」はポルトガル共和党全体の計画ではなく、その一部の者たちだけのものであったということを？反乱が最初はうまくいかず、悲観したリーダーの一人カンディド・ドス・レイス提督が早まって自殺してしまったことを？　共和制移行の英雄だったマシャード・ドス・サントスが一九二一年には暗殺されてしまったことを？　これらはすでに見てきたことだが、ポルトガル人の間でもあまりよく知られていないことのようである。私自身も、「共和制移行」は一九七四年の「四月二五日革命」に匹敵する、あるいはそれ以上のインパクトをポルトガル社会に与えた大変革だと思っているので、一九一〇年一〇月五日の出来事の重要性はもっともっと語られ、知られるべきだと考えている。

一二世紀に成立した古い王国を数百人の軍人の反乱で崩壊させるというのはなかなか難しい事業のように思える。確かに、リスボン市民の一部は支援してくれた。しかし、それだけでは王国崩壊という大事業は不可能だったはずである。実際のところ、一九一〇年の王室はすでに教会の支えを失い、貴族たちの力もなくなっていた。一八三四年にリベラル派が権力を握ってからポルトガル社会は大きく変わっていたのだ。貴族から権力を奪い取り、聖職者の数を減らし影響力も削いでいた。地方の行政府の力を奪い、中央集権化も進められていた。二つの政党のローテーションを管理していたのは確かに国王だった。だからこそ、と言ってよいと思うが、逆に政党は王制に敬意を払わず、国王を攻撃していた。当時ポルトガルはすでに、「王制派のいない王国」あるいは「国王のいる共和国」となっていたのである。リベラル革命の後は、もし共和制に移行したいのなら、国王を追放し、リスボンを支配下に置けば十分という状況になっていたというのも事実なのである。

だが、王制に終止符を打つにはもう一つ重大な事件が必要だった。近代化を望んだ国王カルロス一世は一部の政治家たちに期待をかけたが、のけ者にされた政治家たちは不満を抱き、国王の排除をもくろんだ。一九〇八年二月一日の国王暗殺はその結果として生まれた。恐怖を感じた王室は権力を行使せず、そのせいもあって議会は混乱し、一九〇八年から一〇年までの約二年間、七回も政権が交代したのであった。若く経験不足なマヌエル二世に満足する政治家はいなかった。しかも、イギリス王室に結婚相手を求めながら、断られ、ポルトガル最後の国王は国内でも国外でも孤独であった。

その頃のポルトガル共和党は、共和制を実現するよりも、とにかく既成の政党を権力の座から引きずりおろすことを期待されていた。共和国に変わることより、革命が必要だったのだ。チャンス到来と思った共和主義者たちは一九一〇年七月には、王室の支えと見なされていたイギリス政府に接触し、反英政府にならない限り、ポルトガルの体制変換にイギリスは反対しないという感触をつかんでいた。このとき、フリーメイソン・コネクションが活かされたという指摘があることもすでに触れた。

ただし、革命のために立ち上がったのは、リスボン市役所のベランダから共和国宣言をするジョゼ・レルバスとエウゼビオ・レアンといった共和党指導部の一部（全体ではない）。カルボナリアに属し、フリーメイソンの支援も得ていた海軍将校マシャード・ドス・サントス。また、ジャーナリストのジョアン・シャーガスや退役提督のカンディド・ドス・レイスなどであった。共和主義者たちは大衆の組織立った支援を得ていたわけではなく、権力を手にするには実力行使しかなかったのである。選挙をしても、リスボン五〇万人のうちの一万二〇〇〇票しか取れないのであった。庶民をあてにした反乱は見通しが立たなかった。文民が軍を倒せるわけもなかったのである。よって、あり得る作戦は、リスボン市内の兵舎を襲い、テージョ川に浮かぶ軍艦を制圧し、市内で砲撃を繰り返す中、共和主義者たちが市役所に行って共和国宣言をするということだった。高級将校が足りない分、市民の支援も求められた。

共和派にとって有利に働いたのが当時の政治状況の混乱である。一九一〇年六月から政権の座についていたのはリベラル左派であった。この政府は共和主義者が求めた、聖職者の権力縮減などの政策を実行に移してくれた。議会内にも、リスボン市議会にも共和主義者がいた。共和主義者の一部には政府を許容するグループもいたのだが、むしろこの政府に対抗したのが、教会を後ろ盾をもつ保守右派であった。

八月一九日、共和主義者たちが初めて反乱を起こそうとしたときの政府側の反応は滑稽なところがあった。警察官全員を各警察署内に避難させ、軍の兵舎は閉鎖したのである。革命を避けるために首都の治安機能を封鎖してしまう政府とは何事か？　人々は笑いの的にした。ただし、政府にも言い分はあり、彼らの考えとしては、人民蜂起が予想されないからには、反乱分子を軍隊から遠ざけておけば十分という判断を下したのであった。

ポルトガル共和国の誕生は、くどいようだが、一九一〇年一〇月五日である。だが、本来はその前日の四日になされる予定であった。なので、ポルトガルを大きく変えることになる変革は三日に始まっている。その三日、いきなり想定外の出来事が起こった。共和革命の首謀者の一人ミゲル・ボンバルダが精神病患者によって銃殺されてしまったのである。共和派にとって大きな痛手であった。しかし、共和派は革命の続行を決断した。そうは言っても、三日から四日かけて、リスボンの夜はむしろ静かであった。事態は共和派にとって有利には思えず、カンディド・ドス・レイス提督は逮捕されるのを恐れ、自殺を決意した。

確かに、共和主義者たちの成果もあった。テージョ川の戦艦二隻を制圧したし、アルカンタラにある海軍兵舎も支配下に置いた。約五〇人の兵士たちも武器を手にして出動した。彼らの一部は首都防衛隊との衝突のあとロトゥンダに逃げ込み一夜を明かしたが、何をしてよいのかわからず逃亡した。残ったのはマシャード・ドス・サントスと一部の部下だけであった。四日の朝には政府側の人間が、武器を捨てれば恩赦すると提案しに来たりもした。だが、失敗だと思われながらも、革命は続行されたのであった。

テージョ川の軍艦にしても、ロトゥンダに居座った部隊にしても、彼らを排除するのは政府軍にとって容易なことではなかった。彼らの戦闘能力はけっして高くはなかったはいえ、政府軍にも経験不足の兵士たち、しかも中には共和主義になびいている者さえもいたのである。政府軍側も何をどうしたらよいのか、よくわかっていなかった。

一九一〇年八月の総選挙、北部で保守派が、南部で共和主義者が勝利し、リスボンにある政府はすでに弱体化していた。大臣たちを信頼し続けたマヌエル二世のことを保守派の政治家たちは「共和主義者たちの国王」と呼び捨てにしていた。国王は孤立し、革命の下地が出来上がっていたのである。一〇月五日、もし反乱軍を厳しく押さえつけてしまえば、「進歩的」という評判を落としてしまうことになり、政府はどこか弱気でさえあった。

ポルトガルでは、権力は外部からの圧力によってではなく、自力で再生できないがゆえに自壊するのだと言われる所以である。

第四章　「F」の三分の二——ポルトガルの深層を考える

「三つのF」とは

ずいぶんと奇妙な章タイトルをつけたものだと思われる方も多いのではないだろうか。「F」の三分の二は「D」とか、そういう話ではない。だが、「三つのF」の三分の二について話すつもりだといえば、わかってもらえるかもしれない。

ポルトガル通の方ならこの「三つのF」については耳にたこができるくらい聞かされてきたはずである。今さらその話はもうけっこうだと言われる方もしれないけれど、聞いたことなどないという読者の方もいるかもしれないので、念のためにここで簡単に説明しておきたい。耳にタコができていても、「それは初耳!」という話も、もしかしたら中にはあるのではないか。

「三つのF」とは、脳血管障害の予兆として注意すべき三つの現象のことである。すなわち、頬(face)の引き攣り、片腕に力(força)が入らない、話(falar)がしにくい、という三兆候のことである……。違う! これはこれで家庭の医学の知識としては極めて重要なことだと思うが、今はポルトガルの歴史・社会的な話をしようとしているのであった。

通常、ポルトガルの歴史を語るときの「三つのF」とは、「ファティマ」(Fátima)、「ファド」(Fado) そして「フットボール」(Futebol) の頭文字のこと。サラザール時代のポルトガルを象徴するのが、この三つのFであった。民主主義の時代になった今もそうかもしれないな？ と思わないでもないけれど、それはさておき、かつては、独裁者サラザールがこの「三つのF」を利用して、長年にわたってポルトガルを支配したとか、果てはポルトガルをダメにしたのはこの「三つのF」だったのだ、などと批判されることも多かった。それぞれ、サラザール体制による「発明品」だとも言われたものである。

独裁者サラザールに支配された時代、人々は「ファティマ」、すなわち敬虔なカトリック信仰によって主に対する従順な心を身につけ(させられ)、「ファド」によって傷ついた心を癒し、つらい宿命を受け入れ(させられ)、そして国民の情熱とも言える「フットボール」によって日頃の不満を発散させ、政治の問題から目を逸らさせられたのである。ファティマはまた、カトリック信仰を重視した権威主義体制の正当化にも利用されたと言われることがある。

この「三つのF」を利用することによってサラザール体制は、国民にポルトガルは大きな問題のない国だと思い込ませ、彼らを従属させ、半世紀近くも生き延びることができた。サッカー界の英雄エウゼビオやファドを世界に知らしめたアマリア・ロドリゲスは、ローマ時代のパンとサーカスのような位置づけだった。いや、事実そのようなものだった、と言われたのである。だが、こうした類の話には真実もあれば、非真実も含まれるのが常だろう。

実際のところは、サッカーの人気は体制の支援を受けたというよりは、むしろその意向に逆らう形で、庶民レベルで言わば自発的に高まったと思われる。ファドを国家の制度に組み込んだのはサラザール時代の出来事だが、その人気はどこまで国家レベルのプロパガンダに依存したのだろうか。強いて言えば、体制が好んだと言えそうなのは、ファティマだったようにも考えられるのだ。ファティマには、かつて閣僚の姿がよく見られたというし。いや、そのファティマさえ、一概にサラザール体制が民衆支配のために積極的に利用したと言えるのかどうか、疑問は残る。

「三つのF」の神話はばかげているとさえ最近は言われるくらいである。なにしろサラザールはサッカーとファドが大嫌いだったし（!）、そしてファティマとも常に慎重に距離感を保とうとしたのである。若き日のサラザールがサッカーボールを蹴ることに夢中になったという記録はないようだし、ファドは大航海時代の勇敢な精神を取り戻すことを邪魔しているという認識を持っていたようでもある。サラザール時代に「三つのF」が花咲いたことは確かだが、熱心な、そして意図的な政治利用というのは神話的であるのかもしれない。繰り返すが、ファティマに関しては微妙なところもあり、ファティマの奇跡がポルトガル人の魂を再生していなければ、サラザールの功績はなかっただろう、ということは、サラザール体制側の人間たちも認めていたのである。

本論に入る前に、正直に告白しておくと、ファドについてはときどきCDを聞いたり、コンサートを聞きに行ったりするくらいで、あまり詳しくないので、ここで論じることはせず（いずれはファドについても別著で論考の対象にしようと考えているけれど）、あくまでもファティマとフットボール＝サッカーの二つのFについて取り上げることにする。ファドが抜けるので、「Fの三分の二」なのである。この二つのFとはいったい何だったのか？　政治利用の実態はあったのか、なかったのか？　あらためて考えてみたい。

順番としては、まずは「ポルトガル・プロフンド」（ディープなポルトガル）の話であるファティマから始めようと思う。ファティマは一九一七年五月一三日に始まる話だと言ってよいと思うが、カトリック信仰はポルトガルの歴史とともにある。二一世紀になってなお、それはポルトガル人の心の奥深くに根ざしているに違いない。プロフンドとは「農村的」と言い替えてもよいだろう。それとは対照的に、近代に始まる都市的な現象であるサッカーはその後で語ることにしたい。

ファティマは〝発明〟にあらず

ポルトガルの首都リスボンから北へ向かってバスに揺られること約九〇分。ファティマに着く。地図で見ると、ポルトガルの南北のちょうど真ん中あたりに位置する。今でこそ（一九九七年から）「市」になっているが、かつては小さな村にすぎなかった。

いつ行っても私たちがそこで目にするのは、荘厳な大聖堂と数多くの敬虔な信者たちの姿。信者たちが話す言葉に耳を傾ければ、ポルトガル語以外のことばも耳に入り、世界中から祈りをささげる人々が集っていることがわかる。二〇世紀を通しカトリック教会の影響力も次第に薄れ、ポルトガル社会もずいぶんと世俗化したとはいえ（例えば、日曜日の教会で若い人の姿を見ることは多くはない）、ヨーロッパ三大聖地の一つファティマはいつでも宗教色に溢れている。他の町とは違う、ポルトガルの中でも異彩を放つ町である。

毎年、四、五百万人の訪問客があるというからかなりのもの。フランスの聖地ルルドに匹敵するくらいだろうか。いきなりとても世俗的なこと、というか下衆なことを言うが、かなり経済的な利益も上がっているはずだ。税制面での優遇措置も受けており、二〇〇七年に大聖堂が建つのも、むべなるかな。もちろん、ポルトガル社会において、カトリック教会が暴利をむさぼっているなどと言うつもりは微塵もないけれど。

本章ではこれから、カトリック信仰の歴史の中で重要な位置を占める一つの出来事について語るつもりなのだが、もしかしたらすでにある疑問をお持ちの方もいるのではないだろうか。ファティマという地名である。ファティマ（ファーティマとすべきか）と言えば、イスラム教の開祖マホメット（ムハンマド）の四人の娘の末娘にして、今でもイスラム教徒の間で敬愛される女性ではないか？　だからこそ、「光輝く乙女」を意味するファティマは、今でもイスラム教徒の女性に多い名前ではないのか？（カトリックの国ポルトガルにもファティマさんという女性はけっこういる）。なのに、なぜキリスト教の聖地に結びつくのか？　と。だが、理由はある。レコンキスタの歴史を思い出せばよいのだ。

マホメットの娘ファティマは父を信奉したアリと結婚し、二人の息子を産んだが、その二人はマホメットにとり唯一の男系子孫であり、後にシーア派の最初の精神的指導者となった。ファティマはシーア派の人々の間では神聖な存在だが、それはキリスト教徒にとって聖母マリアがやはり神聖な存在であることと同じだと言えるだろう。確かに、イスラム教徒に愛される女性と同名の土地に聖母マリアが出現したというのは興味深いことである。モーロ人（イスラム教徒）に支配されていた時代、ファティマ近郊にはファティマ（ムハンマドの娘）の出現が見られたという伝説もあるらしい。やはり、ファティマは特別な土地なのだ。

さらにまた、この土地にかつて、一二世紀のことだが、ファティマという名のモーロ人の王女がいたという。レコンキスタの最中にキリスト教軍によって捕虜とされ、ある伯爵と結婚させられた。改宗した後オリアナと呼ばれるようになったのだが、伯爵はこの土地をファティマの土地と呼んだという。これが地名の由来ということになる。

実は、私はカトリック教徒でないにもかかわらず、これまで三回もファティマを訪れたことがある。最初の訪問は一九八一年の夏のことだからすでに三十年以上も前。二度目は二〇〇八年夏、そして三度目は二〇〇九年四月という短期間で連続しての訪問であった。最初の訪問と二度目の間がずいぶんと開いているのだが、それにもかかわらず、ファティマが大きく変わったという印象は抱かなかった。記憶がすでに失われかけていたせいなのかもしれないが、ファティマはずっと同じ町のままという思いが残った。建物や施設はきっと老朽化、あるいは改装されていたと思うのだが、宗教色はずっと色褪せることがないというのが変化を感じさせない理由なのではないか、そんなことを思ったのである。

巡礼者でにぎわう、聖地ファティマ。

二〇一〇年八月から翌年一月までのおよそ半年間、私はコインブラ大学文学部の客員研究員としてコインブラで暮らした。コインブラからファティマは目と鼻の先と言いたくなるくらい地理的に近い。怠惰ゆえか、その半年の間にファティマを訪問することはなかったのだが、しばしばファティマのことを思い出した。どんなときに思い出したのか。それはコインブラの町にある教会の前を通り過ぎたときではなく、意外に思われるかもしれないが、秋の空を見上げたときであった。べつに太陽がダンスを舞うのを見ようと思って意識的に首を動かしたわけではなかったのだが。

八月、九月の空はほぼ毎日のように雲ひとつないくらいに晴れていて、ポルトガルの青い空は素晴らしいといういつもながらの感想を抱くくらいだった。しかし、一〇月、一一月になると次第に天気も不安定となり、しばしば空模様もあやしくなる。濃い灰色の雲が空を覆い、それでいて所々の隙間から弱い日差しが揺れるようにして見える。そんなとき、ファティマで起こった「太陽の奇跡」は本当だったのではないか、そんな風に思えるのであった。

そう、第一次世界大戦の真っただ中だった一九一七年、オリーブ畑で起こった一連の出来事（聖母マリアの〝出現〟や、〝太陽の奇跡〟や、〝三つの予言〟）は〝嘘〟でも〝でっち上げ〟でも〝インチキ〟でも〝作り話〟でも〝発明品〟でもなかったのではないか。人々は確かに聖母マリアの姿を目にしたのではないか。本当に太陽は踊ったのではないか。少なくとも、現場にいた人々の多くは「見た！」と本気で信じたにちがいない。見えたものは見えたのだろう。そう感じられたのであった。

ヨーロッパ各地において聖母マリアの「出現」は中世末期から今日に至るまで、何度も報告されている。けっして二〇世紀初頭のポルトガルの農村だけの専売特許ではない。有名なところでは、フランスのジャンヌ・ダルクも、聖母マリアではないが、聖人を目撃している。聖母マリアの出現という意味ではフランスが欧州王者のようだが、スペイン、イタリア、ベルギー、ドイツでも目撃談はあるらしい（日本でもあったという）。ただし、最近の「出現」の中ではファティマは極めて預言的だとされるし、世界史の流れに沿っていることも確かであろう。

通常、聖母マリアは困難な時代に姿を見せる。しかも、羊飼いや農夫や子供たちによる目撃談が数多い。行き詰まった不安定な社会では、こうした人たちは神との触れ合いを求めやすいのだろう。一方で、イエス・キリストの目撃は比較すると数少ないとも言う。イエスのほうが遠い存在だということだろうか。

ちなみに私は、ファティマで人々は聖母マリアではなくＵＦＯ（未確認飛行物体）や地球外生物を目撃したのだという、数冊の書籍にもなっている解釈に関してはどうしても懐疑的にならざるを得ないのである。ＵＦＯの存在を頭ごなしに、全面的に否定するわけではないのだけれど。ＵＦＯは存在すると断言することも、否定することも、同じように、私の能力を超えている。私はＵＦＯを見たこともないし、もちろん乗ったこともない。そんな個人的な理由でＵＦＯを否定できないことは百も承知である。でも、一つ言えそうなことは、ファティマの奇跡は地球外生物の力を借りなくとも奇跡たり得たのではないかということなのである。

太陽の奇跡

こんな話をしていると、ちょっと危ない思想傾向の持ち主なのか？　などとからかわれてしまうかもしれない。歴史を語りながら超常現象について触れるな！　とお叱りを受けるだろうか。だが、私は狂信的信者でもないしオカルト趣味でもない（と自分では思う）。それでもなお、ファティマの奇跡は気になるし、無根拠な出来事だとも思わないのである。

ポルトガルを語るとき、ファドもフットボールの話題も不可欠だけれど、ファティマも外すことはできないはずである。いわゆる「三つのＦ」はポルトガル社会を語るとき欠かせないのだ。「三つのＦ」はポルトガル（人）をダメにしていないと思うが、重要な社会的要素であることは確かである。一九七四年の「四月二五日革命」の際、若手将校たちが目標とした「三つのＤ」（民主化、発展、脱植民地化）は好意的に語られる一方で、「三つのＦ」はどうも評判が悪いような感じがする。しかし、ポルトガル理解のうえでは、むしろ「F」のほうこそ重要であるとさえ言いたくなるのである。「三つのD」は人類全体にとって普遍的な価値だろうが、「三つのF」は極めてポルトガル的ではないか。もちろん、ポルトガル的だからといって外国人には意味がないなどと言うつもりもない。

いや、話を急ぎすぎたかもしれない。一九一七年ファティマで何が起こったのか知らないという方もいるだろう。まずはそこから話を始めなければなるまい。

第三章で「ポルトガル衰退論」を紹介したが、実はファティマの奇跡が起こった頃のポルトガルというのも衰退という言葉を使いたくなる時期ではあった。一九一〇年に共和制に移行したポルトガルだが、その原動力だった共和党は、よりラディカルな政策を取ろうとした民主党と、穏健な政治手法の進歩党と統一党に分裂して、これらの政党は何度も政権交代を繰り返し、政治はもちろん、経済も社会もすべてが不安定であった。というか、大混乱であった。カオスという言葉がぴったりであった。王国としての七〇〇年の歴史を否定し、新しい社会を築くには、計り知れないくらいの大きな犠牲が必要だったのである。

第一次世界大戦への参戦をめぐっても政党間の意見は割れたが、植民地保持とヨーロッパ内での地位向上を目的とするグループの意向が勝り、連合国側を支援するためにフランスとアフリカに軍隊を派遣した（分裂する国民感情を一つにまとめあげる意図もあったのかもしれない）。参戦に反対したグループは一九一七年末にクーデターを遂行、シドニオ・パイス少佐を権力の座につけたものの、パイスは一年後にはリスボンのロッシオ駅で暗殺されてしまう。このシドニオ・パイスの時代の変化としては、政府とカトリック教会の再接近が図られ、また一九一三年に断交していたバチカンとポルトガル政府の外交関係が再開されたことは記しておくべきであろう。

混乱ぶりの一例としては、ファティマの「出現」(Aparição)の直後の出来事。一九一七年五月一九日夜、リスボン郊外に暮らす住民たちが生活苦ゆえにリスボンの雑貨店やパン屋を襲い食糧を奪おうとしたことがある。警察や軍隊が出動し、混乱を鎮めようと試みたものの、困難を極めた。リスボンのバイシャ地区にあるロッシオ広場だけでも男女四千人が、家族の食糧を確保するためなら投石も銃弾も爆弾も恐れずに集まったのだ。商店は軒並み破壊され、住民側にも警察側にも死傷者が出た。政府はリスボン全体に非常事態宣言を発令した。効果はほとんどなく、襲撃は首都以外でもポルトやその他の町や村でも続いた。この庶民の暴動を、「ジャガイモの革命」と呼ぶ。

一九一七年もひどい状況だったが、一九一九年以降の混乱は本当にひどかった。第一次世界大戦が終わったばかりの頃、ポルトガルはインフレ、通貨(エスクード)価値の下落、社会的価値観の混乱などでもがき苦しんでいた。参戦のつけが大きかったわけだが、王制時代の価値観がなおも新しい時代を腐敗させているというのが若い知識人たちの主張であった。しかし、当時の政府は危機を自覚しながらも手をこまねき、結果として一九二六年の軍事クーデター、そしてサラザールの登場を許してしまったのであった。危機を招くより、危機を放置するほうが政治家としての罪は重いということなのだろうか。

また世界も激しく揺れていた。第一次世界大戦の時代。ロシアでは共産党政権が樹立されている。後で見るが、ファティマの大予言を見ると、とりわけこのソ連の誕生は重きをなしたように思われる。ヨーロッパの一大危機の時代に起こったのがファティマの奇跡であった。ビートルズも歌っているけれど、聖母マリアは困難な時代にこそ姿を見せるとも言えるだろう。ちなみに、当時の大統領も首相もメイソンであったことも覚えておいてよいと思う。ポルトガル人は現在も困難から救い出してくれる奇跡を待望しているかもしれないが、一〇〇年前もやはり何らかの奇跡が強く求められていた。カトリック教会とフリーメイソンの緊張関係の中で、この出来事を見ることも必要なのではないだろうか。

ちなみに、一九一七年と言えば、独裁者サラザールはコインブラ大学に助手としてのポストを得たばかりの頃で、ファティマの奇跡を「発明」している暇はなかったと思われる。そもそも人々の宗教感情を短期間で統制することは不可能に違いないだろうし、やはり後から利用するのが精いっぱいであっただろうと思われる。実際のところ、彼が属したキリスト教民主主義学生センターはむしろ、スペインとの関係を議論していたのである。それゆえ、「出現」の奇跡に接しても、彼らは慎重な態度を見せるだけであった。ただし、サラザールにとって、共和体制とはポルトガルが神への信仰を取り戻すために与えられた神罰のようなものであった。移りゆく社会に対し権威主義的な体制を敷くための、神からのメッセージなのであった。

さて、ここからファティマの奇跡の話に戻ろう。もう一〇〇年近くも前のことになる。一九一七年五月一三日正午頃のことであった。日曜日である。ヨーロッパは第一次世界大戦の真っただ中。日本ではあまり知られない事実だが、ポルトガルも参戦し、フランス・オランダ・ベルギーの戦場に派兵、ポルトガル遠征隊は一万四〇〇〇人という数多くの犠牲者を出した。一〇年以上も続いたアフリカでの植民地戦争（一九六一－一九七四年）での死者が一万人に満たなかったことを思えば、短期間で本当に多くの戦死者を出した戦いだったのである。

それだけでなく、一九一〇年一〇月五日に成立した第一共和制の時代は政治も経済も社会も混乱し、ポルトガル国民は苦しんでいた。生活水準は向上せず、約束された自由も来なかった。政府がただ交代を繰り返すだけだった。近代化の敵としてカトリック信仰は迫害を受けていた。リスボンで始まった大変革は、伝統的な内陸部との価値観の衝突を起こさないわけにはいかなかった。

カトリック信仰は国家の公式宗教ではなくなり、学校での宗教教育も禁じられ、聖人の日も祝日ではなくなっていた。戦争（＝第一次世界大戦）で青年たちが何万人も徴兵された時代であった（軍の半分は宗教上の理由で参戦に反対であった）。食糧危機も疫病（チフスや結核）の蔓延もあった。疫病は一九一七年から一九年までの間に七万人ものポルトガル人の命を奪ったという。そんな困難な社会背景があった時代の出来事である。

聖母マリアの出現する状況にはいくつかの共通する特徴があるらしく、例えば、社会・経済・宗教が紛争を起こしている。目にするのは貧しく文字の読み書きができない女性あるいは子供たち。聖母マリアは空中を舞い、美しく光り輝く。伝えられるメッセージは黙示録的であり、その内容は長い期間に及ぶ。太陽が踊るなどの超自然的な奇跡を伴う。教会は当初は認めないけれど、信者たちは受け入れる。そして教会も次第に認めるようになる。これから見ていくように、ファティマの奇跡はこれらの条件をすべて満たしているのである。

聖母マリアの出現

ポルトガルがけっして幸せではなかった時代のそんなある日、ファティマから一キロ（二・五キロという記述もある）ほど北へ向かった近郊のコバ・ダ・イリアで、羊の群れに餌を食べさせていた三人の牧童たちが、聖母マリアとのちに特定されるようになる白い光を目撃した。ルシア・ジェズス・ドス・サントス（一〇歳）、フランシスコ・マルト（九歳）、ジャシンタ・マルト（七歳）。フランシスコとジャシンタは兄と妹で、マルト兄妹とルシアはいとこ同士の関係であった。当時のポルトガルの農村部では珍しくなかった貧しい農家の子息であった三人は、家計を助けるために、日曜日であるにもかかわらず

ファティマろう人形館の展示。３人の牧童たち。

朝早くから羊を連れて出かけた。かつてポルトガルには、「子供の労働力はわずか、だがそれを無駄にする者は愚か」という格言があった。児童労働の問題解決に真っ向から反対するような言葉である。

彼らの親には子供たちを学校に通わせるだけの経済的余裕はなく、三人とも読み書きはほとんどできなかった。ファティマの周辺では九割近い人が非識字者であった。同時に、人々の聖母マリアへの信仰心も厚かった。この三人の中であえて主役を指摘するとすれば、ルシアである。なにしろ彼女が生まれて最初に学んだのはアヴェ・マリアだったと言われるくらいだったのだ。七人兄弟の末っ子。家庭の中に信仰心が溢れていた。ただ一人、「出現」した女性と直接対話したと語ったのも彼女である。賢く優しい娘で、近所の子供たちのいい遊び相手であった。父親はトランプ遊びが好きな酒飲みで、この人は敬虔な信者ではなかったようだ。財産の一部も食いつぶし、妻はうつ病になったりもした。兄弟の中には、第一次世界大戦に参加したポルトガル軍に招集される可能性があったマヌエルもいた。ポルトガル内陸部の小さな農村でも欧州を舞台とした世界大戦は無縁ではなかったのだ。

当時の農村部では非識字者が多かったが、ルシアの母マリア・ローザは珍しく読み書きができ、聖人の物語を読むのが好きだった。子供の頃のルシアも読み書きはできなかったが、耳にしたことは何でも繰り返すことができ、「オウム」というあだ名をつけられていた。八歳の頃、兄弟たちと羊の世話をしているとき、木々の上方に雪の像のようなものを目撃したことがあった。その話を聞いたとき、母親は「子供のたわごと」だとして怒るだけであった。次の年の春には、ルシア、フランシスコ・マルト、ジャシンタ・マルトの三人は、天気の急変の後やはり木々の上方に、今度は「平和の天使」を名乗る少年を目撃している。地元の人たちにとっては、一九一七年五月からの一連の「出現」は唐突な出来事ではなかったのだ。一方、二人の兄妹のほうはもっとシャイで、ファティマの奇跡においてはどちらかというとわき役であった。後に「出現」に関して尋問されるときも年長だったルシアに質問は集中し、つらい思いをすることもあったという。「嘘つき」呼ばわりもされた。

一九一七年五月一三日正午頃の出来事をもう少し詳しく述べたいのだが、描写は詳しいものもあったり、粗雑なものもあったり、著者によって異なる。ここでは、ルイス・フィリペ・トルガルという歴史家の著作『太陽が正午に舞った　ファティマの創造』と、レン・ポートというジャーナリストの『ファティマの現象　神の恩恵、幻想それともインチキ?』を参照しよう。

一九一七年五月の最初の「出現」の一年前、ルシアは天使を目撃していたことをのちに公表している。となると、ファティマの「出現」は一九一六年からの出来事となる(実際にそう見なす研究者もいる)。さらに、五月一三日の直前にも、近所の人たちが不可思議な現象を目撃しており、空を横切る光る物体を目にしたり、銀色の球体を見たりしていた。こういう表現を聞くと、UFOでも見たのか?　そんな疑問がわいてくる。「ファティマの奇跡」=UFO説もあながち無根拠というわけでもないのだろう。さらに三カ月前、リスボンのある宗教団体が、「五月一三日は世界中の良き宗教者にとって大きな喜びとなる。信仰を持ち、善良であれ」という告知を新聞に出していたという。ということは、ファティマの聖母マリア「出現」は予言されていたのだろうか。

話を戻し、朝のミサを終え、三人はコバ・ダ・イリアへと向かった。羊たちに牧草を食べさせている間、三人はトキワ樫の木の生い茂る野原で遊んでいた。正午近くなり、お祈りを捧げ、昼食を取った。羊を高みに連れて行き、三人で戯れていると、雷のような轟音が聞こえた。明るく静かな午後だったが、ルシアは嵐になるから家に戻ろうと二人のいとこを促した。風が木の枝を揺らしたように思えた。雨嵐を予感したルシアは二人のいとこフランシスコとジャシンタに家路につくように繰り返した。

しかし嵐など来なかった。空は快晴であったにもかかわらず、稲光がし、そのあまりの激しさに三人は三度も目を覆わねばならないくらいであった。年長のルシアはそのあたりの土地をよく知っていたし、天候の不順さも承知していた。それでも目の前の現象がいつもとまったく違うことはわかっていた。犬や羊たちも騒ぎ始めた。稲光は彼ら三人のあとを追ってくるかのようでもあった。

怖くなって逃げようとしたが、すぐにもう一度光る何かを目にした。そのとき、彼らは太陽よりもまばゆく輝く白い服を着た「女性（セニョーラ）」を目撃したのである。今ファティマに行くと、このトキワ樫の木が生えていた場所に「出現」の小聖堂が建っている。三人は恐怖に襲われたものの、何かの力によって地面に足を縛りつけられたかのように感じていた。女性は両手の中に衣装と同じくらいまばゆい光を放つ何か＝ロザリオを持っていた。三人は目の前にいる女性の姿がまぶしくて目を開けていることができなかった。光は近づいてきて、こう口にした。

「子供たちよ、怖がることはないのです。嫌がることは何もしませんから」

その声ははっきりと聞こえた。話していても唇は動かないように見えた。髪の毛がないのも尋常ではなかった。
「あなたは誰なのですか。どちらからいらしたのですか」（ルシア）
「私は……天から来ました」
「お望みは何でしょうか」（ルシア）

ファティマろう人形館の展示。1917年5月3日ではなく、これは平和の天使の出現の場面。

「これからの六カ月間、毎月一三日の同じ時間ここに来なさい。そのときに私が誰なのか、私の望みは何かを伝えましょう。私は六度やってきます」
「この戦争はまだ長く続くのでしょうか、それとも間もなく終わるのでしょうか」（ルシア）
「私の望みを伝えるまでは答えることはできません」

いきなり戦争について訊ねるのは、それだけ社会の関心事だったということだろう。第一次世界大戦は国家総動員の総力戦であった。家に戻った三人の証言によれば、「出現」した女性＝聖母マリアは、さらに彼らに世界平和と戦争の終わりのために毎日祈るように命じたのである。その後「出現」で伝えられたメッセージとしては、三人の牧童たちは天上へ召される、ルシアは読み書きを学ばなければならない、戦争被害を減らすためにテルソの祈りを繰り返すこと、施しのお金は礼拝堂建設に充てること、一九一七年一〇月一三日に戦争が終わりポルトガル人兵士も帰国する、などがある（実際に終戦を迎えるのは一八年一一月のことだが）。戦争が終わり、ポルトガル人兵士が帰国するというのは教会側の願望でもあったが、それに対し欧州での地位を向上させたい政府は参戦を支持していた。ここに教会と国家の対立を垣間見ることも可能だろう。ただし、これらのメッセージはその後、時代状況に合わせて変更を被っていった。一九三〇年代には、サラザール体制を支持したり、共産主義を批判したりもしている。

当時、新聞雑誌は盛んに世界大戦について報じていた。ルシアが少し前に死んだばかりの二人の友人が天国に召されたかどうか尋ねると、女性は、一人は天国へ、だが一人はこの世の終わりまで煉獄にとどまると告げた。女性はさらに、神は人間に対して憤っており、三人の牧童の苦しみは続くとも告げた。そして、静かに空へと消えていった。女性の声を聞いたのはルシアとジャシンタだけ。フランシスコ少年には何も聞こえなかったらしい。ルシアは口外しないようにジャシンタとフランシスコの兄妹に約束させたが、ジャシンタはその日の夕食の時間に目撃談を家族に告げてしまった。自分たちを天国へと召してくれるとジャシンタが話したため、母親は彼女に、聖人にでもなったつもりかと皮肉を言ったくらいであった。

翌朝、三人の目撃談はあっという間に近隣に広がり、子供たちの証言を真に受けて祈りを続け、聖母マリアの力で戦争が終わるはずだと信じる者もいたが（伝統的な信仰心を保持する人が多く、奇跡を受け入れる素地はあったのだ）、多くの者たちは子供のたわごとにすぎないとしてむしろ反発を露わにした。ルシアの父親はでたらめだとして相手にせず、母親はルシアが嘘つきになってしまったのではないかと心配になり、地元のマヌエル・マルケス・フェレイラ神父の元へと連れて行った。神父は脅迫的な態度さえ見せたが、ルシアがひるむことはなかった。ただし、女性が発した言葉は限られており、メディアの反応は鈍かった。厳密に言うと、このとき、女性を見て、声を聞いて、話したのはルシアのみであり、ジャシンタは見て、聞いただけ、フランシスコに至っては見ただけであった。男女差と年齢にしたがって役割分担がなされているかのようでもあった。

「出現」時のポルトガル首相はアフォンソ・コスタ、教会の力をできる限り弱め、国民生活から宗教色を薄めようと尽力した。「司祭殺し」ともあだ名された。二世代でカトリック信仰を根絶できると妄想した政治家であった。ポルトガル共和国は「無宗教の国家」であると定義した政教分離法を定めるのに中心的な役割を果たした政治家でもあった。彼はもちろん三人の牧童の証言を信じなかった。信じるわけもない。実を言えば教会さえも当初は三人の牧童や、彼らの証言を真に受けた人々に対しては敵意をあらわにしたのである。第一次世界大戦真っ盛りで、しかもポルトガル社会自体が反宗教（＝反カトリック）の時代だったことを思えば、三人の牧童の目撃談は反動的でさえあっただろう。

六月一三日。女性が二度目にやってくると告げた日は、リスボンの守護聖人である聖アントニオの祝祭の日であった。家族そして地域を挙げて楽しむ日である。噂を耳にした五〇人あるいは六〇人の人々が正午頃姿を見せ、「出現」の場所へと同行した。真に受けた者は少なく、多くはあざけったのだが、誰もが興味を抱いたのである。三人の牧童はやはり光（稲光）を目にした。これが合図なのだ。樫の木の樹冠が傾いたと証言した人もいれば、羊の鳴き声のような唸り声が聞こえたと言った人もいた。二回目の「出現」の中のメッセージとしては、読み書きを学びなさいと助言した点が興味を引く。まだ非識字者の多かった時代としては貴重なアドバイスである。一国の発展のためには、庶民が読み書きを身につけることは不可欠。第一共和制時代には識字化が進められたが、教会も負けてはいないということだろうか。共和主義者への対抗意識が感じられないこともないし、共和主義者たちは文字の読み書きもできない無知蒙昧な庶民が「出現」という現象をそのまま鵜呑みにしてしまうのだと批判することになる。

さらに、ジャシンタとフランシスコは天に連れていくが、ルシアはまだしばらくの間、地上に残らせるという伝言も残した。ルシアには神のメッセージを地上の人々に伝えさせるためである。戦争の終わりもほのめかした。牧童たちの家の近所の青年たちも徴兵されていたのだ。このときはまだ女性は、自身が誰かを明らかにしなかった。女性の声を聞いたのはまたしてもルシアとジャシンタだけであった。

翌日、ルシアの母親はルシアとジャシンタを地元のフェレイラ神父の自宅へと連れて行った。神父は二人の少女から詳しく話を聞き、テルソを祈るよう告げるために、天国から地上へ降りてくる女性がいるはずもないと思い、少女たちは悪魔に操られているのではないかといぶかっている。神父とて、そう簡単には信じられない話なのであった。

六月一三日の「出現」から少し後、ルシアは悪魔によって地獄へと連れて行かれる悪夢を見ている。その記憶もあり、七月一三日には二人のいとこと「出現」の地に向かうことを望まなかったのだが、不思議な力に突き動かされ、二、三千人の人々とその場へと向かったのであった。二人のいとこの父親も出向いたのだが、木の上に小さな灰色の雲を見ただけで、他には何も目撃できなかった。しかし、ルシアにはその雲が女性（セニョーラ）であり、またしても一〇月一三日までは毎月一三日に出現すると告げた。何年も経ってからルシアが明らかにしたところによると、七月の出現の際に、女性は地獄のビジョンを見せたという。さらに、一〇月には自分が誰なのか明らかにし、奇跡を行うと約束もしてくれた。

いわゆる「ファティマの予言」を伝えたのも七月一三日のことである。その日はすでに、二〇〇〇人以上がコバ・ダ・イリアに集まっていたという。罪深い人々が導かれていく地獄のビジョンを示し、そのうえで戦争（第一次世界大戦）は終わるが、もし人々が神を冒瀆し続けるなら次の教皇（ピウス一一世）の在位期間（一九二二－三九年）に大きな禍（別の戦争）が始まるとも告げた。この二つの啓示は一九四一年に明らかにされることになる。さらに、一九一七年の革命で生まれた科学的無神論のソ連が与える脅威にも触れられていた。

今でも話題になる第三の予言もそのときのものだが、二〇〇〇年になってやっと明らかにされたのであった（その内容にはまだ納得しない者もいるようだが）。女性と話した後、会話の内容を訊ねられたとき、ルシアとジャシンタはただ「秘密」と答えるだけだったという。この頃からメディアの注目の度合いが増したのである。

八月になると、ファティマ周辺だけでなく、ポルトガルの大半で「出現」の話題は知られていた。共和主義系の新聞『オ・ムンド』（「世界」という意味）は、「出現」を肯定的に伝えた教会系の新聞に反論し、文字も読めず無知無学で反共和主義的な庶民を共和主義者、メイソン、自由主義者に対しけしかける意図があるとして非難した。

さて、八月は例外で、一三日にいつもの場所に向かうことはできなかった。約束を守れなかった理由は、その日、牧童たちは、ポルトガル共和党とフリーメイソンの地元幹部であったビラ・ノバ・デ・オレン郡行政官アルトゥール・デ・オリベイラ・サントスの命令で隔離され、地域の治安を脅かし始めていた不可解な出来事の真実を告白するように脅されていたからだった。一九一一年に発令した国家と宗教を分離させる法律に反するとも見なしてもいた。当時ポルトガルでは、許可なしに公共の場で宗教色のある集まりをすることは禁じられていたのだ。

「出現」の地に連れていくと嘘を言い、行政官は三人の牧童を連れ去ってしまったのである。はっきり言ってこれでは「拉致」である。三人は二日間もサントスの自宅に閉じ込められた。彼は目撃談が社会的動揺を起こすのを恐れたのである。共和主義者の一部は、ファティマを第二のルルドに変えて金儲けをたくらんでいる者がいるとも疑っていた。ファティマで聖母マリアを見るよりも金儲けのチャンスを見つけた者がいると疑ったのである。イエズス会士もターゲットにされた。すべては嘘だと言うように強要されたのだが、三人は前言を翻すことはなかった。

フリーメイソンのメンバーでもあったサントス行政官は三人に対して厳格に振る舞った。彼は、三人の牧童たちは単に幻を見ただけだと言い張り、そして、インチキだと告白しなければオリーブ油の中でフライにしてしまうとまで脅しをかけたという。その尋問には、マヌエル・フォルミガンという神父が同席していたにもかかわらず。だが、一説によると、三人の牧童は市長の子供たちと二日間にわたり楽しく遊んでいたとも言われるので、なんだかよくわからなくなってくる。

なお、このフォルミガン神父が尋問の最中に「マリア様の出現」という言葉を使っていることは注意しておいてよいだろう。立派なのは、ルシアが何と言われようと一三日には約束の場所に戻ると言って聞かなかったことである。牧童たちがサントス行政官に「拉致」(?)されていたとはいえ、コバ・ダ・イリアに赴いた人々の中には女性の「出現」を目にした者もいたという。

いずれにしても、子供たちが解放されると、女性は一九日に再びルシアの前に姿を見せているのである。場所は自宅から四〇〇メートルほど離れたところであった。ルシアにテルソの祈りを続けること、毎月一三日は姿を見せることをまたしても求めた。そして、噂を耳にしてファティマを訪れる人々の数は増え続け、三人の牧童の前に姿を見せるのは「聖母マリア」(ノッサ・セニョーラ)だとルシアは口にするようになっていた。「白い服の女性」に代わる表現が使用され始めたのだ。ただし、聖母マリアの姿を自分の目で見る者、その言葉を自分の耳で聞いた者はいなかった。牧童の一人フランシスコさえも女性の姿を見ることはできても、その言葉を聞くことはできなかったというのだから。

話が逸れてしまうが、ここから一つの仮説が生み出される。つまり、聖母マリアの「出現」に関しては少女ルシアが主役であり、それは二〇世紀をとおして進んだ女性の解放の比喩なのではないかという解釈である。ちょっとこじつけすぎるような気もするけれど……。また、ルシアの最初の証言では、目にしたのはとても小柄な一二歳から一四歳くらいの少女だったという。となると、本当は聖母マリアを見てはいなかったのだろうか。教会の関係者によって、マリア様を目にした、と言わされるようになったのだろうか。そんな疑念も生じるようだ。ルシアはおしゃべりでやんちゃな少女だったようだが、私には聖母マリアの出現をでっちあげるとも思えないのだが。

九月一三日。コバ・ダ・イリアには一説によると二万人あるいは三万人の人々が集まった。沿道は人で溢れかえった。人々は牧童たちに聖母マリアへのお願いをそれぞれ伝えようとした。東から西の空へと飛び去った光る球体を目撃した聖職者もいたが、リスボン大聖堂の聖堂参事会員であるフォルミガゥン神父は特別なものは何も目にしなかったという。このフォルミガゥン神父はファティマ信仰を現在ある形に導いた人物であるとされる。言ってみれば、ファティマ信仰の「プロモーター」である。彼なしに「ファティマ」はあり得なかったと言ってもよい人物なのである。

彼は反教権的共和主義に反対の立場であった。政治・社会・文化に介入する強い教会を擁護していた。神学博士号を持つフォルミガゥン神父は一九〇九年と一四年にフランスの聖地ルルドを訪れたことがあった。そのときの経験はファティマを聖地と化すために大きな示唆を与えたと見られる。ルルドの聖地への巡礼がフランスの再キリスト教化に貢献したことを確信し、ポルトガルでもその信仰を伝えようと考えていたのだ。新聞や雑誌にファティマの聖地化を進める記事を盛んに書いた。本も出版し、英語、フランス語、オランダ語に翻訳された。もちろん、ファティマの信仰を広めるのにはルシアの書いた文書も重要な役割を果たしたのだが。

太陽が踊った！

九月に何も目撃できなかったとはいうものの、フォルミガゥン神父も一〇月一三日にファティマの地を訪れることをやめようとしなかった。ただし、同日が近づくにつれ、ルシアら牧童たちは地元民のからかいの対象となるようになった。もし何の奇跡も起こらなかったら？　家族や友人たちも気になっていた。共和派の新聞は、イエズス会に騙された少女たちによる宗教劇としてあざけったが、教会系のメディアは慎重な沈黙を守った。カトリック教会からの正式な発言を待っていたのだ。

最後の「出現」となる一〇月一三日。コバ・ダ・イリアには数万人（三万人とも、五万人とも、七万人とも言われる。正確に数えた人などいないだろう）という数の人々が溢れていた。徒歩で、馬で、ロバで、馬車で来る者もいた。信者も、懐疑的な者も、知識人も農民もいた（多くは読み書きのできない裸足の農民であった。ファティマは農村的現象なのであった）。雨と冷たい風の日であった。当時発行部数トップだった共和派の新聞『オ・セクロ』の記者アベリーノ・デ・アルメイダもいた。メディアの注目もすでに集めていたのである。この記者は客観的に、かなり詳細にわたり一〇月一三日の出来事を記述したために、のちにかえって批判されたりもした。教会と国家を分離し、教会に与えられていたさまざまな特権を廃止した共和主義の時代のことであった。

正午頃、雨は上がり、三人の牧童たちが徒歩で姿を見せた。何の前触れもなく、ルシアとジャシンタの前に女性が現れ、ついに自らは「ロザリオの聖母」だと名乗った。そして、いつものように祈るように述べ、さらにその場所に礼拝堂を建てるように命じたのである。聖母は、戦争は「今日」終わると、さらに兵士たちは間もなく帰国すると語ったという。実際のところ、戦争はさらに一年以上も続き、ポルトガル軍がベルギーのフランドル地方の「ラ・リスの戦闘」で大量の死傷者を出すのは一九一八年四月のことであった。聖母マリアが勘違いしたのか、それとも牧童たちが聞き間違えてしまったのか。ルシアは病人や障害者の頼みを伝えたが、聖母は治る者も治らない者もいると答え、頭部から姿を消していったという。その後、牧童たちは太陽の近くに、聖ヨゼフ、イエスキリストそして聖母マリアを目撃したという。集まった群衆は同じ経験をしたわけではなかったが、奇跡を目撃していると納得するに足る現象を目にしたのである。例えば、ルシアのおじティ・マルトは太陽が前後に動き、さまざまな色の光線を発したと回顧した。太陽が踊り始めたかのように見えたのだ。

三人の牧童は太陽が踊るとは予言してはいなかったのだが、群衆の大部分も、「太陽の奇跡」あるいは「太陽のダンス」を目にしたと明言した。太陽が黄金の皿のようになり、肉眼でも見つめることができたのだ。そして、太陽が宇宙の法則ではあり得ないような軌道をグルグル回るように描きながら動いた（踊った）のであった。群集たちの中には新聞記者もおり、彼らも目撃者となって、出来事を記事にした。反教権主義的新聞記者のアルメイダも異常な現象を目撃したことを認めた。逆に、カトリック活動家であるドミンゴス・ピント・コエーリョは慎重な態度を表明していた。

奇跡として報じたメディアもあれば、何らかの理由による気象現象と見なしたメディアもあった。興味深いのは、反教会である共和主義系のメディアのほうがこの出来事を大きく報じたことである。コインブラ大学科学学部教授アルメイダ・ガレーも、太陽の回転するような異常な動き、さらには赤くなり地上にぶつかってきそうな動きを目撃したという。九月に少女たちを聴取したフォルミガウン神父も太陽の超常的な動きを目撃し、大群衆も思わず跪いたと記している。そのときから彼は、ファティマをポルトガルのルルドに変えることに全身全霊を注ぐと決めたのだろう。第一共和制の時代が終わり、一九二〇年代からサラザール体制の終わりまで、彼やルシアの著作はベストセラーになった（同時にファティマの奇跡に批判的な本は政府によって検閲されたり、教会によって無価値のものとされたりした）。

「奇跡だ」「驚異だ」、人々は口々に叫んだ。「太陽が踊った」のであった。コバ・ダ・イリアの現場から四〇キロ離れた土地でも太陽のダンスは目撃されたとも言われる。もちろん、濃い雲の合間で太陽の光が強さを変えたということ以外何も見なかったという人もいたわけで、例えば現場に居合わせたアントニオ・セルジオという作家は特別な現象は何ら起こらなかったとしているし、あるカトリック系運動家も超自然現象はなかったと書いている。奇跡そのものを信じない人も世の中にはたくさんいるのだ。全地球的に見ても、その日の太陽に不可思議な現象は報告されていないようである。空の上で大きな異変が起こったのならば、もっと多くの人たちが目撃していてもよさそうなものである。

「太陽の奇跡」の説明として、最も意外性に富んでいるのはUFO目撃説であろう（と私は思う）。出現の瞬間、光の下にいた群衆の中には、強い熱気や痛みを感じたという者がいたのである。雨で濡れていた服は熱のせいで乾き、水たまりも消えてしまったという。彼らは球体を見て、この世の終わりが来たと思い、恐怖から逃げ出そうとした。球体の中に人間のような形をした姿を三つも目にしたという者も現れた（地球外生物を見たということか）。最初に述べたように、私はこのUFO仮説は採らないのだが、それを援護する著作もあったりして、けっこう根強い支持者がいるようでもある。

ここでとりあえず私の見解を記しておくと、その日の朝まで激しく降り続いた雨が正午頃上がり、雲が早く動き晴れたかと思うと雨が降る一〇月上旬特有の不安定な気象条件の中で太陽が雲の影響を受けながら奇跡としか思えないような動きを見せたということなのではないかと考えているのだが、かといって「奇跡」が起こったと信じる人々が嘘をついているとも思わない。翌日、同じような現象を目にしたという者もいたというし、一週間後ファティマ付近を訪れた数名の者たちも似たような現象を目撃したらしい。「太陽のダンス」を見た人は確かに見たのだと思う。深い信仰心を持って何かが起こると思っていれば、見上げた空の上で超自然現象を目撃しても不思議ではないだろう（多数の人々の意識が一致するときに未知のパワーが生じる可能性というのもあるかもしれないらしいし）。そもそも、「見た」と言う人に向かって、「見ていない」ということを証明し、納得させることはかなり難しいことである。

さらにまた興味深い点を指摘しておくと、三人の牧童たちは誰一人として、太陽の踊りを目撃したとは証言していないことである。他の人には見えないものを見る者には、他の人が見るものが見られないということだろうか。これもまた不思議な現象であるけれど、「聖家族」を見ていたという証言が、三人が「太陽のダンス」を目撃しなかった理由となりそうである。

「ダンス」の後で

一〇月一三日の「出現」以降、ファティマへのメディアの注目が俄然高まった。当初は一地方の出来事にすぎなかった聖母マリアの出現だが、それ以降は国を挙げての関心事となった。ファティマという地名が全国区となったのだ。逆説的だが、一〇月一三日の「奇跡」を国中に広めることになったのは共和主義系のメディアであった。真剣で客観的な報道姿勢をカトリック系メディアも称賛したくらいであった。むしろ、共和主義者の間で論争が生じたくらいなのである。もちろん、カトリック系メディアも「太陽の奇跡」の後はさすがに慎重さを捨て、熱心に報道し始めた。一方で、共和主義系にもカトリック系にも慎重論を唱えるメディアが存在した。敵を利することになるのを恐れたのだ。もしファティマの「奇跡」が「インチキ」だったなら、教会はさらに大きな痛手を受けていたであろう。

巡礼者たちの願望に応えられる聖堂の建設は、最後の「出現」の頃にはすでに話題になっていた。無宗教で反教会的だった第一共和制の政治家たちに囲まれ追い込まれ窮地に立たされていたカトリック教会だが、ファティマの奇跡を受け、反撃のチャンスが訪れたと考えたはずである。だから、土地の購入を開始したのだろう（具体化するには二年間待つ必要があったのだが）。当初、「出現の小礼拝堂」は教会側の正式な認可を待たず、名もない農民たちの寄進によって建てられることになった。間もなくして、巡礼者たちに軽食などを売る行商人も姿を見せるようになった。

庶民レベルでは多くの者たちが、聖母マリアがポルトガルに姿を見せてくれたのだと考えるようになったのだが、政府の人間も教会の指導部もある時期まではファティマの出来事からは距離を置こうとしていた。子供たちの言うことを信じ最初の巡礼を企画したカトリック教会内の実力者といえば、キリスト教民主主義学術センター（ＣＡＤＣ）の会員たちであった。そこにはコインブラ大学の学生も教員も含まれた。一九一七年といえば、このセンターにはあのアントニオ・デ・オリベイラ・サラザールと、彼の盟友となるマヌエル・ゴンサルベス・セレジェイラ神父がすでに所属していた。

キリスト教民主主義学術センターは一九〇一年三月、コインブラ大学の学生たちによって創設された。当初の目的は宗教に攻撃をしかけるフリーメイソンのロッジの活動との戦闘のためだったとも言われるが、このセンターこそがファティマの奇跡に信頼性を与え、普及させたと見るルイ・ラモスのような歴史家もいる。実際のところは、それほど強い証拠はないようなのだが。ただし、このセンターに属したメンバーの中には、ファティマの称揚に貢献した者たちが数人いたことは確かである。

キリスト教民主主義学術センターの創設は王制時代の末期、いったんは一九一一年に廃止されたのだが、一二年に再結成されていた。サラザールとセレジェイラが所属したということだけで、その重要性がわかるというものだ。一方で、一三年には司祭たちがカトリック連合（ＵＣ）を立ち上げ、それがさらにポルトガルカトリックセンター（ＣＣＰ）に発展するのだが、それは教会が政界での影響力を確保するためであった。選挙のたびに立候補者を擁立したが、一九一九年の選挙ではサラザールを当選させていた！　カトリック教会が正式にファティマ信仰を認めるのはそれから五年後のことであった。

奇跡が認められるのはよいけれど、教会はコバ・ダ・イリアが聖なる信仰の土地ではなく、民間伝承にのっとったお祭り気分の巡礼地に化けてしまうことを恐れた。一九二〇年になると、教会側は土地を購入し始めている。コバ・ダ・イリアに「ポルトガルのルルド」を建設する夢が生まれたのだ。ファティマとルルドの比較と言うのも、すでに一九一七年七月には行われていたのである。カトリック系の地元紙が「聖母マリアがコバ・ダ・イリアを第二のルルドにしてくださる」という可能性をほのめかしていた。一九一七年の「出現」以来、ポルトガルの教会迫害は下火になり、キリスト教信仰にとり復興の時が訪れたのである。

その一方で、ファティマの奇跡は反発を招き続け、一九二二年三月六日未明には、何者かによって小礼拝堂に五発の爆弾が仕掛けられたことがあった。もちろん、教会側はこの「テロリズム」に反発した。そして、同年一〇月一三日には、毎月一三日に発行されることになる定期刊行物『ファティマの声』の刊行が始まり、ファティマの広報が始まったのである。一九二二年以降、ファティマ信仰が盛んになる条件が整う。ファティマに居を構える住民たちも現れた。そこに町が作られるのは幻想にも思えたが、夢を描く者もいたのだ。共和主義者たちは、聖堂を建てようとする者たちを「ファティマの企業家」と揶揄した。

一九二〇年代、教会は「出現」を調査し、結論を出すことはなかったが、ファティマ信仰を広めようとはしていた。一九二六年五月二八日の軍事クーデターによってすでに第一共和制が終わり、軍事独裁制の時代になっていた二八年五月一三日には、大聖堂の建築が開始された。教会と国家の和解プロセスの開始でもある。そして、大工、石工、商人の家族が周辺地区に暮らし始めた。二九年には聖地の発電所が建設され、五月一三日の開所式にはオスカル・カルモナ大統領と財務大臣アントニオ・デ・オリベイラ・サラザールも参列していた。国家と教会の和解が成った瞬間であった。サラザールは政治基盤にカトリック教会を必要としていたし、教会は共和主義時代の悪夢をよみがえらせないためにサラザールの支持を求めていた。発電所ができたおかげでマイクを使えるようになり、司祭たちのメッセージが遠く離れたところにいる信者まで届くようになった。

さらに付言すれば、一九二〇年代を通し、巡礼者が増加するとの同時に、ポルトガルのほぼすべての司教がファティマの地に足を踏み入れているのである。一九三〇年一〇月一三日には、「ファティマの聖母信仰に関する司教教書」によって、三人の子供たちが目撃した「出現」は信頼に足ると認められることになった。ファティマの聖母マリアの信仰が公式に認められたのだ。ファティマの名声は国境を越えることになった。同年一月にはサラザールの学友ゴンサルベス・セレジェイラがリスボン大司教になっている。彼は「出現」に関する文書を発表し、発言も繰り返した。彼にとり、ファティマのメッセージとは、脱キリスト教化と無神論の共産主義によって腐敗する世代に向けられていたのである。フランスのルルドが一九世紀の合理主義への反発なのだとしたら、ファティマは二〇世紀の反共産主義に対する神からの返答なのであった。

思い出せば、共産主義とソ連に対する抵抗はサラザール体制の精神的支柱の一つであった。ファティマの称揚が高まるのはこの時期であり、サラザールが新国家体制を固める時期と並行している。「三つのF」の神話の一つがこの辺りに起源を発するようにも思える。ファティマの政治的重要性が確立されるのは、サラザール体制が地歩を固める一九三〇年代以降のことであるが、これは偶然の一致ではあるまい。

一九三〇年代を通し、いくつもの教団がファティマの地に施設を構えるようになり、さらに住民数も一五〇〇人近くになり、商店や喫茶店、ホテルだって建てられた。一九三八年には、ポルトガル人司教たちが、隣国スペインのフランコ将軍の勝利を祝福するためにファティマへの巡礼を行なった。だが、当初、ファティマの都市整備は国家の援助を得ないままで進められた。国家の直接的関与は一九四四年以降である。「世界の聖堂」に相応しい様相を呈するようになったのは一九五〇年代のことであった。

とはいえ、今ファティマを訪れてもわかるが、そこはけっして都市計画の成功例とは言えそうもない。どちらかというと、無計画に成長してきた町という印象を抱かざるを得ないのである。この意味においては、ファティマも体制によって「発明」されたとは思えないのだ。言い過ぎかもしれないけれど、「三つのF」はけっこう怪しい神話に思えてきてしまう。

一九六一年に始まる植民地戦争において、アフリカに派兵される兵士たちは出発前にファティマを訪れ、植民地の保護を祈願した。そして、帰還後はたとえ負傷していたとはいえ、生きて戻れたことを感謝するために再訪したのである。松葉づえをついての巡礼者も見られた。兵士の無事を祈る母、妻、婚約者、恋人たちも姿を見せた。ファティマの聖母マリアなしに、アフリカ大陸の三つの戦域（アンゴラ、モザンビーク、ギニアビサウ）での戦いで、ポルトガルは持ちこたえることができたのだろうか、その間、兵士やその家族の寄進でファティマの聖堂の金庫はどれほど潤っただろうか、そう問うたマリオ・デ・オリベイラのような作家もいた。

ちなみに、フランシスコとジャシンタの兄妹は一九一九年と一九二〇年にそれぞれヨーロッパを襲っていたスペイン風邪で死亡している。二人のいとこが死亡した後、ルシアは後にドロテオ会の修道女となり、言い方がよくないかもしれないけれど幽閉されたような生活を送った。一九一〇年以降ポルトガルでは宗教教団は追放されていたので、一九二五年にスペインのトゥイに向かった。自らの意思に基づく判断だったと本人は言い張ったが、教会側の意向だったとも言われる。すると、聖母マリアはスペインのガリシア地方でさらに「出現」を繰り返した。一九二五年一二月一〇日、二六年二月一五日、二九年六月一三日から一四日にかけての夜の三度である。そして、ルシアに宗教的な義務を課した。シスター・ルシアは一九三五年から一九九三年までの間に、「出現」や家族についての追想録を六巻も書きあげた。彼女は一九六七年五月一三日教皇パウロ六世と会うために、一九八二年、一九九一年、そして二〇〇〇年五月一三日には教皇ヨハネ・パウロ二世と会うために、ファティマを訪れている。

ファティマの奇跡あるいは「出現」とは、見方を変えれば、カトリック信仰に対する迫害への最も予期し得ぬ反応だったとも言えるだろう。当初は教会も慎重だったし、政府側は三人の牧童たちを脅すようなところもあったが、大衆は驚くくらいの反応を見せた。第一次世界大戦の恐怖が農村地帯にも浸透していた時代の出来事であったことも忘れてはならない。ファティマは、無宗教で反カトリックだった第一共和制の活動に対する信者たちの集結の地でもあった。反共産主義的だったサラザール体制にも適応していた。ファティマは第一共和制打倒の道具あるいは兵器だったという見方さえあるのだ。サラザールのエスタード・ノーボにとって、第一共和制は、行政も財政も治安も無秩序状態、暴力的で統治不能な体制なのであった。

ジョアン・イリャルコという元教師は、一九七一年の問題作『仮面を剝がれたファティマ　ファティマに関する証拠つき真の歴史』の中で、コバ・ダ・イリアの「出現」を作り出した者たちの目的は、第二のルルドを作ること、カトリックの宣伝の財源を生み出すこと、ファティマを共和体制への兵器にすることであったと述べている。また、彼はファティマとルルドの類似点も指摘している（白い服の貴婦人はファティマにもルルドにも見られた）。ファティマはポルトガルのカトリック信仰の中心地であり、財源でもある。一九一一年の法律が国家から教会への財政支出を禁じたことを思い起こすこともできるだろう。

ファティマと共和主義者たち

世の中には皮肉が溢れている。よかれと思ってしたことが仇《あだ》になってしまったり、邪魔したつもりが相手を利してしまったり。思いどおりにいかないのが世の常と言ってもよいだろう。

今さらそんなわかりきったことを言われたくないという方も多いはず。けれどやっぱり世の中は皮肉に満ちていると思うのである。ポルトガルだって同じである。カトリック教会を敵視し、一九一〇年の「革命」以降は、王制と二人三脚のように思えたカトリック教会を政治の舞台から切り離そうとした共和主義者たちであったが、ファティマの奇跡を世に知らしめることになったのは、カトリック教会側ではなく、むしろ共和主義を支持するメディア（新聞）だったのである。共和主義者たちがいなかったら、彼らがファティマの出来事を無視し、議論のテーマにしていなかったら、今日のファティマはなかったかもしれないのである（ちょっと大げさかな?）。異なるメンタリティーの衝突。合理主義と信仰。ファティマは熱い戦いの舞台ともなり、ヒートアップするにつれて知名度を上げていったのである。

なぜ、カトリック教会ではなく、共和主義者がファティマを有名にしてしまったのか。理由を端的に言うと、当時、共和派の新聞は巨大なプロパガンダ機関であったからで、発行部数も多かったからである。新聞紙上における「出現」に関する議論の始まりは早かった。一九一七年八月、第四回目の「出現」を前にして、「聖職者殺し」「反キリスト」「ジャコバン派」「ポンバル侯爵」（この人については第二章を参照）などと呼ばれ、フリーメイソンのグランド・マスターにまでなったアフォンソ・コスタ元首相の民主党系新聞『オ・ムンド』は「ペテン」というタイトルをつけて、ファティマの出来事を記事にし、カトリック信仰を罵倒していた。聖職者による職権乱用、搾取とまでも書いている。ファティマの奇跡、「出現」を支持することは、フリーメイソンが乗り越えようとした古い世界をもう一度よみがえらせようとすることなのであった。

これに対して、カトリック教会側メディアの反応はおおむね慎重であった。庶民の信じたいという性向ゆえの現象と捉えていたのだろうか。当初、カトリック系新聞は教会上層部からの指示を待っていたのかもしれない。この類の出来事に関して、カトリック・メディアははっきりと意見を表明することはできず、承認することもできないし、かといって否定することもできないのであった。共和主義メディアが騒ぐ一方で、教会当局は時間をかけて調査し、様子を観察していたのである。レイリア司教の調査は一九二二年から二九年までかかっている。

カトリック信者の間でも、反応は分かれていた。ファティマの聖母出現に懐疑的な見解を示す者もいれば、共和主義者への抵抗の象徴として用いるべきだと考える者もいた。中間にはとりあえず様子見をしようという者も見られた。「出現」から数年経つと、王制派の政党を応援するためにファティマの出来事を擁護し、逆に共和派政党を攻撃しようとしたグループもカトリック教会内部に現れた。ファティマが政治に利用されようとしていたのである。ファティマはただの宗教上のテーマでないことは最初からわかっていたのである。

では、様子見をしていたカトリック教会は、共和主義者たちの「熱意」を利して、自分たちの目的を達したということかといえば、そうでもなさそうだ。教会側には共和主義者たちが騒ぐのを利用してやろうという意図はそれほどはなかったと思われるのである。だが、カトリック教会だけの力では今日の〝ファティマ〟を築くことはできなかったとは言えそうである。メディアが今日よりも未発達であった一九一〇～二〇年代に共和主義系のメディアが取り上げてくれたことは、ファティマに注目を集めさせるという意味において重要であったはずだ。共和主義者は敵（カトリック教会）を嘲弄し、攻撃したつもりが、彼らに息を吹き返すためのチャンスを与えてしまったようでもある。

カトリック教会がファティマを舞台に巧みに振る舞ったかどうかは別として、確かなことは、一九一七年九月、そして最後の「出現」の日一〇月一三日になると、数多くの人々がファティマに集まったという事実である。一〇月一三日、奇跡を目にするために集まった人の数は三万人とも五万人とも七万人とも言われる。さらに、人々は一九一七年一〇月一三日以降もファティマを忘れなかった。しかし、信者たちがファティマに巡礼に来ても、神父たちは聖母マリアに対する献身を求めるだけで、三人の牧童が受け取ったメッセージについては一言も言及しなかった。「出現」を信じるか否か、自らの立場も明らかにしなかった。ファティマの予言に関して、カトリック教会はとにかく慎重であった。

何度も繰り返すが、ファティマの「出現」は、時代から、ポルトガル社会や世界の情勢から、孤立した出来事ではなかった。ファティマを理解するには、時代背景を見ないといけない。そうすれば、それが教会にとって都合の良いタイミングで起こったことがわかるだろう。第一次世界大戦のせいで生活費は上昇、失業者も増え、食糧不足で暴動も繰り返され、生まれたばかりの共和制を不安定化させた。「飢餓、ペスト、戦争」の時代の話である。第一次世界大戦は三人の牧童の会話の中にも表れている。ファティマから、彼らの親類の中からも若者が出兵した。言ってみれば、一九一七年の頃はポルトガルにとって毎年のように「アニュス・ホリビリス」（酷い一年）が続いていたのである。苦難だけでなく、死そのものがひたひたと迫ってくるような時代だったのだ。一九一八年にはスペイン風邪が流行し、ポルトガルでも六万人以上の人々の生命を奪い、フランシスコとジャシンタも犠牲になってしまった。

たくさんの人々が、いつ戦争が終わるのか、いつ出征した兵士たちが戻るのか、三人の牧童たちからマリア様に質問するように求めた。共和主義者たちだって戦争の行方には無関心ではいられなかった。一九一六年二月に参戦すると、共和主義諸政党は政府の支援で一致し、また亡命した（元）国王マヌエル二世の命令で王制派も政府批判を控えた。教会だけが、反政府勢力なのであった。共和制に満足できない者にとっては教会だけが頼りであった。困難を極めた時代、宗教的な出来事は、巧みに誘導されれば大衆を動かし、世俗化を止める運動にもなり得ただろう。当時の有力政治家アフォンソ・コスタは二世代でポルトガルからカトリック信仰を根絶やしできると信じていたくらいであるが、ファティマの奇跡は、一九世紀に始まる、世俗化がもたらしたカオスをコスモスに変えるだけの力は持ち得た。

第一次世界大戦への参戦もカトリック信仰には有利に働いたと言えるだろう。フランドル地方に派兵されたポルトガル遠征隊（Corpo Expedicionário Português）に従軍神父の同行を認めたのも、兵士たちからの強い圧力に屈したからである。熟慮の上に参戦を決めた第一次世界大戦は、共和主義者たちにとって、大きな政治的痛手になってしまった。聖職者弾圧の手も緩めざるを得なかった。大戦がなくともポルトガルからカトリック信仰が消え去ることはなかったと思うのだけれど、国民の精神に大きな影響を与えてしまう戦争は、カトリック信仰の必要性を再び意識させるきっかけとなったのではないだろうか。

ファティマが奇跡の土地として、そして聖地として都合がよかったのは地理的にも説明できるかもしれない。最初の「出現」の一週間前には似たような現象（一〇歳の少年の前に聖母マリアが姿を見せた）が、スペインと国境を成す北部ポンテ・ダ・バルカという町のバラル地区で報告されている（現在はやはり巡礼の地になっている）。だが、ファティマに比べるとあまりに辺境（！）である。コバ・ダ・イリアは都市部の平地ではなく、農村地帯の高地にあり、そこまで歩いていくにはけっこうな労力を強いられる。だが、逆にそこに至れば達成感が得られる。都会の真ん中に「出現」されても、聖地にはなりそうもない。住民たちはあまりに世俗的である。かといってリスボンやポルトから遠すぎてはいけない。適度な距離感がよかったのだ。さらに、人口が多い沿岸部にわりと近く、カトリック信仰が弱いリスボンより南部ではなく、北部に位置するのも好都合。時代精神、地理的条件などがうまく重なり合って形成されたのが〝ファティマ〟なのであろう。海外発の近代的な思考を受け入れ広めようとするリスボンと、伝統的な農村社会的な思考にとらわれる地方が出会う場所として、ファティマが適当な位置にあったということなのだ。

ファティマは今からおよそ一〇〇年前のポルトガルの異なるメンタリティーの対立の顕在化でもある。サラザールによって利用された否かは別として、近代と伝統が衝突したときに何が起こるのか？　その一例と見なしてよいだろう。超自然的かつ宗教的現象を否定する合理主義的な共和派たちは、教育を介して、遅れたポルトガル人のメンタリティーを変えようともくろんだ。つまり、非合理的な宗教性を破壊し、世俗化させようと試みたのだ。そして、それに抵抗しようとしたのが、伝統的な信仰を捨てようとしなかった人々である。ただし、ファティマの「出現」を信じた人たちは、合理主義に抵抗しようとしたというよりは、奇跡に対し反発しなかっただけなのかもしれないけれど。

聖母マリアは他の時代にも出現しているが、ファティマの重要性はそのタイミングにあったと言えるだろう。単なる時代の危機ではなく、信仰そのものの危機の時代に起こった。だからこそ、大きな力を持ち得たのだ。ルルドにしてもファティマにしても、「出現」はカトリック教会に不利な政治状況の中での出来事である。ファティマでも「奇跡の治療」は起こった（各月の一三日によく報告された）。なお、ファティマの大聖堂の礎石が置かれたのは一九二八年のことである。その頃には遠く離れたアジアのポルトガル領、東ティモールにもファティマの聖母マリア信仰が伝わっていたというから驚きである。

一九三〇年代後半、隣国スペインの動向は大いにポルトガルのカトリック教会を憂慮させたはずである。スペインの共和派は「マルクス主義者」で、「反教権主義者」で「神のいない国家」の擁護者で、市民戦争に勝利した暁には共産主義をポルトガルに輸出しかねない存在なのであった。牧童たちが口にしなかった共産主義に反対するニュアンスが生まれるのはこうした歴史的背景があったからなのである。ファティマは徐々に政治色を増していったのである。ゴンサルベス・セレジェイラ枢機卿は、「世界の祭壇ファティマ」と「反キリストの首都モスクワ」を対比させたことさえあった。

次項に移る前に要約しておこう。ファティマの奇跡は一九一七年五月から一〇月の間に起こった。その頃、聖母マリアからのメッセージは、祈りと献身の必要性、いずれは戦争が終わり平和が訪れるというものとされた。一九年七月に「出現の小礼拝堂」が庶民の発案で建設されて地域の変化が始まった。一九二〇年代をとおしてさまざまな建設工事が進み、ポルトガルのカトリック教会の聖地として位置づけを得た。メッセージの内容も、聖母マリアは無神論に毒されるポルトガルを救うために地上に姿を見せた、というナショナリズムを帯びたものに変わった。反共和主義ということでもある。

一九三〇年代後半になると、ファティマはポルトガルにおけるカトリック信仰の布教の中心地であった。サラザール体制が教会との協力体制を確固たるものにしていた四〇年代には「世界の祭壇」であった。この呼び名は、一九六七年の教皇パウロ六世、一九八二年、九一年、二〇〇〇年の教皇ヨハネ・パウロ二世、二〇一〇年の教皇ベネディクト一六世の巡礼によって確かなものとなった。また、一九三〇年代、社会主義が西側世界の脅威となれば、ファティマのメッセージも反共産主義の色を帯び始めた（逆にナチズムを批判したことはない）。反共産主義の初出は一九三五年の『シスター・ルシアの記憶』だろうか。三人の牧童は共産主義の脅威など口にしていなかったのだが。

先に触れたが、「世界の祭壇はモスクワに対立する」としたのはゴンサルベス・セレジェイラ枢機卿であった。第二次世界大戦が終わり苦境に立ったサラザールに宛てた書簡の中で、セレジェイラ枢機卿はシスター・ルシアの言葉を引き、国際世論が反植民地主義になびく中、サラザールの政策は批判されるべきではない、サラザールは祖国を統治するために神に選ばれた人物である、ポルトガルの状況は悪いが、もっと苦しんでいる国もある、などと伝えていた。さらには、ジャシンタとフランシスコの聖人化（二〇〇〇年五月一三日）、「第三の秘密」の公表もあった。奇跡の土地としてのファティマの名声はゆるぎないものとなっていったのである。

「ファティマの秘密」

今からもう四〇年以上も前のこと。一九七三年に『ノストラダムスの大予言』という本が大ベストセラーとなったことを記憶している読者の方も少なくはないだろう。一九七三年と言えば、私は中学生になったばかりであった。とにかくその本に書かれた予言があまりにおぞましく、恐ろしく、私は手に取りながらも中身をじっくり読もうという気持ちにはなからなかった。本を読まないまでも、友人たちやメディアが中身を教えてくれていたので、本の表紙を見ただけでも恐怖にとらわれたのである。

一九九九年に人類が滅亡してしまう⁉　一二歳の純粋な心の持ち主（？）には、それは衝撃的過ぎる予言であった。四〇歳になる前にこの世がなくなってしまうのか……、現実味はわかなくても、漠然とした不安感は十分に心の中にわいてきたのであった。幸いなことに一九九九年、人類は滅亡しなかったし、私自身も健康なままで一年を過ごすことができた。「ノストラダムスさん、間違えてくれてありがとう」。本来なら感謝する必要などないのだろうが、二〇〇〇年の元旦にはついつい感謝の言葉が口をついて出てしまうのだった。あるいは、予言を誤解してしまった後世の方々を責める気にもならなかったのである。

ノストラダムスの予言はどうやらすでに気にしなくてもよさそうだが、一方でファティマの秘密のほうはどうなのだろうか。

三人の牧童たちが聖母マリアから受け取った秘密（予言）は三つだと言う。すぐには公開されず、一九四一年になって最初の二つがシスター・ルシアが記した文書によって世に知られることになった。

一つは地獄のビジョン。広大な火の海で、死の恐怖さえ抱かせるものだった。もう一つは第一次世界大戦よりもっと悲惨な第二次世界大戦の勃発であった。それを防ぐには聖母マリアの汚れなき心にロシアを奉献し、回心させるように求められた。戦争が始まったのは一九三九年だから、ちょっと後出しじゃんけんという感じもしないではないが、それは問わないでおこう。

ソ連の脅威というのも、サラザール体制にとってすでに共和主義者は警戒すべき相手ではなく、共産主義者を恐れる時代になってから述べられたことであるのが気になる。一九三〇年代、ポルトガルでは政界も教会も共産主義をずいぶんと警戒していた。一九三〇年、教皇ピウス一一世がソ連を反宗教、無神論であるとして批判すると、同年五月一三日、ファティマの聖地でレイリアの司教は共産化したロシアの救済のために祈りを捧げている。一九三八年、スペイン内戦がフランコ側の勝利に終わったとき、共産主義からポルトガルを守ってくれたお礼として、ゴンサルベス・セレジェイラ枢機卿は教会幹部を引き連れてファティマを訪れている。

予言の内容はポルトガルの国内情勢や国際情勢を反映したものになっているようにも思えるが、第三の秘密の公表は二〇世紀の動きをよく見てからと判断されたのだろうか。第三の秘密の公表は後回しになった。聖母マリアはせっかく出現しても、あまり大したことを口にされない、天から下ったわりには陳腐なことしか言わないという批判もされたりもするらしいが、ファティマでは人類の歴史に関わるような重大な言葉が残されている。確かに、祈りなさい、と命ずるのは、大切なことではあろうが、わざわざ「出現」しなくともよさそうとも言えるけれども、時代は反カトリックであったから、その要請の意義は小さくはなかったはずとも言える。そして、第一次世界大戦の終了やソ連の脅威やもう一つの大戦の予言となると、誰がどう見ても陳腐とは言えなくなってくる。ファティマの「出現」は人類史的な出来事となるのだ。

ファティマの秘密が有名になったのは一九八一年五月二日。ロンドンのヒースロー空港でハイジャック事件を起こしたカトリック修道士が、バチカンに対し、三つ目の秘密を明らかにするよう要求したのだった。ハイジャック事件そのものはすぐに解決を見たが、秘密に関する興味が俄然増すことになり、この事件をきっかけに日本でも「ファティマの予言」あるいは「ファティマの秘密」に関する書籍が出版されるようになった。バチカンがひたすら隠すということは、人類の歴史を左右するような重大な出来事が予言されているに違いないと誰もが考えたのだ。

バチカンは二〇〇〇年五月、とうとう「第三の秘密」を公表した。執筆は一九四四年であった。一九六〇年代、二人のローマ教皇がその内容に強い衝撃を受け、卒倒さえしたという秘密である。ヨハネ・パウロ二世の解釈によれば、それは一九八一年五月一三日の教皇暗殺未遂事件のことであった。日付けに注意してほしい、五月一三日、である。しかも犯行の時刻も「出現」のそれに近かったという。教皇が命を救ってくれたのはファティマの聖母マリアだったと信じても当然である。ただし、この「第三の秘密」に関しては、「第一」および「第二」に比べ、規模が小さいという疑問も出され、公表されたのは秘密の一部だけではないかという指摘もあるようだ。カトリック信者にとっては教皇の暗殺（未遂）はこの世の終わりに匹敵するくらいの重大事件かもしれないが、第三者的には納得しかねるところがあるのだろう。「ファティマの秘密」にまつわるミステリーはまだまだ続きそうである。

ファティマの意味とは

こうして見てくると、サラザール体制がファティマを利用したというよりは、逆にむしろ、教会がファティマとサラザールのエスタード・ノーボ（新国家）体制を利用して、宗教と距離を置こうとする近代という時代を乗り切ろうと試みたのではないか、そうも思えてくる。共和主義者たちはファティマにいかさまを見たのかもしれないが、教会はカトリック信仰復活のチャンスを見たのかもしれない（「出現」は金を生み出すマシーンになってしまったと批判する神父さえもいるが）。いや、政治と宗教が相思相愛だった時期に、利害が重なる中で育てられた信仰なのであろう。一九三九年五月一三日、体制側の新聞『ディアリオ・ダ・マニャン』は、ファティマの奇跡がポルトガル人の魂を復活させていなければ、サラザールの建設的な行動は可能ではなかっただろうと書いたことがある。宗教とナショナリズムは結びつきやすいが、国民のナショナリズムを煽ったサラザール体制にとり、ファティマの奇跡は無視できないものであったのだろう。

すなわち、ファティマは社会の再キリスト教化のために神が与えた恩寵ではなかったか。あるいは、こういう見方を取る者もいるかもしれない。すなわち、宗教改革、三〇年戦争、フランス革命、王権の崩壊など近代の波との戦いを繰り返してきた教会の生き残り戦術の一端なのではないか。そして、その試みは今のところ成功しているようにも思える。一九七四年に、旧体制に終止符を打つために「四月二五日革命」を起こした若手将校たちさえも、一九一〇年の共和主義者たちと異なり、カトリック教会はアンタッチャブルな存在として扱ったのである。極左集団に対して、教会には迂闊に手を出すなと言ったマリオ・ソアレス（元首相。元大統領）の助言もあった。一九一〇年から二六年までの第一共和制の時代と異なり、聖職者の国外追放、教会の財産の没収なんて手荒な真似はしなかった。

何度も述べてきたけれど、一九一〇年から二六年まで続いた第一共和制の時代、一六年間にわたって社会は荒れに荒れた。共和制への移行がもたらした「暴力」はそれほど大きなものであったということだろう。もしファティマが荒唐無稽な現象だというのなら（私はそうは思わないけれど）、それを生み出すくらい社会の変動が激しかったということの裏返しであろう。一方で、一九七四年の「革命」の後は二年間で一定の落ち着きを取り戻すことができた。その違いの一因に、教会との関わり合いの仕方があったと考えることもできるのではないか。「アフォンソ・コスタ症候群」を知る新しい革命政権は、二〇世紀末において教会との関係を慎重に扱いながら運営されたのである。教会と独裁制、植民地支配、戦争との関係を探ることはしないように振る舞ったのである。教会を傷つけて、逆に反抗されるのを恐れたのであった。

確かに、最近の統計によれば、ポルトガル人のカトリック教徒の比率は落ち込んでいる。以前は九割いたが、今は八割にまで減少した。その分、プロテスタントやエホバの証人、あるいは無宗教の人々が増えているのだ。また、若い世代の人たちの多くはもはや日曜日にミサに訪れるわけではない。日曜日の朝の教会で目にするのは老人たちの姿ばかりである。だが一方で、教会をポルトガルから追放しようと動く者もいない。反教会運動、反司祭活動などの動きが目立つわけではない。もちろん、神父が国民すべての教師であることはもはやないけれど、貧困や格差が社会問題になれば、大司教の言葉が求められたりもする。二〇一三年三月、新ローマ教皇を選ぶためのコンクラーベの一日、私はリスボンに滞在していたが、ポルトガルのテレビは朝からずっとローマからの生中継を続けた。そんなとき、ポルトガルはやはりカトリックの国なのだと実感させられたのは私だけではないはずだ。

教会はポルトガル社会の中で確たる地位を保持している。私は預言者もなければ予言者でもないが、でもけっこう自信を持って予想することはできる。二〇一七年の五月から一〇月にかけてそれぞれの月の一三日、ファティマは世界中の敬虔なカトリック信者たちでにぎわっているに違いない。カトリック世界の一大中心地となっていると言ってもよいだろう。そのとき、聖母マリアがまた「出現」し、奇跡を起こすかどうかは私にはもちろん予言などできないが……。そればかりは神のみぞ知る、ということだろう。

ファティマろう人形館のシスター・ルシア。

ファティマで聖母マリアの「出現」が見られたとき、人々は消すことのできないポルトガル文化の古層を垣間見ていたのではないだろうか。アイデンティティを再確認していたのではないか。三人の牧童が聖母マリアを目撃したということは、そういう意味ではなかったか。もしそうならば、そうした姿勢はサラザール体制にとって都合の良いものであっただろう（ファティマは、一九世紀に始まり第一共和制の時代に加速化した「ヨーロッパ化」に対する反動とも言えるかもしれないが）。

人に催眠術をかけて、実際は見ていないものを見たと思わせることは難しくないという。いや、催眠術をかけなくとも可能だという。就学前の子供ほど暗示にかかりやすいともいう。第一共和制の時代、ポルトガル社会全体が催眠術にかかっていたとは言わないが、何かを強烈に信じたくなっていたとは言えるのではないか。政治の世界では独裁者を、信仰の世界でもポルトガルの女王＝聖母マリアの実在を信じたくなっていたのではないだろうか。

二一世紀も一〇年以上が過ぎ、ポルトガルは未曾有の経済・財政危機下にある。二〇一四年五月一七日で三年間続いたトロイカ体制が終わったとはいえ、人々の困難は続くのだ。そんな時代に、聖母マリアの出現を目撃したと名乗り出る者が現れたとしても、私はけっして驚きはしないのである。

ちなみに、二〇〇五年、ファティマは二人の人物を失った。という言い方は漠然としすぎていてよくない。ファティマの巡礼者が二人亡くなったというわけではないのである。ファティマに深く関わった二人の人物がこの世から姿を消すことになったのである。もったいぶってもしかたない。具体的には三人の牧童の一人シスター・ルシアと、教皇ヨハネ・パウロ二世である。ルシアはその年の二月一三日に亡くなった。五月ではないが、一三日である！　ヨハネ・パウロ二世はファティマを三度も訪問していたし、ルシアもやはり三度ローマを訪れていた。ルシアの死を退院したばかりの日に聞いた教皇は特使を葬儀に派遣した。

亡くなる前すでに、ルシアは海外で最も名前を知られるポルトガル人の一人となっていた。彼女の名声はマザー・テレサに匹敵するほどであった。九七歳だったとはいえ、亡くなったときの顔には皺らしいものが見えなかったとも言われる。

サッカーは国民を熱狂させてきたけれど……

世界中で最も多くの人々に愛されるスポーツと言えばサッカー。アメリカでは野球がメジャーでも、ヨーロッパに行けばむしろマイナーなスポーツである。日本では大騒ぎになる野球のワールド・ベースボール・クラシック（WBC）やWBSCプレミアも、ヨーロッパの国々でスポーツ紙の一面を飾るということはまずない。以前、ポルトガルには一カ所だけ野球場があると聞いたことがあるが、一つしかないというよりは、一つとはいえ存在するということ自体に驚かされた。人気があるスポーツ種目の違いを見るだけでも、「欧米では」という表現がけっして適切ではないことがわかりそうである。「欧」と「米」はけっこう異なるのである。

それはさておき、Desporto-rei（スポーツの王様）という言い方がスポーツ用語として定着しているように、ポルトガルでもサッカーが最大の人気スポーツであることは今さら述べる必要もないだろう。二一世紀に入ってからは、ワールドカップと欧州選手権（EURO）という世界中のサッカーファンから注目を集める大会すべてに地区予選を勝ち抜いて出場し、しかも華麗なプレーでファンを魅了してきた。また、ルイス・フィーゴやクリスティアーノ・ロナウドといった「世界最優秀選手」も輩出している。フットサルとビーチサッカーの最優秀選手リカルディーニョとマジェールもポルトガル人である。さらに、ジョゼ・モリーニョという「世界一の監督」も〝誇り高きポルトガル人〟である（本人がそう口にしたことがある）。世界一の代理人とされるジョルジュ・メンデスもポルトガル人である。ワールドカップでも欧州選手権でも優勝したことはないけれど、ポルトガルは今や押しも押されぬサッカー強豪国の一つ。「四角いボールでサッカーをしている」あるいは「下駄ばきのサッカー」とブラジル人から技術レベルの低さを揶揄された時代も遠い昔のことである（二〇一四年、地元で開催したワールドカップでドイツと戦った準決勝では、逆に、ブラジルのほうが下駄ばきサッカーをしているように見えたものだ。もっとも、ポルトガル代表もひどい出来だったのだが）。

さて、大衆に広く愛されるが故に、サッカーには政治に利用されているという「噂」が常につきまとう。いや、事実であって、噂ではないのかもしれない。サッカーにおいては、グローバル化、ナショナル・アイデンティティそしてゼノフォビア（外国人嫌い）が混ざり合っていることは明らかだから、政治利用という側面が強調されてしまうのもしかたないことのように思えてしまう。中でも、独裁者が君臨する国ではその傾向が強くなるようだ。第二次世界大戦前なら、イタリアのムッソリーニやスペインのフランコ。海の向こうの南米でもアルゼンチンやブラジルの軍事独裁政権がサッカーを利用したとされ、しばしば批判される。独裁者という人種は、自分は人気が出そうもないので、人気スポーツの力を借りたくなるのだろう。逆に言えば、人気者は身の処し方に気をつけないと、思わぬところで悪意ある他人から利用されてしまうので要注意である。

さて、繰り返しになるが、ポルトガルの最高人気スポーツと言えばサッカー。そして、ポルトガルを長きにわたって支配した独裁者と言えばサラザール。どちらも「サ」で始まるから、二つの「S」とか言っても面白くもなんともない。ここで取り上げたいのはそうではなくて、独裁者サラザールはどこまでサッカーを政治的に利用したのかどうかなのである。

この点に関する通説では、サラザールは自らが築き上げた体制を守るためにサッカーを大いに利用したということになっている。特に一九六〇年代、サラザール体制に対する国際的非難が高まったとき、ヨーロッパを舞台に大活躍したベンフィカ・リスボン、そして世界を相手に奮闘したポルトガル代表チームは格好の「言い逃れ」となったとされるのである。

このサッカーがサラザール体制に利用されたという「説」だが、実は長い間、私は腑に落ちない気持ちでいた。ポルトガル人自らの口から何度かサッカーの政治利用という話は聞かされたことがある。サッカー関連の本などにも同様のことが書かれていたりする。しかし、具体的にどんなふうに利用したのかを知ろうとしても、こちらの願望を満たしてくれる具体例が返ってくることはないのである。果たしてサラザール体制は本当にサッカーを自らの保身や人気取りのために利用したのだろうか。逆に言えば、半世紀近くも続いたサラザール体制は、サッカーの利用方法を心得ていたからこそ可能だったのだろうか。私は疑問を抱かざるを得なくなったのである。

確かに、一九六六年ワールドカップ・イングランド大会でエウゼビオなどのアフリカ出身選手を多く含んだポルトガル代表チームは、人種差別のない国ポルトガルというプロパガンダにはもってこいの存在であった。初出場にもかかわらず三位入賞を果たした彼らをサラザールは官邸に迎え、そして讃えた。国民も帰国した選手団を、空港でそしてリスボン市内の目抜き通りで熱狂的に歓迎した。

しかし、サッカーのチームにアフリカ出身選手が多くいるからといって人種差別がないと無邪気に信じてくれる者は多くはなさそうだし、ワールドカップで健闘したチームを政治家や国民が熱狂的に迎えるくらいで政治利用は大げさな気もする。しかも、サラザール体制は八年後の一九七四年にはもろくも崩壊してしまったのである。さらに、思い出してほしい、国も時代状況も違うが、世界一になった「なでしこジャパン」を国民栄誉賞で表彰しても、国民から無能だと判断されれば政権は時を待たずしてあっけなく崩壊するのである。

「三つのF」、中でもサッカーを使ってポルトガルの遅れから国民の目を逸らせたと言われても、どうもしっくりこなかったのである。そもそもいくらサッカーが楽しいからといって、人は半世紀も抑圧的な政治に耐えられるものだろうか。「サラザールが長持ちしたのはポルトガル人も彼同様、非リベラルだったから」というジョアン・ペレイラ・コティーニョ教授の指摘のほうがむしろ納得がいったりもする。

拷問で受けた傷をサッカーの勝利が癒せるわけもない。サッカーにファティマ（祈り）とファド（癒し）を合わせても、一〇〇〇万人近い人々を従順にしておくのは難しいように思える。政治＝サラザール体制によるサッカーの利用については、再検証が必要なときだと思われるのである。ポルトガルには、uma mentira dita muitas vezes passa a ser verdade という有名なことわざがある。何度も口にすれば嘘も真実に変わる、という意味だが、サッカーの政治利用というのも、「嘘」だとまでは言わないまでも、深い考えもなしに繰り返されているうちに真実のように思い込まされているだけなのかもしれない。

サラザール体制がファシズム（これもFだ）だったのか否かも議論されるべきだろうが、「三つのF」も検証されるべきなのである。なお、これから二つ目の「F」、すなわち「フットボール」（サッカー）の話をするが、もう一つの「F」である「ファド」についてやはり最近言われていることは、サラザールはファドが大嫌いで、ファドの女王アマリア・ロドリゲスを毛嫌いしていたということである。嫌いなものでも利用価値があるなら利用するのが独裁者なのかもしれないけれど（その周囲にいた人物の誰かが利用を思いついた可能性は否定できない）、サラザール体制が利用した「三つのF」という話はどうやら巷間言われるほどは強い根拠がなかったようにも思える。歴史家による検証作業が必要な分野である。

サラザール時代のプロパガンダ

サッカーの政治利用について検証する前に、サラザール体制のプロパガンダについて簡単に紹介しておきたい。サラザールは一般的に想像されるいわゆる独裁者と異なり、軍服を着てこぶしを振り上げ群衆の前でアジ演説を披露するというタイプの政治家ではなかった。サラザールは財政学を専門とする元大学教授であって、ムッソリーニやヒトラーとはまったく異質の独裁者であった。もちろんサラザールとて心の中はきっと政治的野心に溢れていたのだろうが、少なくともうわべは内省的でシャイな性格に見えた。けれども、群衆嫌いのサラザールがプロパガンダと無縁だったかというと、実際はけっしてそんなことはなかったのである。

どんな独裁制も同じだろうけれど、サラザールの「新国家」（エスタード・ノーボ）という体制も、ポルトガル人にとって本質的な価値観や行動様式に従うように国民を一つの束でまとめ上げるための宣伝政策を実施した。その意味ではファシスト体制という言葉を使いたくなる。いかなる独裁制も強制だけでは生き残ることは不可能であり、その意味で国民を誘導するプロパガンダは不可欠である。サラザール体制のプロパガンダというと真っ先に思い浮かぶのが「国家宣伝局」（Secretariado de Propaganda Nacional）のことである。

一九三三年九月、サラザールによって創設され、一九四四年には「国家情報局」（Secretariado Nacional de Informação）と名称を変更した。国家宣伝局は独裁国家ドイツとイタリアに倣った機関であり、見た目こそが政治的現実となる、政治的には、大衆が存在すると考えているものだけが存在する、というサラザールの信条に合致するものであった。真実と虚構、大衆はむしろ後者に強く惹かれるとわかっていたサラザールは政治をよく理解していたと言え、だからこそ、長期政権を築き得たのだろう。彼はただの財政学教授ではなかった。

国家宣伝局にとって最重要課題はナショナル・アイデンティティの形成あるいは純化であった。つまり、ポルトガル人とは何者であるのか？　という問いに対する返答である。あるいは、ポルトガル人は文化・文明面で何を生み出すことができるのかを知ることであった。そして最後はポルトガル人の精神性を高めることであった。こうした問いや要求に答えるために、メディアも文学者も、芸術家も映画も芝居もラジオもすべてが動員された。そして、動員のために、こうした「精神の政治」を実現するための指導者として、独裁制にほれ込んでいたジャーナリスト兼作家、行動力溢れるアントニオ・フェロに白羽の矢が立てられたのであった。フェロは、国民はなんといってもスペクタクルを求めていることをサラザールに納得させたのである。

アントニオ・フェロは出版界にもラジオの世界にも、さらには文学界や映画界にも顔が利いた。新国家体制の御用達の新聞と言えば『ディアリオ・ダ・マニャン』だが、今でも存在する『ディアリオ・デ・ノティシアス』の編集部にはフェロの名前があった。フェロは一九三五年に開設された国営ラジオ局エミソーラ・ナシオナルの幹部にもなった。エミソーラ・ナシオナルはサラザール時代の精神を築き、そして守るための要塞のような存在であった。

フェロはポルトガルの精神と文化を浄化することを求められた。ポルトガル人の良いところを純化し、穢れた社会、時代から祖国を救い出す必要に迫られた。文学者の協力を得られなかったフェロが当初あてにしたのは前衛芸術家たちであった。彼の要求は、「ポルトガル的でありながらもモダンであること」というかなり無理のある難題であった（ポルトガルがモダンになるのはやはり一九七四年の「四月二五日革命」後であろう）。芸術家たちは立て続けに催される記念行事のために、アズレージョ（飾りタイル）、コルク、フィリグラナ（金銀の線細工）などを用いて作品を生み出した。ポルトガル土産の定番とも言えるバルセロスの雄鶏もフェロの時代に創られた。同時に、ポルトガル独自のスタイルで、絵になる作品を制作することが期待された。よって、前工業化社会的な農村風景を描いたりもした。今、我々がポルトガルに行って「らしいな」と感じるものの中にはけっこう「創られた伝統」が混ざり込んでいるということである。

フェロはポルトガルの名を海外でも広めようと尽力した。そのために、パリ、ニューヨーク、サンフランシスコの国際博覧会に参加したのだ。もっとも、有名なのは地元リスボンで開催した一九四〇年の「ポルトガル世界歴史博覧会」ではあったが。話が先走ってしまうが、この時代、サッカーを利用してポルトガルの名を世界に知らしめようとしても、無理だったはずである。なにしろポルトガルの国際的な勝利が望めなかった時代なのである。厳しい予選を勝ち抜く必要のない国際博覧会への参加は妥当な判断だっただろう。

農村の再生と言えば、一九三八年に行われた「最もポルトガルらしい村」コンクールである。最近は日本の旅行ガイドブックでも紹介されるモンサント村が選ばれている。自分は首都リスボンに暮らしながらも都会を嫌い農村の伝統的生活を理想化したサラザールに相応しいコンクールであった。

国家宣伝局は、一九四四年に「宣伝」を「情報」と入れ替え、「国家情報局」と名称変更し、検閲も担当するようになった。精神の再建、健全化には検閲は不可欠な手段なのであった。国家国民を偉大たらしめる道徳的な力は、有害な教養や犯罪的な行為の影響を受けてはならなかった。映画も演劇もサーカスもダンスサロンも果ては闘牛までも、フェロの監視下に置かれ、検閲の対象となった。フェロの好みの映画監督はアントニオ・リベイロ・ロペスであった。「体制の監督」と呼ばれた映画人である。

ヒトラー、ムッソリーニ、フランコの体制ほどではなかったが、エスタード・ノーボ体制は映画と演劇を利用してポルトガルらしさを国民に刷り込もうと試みた。ただし、映画は制作が高くつく芸術であり、ポルトガルには財政力も技術も未熟であったため、第二次大戦後に上映された映画はどうしてもアメリカ映画が多くなってしまった。歴史もの、文学作品を映画化したもの、地方色を紹介する映画などにも予算が使われたりはしたのだが。そう言えば、映画のことはポルトガル語で filme。やはり「F」で始まる。先に触れた民芸品などは folclore だからこれも「F」始まり。サラザール体制に大切だったのは「三つ」ではなく「五つのF」だったのではないか。そうも言いたくなる。

体制好みの作品もいくつか制作された。例えば、『ファティマ、信仰の土地』という映画はいかにもという感じだろう。けれど、おそらくその時代のポルトガル映画と言えば、現代人から言わせると、サラザール体制が嫌った、映画製作の「ガン」とも言われたコメディー映画となりそうだ。皮肉と言えば皮肉だが、現代人はサラザール時代に称えられた映画をほめたいとは思わないらしい。

第二次大戦が終わり自由と民主主義の風がわずかながらもポルトガルに届くと、アントニオ・フェロの広報官としての寿命も終わりを迎えることになった。国家情報局は存続したが、中身は検閲を除き形骸化した。国威発揚など本来の目的遂行はほとんど見られなかったのである。

さて、国家宣伝局の話の中にはサッカーの話題がなかった。実際、国家宣伝局の資料の中にサッカーに触れたものはほとんどない。アントニオ・フェロは一九二八年アムステルダム五輪でサッカーのポルトガル代表の活躍を目の当たりにし、サッカーが生み出すエモーションの高まりは知っていたはずなのだが。つまり、これから見ていくように、国民統合にサッカーを利用するという明確で強固な意思はサラザール体制に一貫した形ではなかったことになるようなのである。もちろん、それはサッカーと政治が無関係に歩んだというわけではない。政治はサッカーに干渉することがあったし、距離を置いたこともあった。両者の関係は単純には割り切れず、サッカーと政治権力の間には愛憎が渦巻くのである。

本当は利用しなかった？

ドイツのヒトラーはベルリン・オリンピックの成功によってナチズムを誇示しようとし（サッカーではシャルケ04がお気に入りのチームだったらしい。べつに内田篤人を責めているわけではない）、イタリアのムッソリーニは一九三四年のワールドカップにおける代表チームの勝利でイタリアの偉大さを証明しようとした（クラブなら、ボローニャFCを支援した）。スペインのフランコにとっては、レアル・マドリードの国際舞台での活躍は重要な意味を持った。一九三〇年代末には、内戦中であったスペインでフランコ将軍がスペイン代表チームを自己の正当化に利用した。ホームアンドアウェーで二試合を戦ったポルトガルはフランコ支援に貢献したのである（これなどはサラザールによるサッカーの政治利用と呼べるかもしれない）。ちなみにこの二試合でポルトガルは対スペイン初勝利を挙げるだけでなく二連勝を果たすのだが、相手はスペイン代表ではなくフランコ支配下のスペイン代表ということで、ＦＩＦＡは正式な国際試合として承認しなかった。当時は習慣化していたようだが、このときもポルトガル代表の選手たちはスタンドに向かって右手を伸ばすファシスト・スタイルのあいさつを見せている。

ひるがえって、サラザールはサッカーをどこまで利用しようと考えたのだろうか。これまで当然のように言われてきたことは、サラザール体制はサッカーによって国民（少なくとも男性）の不満をスタジアムで晴らさせて、体制批判から遠ざけようとしたというものであった。あるいは、一九六〇年代のベンフィカ・リスボンや代表チームの勝利によってナショナリズムを煽り、体制の護持を図ったというものであった。ポルトガルの「偉大さ」を二つのサッカーチームが具体的にイメージ化させてくれると信じたというのである。サラザールという独裁者も独裁者らしく、人後に落ちないということである。

だが、歴史を振り返ると、事実はそんなに単純ではなかったようである。ポルトガルの新進気鋭の（サッカーの）歴史家リカルド・セラードは、サラザール体制によるサッカーの政治利用にはっきりと異議を唱えているのである。

例えば、セラードは、サッカーの舞台となるスタジアム建設のいきさつを指摘する。数万人という男女を一カ所に集められる大規模スタジアムなら、体制のプロパガンダにはもってこいの場所である。ムッソリーニもヒトラーも一九三〇年代、大スタジアムを舞台に大いに体制の宣伝を実施した。前者は三四年のサッカー・ワールドカップ。後者は三六年のベルリン五輪である。ところが、実際のところヒトラーはオリンピックには賛成ではなかったらしいし、同大会の英雄と言えばアーリア人種ではなくアフリカ系アメリカ人のジェシー・オーウェンになってしまったという落ちもある。

スタジアムと言えば、ポルトガルではまず一九四四年に建設されたリスボン郊外の国立競技場である。他のヨーロッパ諸国に比べ一〇年遅れと言ってよいだろう。念のために言っておくが、サッカー専用スタジアムではなく、陸上トラックのある多目的競技場である。現在はあまりサッカーの国際試合には用いられないが、長い間、代表チームが喜びと悲しみの舞台として用いた聖なる場所である。

私が初めてポルトガル代表チームの公式戦を生観戦したのも、この国立競技場であった。一九八五年二月の対西ドイツ戦。翌年のワールドカップ・メキシコ大会の予選だったが、一対二で負けた。Jリーグでもプレーしたピエール・リトバルスキーと、ドイツ代表監督にもなったルディ・フェラーは、あらためてすごい選手だと実感させられた一戦だった。

個人的な体験談はどうでもいいことだが、ポルトガルの国立競技場は、完成の一一年前の一九三三年、サラザールが第一回クラブスポーツ会議でアスリートたちを前に口にした約束を果たした結果なのである。着工は三八年。ずいぶんと長い時間がかかっているが、そのことは今は問うまい。時間はかかっても最後までやり遂げたのだから立派なものである、と考える必要がある。そもそも第二次世界大戦と重なったのだから、いくらポルトガルが中立したとはいえ、さまざまな困難があったはずである。

昔と比べるととても立派になったサッカー協会本部。

なお、サラザールの約束からスタジアム開設までの期間、体制側はポルトガルの青年の遺伝的かつ市民的向上のために、さらに労働者の余暇を統制するために、スポーツを推進した。ポルトガル人は虚弱というイメージが定着していたのである。サラザール自身は肉体というよりは精神あるいは知性を象徴するような人物であったが、肉体の鍛錬の必要性は理解していたようである。新しいポルトガル人はスポーツを実践することから生まれるのであった。

一九四四年六月一〇日。現在は「ポルトガル、カモンイス、ポルトガル共同体の日」と呼ばれるが、当時の「人種の日」である。この場合の「人種」は「ポルトガル民族」あるいは「ポルトガル人」の意味だと解釈してよいだろう。国立競技場のこけら落としにはリスボン市民が多数駆けつけ、大きな盛上がりを見せた。サラザールなど、政府要人も顔をそろえた。確かにクライマックスにはベンフィカ対スポルティングというサッカーファンにはたまらないカードが組まれていたが（両チームは帝国杯とスタジアム杯の二つのカップを賭けて戦った）、セレモニーの主役がサッカーだったかというと、それほどでもなかったようだ（すでに見たが、一九二九年、当時の大統領だったオスカル・カルモナ将軍に同行してサラザールはファティマの聖地の発電所開設式にも参列している）。

リカルド・セラードによれば、開設式で最も称賛されたのは偉大な〝作品〟を実現してみせたポルトガル人の能力、その能力を引き出したエスタード・ノーボ体制なのであった。「人種の日」にポルトガル人の偉業を讃えるセレモニーを開いたのだから、政権はそこに意図を持っていたはずである。ヨーロッパ諸国が戦争の傷に苦しむ中、平和でスポーツに熱中できるポルトガルを可能にしたサラザールは偉大な指導者であることがアピールされた。群衆嫌いのサラザールはスタンドを埋め尽くした国民に向かって体制擁護を求める演説をぶったわけでもない（観衆から長い拍手は受けた）。すなわち、厳密に言えば、サッカーそのものの利用は見られなかったのである。ヒトラーやムッソリーニがその場に居合わせたら、彼らの目には大衆にプロパガンダを行うための貴重なチャンスを逃す愚かな政治家に映ったかもしれない。ただし、一部メディアや体制内部に国立競技場を「サラザール競技場」と名付けようとした声があったことは覚えておいてよいだろう。

ただし、この点については注意も必要である。というのは、国立競技場の開設は当初は一九四〇年の「二つの一〇〇周年」に予定されていたのである。つまり、一一四〇年のポルトガル建国八〇〇周年と、一六四〇年のポルトガルの再独立三〇〇周年を合わせて祝福する年の行事の一環としてであった。ポルトガルとその植民地を讃える「ポルトガル世界博覧会」が実施された年でもある。そのような重要な年に、国民スポーツのひのき舞台である国立競技場の完成が予定されていたということは、やはり体制がスポーツを重視していたということの証でもあるだろう。あるいは、四年間の遅れはスポーツ軽視となるのだろうか。

なお、国立競技場開設式典の二日後の『オス・スポーツ』という新聞の社説で、サラザールこそポルトガル第一のアスリート（スポーツマン）であるという主張がなされたのはやはり大袈裟に過ぎるだろう。サラザールがポルトガル第一のアスリートであるという根拠は、国民の指導者たる者には、不屈の精神、決断力、思慮深さ、計算高さ、闘争心、ビジョン、素朴さなどが不可欠だが、そのどれもがスポーツマンに求められる資質であり、しかもすべてサラザールに見られるからだというのである。ずいぶんとこじつけが激しいが、サラザールとスポーツを結びつけようとしたメディア側の意図は興味深く思える。ただし、サッカー選手に例えられていない点は注意すべきであるが。

一九五〇年代に入ると、ポルトガルはスタジアム建設ラッシュを迎えた（同時に、選手の実質的なプロ化が進むのもこの時期であった）。その次の建設ラッシュは、「革命」から三〇年後の二〇〇四年の「ＥＵＲＯ」の時期であるから、半世紀のタイムラグがある。最初はブラガである。一九五〇年、共和国大統領（クラベイロ・ロペス）と首相（サラザール）の二人の参列を仰ぎ開設を迎えた。名称は五月二八日スタジアム。サラザールの登場を促した軍事クーデターが起こった日付けからとられているように、体制側のイデオロギーや祖国を讃える言葉が飛び交った。規律を欠いて、社会を混乱させただけの第一共和制（一九一〇－一九二六年）とサラザール体制の違いが強調されたりもした。

一方で、スポーツを重視する発言はあまり聞かれなかったともいう。確かにやはり最後にサッカーの試合も組まれていたが、それがメインだったわけではなかった。開設式の最後にサッカーの試合が最後に組まれていることを見ると、もしかしたら、集客には人気スポーツであるサッカーが利用できる、末尾にプログラムしておけば式典の最後まで人が残る、言い過ぎかもしれないけれど、その程度の認識だったのかもしれない。

ブラガの後も大規模スタジアムの建設は続いた。一九五二年のアンタス（FCポルト）、五四年のルース（ベンフィカ）、五六年のアルバラーデ（スポルティング）とレステロ（ベレネンセス）。FCポルトのアンタス・スタジアムの開設は、ブラガに二年遅れとはいえ、一九五二年五月二八日。五月二八日と言えば、すでに述べたようにサラザール体制を生み出すことになる軍事クーデターが成功した日である。ベンフィカのルース・スタジアムの開設は一二月一日。一六四〇年、ポルトガルが六〇年に及んだスペインによる支配から独立を回復した記念日である（ポルトガル人をもっと働かせるために、二〇一三年から祝日でなくなった。祝祭日を数日減らして、意味があるのだろうか？　ちょっと疑問だ）。五六年のアルバラーデは六月一〇日。国立競技場と同じ「人種の日」であった。意外なことに、後に「体制のクラブ」と呼ばれるようになるベレネンセスのレステロ・スタジアムは、クラブの創設記念日九月二三日であった。日付けが悪かったせいかどうかはわからないが、建設費の借金によってベレネンセスは経営難に陥り、衰退の道を歩み始めるのであった（最近は復活の兆しが見られる。二〇一五－一六年シーズンは監督を含めポルトガル人だけのチームとしてスタートを切り異彩を放っていた）。

スタジアム開設の記念日が体制にとり重要な意味合いを帯びた日付けと重なったのは偶然の一致とは思えない。ならば、誰がその日付けに設定したのか。体制の圧力？　それともクラブ側の自発的行為なのか？　それはクラブによって状況が異なる。ベンフィカにとって一二月一日はもともとクラブの歴史にとって重要な一日であり、サラザールとは関係なく選びたくなる日付けであったとされる。ましてや、一二月一日が祝日とされたのは一九一〇年に生まれた第一次共和制の時代であり、サラザール体制が毛嫌いする時代であった。もしベンフィカが体制のクラブだったとして、そんな時代の産物をスタジアム開設の日にすることがあり得るだろうか。

一方、体制側の人間が幹部に多くいたスポルティングの場合はおそらくは圧力もかけやすかっただろうし、自発的な部分もあっただろう。政府の財政支援を受けていたアンタス・スタジアムの場合はクラブ会長がサラザール主義者であったことから、体制からの圧力はかかりやすかったはずである。その意味では、けっして強い意味ではないが、サラザール体制がサッカーを利用したという部分はあったかもしれない。スタジアムの開設式の日付けを押しつけた（？）くらいならたいした政治利用ではないともいえそうだが。

そもそも、サッカーは国家の介入もなく、国民（特に男性）の情熱を掻き立てるようになったのである。サッカー人気は自然発生的なものであった。独裁制がなくともサッカーの人気は上昇するし、レベルも上がる。それゆえ、当然の帰結として、ゲームを直に楽しむために大きな器＝大規模スタジアムが必要になったのである。国立競技場を除けば、各クラブがスタジアムを建設した理由は国家の要請などではなく、現場にいるサッカー関係者たちが作りたかったのである。ただし、クラブだけでは建設費を拠出することはできず、国家に支援を仰いだ。そうなれば、国家も多少なりとも口を出したくなるものであろう。

スタジアム開設の日付け設定に政府がどこまで関与したのかはわからないけれど、確かに、国家にとって重要な日付けに開設され、大統領や首相の言葉が聞かれた。それは事実だ。だから、そこに政治利用という現象を見ることもできるだろうけれど、やはりスアーヴェ（優しい、甘美な）という形容詞を付したくなるような利用である。サラザール体制は、ファシズムのムッソリーニと異なり、「死」というおぞましい言葉をちらつかせながら、選手に絶対の勝利など求めたりはしなかったのである。

こう見てくると、確かにスタジアムの建設に政治的な意図はあったかもしれないが（総工費の四分の一くらいの財政的支援は果たした）、その割には大きな見返りを求めていたわけでもなさそうだ。とりわけサッカーから強引に何かを引き出そうという意図は感じられない。「体制のクラブ」と呼ばれることも多かったベンフィカのスタジアムの開設式にサラザールは招待されながらも、姿を見せず、代理の者に短いメッセージを代読させただけであった（クラベイロ・ロペス大統領は出席した）。

さらに言っておくべきことは、スタジアムは立派でも、まだポルトガル人種を讃えるだけの実績がポルトガルサッカーにはなかったという事実である。象徴的な日付けは利用されたが、政治利用というにはあまりにサッカーは二の次であり過ぎたと言えよう。一方で、こういう見方はできるかもしれない。国立競技場の開設式では体操、陸上、フェンシング、ラグビーの選手たちが行進した。サラザール体制は、サッカーだけを特別視はしなかったが、スポーツが国民の間に普及することはプロパガンダとして利用した、と。スポーツが植えつける規律、敵へのリスペクト、たゆまぬ努力は重要視した（スポーツは時に抵抗運動や抗議行動の舞台にもなったりするが)。ただし、サラザールが国技にしたかったのはサッカーではなく、ヨット競技だったとも言われる。海岸が美しいエストリルの別荘からテージョ川の河口付近を眺めていればそう思うようになる気持ちはよくわかる。

一九六〇年代の勝利と政治

サラザールが政治の表舞台に姿を見せるのは一九二八年。彼が築いたエスタード・ノーボ体制が崩壊を迎えるのは一九七四年。およそ半世紀も続いた長期独裁制であった。ところで、ポルトガルサッカーの初の国際的な勝利といえばいつのことだろうか。大概の方は一九六六年のワールドカップ・イングラント大会を思い出すのではないか。あるいは、一九六一年、六二年、ベンフィカが達成した欧州チャンピオンズカップの二連覇だろうか。だが、ほとんど知られていないことだが、ポルトガルサッカー界の最初の国際的勝利は地元で開催された一九六一年の欧州ユース選手権での優勝なのである。ポルトガルのユースサッカーの勝利と言えば、カルロス・ケイロス監督の指導のもとで一九八九年、九一年の世界大会を二連覇した歴史が思い出されるところだが、それよりもずっと前に大きな成果を残していたのである。伝統あるポルトガルのユース世代の育成力をなめてはいけない。

一九六一年、サラザール体制の時代に建設されたいくつかのスタジアムを利用して開催された国際大会で、ポルトガルの若者たちは一対一で引き分けた対イタリア戦を除き、どの試合でも四ゴール挙げるなど並み居る欧州の強豪国を破り、史上初めてサッカーの王者となった。だが、意外なことに体制側の新聞とも言える『ディアリオ・デ・ノティシアス』では、エゴイズムや目立とう根性に走る選手たちの姿勢が批判の対象にこそなれ、欧州を制覇した若者たちを讃え、その勝利を体制の勝利に結びつけようという意図はまったく見られなかったのである。サッカーを政治利用するなら、ここぞとばかりにプロパガンダ機能を駆使して、選手たちの活躍を讃えてもよさそうなものである。

一方で、サラザール体制はサッカー選手のプロ化をなかなか認めようとはしなかった。サッカーを筆頭に、スポーツとは金儲けの手段であってはならず、選手たちは純粋にアマチュアでなければならなかった。体制はサッカーを侮辱と不信のまなざしで見ていた。一九五〇年代まで、ポルトガルリーグの選手はサッカー以外に別の職業を持っていた。だが、政治利用を考えるなら、魅力ある娯楽にするために、そして何よりも勝利するためにプロ化を促したほうが合理的である。サッカーに集中できない環境で、選手の成長が望めないことは、Jリーグが誕生した一九九三年前後の日本サッカーの違いを見ればわかるだろう。スタジアムにたくさんのファンに足を運んでほしければ、試合が楽しくなければならない。そしてやはり勝利をもたらさなければならない。政治の矛盾や日々の生活のつらさを忘れさせるのは、アマチュアの純粋さだけでは足りず、並大抵のプレーではできないはずだ。プロの技量が必要だっただろう。

また、国際試合で強いポルトガル（サッカー）を見せるなら、プロ化を進めたほうがよいに決まっている。他のヨーロッパ諸国はプロ化し、選手を強化し、代表チームはワールドカップで活躍していた。だが、政府は古い価値観、つまりアマチュアリズムにこだわり続けた。サッカーも他のスポーツもお金に困るみじめな状況に放置し続けたのである。つまり、サラザール体制はサッカーの発展を妨げることばかりしていたのである。とても本気で政治利用を考えていたとは思えない。プロ化を妨げ、都市整備のためにベンフィカやベレネンセスのような名門クラブのスタジアムを何度も強制移動させた体制は、むしろ「サッカーの敵」とさえ呼びたくなるではないか?!

急に話が古くなるが、一九三四年のワールドカップ予選でポルトガルはスペインと対戦している。ポルトガル国民は期待を胸に、初めて行われたラジオの実況放送に広場などの公共空間で耳を傾けながら試合の行方をフォローしたが、結果は〇対九の惨敗。これは国辱以外の何物でもなかった。サッカー関係者はこの敗戦をきっかけに組織改革に乗り出すが、政府側としてはサッカーは国威発揚には使えないということになったかもしれない。政府部内には、サッカーを白眼視する者もおり、庶民の間のサッカー人気を「サッカー病」と呼んだりもした。

さて、一九六六年のワールドカップ。ポルトガルは植民地保持のためにアフリカで戦争を行い、北大西洋条約機構諸国やブラジル、南アフリカ共和国を除き、国際社会から孤立しようとしていた。ヨーロッパ向けではあったが、初めて大会が生中継された。ポルトガルはアウトサイダーとして初出場を果たしながら、いきなり三位入賞という快挙を成し遂げる。前々回(五八年スウェーデン大会)と前回(六二年チリ大会)のワールドカップで連覇を達成したばかりの王国ブラジルを下し、北朝鮮に対しては歴史に残る大逆転劇を演じ、優勝することになる地元イングランド相手にも大善戦を見せた。三位決定戦では、サラザール体制が毛嫌いした共産主義国家ソ連を下している。

帰国した選手たちを大統領もサラザールも公邸で迎えたが、サラザールは選手たちと短い言葉を交わし、エウゼビオの得点王を祝福したくらいで、例えば新聞やテレビを使って代表チームの大健闘を政権維持に結びつけるような声明を発したりしたわけではなかった。共産主義国家ソ連を下したことを取り立てて褒め讃えた形跡もない。ここぞとばかり政治利用を図ったわけでもなかったのである。国民は生中継を見て、代表の活躍に熱狂していたにもかかわらず。アントニオ・フェロが健在ならば、もっと巧

ベンフィカのスタジアムにあるエウゼビオ像。

みに利用したかもしれない。もっともすでに七〇歳を過ぎていたサラザールにはサッカーで興奮し、大騒ぎをするだけの元気がなかったのかもしれないが……。二年後に彼は椅子から落ち、病床に伏すことになるのだ。

後にイタリアサッカーの名門ACミランがエウゼビオの獲得に動いたときにサラザールが発したとされる「国家遺産は海外に出てはならない」という言葉も、単にエウゼビオが兵役を果たしていたからではないかと新進気鋭の歴史家リカルド・セラーノは言う。確かに、（アフリカで）戦争をしている国にとっては兵隊一人一人が国家遺産かもしれない。だが、政治に利用するつもりなどなくても、大切な選手は海外には出さないくらいの気持ちはあったのではないだろうか。ポルトガルに栄光をもたらす人間には普段は国内にいてほしかったのではないか。貧しさゆえにフランスに向かった農民たちと同じような振る舞いをしてほしくはなかったのではないか。単に兵士だから、というわけでもなかったと思われる。そもそも、選手の移籍を禁じてしまえる体制というのもすごい。他の国の政府ではなかなかできないことであったろう。サッカー通ではなくても、エウゼビオがどれほど偉大な選手なのか、ベンフィカにとっても代表にとっても不可欠な選手であったことは、おおよそ理解はしていただろうから。

ところで、六六年ポルトガル代表のエースストライカーはエウゼビオ、黒人の選手であった。アフリカの植民地モザンビークの出身。けっして裕福とは言えなかったマファララ地区で育った彼は、ポルトガルにやってきたころはポルトガル語の会話もおぼつかなくて、インタビューの受け答えもポツリポツリと単語が並べられるという感じだった。彼にとってポルトガル語は母語ではなかったのだ。ポルトガル以外の植民地国家はアフリカの領土を独立させたが、ポルトガルはアフリカにおける植民地領有にこだわっていた。アフリカはポルトガルの一部である、しかも自分たちは人種差別をしない、御覧なさい、代表チームのエースはアフリカ人ですよ、といわんばかりであった。しかもキャプテンも同じくモザンビーク出身のミッドフィルダー、マリオ・コルーナであった。コルーナの父はヨーロッパ系、母はアフリカ系であった。

興味深いことに、一九六〇年代のある試合では、一一人のうち一〇人がアフリカ出身だったこともあったという。ポルトガル人は差別せず、異民族と融合し、多人種社会を作り上げた、ブラジル人社会学者ジルベルト・フレイレが唱えたルゾ・トロピカリズモ（ポルトガル熱帯主義）をサッカーでも示して見せたのである。国際社会で孤立する植民地国家ポルトガルは、ワールドカップでプロパガンダを実践して見せた。細かいことだが、この大会の入場式では各国代表チームのユニフォームを着た少年が行進していたのだが、ポルトガル「選手団」の中にはちゃんと黒人の少年が歩いていたのである。意図的だったのかどうかは確認できないのだが、記憶にとどめておくべき事実である。サラザール体制下でサッカーの政治利用があったとしたら、多大陸・多人種国家ポルトガルの国際社会へのアピールに用いられたという点はあるのだろう。ポルトガル生まれのポルトガル人だけでなく、アンゴラやモザンビーク生まれの選手がいる代表チームはポルトガル帝国の縮図のようで、それが世界で活躍する姿は国威発揚にはもってこいの存在であったはずだ。

こうして見てくると、ポルトガルサッカーが世界に誇れるようになったのは一九六〇年代からのこと。もし、サラザール体制がサッカーを政治利用したくとも、最初の三〇年間は利用したくとも利用できるサッカーの国際的勝利そのものがなかった。いや、イングランドやスペインに対し、むしろ屈辱的な敗北が続いたくらいだ。下手にサッカーにこだわっていたら、国際的な勝利と縁遠いダメな体制というレッテルさえ貼られかねなかったのである。第一次世界大戦で多数の犠牲者を出し、第二次世界大戦では中立した国にとって、もしあればサッカーの国際的勝利はありがたかったかもしれないが、そんなものはそもそもなかったのである。

もしサッカーが政治に利用できたとしても、一九六一年アンゴラで始まる植民地戦争の現実から目を逸らすのに役立ったくらいだろうか。いや、当時のメディアを見れば、戦争の報道はなされていた。動員される国民も少なくはなかった。スタジアムに行って、ベンフィカを見ても、代表チームを見ても、植民地からやってくる選手たちが数多くいた。サッカーで植民地のことを忘れることなどできもしなかったはずである。逆にサッカーを見ると植民地のことを思い出したのではないだろうか。アフリカ人が活躍する代表チームはもろ刃の剣のようなものであった。

クラブ・レベルでは、ベンフィカが体制と二人三脚だったと言われるが、代表チームと同じく、こちらも体制によって利用されたとは一概には言えない。むしろ、体制側はベンフィカのような庶民のクラブを警戒していたとも言われる。クラブの最初のチャントが「アバンテ、アバンテ、プロ・ベンフィカ！」というので一九四二年に禁止したりもした。「アバンテ」とは「前進」という意味だが、共産党の機関紙の名前と同じである。

　思い出してみよう。ベンフィカの黄金時代は一九六一年に始まるが、サラザール体制はアフリカで戦争が始まり学生運動が盛んになる同年以降は、むしろ下降線を辿るのである。六八年夏には病に倒れるサラザール自身も、晩年に入っていたのだ。一九二六年に始まるサラザール時代で最もリーグ優勝が多かったのはむしろスポルティング・リスボンである。もし体制のクラブというものがあったと仮定するならば、エリートのクラブと称されることもあるスポルティング・リスボンこそが体制のクラブであったと言うべきかもしれない。いや、そう呼ぶべきだと言っているわけではない。二〇一四年夏、日本人選手と初めて契約してくれたポルトガル最初のビッグクラブであり、それは素晴らしいことだと思う。二年目はかなり苦戦し、途中で帰国してしまったが。

　また、サラザール時代、ベンフィカのクラブ会長たちの一部はＰＩＤＥ（国防国際警察）に迫害された人物たちであった。一九六一年にバルセロナを下し欧州クラブ王者になったときの会長マウリシオ・ビエイラ・デ・ブリットはフリーメイソンとの関係をＰＩＤＥに疑われていた。共産党員さえいたくらいだ。クラブ幹部の体制への関与という意味ではスポルティングのほうがベンフィカよりもべったりであった。ベンフィカでもポルトガル代表でも主将だったマリオ・コルーナ（二〇一四年に死去）は、モザンビークの独立運動組織のメンバーであったとさえ言われ、実際にＰＩＤＥに召喚されたこともあった。

　しかも、コルーナの妻フェルナンダはアンゴラの解放組織ＭＰＬＡと関係を持ち、夫の給料の一部を使って同組織の運動を支援していたのだという。その点に関しては政治警察ＰＩＤＥも把握しきれていなかった。なお、このコルーナはエウゼビオと異なり、母国の独立後はモザンビーク人となり、後にサモラ・マシェル大統領（故人）に請われ国会議員にもなり、モザンビークサッカー協会の会長職も務めた人物でもある。また、ＰＩＤＥはベンフィカのジョアキン・サンタナというアンゴラ出身の選手についても、ＭＰＬＡとの関わりを警戒し、監視下に置いていた。サラザール体制にとって、ベンフィカは自らを脅かしかねないもう一つの体制のように見えたのではないか。

ベンフィカのオールドファンの中には、サラザール体制の時代、唯一民主主義的な運営がなされた組織だったと回顧する者もいる。いろいろな出自を持つさまざまな階層のポルトガル人によって創設されたベンフィカは、ポルトガル人の、ポルトガル人による、ポルトガル人のためのクラブであった（逆に言えば長くポルトガル人でない者に対しては閉鎖されていた）。クラブ会員なら誰でも参加できる総会が開かれ、そこでは誰もが発言する権利を持っていた（エリート・クラブと呼ばれるスポルティングの決定機関は全体評議会だが、そこには誰もが入れるわけではなかった）。金持ちも貧乏人もなかった。ベンフィキスタならみんな同じ権利を享受できたのだった。特権階級だけが恵まれていたサラザール体制とはまったく相性が悪い性格の組織であったのだ。

さらに、ベンフィカのスタジアムが代表チームの国際試合に使用されることもなかった。代表戦は主に国立競技場で行われ、最初の代表マッチは開設から一七年後のことだった。また、ベンフィカのサポーターの中にはどう見てもサラザール体制とは相容れない著名人がいる。共産党党首だったアルバロ・クニャル（やっぱり「赤」が好きだったのか！）、ノーベル賞作家ジョゼ・サラマーゴ（この人も共産党系）、東ティモール独立の英雄にして後に大統領そして首相になったシャナナ・グスマンなど。ベンフィカのサポーターが多いのはアレンテージョ地方だが、そこはまた反ファシズムの戦士が多かったことでも知られている。ベンフィカの〝DNA〟は、むしろ反権力ではないのか。

ベンフィカが体制のクラブではなかった傍証としては、モザンビークからやってきたエウゼビオがビューロクラティックな問題で、プレーする許可をもらうまで半年ほどかかったという事実もある。もし体制の支援があったならば、そんな長い時間は不要だったはずである。また、サラザールはソ連を連想させる「赤」のユニフォームが嫌いだったはずだし、考えてみれば、メディアにベンフィカのことを「os vermelhos」(レッズ)ではなく、「os encarnados」(同じく、レッズ)と呼ばせたのもサラザールであった(一九三八年、お隣のスペインの盟友フランコ将軍の敵=共産主義者がそう呼ばれていたので呼び名を変えさせた。つまり、サッカーに政治が介入したのだ)。体制のクラブとはとても言えまい! そもそも体制のクラブなら、呼び名を変えるだけでなく、共産主義を想起させる赤はやめさせて、違う色にしたのではないだろうか。

もし、ベンフィカがサラザール体制側のクラブであったとしたら、別の疑問もわいてくる。ベンフィカはポルトガル中部のサンタレンという町で極めて人気が高いのだが、体制を打倒することになる「四月二五日革命」の主役となるサルゲイロ・マイア大尉の部隊はこの町から出発している。マイア大尉の贔屓のクラブはわからないが、彼の部隊にはベンフィカ・サポーターが多かったと思われる。体制側のクラブならば、彼らは体制打倒の作戦行動には反対したはずではないか。というのはこじつけ過ぎですね、すみません。思い返せば、一九七四年の四月二五日にサラザール体制が崩壊したときも、ベンフィカ・サポーターたちは嘆きの声を上げたりはしなかった(寡聞にして、そんな話を聞いたことはない)。ベンフィカが体制のクラブだったのなら、国民の半数近いその力を用いて、クーデターを失敗させてもよかったではないか。

もっとも、ベンフィカは「体制のクラブ」だったとはっきりと発言した人物がいる。しかもそれはすでに紹介した往年のベンフィカ主将にして名選手マリオ・コルーナ本人である。マリオ・コルーナのリーダーシップを前に、ベンフィカでもポルトガル代表でも、チームメートたちは彼を親しみや近しさを込めた二人称代名詞tuではなく、敬意を込めてセニォール・コルーナ（ミスター・コルーナ）と呼んだというくらいの人物である。チームの中では別格だったのだろう。モンストロ・サグラード「聖なるモンスター」というニックネームもあった。その彼が二〇一〇年、ポルトガルのラジオ局のインタビューに答えて「（ベンフィカは）体制のクラブ」だったと述べた。根拠として、一九六六年八月六日に完成したサラザール橋（現在の四月二五日橋）の開通式には国家権力の三本柱とも言うべきアメリコ・トマス大統領、サラザール首相、そしてマヌエル・セレジェイラ・リスボン枢機卿が参加したのだが、コルーナもサラザールから招待されテープカットを行ったというのである。つまり、体制側がベンフィカに敬意を払ったからだというのだ。

しかし、この発言だけでは、体制のクラブと主張するのはやはり難しそうだ。一カ月前にイギリスで大健闘を見せたチーム（ポルトガル代表）のキャプテンを呼んでテープカットをさせるのは、ベンフィカへの敬意がなくとも思いつきそうだし、そのチームの主将を招くのは政治利用としてはずいぶんと軽い部類に入りそうである。

ただし、一九六二年、ベンフィカがすでに戦争状態にあったアンゴラに遠征した際は、試合の収益は傷痍軍人の回復にあてられることになっていたというから、広く解釈すればこれなどは政治利用の一部かもしれない。ベンフィカ以外にも、スポルティングがギニアビサウを訪問したことがあったが、国家の憂慮すべき状況下、政府に協力することを約束してから出発している。また、逆に植民地のスポーツクラブが本土を訪問し、勝利を収めれば、海外領土が本土に一体化され、また本土が植民地の文明化に貢献していることの証とされた。一方で、アンゴラとモザンビークなど、植民地間でのスポーツ交流が進められたことも記しておこう。

また、ベレネンセスは会長がサラザール体制最後の大統領アメリコ・トマスだったことから、「体制のクラブ」と呼ばれたこともあったが、「革命」後の弱体化は政治に見放されたせいだというのは、よい説明ではない。一九五六年に建設したレステロ・スタジアムの借金返済で困窮するなど、要は経営に失敗したのである。ベンフィカの弱体化も同じく、無能な会長を選んでしまい、クラブの経営、運営に失敗したからであるが、ベンフィカの覇権喪失は一九九〇年代半ば以降のこと。「革命」から二〇年が経ち、ポルトガルがすでにEUの優等生と呼ばれた後である。

以上見てきたように、サラザール体制がサッカーを政治利用したというのは、言葉そのままの意味では受け入れられないように思われる。プロ化の拒否に見られたように、サラザール体制はむしろサッカーが嫌いだったとさえ言いたくなる。そうは言っても、まったくサッカーと関わらなかったかと問われれば、やはりそうとも言い切れないから、事態はやっかいだ。スポーツの持つショー的要素は嫌いだったのだろうが、いつからかその利用価値にも気がついていた。フットボールの「F」がサラザール時代、国民をつらい現実から引き離すため政治的に利用されなかったと断言してしまうのは言いすぎなのだろう。少なくとも、ベンフィカ対スポルティングのリスボン・ダービーでうさ晴らしをしていた男性は少なからずいただろうし。

また、ヌノ・ドミンゴスという社会学者が二〇一三年の『プブリコ』紙（八月二一日）に掲載されたコラム「エウゼビオの居場所」で書いているように、サラザール体制は当初は人種主義的な姿勢を明らかにしていたし、ポルトガル社会では黒人があからさまに侮辱的に描かれることが多かったが、一九六〇年代に入り、国際社会の批判が強まる中、ポルトガル植民地支配の全人種統合的な言説が強調されるようになったとき、サッカーという人気スポーツで成功を収めるエウゼビオはそのイメージにピタリとはまったのである。植民地モザンビークの首都ロレンソ・マルケス(現マプト)郊外の貧しいマファララ地区から本国ポルトガルの首都へ移り大成功を収める。ポルトガル植民地支配の例外性の好例だったのだ。ポルトガル社会に同化したアフリカ人として、一九六三年に(ポルトガル軍の)兵役に就いたときエウゼビオの写真は広く普及したという。

ただし、注意しておくべきは、エウゼビオは遠くアフリカから離れ、ポルトガル政府のアフリカ政策とも無関係で、純粋にサッカーをプレーしていたということだ。エウゼビオを責めてもしかたない。なお、健康なポルトガル人青年として当然のようにエウゼビオは兵役に就いたわけだが、そこには大きな不正工作も働いていた。彼が実際にアフリカの戦場に行かなくて済むように、彼だけのために馬車を操る「ヒポモバイル操縦士」という任務が作られた。アフリカの戦場では馬車など必要なかったから、エウゼビオはリスボンに残ることができたのだ。政治利用は別として、体制はエウゼビオを特別扱いしたのである。

エウゼビオに関してはこんなエピソードもある。夏休みを楽しんでいたサラザールのもとへある閣僚夫人があいさつに来たときのこと。彼は後に死の原因となる例の椅子に座りながらエストリルの海を眺めていた。サラザールが足を骨折していたのを見て心配した夫人に対し、「私の足など大したことではない。エウゼビオの足だったら国家的不幸だがね」。サラザールもエウゼビオの足(サッカー)の価値は認識していたようである。

また、社会学者ヌノ・コエーリョの分析が明らかにした、メディアにおけるナショナリズムの煽り方を見ると、サラザール体制も間接的にはサッカーを利用したようにも思える（利用できたというべきか）。タイミングを見計らないながら、可能なときは可能な範囲内でサッカーが持つ社会的潜在力を利用した。明確な制度的な利用意図はなかったとしても、利用できるものは利用したのだ。特に国際的な勝利をもたらした一九六〇年代の一時期には、それくらいはあったように思われる。もし、サラザール体制が「三つのF」をまったく利用していなかったら、「革命」後に左翼の人間たちがあれほどまでにそれらを叩く必要もなかっただろう。八つ当たりの部分はあったかもしれないが、「三つのF」はサラザール政府と切っても切れない現象だったように思える。

もちろん、サッカーに夢中になった国民が、サッカーによって日頃の憂さを自ら晴らそうとしていたかどうかはまた別問題である。あるいは、知らないうちに政治の現実から自らを引き離してしまっていたかもしれない。誰かが仕組んだわけもなく、望んだわけもなく、サッカーがサラザール体制の延命に貢献してしまった可能性は今も否定できないのである。また、サッカーのチームでアフリカ系の選手が主力として活躍していたからと言って、ポルトガルに人種差別がなかったというわけでもない。エスタード・ノーボ体制は人種差別的であった。社会全体にアフリカ人差別の傾向は見られた。「三つのF」を唱えた人たちも、体制を憎むあまりその力を過大評価したのかもしれないが、サッカーの力に関しては見誤っていなかったと言えるかもしれない。

海の向こう側の事情

ところで、ほぼ同じ時代、大西洋を挟んだブラジルでも「エスタード・ノーボ体制」が存在していた。それは一九三七年から四五年まで続いたジェトゥリオ・ヴァルガス大統領による独裁政権の名称である。サラザールのエスタード・ノーボ体制は一九三三年生まれだから、時代的にはブラジルが後になる。ヴァルガスは一九三〇年の大統領選挙では敗れたものの（ウルグアイで第一回ワールドカップが開かれた年だ）、一九三四年には軍事クーデターを起こし（第二回ワールドカップがイタリアで開催された年だ）、議会の承認を得て大統領に任命された。その後、ファシズム的色彩の濃い憲法を制定し、共産党の反乱を抑え込んだ。大学教授だったわけではなかったが、財務大臣を経験していた点ではサラザールに似ているところもある。それにしても、ワールドカップの開始が一九三〇年。ファシズムが世界に広がったのも一九三〇年代。なんだか両方が一緒に生まれたかのようにさえ思えるのだ。サッカーは民主主義的なスポーツだと思うのだが。

一九三七年、ヴァルガスは軍の力を借りて大統領選挙を中止させ、議会も解散させ、独裁政権を樹立した。これがブラジルのエスタード・ノーボ体制の始まりである。資源を国有化したり、有色人種の移民を制限したり、ドイツやイタリアの憲法を真似したりもした。第二次世界大戦では、当初は中立であったが、末期はアメリカに近づき、イタリア戦線に派兵している。第二次世界大戦の勃発と同時に中立を宣言したサラザールも最後は連合国寄りだったから、やはり似ている。なお、ヴァルガスは一九五一年に今度は軍事クーデターではなく選挙によって大統領に返り咲いており、その後一九五四年までは逆に左傾化した政策をとった。

このヴァルガスだが、サッカーとの関わりではサラザールより深いものがあったと言ってよさそうである。政治によるサッカーの利用もあったと言えるのではないか。同じエスタード・ノーボ体制でも、サッカーを利用したのはむしろ大西洋の向こう側のブラジルだったのかもしれないのである。すでに、ブラジルにおけるサッカーと政治の関係については拙著『砂糖をまぶしたパス　ポルトガル語圏のフットボール』（白水社）でわりと詳しく論じたことがあるので、ここではヴァルガス時代に開催された三回のワールドカップに絞って、ポルトガルとの対比を行ってみたい。

一九三〇年はサッカーにとって重要な年となった。言うまでもなく、第一回ワールドカップがウルグアイで開催されたのである。ウルグアイは一〇万人収容できる巨大スタジアム「エスタディオ・センテナリオ」（一〇〇周年記念スタジアム）を建設し、優勝を求められた代表チームはその期待に応えてみせた。サンパウロとリオデジャネイロの対立から真の代表チームを作れなかったブラジルと違い（サンパウロ出身の名手アルトゥール・フリーデンライヒは出場しなかった）、ワールドカップが国民のアイデンティティの戦いになり得ることを見抜いていたウルグアイの優勝は順当なものであった。なにしろブラジルでは代表チームの敗戦を知ったサンパウロ市民が「勝利」であるかのように喜んだというくらいなのである。ブラジルでは、サッカーはまだ国民を統合していなかった。

一九三一年、ブラジルの首都リオデジャネイロで、世界王者ウルグアイを相手にリオブランコ杯が開催された。結果は二対〇でブラジルの完勝。翌年には今度はワールドカップ決勝の舞台であったエスタディオ・センテナリオで同じカードが組まれ、ヴァルガス時代のブラジルサッカー界の英雄、レオニダス・ダ・シルバとドミンゴス・ダ・ギアが代表デビューを果たしている。当時盛んに言われた人種混合のシンボルでもあった。モンテビデオから帰国した選手たちを迎えるために、ヴァルガス大統領は大臣との会合を早めに切り上げたという。

一九三四年のワールドカップはイタリア開催だった。ムッソリーニのイタリアはありとあらゆる手段を使って勝利をつかんだ。審判たちにプレッシャーをかけ、イタリア有利の笛を吹かせたとも言われる。ＦＩＦＡに圧力をかけ、イタリア移民の子孫（オリウンディと呼ばれた）がイタリア代表選手としてプレーすることを認めさせ、チームの強化を図った。ブラジルからも一名が「召集」され、コリンチアンスでプレーしていたグアリシはイタリア代表選手としてプレーし、ブラジル人としては初めてワールドカップを制すことになった。すなわち、ブラジル代表が初めてワールドカップを制するのは一九五八年だが、ブラジル人が初優勝したのは三四年だったのだ（という事実を自慢げに語るブラジル人というのには会ったことがない。そんなことを自慢する必要のない国だからだろう）。

当時のブラジルはイタリアほどではなかったが、ヴァルガスはサッカーの社会的重要性を理解していたようである。プロ化にも反対せず、ブラジルは一九三三年にはプロ化への道を進んだ。プロ化を許可することで、選手や貧しい人々の支持を得ようともくろんだのである。プロ選手を「労働者」として扱い金銭面で保護し、また貧しい人々に社会的上昇の機会を保障したのだ。「貧しき者の父」そして「労働者の保護者」と呼ばれた（呼ばせた？）所以である。

ヴァルガスは、ブラジル人を変えるために、政治的な統合を果たすために、スポーツ、とりわけサッカーの役割を理解していたのである。つまり、ヴァルガスはサッカーによってナショナル・アイデンティティを形成できると考えていたのである。サッカーのプロ化を拒み続け、さらにサッカーや群衆を嫌ったサラザールとはずいぶんと違う。大西洋を挟んだ二つのエスタード・ノーボ体制は、少なくともサッカーに関してはは別のイデオロギーを信奉していたようである。ただし、一九三四年大会のブラジル代表はプロ選手とアマチュア選手の対立からやはり真のセレソン（代表チーム）を作ることができず、ブラジルにとっての大会はわずか九〇分間で終わってしまった。政治利用にはまだ早すぎた。

一九三八年はフランスが舞台であった。この大会の目玉は、ブラジル代表にレオニダス・ダ・シウバというアフリカ系名選手がいただけでなく、ブラジルでは初めて、欧州開催のワールドカップのラジオ実況を放送したことである。ブラジル国内で最初のサッカーのラジオ実況放送は一九三一年（三二年とも言われる）七月一九日、ニコラウ・トゥマという二〇歳のアナウンサーが担当した。ラジオ網が広がると、サッカーの人気はさらに高まった。ときにはラジオで実況を聞いているほうがスタンド観戦よりも盛り上がることもあり、放送開始から一年後にはクラブ経営者たちが実況を禁じようとしたことさえあった。また、アナウンサーたちが一種のセレブになることもあった。ヴァルガスは、都市住民の関心を一気に惹きつけるサッカーの魔力、さらに大衆の感情を掻き立てるこのラジオの威力を政治的に利用できることを見抜いていた（本人はゴルフの愛好者であったが）。

国威発揚のために役に立つものは何か、一九三四年ワールドカップのイタリア、三六年ベルリン五輪でのドイツの例を知っていたのだろう。三八年ワールドカップのブラジル代表チームの「女性後援者」としてヴァルガス大統領の娘アルジーラが選ばれたくらいである。サッカーの代表選手には、政府が思い描く「新しいブラジル人」のモデルになってほしかったのだ。実際のところ、代表チームにはアフリカ系選手もいれば、白人の選手もいた。人種の融合こそがブラジルの強さであるという説を体現するのがサッカーの代表チームであった。もっとも、ヨーロッパにおけるブラジルのイメージと言えば、もっぱらコーヒーの国で（三四年大会で敗退した後代表チームは欧州を転戦し、コーヒーの宣伝に一役買った）、まだ「サッカーの国」ではなかったのだが。

ブラジル代表がフランスの土地で勝利すると、ヴァルガス大統領の下には祝電が届けられた。サッカーの勝利が政治家の勝利と重なったのだ。結局ブラジル代表は準決勝で前回大会を制したイタリア代表に敗れ、「国民的悲劇」という感覚が残った。そしてそれを可能にしたのがラジオ放送であった。リオ市民は同じ時間にサンパウロ市民がブラジルの悲劇を経験していることがわかっていた。出版物ではなく、ラジオの声がブラジル人に統一感を与えたのだ。新聞も重要な役を果たしただろうが、ラジオを忘れてはならない。ナショナリズムは、ラジオから聞こえてきたサッカーの代表チームの活躍からも生まれるのである。そして、この統一感、ナショナリズムを政府は利用しようと考えた（利用の意図を強調しすぎるのも危険ではあるけれど）。

イギリスのゲームを「再発明」し、「サッカーの国」という自負を得たブラジルは次に、自国でワールドカップを開催することを計画したが、実現するのは一九五〇年を待たねばならなかった。しかも、それは史上最大の、と言ってもいいくらいの国民的悲劇をもたらすのだった。なにしろ、ウルグアイとの最終戦で、引き分ければ優勝という立場にいながら、先制点も虚しく逆転を許し、手の中にいた小鳥を逃がすことになってしまったのである。ブラジル人のプライドはズタズタであった。

こうして見てくると、サッカーによって国民統合を果たす、ナショナル・アイデンティティを構築するという、いわば政治利用というものには、ワールドカップという大きな舞台が必要だったということなのかもしれない。ブラジルは一九三〇年からずっと出場し、ウルグアイよりは遅れたかもしれないが、その価値に早くから気がついた。しかし、ポルトガルは初出場を果たした一九六六年に遅まきながら取り組んだ。サッカーに関するヴァルガス体制とサラザール体制の違いは、自国代表チームのワールドカップ出場の有無に原因があるのではないだろうか。もしサラザールが、エリート主義的アマチュアリズムにこだわらず、サッカー選手のプロ化を認めていれば、ポルトガルサッカーはもっと早く強化され、ワールドカップの常連になり、政治的な利用価値に気がついていたかもしれない。あくまでも「たら」「れば」という仮定の話だが、大西洋を挟んだ二つの「エスタード・ノーボ体制」の違いはそんなところから生まれたとも思われるのである。

最後に

一九九八年のワールドカップを制したフランス代表が多人種・多民族で話題になったことは記憶に新しいが、ポルトガルがその三二年前に同じことをやっていたことは銘記されておくべきだろう。一九六六年のワールドカップ、準決勝でイングランドに敗れたもののポルトガルは三位に輝き、帰国した選手たちは後にサラザール首相から勲章を授けられた。勲章を授与しただけではサッカーの政治利用とは言えないが、政治とサッカーが無縁でなかったことは確かである。サラザール自身はサッカー嫌いだったようだけれど。

すでに触れたことだが、日本でも二〇一一年夏、サッカー女子日本代表チーム、いわゆる「なでしこジャパン」が世界一に輝いた際、さっそく時の政府が国民栄誉賞を与えたが、すぐにその政権は倒れてしまった。時の政権がサッカーの政治利用をしたつもりだったとしても、効果薄のケースだってあるのだ。サッカーはそんなに単純に政治家の思惑通りに利用できるものではないのだろう。

女子サッカーで思い出すが、ポルトガルは男子に比べ女子サッカーのレベルは低い。まだまだ国際的な成功はないのだ。しかし、その歴史は意外と古く、一九二三年にはフランスのチームとポルトガルの女子チームが戦っている。それ以降、ポルトガルでは女子のサッカーについての議論が起こっている。好意的な意見もあったのだが、否定的な見解もあった。特にサラザールの体制下では、たくましい子供を産んで育てることが期待された女性に相応しいスポーツとして体操や水泳が推奨され、身体的な接触が激しいサッカーのようなスポーツは避けられた。この点でも同体制はサッカーに否定的だったのだ。サッカーを使って不満を吐き出させるなら女性も巻き込んだほうがよかっただろうけれど、そんな形跡はないようだ。

日本よりもサッカー人気が高く、生活の中に根づいているように見えるヨーロッパに目を転じてみても、民主主義の時代であるからこそとも言えるサッカーの政治利用（？）というものがある。例えば、二〇一二年五月、同年夏に「EURO12」の共催を控えていたウクライナの政府側が、獄中のユリア・ティモシェンコ元首相に暴行をふるったとして、当時の欧州委員会委員長ドゥラン・バローゾ（ポルトガル人である）は大会の行事に参加しない旨を公表した。ドイツのメルケル首相もティモシェンコ元首相の状況次第ではウクライナには行かないと報道官を通して発表した。ウクライナ政府はもちろん、スポーツを政治の人質にしてはならないと反発したが、政治とサッカーを完全に切り離すのならば、ある意味彼らの言うとおりでもある。それとも、民主化のためなら、サッカーは大いに利用すべきなのだろうか。議論は割れそうだ。

ちなみに、二〇〇二年のワールドカップ日韓大会のときのポルトガル首相はこのドゥラン・バローゾで、大会前に選手団を官邸に迎えたときの「(ワールド）カップを持ち帰れ！」は有名なフレーズで、今でも引用されたりするのだが、ご存じかもしれないが、その結果は一勝二敗で、グループステージで敗退というみじめなものであった。それ以降、政治家たちも気をつけるようになったようで、ワールドカップや欧州選手権に出場する代表チームには過剰な期待を感じさせるような言葉を吐かないようになってきた。よいことだと思う。

ポルトガルの現状からすると、地方政治がサッカーと癒着していた一方で、中央政治がサッカーに距離を取ろうとしていた八〇年代は牧歌的な時代に見えるのである。今や政治がサッカーを利用するなんてものではなくて、サッカーが政治を利用して、さらに影響力を拡大しようとしているかのようにも見えるのである。「革命」から一〇年が経って以降、ポルトガルでも日本ほどではないけれど政治は矮小化する一方で、サッカーの世界は拡大する一方である。視点を変えれば、サッカーを支配下に置いた経済が政治を呑み込みつつあると言ってもよいかもしれない。巨大化するサッカーに政治(家)がすり寄っているように見えるのである。

我々はいつか、政治がサッカーを利用できた(できると信じた)時代にサウダーデを感じるようになるのだろうか。群衆を嫌ったサラザールがもし生き返って、満員となったルース・スタジアムやドラゴン・スタジアムを見たとしたら、いったいどんな反応をするのだろうか。いや、スタジアムに行くことを嫌い、ビール片手にソファーにふんぞり返ってサッカーのテレビ観戦に夢中になる人々を見て(近年はこの手の人が多い)、どう思うのだろうか。ますます国民を統治しやすくなったと思うのだろうか。それとも、外に出て、明るい陽ざしの下で体操をしなさい、と叱るのだろうか。テージョ川、モンデーゴ川、ドーロ川でカヌーに乗ってオールを漕げ、とけしかけるのだろうか。

二一世紀にもし生き返ったとしたら、サラザールは、サッカーを利用してもっと上手に国民心理をコントロールしてやろうともくろむのか？　それとも、サッカーに夢中になる愚かな国民の姿を嘆くのか？　ヨットに乗って海に漕ぎ出ろと訴えるのか？　ポルトガル人はどうしようもない連中だから自分が手取り足取り面倒見ないといけないと憐憫の情を見せただろうか？　経済・財政危機の中、搾取され、奴隷のように扱われながらも「ゴール‼」と叫ぶ人々を見て嘆いたりはしないのだろうか？　肥大化したサッカーの社会的位置づけを思うとき、独裁者サラザールは、サッカーがまだ現在ほどメディア化されず、経済的にも小規模だった一九七〇年に亡くなっていてよかったのかもしれないとさえ感じてしまうのである。ポルトガル人は従順でおとなしい国民なのか、それとも間抜けで騙されやすい国民なのか？

私の経験からは間抜けで騙されやすいとはとても思えないのだが、権威に従順なところはあるように思える。現在のサッカー人気はいろいろなことを考えさせるのである。

それにしても、サッカーは、いや、ファティマとファドを入れて、いわゆる「三つのF」は、一時期なぜそんなにも敵視されたのだろうか。つまり、なぜそれほどまでにサラザール体制と同一視されたのだろうか。長年にわたるサラザールとカトリック教会の協力関係を見ると、ファティマが不評を買ったのはわかるような気がする。教会は第一共和制の時代でも敵視された。教会は近代化の敵と見なされたからなのか。では、ファドは？　独裁制の時代に、アマリア・ロドリゲスが世界的に有名になっていたからなのか？　彼女はサラザールから特別の寵愛を受けたわけでもなさそうだが。

また、サッカーは？　すでに社会的な影響力が肥大化していたからだろうか。民主化を進めるうえで、何か敵が必要だから選ばれたのか？　サラザール体制を打倒した国軍運動が掲げた目標である、三つの「D」（「民主化」「脱植民地化」「経済発展」）に対抗する何かが必要だったのだろうか。よい意味を持つ「三」が「D」なら、悪い意味を持つ「三」は「F」だったということなのか。民主主義の根幹をなす多数決には最低でも三（人）が必要だから、三（つ）が選ばれたのだろうか。どこかで体制と結びついていた

サラザールの生家（左）。サラザールの墓（右）。

かもしれないが、それぞれの「F」にとっては迷惑な話だったようにも思える。どの「F」もますます盛んになる現在の状況を見るにつけ、もう一つの「F」であるファシズムの復活よりもむしろ、レッテル貼りの恐ろしさを思うのである。

　サラザール体制下、ポルトガルの文化的英雄といえばファドのアマリア・ロドリゲスとサッカーのエウゼビオであった。それ以前のポルトガル文化の英雄は、いわゆるエリートたちである。そう思うと、「三つのF」のうち二つは庶民的、すなわち民主主義的なところがあった。いや、三つ目の「F」のファティマ信仰も、もともとは民衆的現象であった。ということは、サラザールが利用したとされる三要素はどれも民主主義の時代を予言するものだったと言えないこともない。さらに言えば、本来は好きでもなかった「三つのF」にすがらなければ体制維持ができないくらいまでサラザール政権は追いつめられていたのだとも言えるだろう。盤石に見えたエスタード・ノーボの基盤維持も実のところは綱渡りのような状態にずっと置かれていたのではないか。

　およそ半世紀間にわたって続いたエスタード・ノーボと呼ばれる独裁的な体制。その間ずっと政治が明白な意図をもってサッカーを利用したというようには思えない。しかし、ポルトガルのクラブ（＝ベンフィカ）と代表チームが国際的な舞台で大活躍した一九六〇年代は、スペクタクルとしてのサッカーを可能な範囲で利用した。サッカーが大衆化した共和制の時代も、サラザールの抑圧的な体制になっても、選手もサポーターも暴力沙汰ばかりを起こし、確かに観客の憂さ晴らしくらいにはなったかもしれないが、サラザールはそうしたバカ騒ぎを本来は好きでもなんでもなかった（むしろ軽蔑さえしていた）が、サッカーが体制護持に役立ちそうであれば利用した（あるいは利用することを許可した）。そのあたりが歴史の真相なのではないだろうか。

ただし、サッカーを含め、スポーツ全体ということであれば、海外領土にスポーツの実践が普及することは目指されたし、本土と海外領土の結びつき強化のために「ポルトガル帝国競技会」の開催が政府高官の口から示唆されたこともあった事実は注意しておくべきだろう。ポルトガル領土に広がって暮らす住民たちの間に共通する国民精神が創生されることが意識されていたのである。サッカーが政治に盛んに利用されたというのは違うにしても、国家にとってのスポーツの存在意義は時代とともに意識されるようになっていたのだ。

各スポーツ競技の連盟、協会、クラブなど、植民地での活動は徐々に整備されていった。植民地全土を覆うような体育大会も開かれたが、その背景には政府が領土をくまなく統制していることを示すという意図があったとされる。各大会では、政府首脳が姿を見せ、国家のシンボルが誇示され、帝国の統一を讃える演説が繰り返されたりもした。一九六一年にはスポーツ振興くじ（通称トトボーラ）も始まっている。「スポーツは国家によく仕えるための重要な基盤である」とは、バスコ・アルベスという海外領土相の発言である。サッカーだけをことさら強調してはいけないのだろうけれど、偉大なるポルトガル維持の責任が若者にあることがスポーツを介して伝えられていたことも、また否定できないのである。

第五章　サラザールと戦った二人の政治家——アルバロ・クニャルとマリオ・ソアレス

四人の戦う政治家たち

一九二六年から七四年まで、およそ半世紀間に及んだ独裁体制によるポルトガル支配。なぜそんなにも長続きしたのだろうか。

サラザールの政権は、カトリック教会と二人三脚というか、持ちつ持たれつのところがあった。軍を統制下に置くことにも成功した。教会と軍と言えば、一九一〇年から二六年まで続いた第一共和制時代に政権から冷遇された組織であった。サラザールはその両者を厚遇したのだ。なかなか頭がよい。

産業界とも結託した。PIDE（国防国際警察）という政治警察によって、国民を監視下に置き続けた。必要とあらば拷問にかけ、死に追いやったことだってある。反体制派の人物を長期間にわたって、アルジューベ、カシアス、ペニーシュ、タラファルなどの政治犯収容所に送り込んだ。

また、サラザールは人事の術策に長けていたとも言われる。第二次世界大戦で中立を高く売った外交手腕も評価される。民主主義の時代、植民地支配を続けながらも、NATO（北大西洋条約機構）にもEFTA（欧州自由貿易連合）にも加盟国として認められているのだ。さらには、権威に従順なポルトガルの国民性も幸いしたのだろう。巧みなプロパガンダを用いたサラザールは、家庭内でも、学校でも、職場でも体制の活動を告知し、自らの政治信条を国民に植えつけることに成功していた。

サラザールは、ポルトガル国民を「新しい人間」に変えることを成し遂げたかのようでもあった。さすがは「新国家」（エスタード・ノーボ）と呼ばれた体制であるが、その「新しい人間」は体制に抵抗できないと思い込まされたのである。二〇世紀ヨーロッパ最長の独裁政治。サラザール独裁体制はとにかく長持ちであった。そのおかげで、サラザールは人生の大半を権力の座に就きながら過ごすことができたのである。サラザールはジョージ・オーウェルの小説『一九八四年』のビッグブラザーであったかのようだ。

だが、それは必ずしも国民の間から抵抗がなかったという意味ではない。警察や軍による抑圧的な暴力が待っていたとはいえ、抵抗者はいたのだ。一九七四年四月、サラザール体制に終止符を打った「国軍運動（ＭＦＡ）」の若手将校たちが最初にして最後のサラザール（体制）の敵だったわけではけっしてない。実際、一九三七年にはサラザールを狙ったテロ事件が起こっているし（二〇一四年七月には、その暗殺未遂事件まで彼が暮らしていた廃屋が売りに出されたというニュースが飛び交った）、一九五八年の大統領選挙も体制の基盤を揺るがした。ウンベルト・デルガード将軍が勝利まであと一歩のところまでたどり着いた（というよりは本当は勝利していたのだが、不正によって敗北とされたのである）。サラザール体制も半世紀間にわたってずっと盤石だったわけではないのだ。さらに、一九六一年、エンリケ・ガルバン大尉が豪華客船サンタ・マリア号をシージャックしている。六〇年代末の学生運動の時期にもサボタージュ行為は続発していた。ポルトガル人は従順な子羊などではなかったことは記しておきたい。

だが、サラザール（体制）の「敵」と言うとき、私が真っ先に思い出すのは、アミルカル・カブラル（Amílcar Cabral）とアルバロ・クニャル（Álvaro Cunhal）。二人のＡＣである（この後ＤＣとつながるとオーストラリア出身のロックバンドみたいであるし、実際そうすることも可能なのだが、その話は後で）。最初のACことアミルカル・カブラルはアフリカに生まれ、ポルトガル領アフリカに独立をもたらした政治指導者。もう一人のACはポルトガル共産党の元指導者。ともにすでに故人ではあるが、二人の思想や行動は今も影響力を失ったわけではない。そして、どちらも功罪が議論の的となっている。偉大なリーダーとはそういうものだろう。

サラザールの「敵」と言うとき、もう一人忘れてはならないのは、マリオ・ソアレスである。青年時代から独裁体制と戦い、サラザール体制の崩壊後の民主主義の時代には政権の座に就き、一九八六年から九六年まで共和国大統領も二期にわたって務めている。「革命」後の四〇年間の、ポルトガル政治の最大の主役を一人だけ指摘せよと言われたとき、彼の名前を挙げる人は少なくないと思われる。ポルトガル民主化の父と言ってもよいのかもしれない。それでは誇張が過ぎると言うのであれば、少なくとも大統領だった一〇年間、彼は「国民の父」のような存在であったとは言えるだろう。二〇一四年一二月、ついに九〇歳の大台に乗ったときにソアレスは、スペインのメディアに、四〇歳も年下の看護師と恋愛関係にあるとすっぱ抜かれ、大きな話題となった。ソアレスには六〇年以上も連れ添った正妻がおり、もちろん浮気は否定した。その妻マリア・バローゾも二〇一五年に亡くなってしまった。

このソアレスにとって、「革命」前なら独裁者サラザール、「革命」後なら共産党のアルバロ・クニャルが明らかな政敵であった（「革命」の前からクニャルとの関係は冷え込んでいたのだが）。だが、もしこの人物が早死にしなければソアレスも政治の主役の座を奪われかねなかったかもしれない、と思わせる政治家もいたのである。フランシスコ・サ・カルネイロである。

「革命」後のポルトガル政治はおおよそ社会党と社会民主党の二大政党制と言ってもよいのだろうが、

ある時期まではソアレスは前者の、サ・カルネイロは後者の「顔」であった（実際に党首でもあった）。サ・カルネイロが飛行機事故（もしかしたらテロ事件？）で早すぎる死を遂げたのに比べ、ソアレスは九〇歳をすぎてもまだ長生きをしている。対照的な人生だが、「革命」後のポルトガル社会に与えた影響ではどちらも引けを取らないのである。ソアレスはその存在によって、サ・カルネイロは不在によってポルトガル政治に影響を与えているのだ。

私はサラザールの独裁的政治を支持する者ではないけれど（社会に秩序があったサラザール時代を懐かしむポルトガル人は確かにいる）、サラザールには大きな興味がある。サラザール研究とは尽きることのない泉のようなものである。そして、サラザールを知るには、その敵を知らねばならないとも考える。しかも、彼の敵そのものが魅力的な人物たちであった。ポルトガルの二〇世紀後半には魅力的な政治家が多かったのだ。今ここで、不完全ながらもその描写に取り組む理由である。ただし、一人一人の伝記的な記述を行うだけではつまらないだろう。

本章と次章、二つの章に分けて二人ずつ論じようと思うのだが、本人同士も同志であり政敵であったとも言えるクニャルとソアレスについてまず取り上げることにする。二人の関係は「親密なる敵同士」という感じだろうか。といっても、二人の関わりや対立にだけ焦点を合わせるのではなく、サラザールへの抵抗という意味で象徴的なエピソードに注目してみたい。クニャルならペニーシュ要塞からの脱走劇であり、ソアレスなら「バレエ・ローズ」というスキャンダルである（サラザール時代、彼の知名度を国際的にした性的スキャンダルことである）。

さて、これはべつに好き嫌いではなく、年長者を尊重するという意味で、まずはすでに故人となっているアルバロ・クニャルから紹介しよう。

〝地下〟に暮らした〝白馬〟

次章で見るように、ポルトガル植民地支配と戦い、その終わりを見る前にアミルカル・カブラルは銃弾に斃れてしまった。そのアミルカル・カブラルとは異なり、ずいぶんと長生きしたものの、ほぼ同じ時代にサラザール体制に戦いを挑んだポルトガル人政治家がいる。サラザール体制は強力なプロパガンダ機関と抑圧的な警察機構に支えられていた。だが、抑圧の代表とも言える、悪名高い政治警察ＰＩＤＥ（国防国際警察）に何度も捕らえられながらもけっして屈することもなく、ソ連やフランスなど海外に亡命してもサラザールに戦いを挑み続け、「革命」後も首相あるいは大統領まで登りつめた大物政治家たちに混ざってなお、彼らに引けを取らないくらい大きな存在感を発揮する野党政治家が存在したのだ。ポルトガル共産党（Partido Comunista Português、ＰＣＰ）党首として長く反体制派あるいは抵抗勢力の象徴的存在であったアルバロ・クニャルである。

アルバロ・クニャルは真っ白な頭髪ゆえにカバーロ・ブランコ（白馬）というニックネームで呼ばれていたが、もちろんカベーロ・ブランコ（白髪）と韻を踏んでいたのだろう。眼光は鋭く、相手の心の奥深くまで射抜くようであった。ブラジルの著名な作家ジョルジ・アマードはクニャルのことを「とてもやせ細り、洗練され厳めしい表情、神経質な手が語る。身体的には苦しんできた若者。寝不足ながらも疲れを知らない働き者。声は少ししわがれ、燃える瞳の中には疲労が宿っている」と表現したことがある。大作家の人間観察力、そして描写力は卓越している。

独裁者サラザールの抑圧的政治（共産党的に言えば、ファシズム）に抵抗し、さらに一九七四年の「四月二五日革命」がもたらした民主化のあり方にも抵抗し、ポルトガルのEU加盟にも抵抗し、一九九一年のソ連崩壊にも抵抗し、「共産主義者はプライベートについて話題にしない」と述べたことがあるように私生活を公表することにも抵抗し、人格崇拝を嫌うがゆえに選挙ポスターに顔を出すことにも抵抗し、党員の間で神話化されることにも抵抗し、とにかく抵抗し続けた政治家アルバロ・クニャルには、他の政治家には見られない独特な雰囲気があることが、テレビ画面を通しても十分に伝わってきた。もっとも、皮肉なことにも、神話化を拒否した分だけさらに神格化されてしまったのだが。とにかくクニャルは抵抗し続けた人であったし、そのせいかどうか、ポルトガル共産党も抵抗勢力としては一流であるが、民主主義政党であるかどうかは意見が分かれそうである。

クニャル生誕100年のイベントの展示。

　収容所の看守でさえも、彼とすれ違うときは緊張で言葉を失ったというくらいなのである。もし私にポルトガルで投票権が与えられたとしても、彼の政党に一票を投じることはないだろうな、とは思いながらも、長いことやはり気になる存在ではあり続けた。さすがに彼の思想に共鳴し、心まで赤く染まることはなかったわけだが……（サッカーではベンフィキスタですから身も心も赤く染まっています）。
　気になるのは私だけでなく、ポルトガルのメディアも常にアルバロ・クニャルには一目も二目も置いていた。彼に関する書籍もすでに数多く出版されている。もちろん彼自身も本を出版している。絵も描いた。今でも思い出すのが、もうずいぶんと前の話になるが、ポルトガルの女性ジャーナリストが四〜五名集まり、ポルトガルの政治家についてユーモアを交えた批評を行ったことがあった。その中で、クニャルに関しては誰もが長所として「セール・ボニート」（ハンサムであること）と言い、逆に欠点としては「セール・コムニスタ」（共産主義者であること）と述べていた。

共産主義者であることが人間として、あるいは政治家として欠点なのかどうかは別にして、彼がハンサムと見なされていることはいささか意外な気がした。ポルトガルでは、「ボニート」の基準が日本人とはずれるのかな？　と思ったのである（若い頃の写真ではけっこうハンサムに見えたりもするが）。「ボニート」なら近年の若手首相、社会党のジョゼ・ソクラテス（二〇〇五－二〇一一年）、あるいは社会民主党のパッソス・コエーリョ（二〇一一－二〇一五年）のほうが「ボニート」だと思うが、確かに政治家としての威圧感ではクニャルのほうが千倍も一万倍も勝っていたと思う。グローバルな現象かもしれないけれど、ポルトガルでも政治家が矮小化しているように思えてならない。ちなみに、若かりし頃にサラザールを近くで見たことがあるという元官僚は、その威圧感に圧倒されたという。サラザールのオーラも半端ではなかったのだろう。

いや、サラザールのオーラは、今はどうでもよい。すでに二〇〇五年に死去してしまったアルバロ・クニャルではあるが、ポルトガル現代史を語るうえでは不可欠であるこの政治家についていつか日本の読者の方にも紹介したいとずっと考えてきた。なかなかその機会がなかったのだが、勝手な

リスボン、リベルダーデ大通りに面する共産党本部。

がらそろそろ機も熟した頃だと思うので、以下アルバロ・クニャルについて短いながらも語ってみたい。九一年間という長い人生、そして七四年間の政治活動を一つの章の半分で要約することなど所詮は不可能なことであろうが、私としては何も述べないままで放置することもできないのである。

抵抗するは我にあり！

アルバロ・バレイリーニャス・クニャルは一九一三年一一月一〇日、コインブラのセー・ノーバ地区で生まれた。二〇一三年は生誕一〇〇周年にあたっていた。一九一三年と言えば、共和制になったばかりで、政治も社会も経済も混乱を極めていたポルトガルである。労働者の運動も盛り上がっていた。大規模な社会紛争も繰り広げられた。国外に目を向ければ、第一次世界大戦勃発の前年であり、クニャルにとって第二の母国とも言えた世界初の社会主義国ソ連はまだ存在していなかった。第一次世界大戦では連合国側につき勝利するも、フランドルに派遣した遠征隊は大敗を喫し、ポルトガルは敗北国のような目に遭うことになる。

父親のアベリーノは高名な弁護士。画家でもあり作家でもあった。アルバロ・クニャルも政治家でありながら作家でもあったから、芸術に寄せる愛情は父親譲りだったのだろう。絵心もあった。とはいえ、アベリーノは共和主義者でリベラルでライコ（世俗主義者）だったが、けっして共産主義者ではなかった。「和」と「産」と一文字違うだけで、思想的にはずいぶん違ってくるものだ。共和主義者の息子が共産主義者では大した駄洒落にもならない。そうは言っても、父親もサラザールが築いたエスタード・ノーボ体制に抵抗した政治犯の救済に尽力した人物だったので、やはり親子で共通点は見られるのである。というよりも、父アベリーノは息子アルバロをのちに弁護することになる。

一方、専業主婦だった母親のメルセデスは敬虔なカトリック信者で、クニャル自身も一九一九年五月には洗礼を受けていているが、彼女に対しては反抗的な態度を取ることが多かった。家の中で作業服を着て歩き、母親をうんざりさせたりもした。また、クニャルには兄と姉がいたがともに結核が原因で夭折し、彼の人生にずっと付き添ったのは一四歳年下の妹マリア・エウジェニアであった。二人の子供の早すぎる死は一家にとり精神的に大きな痛手であった。マリア・エウジェニアはチェーホフをポルトガルで最初に翻訳した人物でもある。

政治活動、地下に潜伏する逃亡生活、そして長い亡命。二〇歳で家を出たクニャルが母親と過ごす時間が減っていった。お手伝いさんのいる中上流階級の生活を自ら放棄し、不自由な暮らしを選んだのだから根性がある。レンブラントやロダンを愛したクニャルは祖国と革命のために芸術家の道も断念したのである。本章の後半で紹介するマリオ・ソアレスはブルジョワ的気質が抜けず、地下活動家にはならなかったのだが、この点で二人の人生の違いが際立って見える。

いずれにしても、クニャルは貴族的な育ちをし、庶民の仲間になろうとしても、精神的には最後まで貴族であった。さらに、今ではこんなことはあり得ないだろうが、アルバロ・クニャルは小学校を数日通っただけで退学してしまい、その後はずっと父親を教師として〝卒業〟したのであった。体罰をよしとする学校の教師たちの方針と、父親の意向がまったくかみ合わなかったらしい。民主主義を信じた父アベリーノにも意志の固さを感じる。

一九二四年、一家揃って首都リスボンに移り、ペドロ・ヌーネスとカモンイスという名の二つのリセウ（リセー）に学んだ。三一年、一七歳でリセーを卒業したが、最終成績は一三点（ポルトガル式では満点は二〇点）。際立って優秀だったわけではないが、ポルトガル語（日本式では国語）の成績が一六点、哲学の成績が一五点だったところに作家としての才能を見て取ることもできそうである。

リセー卒業と同時に大学進学。まだ一七歳であった。大学は一九一一年に創設されたばかりのリスボン大学法学部。そして、入学と同時に共産党に入党している。一七歳で入党したことは人生で最も正しい選択だった、とのちに述懐することになる。万が一にも、誤りだったなどと言おうものなら、稀代の裏切り者ということになってしまうけれど。

一九一七年一〇月二五日から一一月七日に起こったロシアのクーデタにおけるボルシェビキの勝利の流れを受け、一九二一年三月六日に創設されたポルトガル共産党は、サラザールの政治の表舞台への登場を促すことになる一九二六年五月二八日の軍事クーデターの際は、歴史の流れを変えるだけの影響力を持たなかった、まだ組織力も理論武装も弱かったのだ。そのときは幹部たちも戦いを敢え無く放棄してしまった。共産主義政党による国際組織コミンテルンも、遠く離れた国のポルトガル共産党に大きな重要性を与えようとはしなかった。話が飛ぶけれど、一九三八年には、ゲオルギ・ディミトロフ書記局長の命令で、内紛や政治警察の浸透を許していたポルトガル共産党はとうとうコミンテルンから除名されてしまう体たらくであった。

なお、かつては、クニャルはリスボン大学法学部を二〇点満点のうち一八点という高得点で卒業した超秀才だったという実しやかな噂があったが、どうやらそれは作り話で（都市伝説の一種か？）、本当は一六点であった。それでも優秀だけれど。ただし、学生時代からすでに反体制・反権力という姿勢は見られたという。

一九三一年、大学進学と同時に共産党員となったクニャルは、ソ連友好同盟のメンバーにもなり、また政治犯救済の活動も始めている。学業以外の面で忙しすぎたのか、彼は進級できず留年してしまったこともあった。積極的な活動のかいもあってか、二年生になると学生自治会会長に選ばれている。

一九三五年、自らも設立に関わった共産党青年連盟の書記局長に選出された。同年モスクワで開かれた第六回共産主義青年国際会議にも参加している。当時はアルバロではなく、ダニエルを名乗っていた。翌三六年に党の任務を帯びて訪れた内戦下のスペインでは、スペイン人の英雄的な戦いぶりを目撃することになった。また初めての訪問の際、ソ連に魅了されたアルバロ・クニャルは一生涯、ソ連に忠実であり続ける。彼にとり、ポルトガル共産党の存在も、ポルトガル国内のプロレタリア運動だけでは不十分で、一〇月革命、すなわち、すべてはソ連の動向あってこそ、なのであった。

一方で、一九三三年に「新国家（エスタード・ノーボ）」になっていたポルトガルにおいて、労働者の蜂起をサラザール体制が激しく弾圧していた一九三五年、クニャルはついに地下活動家となり、翌三六年には共産党中央委員会のメンバーとして受け入れられた。三七年の七月には反体制的活動（ビラを配布した）の疑いで政治警察ＰＩＤＥによって逮捕され、一年間の懲役を科された。最初の拷問体験。二三歳であった。このＰＩＤＥ、およそ半世紀間続いたサラザール体制下で一万五千人以上の人々を逮捕したという。ＰＩＤＥにとって情報は極めて重要で、一九七四年四月の「革命」の直前、情報提供者の数は二万人を超えていたとも言われる。ＰＩＤＥに対する情報提供の報酬を受け取ったことのある人は、国民の四人に一人だったとも言われるのだ。また、一九六〇年代以降、一〇通の手紙のうち三通はＰＩＤＥのエージェントによって開封されたか、読まれたか、したという。

クニャルは、最初はリスボン市内にあったアルジューベ（一九六五年に閉所）、カシアス（リスボン郊外オエイラス郡にあった）、後にペニーシュの牢獄に移送された。牢獄ではひどい拷問に遭い、気絶して五日間も意識を取り戻せないこともあった。アルジューベ牢獄から送られてくる血のついた衣服を母親は家で洗濯してあげなければならなかった。母親は、虫刺されのせいだ、と娘マリア・エウジェニアに嘘をついたという。一一カ月後に釈放されると今度は兵役を科されてもいるが、ハンガーストライキを決行。一九三九年一二月、兵役を免除された。

すぐに大学に戻り、四年生を終えようとしていたが、政治活動も行っていたことから、一九四〇年五月には再び逮捕されてしまう。裁判でアルバロ・クニャルを弁護したのは父アベリーノであったが、父が息子を弁護士として擁護するのはポルトガルでは（も？）珍しいことであった。クニャルが偉いのは、許可を得て、牢獄の中でも勉強を続け、卒業論文の執筆を続けたことである。「中絶―原因と解決策」という当時としては珍しいテーマで、一〇〇ページも書いたというからすごい！（情けないことに、私はアームチェアにふんぞり返りながらも、なかなか一〇〇ページは書けないのである……）。リスボン大学法学部の教授たちは牢獄の中で卒業論文の審査を実施することを拒み、クニャルはＰＩＤＥの捜査員に付き添われて大学まで出向き、そこで四人の審査員の前で自らの主張を訴えた。ちなみに、彼の論文の中身をざっくりと言ってしまうと、ポルトガル人女性が置かれる劣悪な社会状況に改善が見られない間は、中絶を法的に認めないわけにはいかない。中絶を禁止するには、女性の地位を向上させるしかない、というものであった。

大学で友人たちに抱擁されても、落ち着いた様子は変わらなかった。興味深いことに、審査員の一人が、一九六八年にサラザール首相の後を引き継ぐことになるマルセロ・カエタノ教授であった。教授陣はクニャルが求める妊娠中絶容認説を受け入れなかったが、論文そのものには一六点という高い評価を与えている。学問の世界は腐敗していなかった証だろうか。ちょっとだけホッとする。だがこの時代、庶民が貧困、失業、搾取、飢餓に苦しまされていたことは覚えておこう。

一九四〇年一一月、自由の身に戻ると、今度はドゥアルテを名乗り、ソアレス一族経営のコレジオ・モデルノの主任教員に就任、ほどなくして共産党の同志（カマラーダ）となり、後には最大の政敵ともなるマリオ・ソアレス少年に短期間とはいえ地理を教えることにもなった（後で見るがそれ以外にもいろいろと教えた）。教え子が生涯の政敵になるというのはどんな気分なのだろうか。学校で教える一方で、新聞や雑誌に熱心に投稿し、芸術の社会的役割について論争を繰り返したりもした。

一九四二年末にはまたしても地下生活に戻ることになる。一般庶民でさえ苦しい生活を余儀なくされていた時代、逃亡者の暮らしは想像を絶するくらいに厳しい条件下にあったはずである。単調で孤独、そして絶えざる緊張感。しかも、闇のルートで物資を得ることさえ難しかった。

ところで一九四〇年といえば、ポルトガル建国やスペインからの独立回復（一六四〇年）を祝福する行事が続いた年であり、六月には恩赦が発令され、大西洋に浮かぶ島嶼植民地カボベルデにあったタラファル強制収容所に送られていた、ジュリオ・フォガッサなど共産党幹部の帰還が許された年でもある。帰還組は共産党の組織に不満を抱くようになり、次第に改革派となったが、クニャルもその一員となり、しかも重要な役割を果たすようになった。そして、党首のベント・ゴンサルベスが一九四二年に、タラファル収容所で死亡し、ジュリオ・フォガッサなど他の幹部がＰＩＤＥに逮捕されたりすると、クニャルがぜん注目を集めるようになった。

事実、一九四〇年から四二年という時期、クニャルは共産党の再組織化に大きな貢献を果たしている。共産党は大衆との結びつきを強め、全国規模の政党となった。四二年九月には共産党中央委員会書記局の一員に招かれ、そこでもリーダーシップを発揮し、ストライキを準備したり、外国の共産党との関係構築にも尽力した。同じ九月の一一日、二九年から党首だったベント・ゴンサルベスがカボベルデのタラファル収容所で死亡する。共産党の言葉遣いによれば、サラザールによるファシズム体制の残虐さがよく表れた党首の死であった。なお、アルバロ・クニャルが党首になるのは一九六一年であり、九二年までその座を占めることになった。

人によっては、この一九四〇年を境に、ポルトガル共産党はACとDCに分かれるのだという。すなわち、Antes de Cristo（キリスト誕生前＝紀元前）とDepois de Cristo（キリスト誕生後＝紀元後）のこと、……いや違う！　Antes de Cunhal（「主」クニャル以前）とDepois de Cunhal（「主」クニャル以降）のことだ。ポルトガル共産党が真の政党の形をなすのは大体この頃であったと言ってよいだろう。規律が強化され、規則が厳密に適用され、党内に厳格さが増した。サラザールが登場する一九二六年の時点で存在した労働者組織、民主主義政党は政府による抑圧に耐えられなかったものの、クニャルの共産党だけは生き残ることができた。抵抗に成功したのである。

さらに一九四二年、モスクワで開かれた第二二回ソ連共産党大会にクニャルは出席し、毛沢東主義を批判する演説を披露した。ポルトガル共産党も新しい綱領を得て、「右傾化」を避けることになった。クニャルのライバルだった「社会民主主義者」フォガッサはPIDEに逮捕されていた。このフォガッサだが、のちに同性愛者だからといって党を追放されてしまうのだが、共産党も昔はけっこう頭が固かったようである。第二次世界大戦前に同性愛者に対して偏見を持つなというのはさすがに無理があっただろう。

一九四七年、およそ一〇年間にも及んだPCP（ポルトガル共産党）の国際的な孤立に終止符を打つために、クニャルは三度目のソ連訪問を果たした。不活発な活動や内部分裂を理由に、一九三八年に断交されてしまったソ連共産党との関係を再構築したかったのである。より正確に言えば、ポルトガル共産党の正統性を認めてほしかったのだ。クニャルはソ連共産党中央委員会書記でのちに党イデオロギー担当書記にもなったミハイル・スースロフと会談しているが、それ以降クニャルにとってスースロフは「師匠」のような存在になった。「形態において民族的、本質においてソビエト的」というテーゼを理論化した人物のことだ。前者のイデオロギー構築に後者の役割は死活的に重要だった。クニャルは党内をまとめて党再建を果たし、次第に地位を確固たるものにしていった。コミンテルンとの関係も修復できた。クニャルの獅子奮迅の活躍もあり、共産党は労働者階級に根を下ろし、知識人や若者の間での影響力を増していくのである。

一九四九年二月には、ポルトガルで、大統領選挙が実施され、改革派のノルトン・デ・マトス将軍が立候補を検討したが、最後の最後に出馬を取りやめるという出来事があった。共和主義者、カトリック教徒、社会主義者、王党派、リベラル派などが共闘した一大運動であったが、共産党が大衆動員において大活躍してみせた。クニャルはと言えば、同年三月二五日、ポルトガル中部、ミネラルウォーターで知られるルーゾにあった隠れ家で、他のメンバー、ソフィア・フェレイラとミリタゥン・リベイロと一緒に、またしても逮捕されてしまった。クニャルは三五歳。以降、四六歳まで囚われの身であった。PIDEにはGNR（共和国防衛隊）も協力したという。このミリタゥン・リベイロは、一九五〇年に刑務所の劣悪な環境に耐えられず死亡するのだが、遺体の写真を見るとミイラみたいにやせ細っていて、いかにひどい扱いを受けたのかを想像してしまうのである。

なお、ルーゾからわずか二〇キロ離れたところにある町ペナコーバでは、のちにクニャルの脱走劇を助けることになる兵士ジョルジュ・アルベスが勤務していた（次節を参照のこと）。クニャルの父アベリーノは暗号を使って、党員たちにドゥアルテ（＝アルバロ）の逮捕を新聞の広告欄で知らせた。PIDE

はこのときはもう拷問にかけるよりは、アルバロ・クニャルを文字どおり抹殺するつもりだったとも言われるが、真偽のほどはどうなのだろうか。

クニャルだけでなく、共産党員は誰もがＰＩＤＥの恰好のターゲットになっていた。ＰＩＤＥに捕まれば、もちろん党員としての政治活動について尋問されたが、共産党員は労働者や民主主義者を抑圧する政治警察に対し答えることは何もないとひたすら言い続けたという。クニャルは、一九五〇年五月には四年間の懲役、さらに八年間の国外追放が言い渡された。裁判の間にサラザール体制を批判し、自らを「プロレタリアの養子」と名乗ったことがあった。「自らの声は沈黙の壁を破り、いつかは人々の耳に届くと共産党員は信じている」とも述べた。プロレタリアートの本当の息子ではなかったのだから、「養子」と名乗るほかなかったのである。

結局、クニャルは八年間以上もリスボンの刑務所の八平米の部屋で過ごし、その間は何も書くことはできなかった。昼夜を問わず照明を灯され、家族と会えるのは週に一五分間だけ。しかもＰＩＤＥの監視つきであった。クニャルは衰弱していった。トイレットペーパーに家族宛てのメッセージを書いて窓から放り投げても、ＰＩＤＥがすぐに回収してしまうのであった。

その後、一九五八年には、リスボンから北へ一時間ほど行ったところにある漁村、ペニーシュの収容所へと移送されることになる。「理想さえあれば、どこに行っても世界は広大である」。のちにそう回想しているが、名言だと思う。ペニーシュでクニャルは絵を描き、小説を書き、シェークスピアの『リア王』をポルトガル語に翻訳した。芸術も研究も、サラザール独裁体制に対する抵抗の手段なのであった。アルバロ・クニャルの名声は世界に広がり、チリの詩人、政治家、外交官であったパブロ・ネルーダが詩を捧げ、恩赦を求める声が数多く寄せられた。この後、一九六〇年一月にはクニャルの人生のクライマックスとも言えるペニーシュ要塞からの脱走劇というのがあるのだが、それは節をあらためて論じることにしよう（補足しておくと、五八年は外科手術のためにリスボンの刑務所に収容されており、家族と面会する機会にも恵まれている）。

ペニーシュ要塞からの脱走劇

誰もが感じることだが、アルバロ・クニャルにはカリスマがあった。それは一目見るだけでわかった。だが、今風に言えば、彼に独特のオーラを与えたのは一九六〇年一月三日の出来事、すなわちペニーシュ要塞からの脱走劇と言ってよいだろう。まさに「劇」的で、それなしではクニャルの人生は語れないし、ポルトガル共産党の歴史も綴れない。直接的でないものの、サラザール体制にとっても大きな打撃であった。PIDEにとっても大きなショックで、してやられたと認めなくないゆえに、挙句の果てには（PIDE自身による）自作自演説まで唱えたのである。いまだ詳細に関しては、はっきりしない点もあるものの、ここで可能な限りで脱走劇について記しておこう。なお、この脱走劇については、ペドロ・フォンセカの『自由への扉』という著作が詳しいので、参考にさせて頂く。

ペニーシュはリスボンから直線距離で七〇キロあまりに位置する、もともとは小さな漁村だが、その断崖絶壁の上、海抜一三メートルのところに強固な要塞が建設されたのは一六世紀、ジョアン三世の統治時代のことである。孤島ではなかったが、ペニーシュ要塞を見ると、アメリカ映画の名作、『大脱走』を思い出したりもする。地名の語源はフェニックスだというのだが、不死身の町の不死身の要塞というのは出来過ぎの感もある。二〇世紀初頭には、南アフリカからモザンビークに避難したボーア人を受け

ペニーシュ要塞（左）。ペニーシュ要塞入口（右）。

入れるために使用されたこともあったし、第一次世界大戦時はドイツ人やオーストリア人を収容したこともあった。

そして一九三四年には、サラザール体制下、最強の収容所となったのである。そうは言っても、クニャルの脱走の前すでに五四年にも脱走劇の舞台となっていたのだが。そのときも脱走したのは、共産党員であったアントニオ・ディアス・ロレンソであった。クニャルはロレンソにできたことなら自分たちも可能だと思っていたのではないだろうか。

ペニーシュ要塞からの脱走劇はサラザール時代の出来事としては極めて見ごたえがある。なにしろ同要塞の防護はかなり強固だったからである。脱走を図ったのはクニャルを含めて一〇人。「ペニーシュの一〇人」という、なかなかかっこいい呼び名をもらっている。その一〇人とは、クニャルの他に、カルロス・コスタ、フランシスコ・マルティンス・ロドリゲス（のちに共産党を脱退）、フランシスコ・ミゲル、ギリェルメ・ダ・コスタ・カルバーリョ、ジャイメ・セーラ、ジョアキン・ゴメス、ジョゼ・カルロス、ペドロ・ソアレス、ロジェリオ・デ・カルバーリョである。みんな共産党幹部であった。

この脱走劇には「ペニーシュの一〇人」の他、もう一人べつの悲劇の主人公がいる。前節で少しだけ触れたジョゼ・アウグスト・ジョルジュ・アルベスである。共和国防衛隊（ＧＮＲ）の兵士で、脱走劇の半年くらい前からペニーシュ要塞に勤務していた。彼の職業を見れば、立派にサラザール体制側の人間である。しかし、貧しさに苦しまされ、何度も繰り返し昇進を拒否されたこともあり、次第に反体制的となり、不満や愚痴を囚人たちに打ち明けるようになった。なんだったら、体制に迫害された囚人たちに協力してもよいとさえ口にしたらしい。その情報はクニャルら政治犯たちの耳に間もなくして届くところとなった。また、五八年に着任した要塞所長のより柔軟な態度も脱走劇の実現の助けになっただろう。

ドラマはそこに生まれたし、アルベス兵士の人生は大きく転換することになった。長い説得の末にアルベスの心が動いた理由にはさらに、共産党員たちが刑期を超えてなお釈放されないままでいたからでもあった。だからこそ、クニャルの説得に応じたのである。さらに、共産党はアルベスに一五万エスクードを提供し、家族を含め海外へ逃亡させることも約束したのである。

ただし、アルベスは何度もためらいの気持ちを示し、それゆえにクニャルたちは計画のすべてを彼に伝えることには慎重であった。実際、計画実行が近づいてくると、度胸を増すためにアルベスの飲酒量は増え、ついには酒場で大声で、クニャルを逃亡させる！　と打ち明けてしまったりもした。友人たちが、たわいない戯言だと聞き流してくれたからよかったものの、共産党の面々は警戒を強め、アルベスに注意を促した。

作戦を練り上げるには何カ月もかかった。当初の予定では一月一〇日（日曜日）の夜七時から九時の間に決行するのであった。日曜日ならＰＩＤＥが要塞におらず、しかもその時間帯に見張りが交代するからであった。いざ実行の日が近づくと、アルベスも意図的に囚人に厳しく接するなど、演技を見せる

クニャルが閉じこめられた独房。逃亡時のままらしい。

ようになった。

もともとは一月一〇日だったのが、一週間早まったのは、アルベスの勤務日が変更になってしまったからである。リスクは承知のうえで、政治犯たちは変更を決意した。失敗の恐れはあっても、自由になりたい思いが勝ったのだ。そして、計画実行の三日の午後四時、俳優ロジェリオ・パウロが運転する乗用車が要塞前で停車し、トランクを三回開閉し、再び発進した。脱獄作戦の遂行準備完了の合図である。トイレの窓からクニャルはその様子をのぞき見ていた。その時点で、ロジェリオ・パウロはまだ自分の役割を自覚していなかった。クニャルの脱走劇に一役買わされたと気づくのは翌日のことだった。

本来ならもう一つのゴーサインが準備されていたのだが、そちらはうまくいかなかった。囚人たちは計画続行か否か議論したが、どうしても脱獄したかったクニャルの意向が通った。ちなみに、同年一月三日は日曜日だから午後にはサッカーの国内リーグ戦が行われている。地元ペニーシュのクラブは二部リーグに所属していたが、北部のクラブ、ビラレアルと一戦をかまえた。試合は地元チームの勝利。上機嫌で家路についた人々は要塞のそばを徒歩で通り過ぎたが、中で何が起こりつつあるのか想像もしなかったはずである。囚人たちは独房に戻り、ベッドのシーツを細くひも状にし、固くつなぎ合わせた。その夜の見張り役はあまり注意深くない若い兵士であった。六時半に夕食時間となったが、誰もが緊張で食事が喉を通らなかった。

共産党から報酬として当時からすれば大金を受け取っていたアルベスは、一九六〇年一月三日の日曜日午後七時頃、要塞の門をくぐった。靴底で床を叩き、囚人たちに合図を送った。ひやりとさせられたのは、交代の看守がなかなか来なかったこと。サッカーを観戦に行き、勝利を仲間たちと祝っていたのだ。サッカーの試合があるときは、同時間帯、大事な用事を入れてはいけない、そんな教訓をここから引き出そう。なにしろサッカーは生きるか死ぬかより重要だとさえ言われるのだから。

雑務係の囚人が、交代したばかりの看守を襲い、アルベスが持ち込んだクロロフォルムを嗅がせ、気絶させた。彼から外側へ出るためのカギ、ピストル、さらに警笛を奪い取った。脱走犯たちはスニーカーを履き、行動を共にしない囚人たちをそれぞれの房に閉じ込め施錠し、チャイコフスキーの交響曲第六番をかけた。副題は「悲愴」である。

脱走の誘いを断った四人を収容所内に残し、一〇人の党員は、要塞の壁の上の菜園をつたい、シーツをつなぎ合わせて作ったロープを頼りに壁を降り、さらに溝を飛び越え、収容所の外へと出た。脱走劇としてはかなりの大成功だと思うのだが、数少ない誤算は、「革命」後に出版されることになるクニャルの名作、『同志たちよ、また明日』の草稿の一部がどこかになくなってしまったことだろうか。

同書は、本人の体験ではなく、同志たちの経験をまとめた作品だと言われるが、地下活動を余儀なくされた共産党員たちの厳しい生活を描き、今なおネオリアリズム文学の傑作とも見なされる。抵抗運動に加わるとは、仕事、給料、家族、生命を危機にさらすことを意味したのである。もう一つの誤算は、カギリェルメ・カルバーリョが頭部に負傷したことだろうか。その負傷の影響ではないだろうけれど、カルバーリョは一九七三年三月にガンで亡くなってしまい、一〇名の脱走犯のうちただ一人だけ「革命」

を知る前にこの世から姿を消すことになる。ちなみに、地元ペニーシュの人たちが脱走劇の噂を耳にしたのは、夜中の一時頃だったという。

収容所の外に出ると、三台の乗用車が脱走犯たちを待っていた。グループは三つに分かれた。追跡者のタイヤをパンクさせるために、彼らは魚のコイを地面にまいていったという。脱走者たちをかくまう民家も、前もって決められていた。クニャルはエストリルにあるピレス・ジョルジュの自宅に滞在した。また、当時クニャルは四七歳だったが、シントラの隠れ家にいたとき、一八歳だったイザウラ・モレイラと知り合い、一九六〇年一二月にはただ一人の娘アナが生まれている（クニャルとイザウラは六五年には離婚してしまったが、アナは後に二人の息子を生んだ。アルバロ・クニャルには合計三人の孫がいる）。

なお、アルベスは前もって三、四人を逃がすだけだと聞いており、クニャルに人数の違いを抗議したのだが、共産党党首は「要塞内部では君が命令するが、ここでは私が命令する」と反論したという。さすがである。しかも、逃亡者たちは脱走翌日には反ファシズムの戦いを再開していたというから驚きである。共産党は高らかに「反サラザール主義の偉大な勝利」を謳い、一月五日には海外のメディアが脱走劇を報じ始め、隠しきれなくなったポルトガルのメディアも七日には報道を開始した。

これだけだと、今から見れば、簡単な脱走劇だったように思えてしまうだろうけれど、綿密な計画立案、秘密を守り抜く規律、内部と外部の協力・調整、何よりも勇気が必要であった。やはり共産党、「革命」前に唯一まともに組織化されていた政党と呼ばれるだけのことはある。

ちなみに、ポルトガルにいられなくなったGNR兵士ジョルジュ・アルベスは、共産党に言われたように、六〇年五月にはスペイン国境を越え、フランスへ向かい、さらにチェコスロバキアのプラハを経て、最後はルーマニアのブカレストに亡命したが（のちに妻と息子と娘の三人も合流）、党が約束したのとは異なり、暮らしはけっして楽ではなく、故郷から遠く離れた土地でいずれ人生に絶望し、もともと飲酒の問題を抱えていたが、それを悪化させて、首を吊って自殺してしまった。一度はクニャルの直接の訪問も受けたのだが、彼の忠告を聞くこともなく、飲酒や妻への暴力など、生活態度は改まらなかったのである。

党から受け取っていた報酬も、逮捕された際に妻が口を割ってしまい国家に没収されていたが、こちらは「革命」後にPIDEの本部で返却されたという(流通しなくなった紙幣も一部あったらしいが)。また、大臣になっていたクニャルにアルベスの未亡人が面会を求めたところ、やはり拒否されたという。大きな犠牲を払ったアルベスは英雄になれず、PIDEに屈辱を与えたクニャルの名声はさらに高まり、ヒーローとなった。ファシズムの打倒、ポルトガル国民の自由のための戦いに戻ることができるようになった。そして、一九六一年三月、共産党の再編成に当たり、アルバロ・クニャルは書記局長に選ばれた。

余談にはなるが、この脱走劇はサラザールが仕組んだ罠だったという解釈もある。サラザールの死までずっとそばで付き添った家政婦マリア・デ・ジェズスが回顧して言うには、クニャルと九人の同志たちの脱走劇はサラザールが提案したものだったのだ。体制にとってクニャルはあまりに危険な存在となり、ポルトガル国内に置いておくよりはソ連あるいは他の社会主義国に亡命してくれたほうが、支持者に対しての殉教者という輝きを失い、かえって安全だった、と言うのである。

また、PIDEの幹部の一人だったオスカル・カルドーゾも、クニャルの逃亡はPIDEの許可の下で行われたと示唆している。すべては仕組まれていたというのだ。PIDEには、サラザール体制に歯向かう者たちを海外に逃がしてあげようという意図が隠されていたのだろうか。PIDEはサラザール体制に反対だったのか？　ならば後継者として誰を待っていたのか？　サラザールのいないサラザー

ペニーシュ要塞、脱走劇に関するポスター（左）。クニャルの逃亡経路の解説（右）。

ル体制ではＰＩＤＥの存在意義はなさそうであるが。ちなみに、この脱走劇があってこそのクニャルのカリスマなのであるが、それ以降、彼の評価はソ連でも高まることになった。要は、箔がついたのだ。

　脱走劇は実際のところサラザールの策略だったのだと今さら言われても、サラザールを尊敬してやまなかった家政婦マリアの負け惜しみのようにも聞こえるが、一方でサラザールならやりかねないのかなとも思わされることまた事実である。と言うのも、ビットル・ペレイラというフランス在住の歴史家の最近の研究によれば、一九五七年から七四年まで九〇万人が不法に国外へ移民したが、それは監視がおろそかにされていたというよりは、政府やＰＩＤＥが黙認していたからだともいう。見て見ぬふりをするというのがサラザール体制の得意技だったのかもしれない。そうなると、クニャルの脱獄がサラザール政府の策謀というのもあながち嘘とは思えなくなってくるのだが。

　ちなみに、このマリア・デ・ジェズスという家政婦は晩年をリスボンの老人ホームで過ごしたのだが、そのときに仲良くした老女の一人がアルバロ・クニャルのいとこだったマダレーナ・クニャルだった。不思議な因縁である。

また、マリアによれば、サラザールはクニャルの勇気、知性、一貫性を尊敬していたという。「右」と「左」の違いはあっても、二人は似た者同士だったようにも思える。自らに対する厳しさは共通する。二〇〇七年の「最も偉大なポルトガル人」という番組で首位がサラザール、二位にクニャルが選ばれたが、要するにポルトガル人は似たような性格の人物を尊敬するということのようである。すなわち、ポルトガル人は権威主義的な国民性なのではないか。どうしてもそう考えてしまうのである。

亡命生活

クニャルらの脱走劇からちょうど一年と一カ月たった一九六一年二月四日、アフリカのポルトガル領アンゴラで解放闘争が始まった。ポルトガル側からすれば植民地戦争が始まったのである。さらに一カ月後の三月、アルバロ・クニャルは党の右傾化を批判し、共産党書記局長に選出され、同年一〇月（九月とも言われる）、ソ連の首都モスクワで亡命生活を始め、のちにはパリへと居を移すことになる。党の指導部がポルトガル国内に残るのはリスクが大きいという判断であった。貧しさゆえであろう、ポルトガルにはわずかな金額で隣人を当局に売る者がいくらでもいたのだ。六一年から六二年にかけて、大衆の抵抗運動が活発になっていたが、体制側も当然のように激しい弾圧を繰り返した。

クニャルは、モスクワでは英雄のように見なされ、テレビにも何度も出演した。ポルトガル共産党と言えばクニャルであり、クニャルと言えばポルトガル共産党であった。クニャルは二〇世紀後半の国際共産主義運動の偉大なヒーローの一人であった。フルシチョフ一族と親交を深めたクニャルは、影響力を強めた。なお、六一年の一二月四日には、リスボン郊外のカシアス収容所からやはり共産党員八名が脱獄を果たしている。

ポルトガル共産党はフランス共産党、イタリア共産党、スペイン共産党と異なり、ソ連共産党に常に忠実であったが、クニャルが党首だった一九六一年から一九九二年までは特にその傾向が強く見られた。ポルトガルの共産党が生き残るにはソ連共産党に従うしかないとクニャルは信じて疑わなかったのである。一九八〇年代半ば、中国共産党との関係回復が議論になったときも、ソ連共産党に「ノー」を言われると、素直に従っている（のちにゴルバチョフの許可をもらって訪中を果たしたが、訪中の成果をもちろんモスクワに報告した）。クニャルは党の方針は外部からの干渉なしに決められたと言い張ったが、実際のところは違ったようである。心臓の手術が必要だったときも、わざわざソ連まで赴いた。心からソ連を信じていたのだ。

ソ連共産党の内政・外交が非難の対象となっても、ポルトガル共産党は支持を与え続けた。一九六八年のチェコスロバキア侵攻も批判しなかった。クニャルはいわゆるブレジネフ・ドクトリン、社会主義諸国全体の利益のためなら、そのうちの一国の主権が制限されても正当化されるとする「制限主権論」の無条件の支持者でもあった。ポルトガル共産党は「教皇よりも教皇主義者」と言われてもしかたなかったのだが、実際にソ連で言われたのは「モスクワのクレムリンの赤い壁よりも赤い」ということであった。これを二党間の友好と呼ぶべきか、それとも隷属と呼ぶべきか？

クニャルの亡命によって、ポルトガルの反体制運動は国外に拠点を置くようになった。一九六二年からは、ルーマニアから「自由なポルトガル」というラジオ放送が開始された。それは、ポルトガル本国の検閲体制にとって一大打撃になった。完全にソ連の路線を受け入れていたクニャルはポルトガル共産党内の毛沢東主義者たちを追放することに成功し、彼らを機関紙『アバンテ』を利用し、警察に売ったりもしたと言われる。ソ連共産党もクニャルの能力を認め、欧州の共産主義者たちの間で、彼の名声は広がった。主立った共産主義運動の指導者たちとの親交を深めることにも成功した。後にＰＩＤＥによって暗殺されることになるウンベルト・デルガード将軍と出会ったのはアルジェリアであった。反サラザール活動家を支援してくれたアルジェリアに対し、ポルトガルは感謝しないといけない、とクニャルは述べている。その後、クニャルは「輝ける人格」が認められ、「クリスタルの共産主義者」と呼ばれたのである。

一九六四年四月には有名な著作『勝利へ向けて』を発表した。翌六五年の第六回党大会では、ポルトガルの民主化に必要な八つの点を強調した。すなわち、ファシズム打倒、独占企業の終焉、農地改革、労働者の生活改善、教育と文化の民主化、ポルトガルの帝国主義からの解放、植民地独立、国際社会との和平と友好政策、である。六七年にはパリへと移り住んだ。六八年秋、サラザールが病気になりカエタノ首相に交代すると、大衆運動が激しくなった。一九七〇年四月二二日、レーニンの生誕一〇〇周年の日には、『プラウダ』にレーニンに対するコメントを掲載している。クニャルによれば、「我々の全活動の確たる羅針盤をレーニンに負っている」のであった。また、同年一〇月一日には、労組インテルシンディカルが創設されている。「革命」の一年前、七三年にも大衆の闘争が盛り上がっていたことは記しておくべきだろう。

「革命」後のクニャル

一九七四年の「四月二五日革命」が起こったとき、クニャルはやはりパリに滞在中であった。ポルトガル共産党にとって、「ポルトガル人の生活に新しい道を開く偉大な出来事」であった。クニャルが信頼を寄せていたソ連共産党は、いつの日にかマルセロ・カエタノ政権が倒れるとは考えていたのだが、いつなのかはまったく確信を持てないでいた。「革命」は寝耳に水であった。一九七三年にソ連に赴いた際、独裁制の終わりが近いことを口にしていたクニャルとて、革命のタイミングを正確には知らなかった。そうは言っても、クニャルは「革命」の日に感情に流されることもなく、会議をキャンセルすることもなかった。

クニャルが亡命先のソ連そしてフランスから帰国したのは一九七四年四月三〇日。フランコ体制下にあったスペインで逮捕されることを恐れ鉄道は使わず、空路を選択した。共産党は、四月三〇日午後一時半に書記局長がリスボンに到着するため全員で空港で出迎えるようにメッセージを発していた。その組織力はさすがである。クニャルは、二日前すでに陸路で帰国していた、のちに政敵の一人となる社会党党首マリオ・ソアレスによってリスボンのポルテラ空港で迎えられた。二人の政治家の帰国時の映像を見ると、興奮したポルトガル国民がいかに「英雄」を求めていたかが想像できる。クニャルの二日前にマリオ・ソアレスが陸路で凱旋帰国を果たしているが、サンタ・アポロニア駅に集まった群衆の興奮ぶりは、やはりすごかったのである。

熱狂の中で迎えられたクニャルがポケットからメモを取り出し、装甲車の上から国民に向けて発した最初の演説は冷めたトーンのものであったけれど、国軍運動（ＭＦＡ）のクーデターによる成果を逆戻りさせないこと、政党の承認など政治的自由を認めること、植民地戦争を終結させること、労働者の要求を受け入れること、自由な選挙を実施することなどを述べたが、その中で強調されたのは「信頼」であった。陸軍兵士と水兵に囲まれたこの演説シーンは、ロシアに帰国したときのレーニンを意識していたとも言われる。一緒に装甲車に上がったマリオ・ソアレスだったが、党員に言われ、下に降りていた。その日、ソアレスはわき役でなければならなかった。彼は二日前にすでに一人舞台を踏んでいたのだ。ソアレスを降ろすようにしたのは、クニャルの指示だったかもしれないし、そうでなかったのかもしれない。四〇年に及んだ戦いを終えて帰国したクニャルを群集の後方で待ちかまえていたのは妹のマリア・エウジェニア・クニャルであった。

空港での第一声の後はすぐに、政府を支援するために組織された軍人の集まりである救国評議会の議長になったばかりのアントニオ・スピノラ将軍との会談に向かった。将軍は、共産党機関紙『アバンテ』から斧と鎌という二つのシンボルを外すように促したが、クニャルは「PIDEにもできなかったことを、どうやったらよいのかわからない」と応じた。クニャルは非合法手段による権力奪取をほのめかしたことがあったようだが、実際はポルトガル共産党は法律に忠実で、非合法に政権を奪おうとしたことは一度もなかった。クニャルの頑迷さが党をダメにしたと言う者もいれば、そうではないと言う者もいる。いずれにしても、クニャルは反対派を許さないのだった。

革命に意表を突かれたソ連だったが、反応は早く、五月に入るとすぐにジャーナリストの肩書でKGB（ソ連国家保安委員会）のエージェントをリスボンに送り込んでいる。サラザール体制に終止符を打ったばかりのポルトガル人はソ連に対する強い興味を持っていたという。人々はソ連のエージェントを助け、さらにPIDEの崩壊も彼らの活動を容易にした。KGBがポルトガル共産党内に内通者を探さないようにするという合意がソ連共産党との間で暗黙のうちにあったとも言うが、真相はどうなのだろう。ソ連側の活動がすべてうまく行ったわけではないようだが。

「革命」後、ポルトガル政界では、生まれたばかりの社会党のマリオ・ソアレス、社会民主党のフランシスコ・サ・カルネイロ、民主社会中道党のフレイタス・ド・アマラルといった大物政治家たちが共産党の躍進を妨げた。彼らは共産党を真の脅威と見なし、油断しなかったのである。逆に、ポルトガル共産党から見れば、ソアレスの社会党は最大の敵であった。興味深いことに、ソ連内部も一枚岩ではなく、クニャルの師とも言えたスースロフのように政権奪取をクニャルに促したグループもいれば、ブレジネフやグロムイコ外相のように、米ソ冷戦構造の雪解けの妨げになるのを恐れ、ポルトガル共産党に無理をさせなかったグループもあった。NATOはポルトガル領土内に基地を所有していたが、ソ連は基地を求めることはしなかった。

結局、ソ連はポルトガル内政に深く干渉することはなく、そのせいかどうか、ポルトガル国民は一九七五年四月二五日の選挙では共産党（得票率一三％、三〇議席）ではなく社会党（同三八％、一一六議席）により多くの票を入れたのであった。革命後、アメリカのキッシンジャー国務長官などはポルトガルはソ連の手に落ちると予想したわけだが、ソ連側の情報を正確に把握できていなかったということでもあろう。むしろ、社会民主主義を掲げる中道左派政党が作る国際組織である社会主義インターナショナルのほうが冷静さを保ち、ポルトガルの行く末を客観的に見ていたようにも思える。スウェーデンのオロフ・パルメ首相（当時）はポルトガル共産党の脅威を楽観的に見ていたのである。

いわゆる一九七五年の「暑い夏」の時期でも、ポルトガル共産党の発表とは異なり、同党がポルトガル政界において確たる地位を占めていないことが、ソ連にはわかっていたのである。だから、クニャルに対して革命的手段による政権奪取を求めなかった。マリオ・ソアレスの勝利は十分に予想できたのである。ソ連はチェコスロバキアを手中にできれば、ポルトガルがアメリカの影響下に置かれてもかまわなかったのだと思われる。世界は東西に二分され、新しいトルデシリャス条約の時代を生きていた。

一九七五年一一月二五日。左派軍人のクーデターが穏健派の軍人によって鎮圧されたこの日、ポルトガル共産党が政権奪取を果たす機会はほぼ永遠に失われたが、ソ連共産党はポルトガル共産党に財政支援をその後も継続した。ユーロ・コミュニズムが広がるのを妨ぐための防波堤を期待したのだ。このソ連からの財政支援は一九一七年の一〇月革命と同時に始まったと言ってもよいが、当初、資金の出所はロシアの美術館や正教会寺院の美術品を売却して得た利益なのであったと言う。買い手の中にアルメニア出身の大富豪にして、のちにリスボンに住み着き、莫大な遺産を残し財団を作ったカルースト・グルベンキヤンがいると言うから、縁とは不思議なもの。彼が購入した名作の数々はリスボンで見ることができるのである。

なお、ポルトガル共産党は世界の共産党の中でもソ連から財政支援を多く受けた部類に入る。ソ連が支援の対象にした理由の一つは、ポルトガルからの独立を目指して戦ったアフリカ植民地の解放組織との仲介役を期待できたからである。ヨーロッパ内では党員数が多かったのも一要因であった。さらにポルトガル共産党がポルトガルのNATO加盟とEU加盟に反対だったことも重要であった。批判の対象であったゴルバチョフ時代でも、ポルトガル共産党はソ連からの支援を受け取っていた。

話を戻し、一九七五年一一月二五日のクーデター未遂から五年後になるが、クニャルはモスクワ五輪の観戦に向かった。日本やアメリカなど西側諸国はソ連軍によるアフガニスタン侵攻に反対しボイコットした大会だが、ポルトガル共産党は同侵攻を支持したにもかかわらず、クニャルはブレジネフ書記長との二人だけの対談を果たすことができなかった。ブレジネフがすでに病弱になっていたこともあるのだが、クニャルにとっては大きなショックであった。

一九八五年、ソ連ではミハイル・ゴルバチョフが実権を握り、ペレストロイカを開始する。ポルト

ポルトガル共和国議会。日本の国会に相当する。

ガル共産党は当初うわべだけはその改革路線を支持したが、実際はゴルバチョフの新路線を不信感を持って懐疑的に見ていた。「修正主義者」ならまだよいが、いずれは「裏切り者」あるいは「帝国主義者の使い」などと呼ぶようにさえなったくらいである。クニャルは、ペレストロイカを完全に受け入れることはなかった。もちろん、情報自由化のグラスノスチだって認めなかった。彼はレーニンの教えに忠実であり続けようとしたのである。逆にソ連側から見れば、クニャルはもはや頑迷な「保守派」であった。一九五〇年代の共産党員のようだと切りすてた人もいる。

一九九二年、第一四回党大会でとうとうカルロス・カルバーリャスに党首の座を譲る。クニャルは七九歳になっており、書記局長としては三一年間その座にあった。けれども、トップの座は譲ったものの、国民評議会議長という特別のポストを用意してもらい、本当の意味で政治から手を引くことはなかったのである。党首としての最後の演説は二時間にも及び、最後には三分間以上にわたって拍手を受けた。聴衆の中には涙する者もいた。サラザール時代には、一二年間を監獄で過ごした（二〇年間以上過ごした党員もいたのだ）。死にそうになるくらい拷問も受けた（実際に拷問を受け監獄内で死んだ者もいた）。一〇年以上も地下活動家であった（二〇年、三〇年に及んだ同志もいた）。すべてはポルトガルの自由（少なくとも彼の考える自由）のためであった。

二〇〇六年からはジョロニモ・デ・ソーザが党首だが、二〇〇五年に死してなお、クニャルは党の主役の地位を譲っていないように思える。今でも共産党のリーダーといえば誰もがアルバロ・クニャルを思い出すはずだから。ちなみに、最後にポルトガル国民が彼の姿を公の場で目にしたのは、二〇〇二年三月一七日、総選挙の投票に訪れたときのことであった。

今後、ポルトガル政治の世界にクニャルに匹敵するような抵抗者は現れないのではないか。サラザールという世界史に名を残すようなレベルの独裁者がポルトガルに出ることはないように、それに対抗するだけの存在感を持つ抵抗勢力はもう出てこないだろう。アルバロ・クニャルはポルトガル政治の最後の偉大な抵抗者である。

マルクスの『共産党宣言』によれば、一九世紀のヨーロッパでは共産主義という妖怪が徘徊していたことになる。ポルトガルではまだその頃は徘徊しておらず、共産主義は二〇世紀の現象である。共産主義という妖怪もピレネー山脈を越えるのには時間がかかったようなのだ。しかし、ポルトガル共産党はアルバロ・クニャルという偉大なリーダーを生み出しており、しかも彼の風貌は妖怪よりももっと恐怖心を煽るかのようであった（失礼！）。精悍なマスクと言えないこともないだろうが、私には精悍過ぎてちょっと怖かったのである。

いや、こんな風にクニャルの容貌を論じていても何の足しにもならない。次節でクニャルに関する批判的な見解を紹介しようと思うのだが、その前でまとめをしておこう。

ポルトガル共産党の正式な創設は一九二一年三月六日で、現存するポルトガルの政党の中では最古参の部類に入る。というよりも文字どおり最古参である。コミンテルンのポルトガル支部として誕生している。一九二一年といえば、一九一〇年に誕生した第一共和制の末期ということになる。一九二〇年末には非合法化されたが、サラザール体制の時代はずっと反体制組織の中心的存在であり続けた。中心であるだけでなく、最強の反体制組織であった（第一共和制の生き残り、社会主義勢力がだらしなかったということでもあるのだろうけれど）。

一九四〇年代までは目立った存在ではなかったが、再結成ともいえる組織再編成を経て、第二次世界大戦末期には成長を遂げ、一九四六年の第四回党大会の頃には大衆の間に支持を広げ、約九千人の活動家や支援者を得るに至った。しかし五〇年代はPIDEの締めつけが厳しくなり言わば受難の時代であっただろう。そして、一九六〇年代半ばには毛沢東主義の影響が強まったが、その対立をのり超え、サラザール体制への主だった反対勢力としての力は保持できた。

一九七四年には二千人ほどの活動家しかおらず、共産党が「革命」を起こしたとは言えないが、それでも七五年末には一〇万人を超える活動家がいたというから、勢力の伸び方には驚かされる。労働者階級、組合、暫定政府、軍隊それぞれの内部にも信頼できる人間がいた。良いこと尽くめではないにしても、ポルトガルの民主化、民主主義の確立に果たした役割を無視することはできない。

党首アルバロ・クニャルはサラザールにとって最大のライバルの一人であった。サラザール体制はPIDEを使って共産党員を脅し、拷問にかけたりしたが、共産党はソ連の資金援助を得て生き延びることができた。一九七四年の「四月二五日革命」の時点で、共産党中央委員会の三六人のメンバーの懲役年数を合計すると、三〇〇年間を超えたとも言われる。「革命」後は労働者の党としてリスボンやセトゥーバルなどの工業都市圏や、アレンテージョ地方などの農村地帯で今もなお根強い支持層を保持している。

確かに今では、ポルトガルのEU加盟によって国民が市場経済という路線を受け入れており、一九七〇年代、八〇年代に見られた影響力は薄れ、国政の行方を大きく左右することはないと思われる。

というか、共産党が必要以上に力を得れば、ポルトガル経済の慢性病、国家財政の支出の過剰に拍車がかかり、国民生活はさらに困ったことになるだろう。そうは言っても、政府与党に反対するときには、彼らの抵抗力はまだまだ存在意義があると言ってよさそうである。

クニャルに対する批判的な意見

アルバロ・クニャルが、二〇世紀ポルトガル政治の主役の一人であったことは間違いない。だが、共産党を政権の座へと導くことができなかったように、国民から広く支持されたわけではなかった。いや、強烈なパーソナリティゆえに毀誉褒貶の激しい人物であった。近くで接した人々はクニャルの他人に対する思いやりを強調するが、やはり厳格な指導者というイメージは残る。

彼は身も心もあげて、世界や社会組織や人民と社会の発展の解明手段として、マルクス・レーニン主義を信じ込んだのである。だが、共産主義というイデオロギー自体が誤りであったことは歴史が証明したと言ってもよいのだろう。それならば、クニャルをもっと批判的に見るべきではないかという声も聞こえてきそうである。

ということもあり、以下に批判的な見解も紹介しておくべきだと考える。クニャルの政治思想、政治手法も批判されてきたのである。最近なら、二〇一二年一二月三日の週刊紙『エスプレッソ』にエンリケ・ラポーゾが短いコラムを書いているが、同氏は「クニャルはファシストであった」と断言している。

同氏のコラムを要約すると、クニャルは常に民主主義に対して（のために、ではない、念のため）戦い、全体主義的な政治観を持ち、自分の共産党だけを認める単一政党制を支持し、社会全体がモスクワから

クニャルが描いた絵。

発せられる指令に忠実であるべきだと考えていた。なるほど、そうならばファシストと呼ばれても仕方なさそうだ。一九七四年の「革命」前、クニャルは他の民主主義勢力を妨害している。理由は民主主義を望まなかったからである。一九五〇年代すでに、大統領候補にもなったノルトン・デ・マトス将軍は、クニャルはサラザールよりもひどい、と述べたことがあった。

ポルトガルの著名な思想家エドゥアルド・ロレンソは、クニャルはサラザールのコピーだと指摘したことがある。エスタード・ノーボ体制下、クニャルの最大の敵はサラザールではなく、反体制派たちであった。ポルトガルの左派勢力が一枚岩でないのはそのせいである。「革命」後もクニャルは民主主義を敵と定め、行動し、発言した。彼が選挙を嫌悪したのはそのせいであった。投票より、共産党員の実力行使のほうが重要であった……、などといった具合である。

ずいぶんと辛らつなクニャル批判であるが、必ずしも間違っているわけではないようにも思える。クニャルは確かにいわゆる民主主義者ではなかったし、サラザールに似た人格の持ち主であった。同じコインの表と裏だと言う人もいる。どちらも他人に指示される人間ではなく、命令する人間であった。だからこそ相容れなかったし、だからこそ宿敵となったのである。それにしても、二〇一〇年代になってから繰り返されるデモ行進を見たら、生き返ったクニャルはさぞや満足したのではないか。

エンリケ・ラポーゾはまた、「クニャルは四月二五日を望まなかった」というコラムも、やはり『エスプレッソ』紙（二〇一二年四月二四日）に書いている。クニャルとその周囲を固める人々の考えでは、極右の独裁制（サラザール体制）から極左の独裁制（ポルトガル共産党）への移行は一足飛びにできるはずであり、その間に議会制民主主義が挟まってしまうとかえって時間がかかり、共産党としてはありがたくないのであった。だから、クニャルは共産党以外の反サラザール組織を認めなかったし、むしろサラザール体制に続いてほしかったくらいなのである。

一九五七年、ジュリオ・フォガッサを党首とするポルトガル共産党は反サラザール勢力を統合し、一九五八年の大統領選挙でウンベルト・デルガード将軍を支持したが、クニャルが党のトップにいたらおそらくは反対したのだろう（実際、党首に復帰したときに批判した）。なにしろクニャルは武装路線であり、選挙などというものは児戯に等しいのであった。

ラポーゾは続ける。クニャルは四月二五日革命を恐れ、望まなかった。理由はもちろん自分たちの革命ではなかったし、民主主義になっては困るからであった。クニャルはＭＦＡ（国軍運動）には要注意だと党員たちにメッセージを発した。国内にいた党員カルロス・ブリットらはクニャルの指令に反発したのだが。クニャルの考えでは、「冒険者」たちが企てるクーデターは避けるべきものであった。今でこそ共産党は毎年四月二五日になると「革命」のパレードの主役であるが、実際のところクニャルはその「革命」に反対していたのであった……。

このように、クニャルほどのレベルの政治家ともなれば批判されるのは当然である。しかも、二〇世紀末に引導を渡されてしまった共産主義の信奉者である。むしろ、クニャルを批判するのは簡単だろう。しかし、冷戦下のヨーロッパにおいてスターリン主義政党が国家の民主化のために協力した例は、ポル

抑圧される人民の絵（ペニーシュ要塞展示画）。

トガル共産党を除けばなかったし、クニャルは何よりも共産党を生き残らせてきたのである。この二点を見るだけでもクニャルの偉大さというものが理解できるのではないか。私のクニャル観は甘過ぎるのだろうか。

最後の抵抗者アルバロ・クニャルは、人生の最後まで抵抗者であることをやめなかった。頑固だが、プラグマティックなところもあり、機を見るに敏でもあった。彼自身も彼の政党も常に抵抗を受けてきたわけで、その意味でポルトガル共産党が今後も政権をとることはないだろうが、一つだけ言えることは、彼の一貫性のある生き方は人々から尊敬を受け続けるに違いないということだ。

詩人にして、二〇〇六年の大統領選挙に立候補したこともあるマヌエル・アレグレは、かつてクニャルのことを「強い意志を持ち、仕事のできる男。わずかしかいない本物の貴族の一人であった」と評したことがある。確かに、暮らしぶりは別にして、精神の貴族であったとは言えそうだ。

プライバシーを大切にし、私生活をひけらかすことを拒み（長い地下生活ゆえもあるし、性格もあっただろう）、家族を人目にさらすことも望まず、人格崇拝を拒否し選挙ポスターに肖像を掲載することも禁じ、自身について語ることにも抵抗し続けたクニャルは、共産主義者として死ぬと言っていた。二〇〇五年、彼が死を迎えたとき、確かにそのとおりだったと誰もが思った（そのときすでにソ連は存在しなかったが）。天寿を全うしてなお、クニャルは政治的には生き続けているように思える。

彼が一九八六年に上梓した『ガラスの壁の政党』にはポルトガル共産党の理想が掲げられている。世の中、理想だけを追求するわけにもいかないのはわかっているけれど、今読み返してもなんだか胸が熱くなるメッセージに思えるのだ。われわれの理想は、ありとあらゆる搾取と抑圧からポルトガル人労働者およびポルトガル人民を解放すること。思想、表現、発言、創造の自由。真実への権利。主だった生産手段を、多くの者が貧しくなり、少数の者が豊かになるために与えるのではなく、我らが人民および祖国のために役立たせること。飢餓、惨状、失業を根絶すること。科学、技術、芸術を普及させること……。ポルトガルに共産主義社会を建設する必要はなかったと思うのだが、彼の理想は今も価値を失っていないのではないか。三〇年経っても彼の言葉は錆びつかない。

生誕一〇〇年にあたる二〇一三年の六月八日には、リスボン市のルミアール地区にアルバロ・クニャル大通り（Avenida Álvaro Cunhal）が生まれた。セレモニーにはアントニオ・コスタ・リスボン市長のほか、共産党党首ジェロニモ・デ・ソーザ、そしてクニャルの妹マリア・エウジェニア・クニャルが参列した。通りの名称によってクニャルに敬意を表する理由として、コスタ市長は、クニャルがその思想や行動によって二〇世紀ポルトガルの政治に大きな足跡を残したからだとしている。

また、同年一〇月、リスボン大学で「アルバロ・クニャル――共産主義的プロジェクト、ポルトガル、今日の世界」というシンポジウムが開催され、現共産党党首ジェロニモ・デ・ソーザは「共産主義というプロジェクトは今も有効で、資本主義は世界の問題を解決するには至らず、クニャルは正しかった」

と発言した。クニャルが全面的に正しかったかどうかは脇に置くとして、生誕一〇〇年でなくとも、危機の時代には思い出したくなる人物であることは確かだろう。一カ月後、今度はコインブラで、同党首は「クニャルは楽観主義の源である」とも述べた。彼の生き方を見て、勇気をもらう人がいるのだ。

なお、勢力を失いつつあるとはいえ、現在も、人口一〇〇〇万人の国ポルトガルの共産党には六万人を超える党員がいる（ちなみに、人口一億二〇〇〇万の日本では四〇万人くらいである）。だが、私には共産党よりもアルバロ・クニャル個人のほうが偉大に思えるのである。もちろん、共産党なくしてクニャルはクニャルたり得なかっただろうけれど。

二〇〇五年六月一三日未明、共産党中央委員会が「深い苦しみと感情」をもってクニャルの死を告げた。九一歳でこの世に別れを告げたクニャルはずいぶんと衰弱していたし、目を酷使したせいで視力も落ちていたが、頭脳は明晰なままだった。二日後国葬が行われ、ポルトガル国民は喪に服した。数千人の支持者たちがリスボンの目抜き通りで葬列を成した。共産党のスローガンが響き、カーネーションが舞い、赤い旗が振られた。火葬される前には、ポルトガル国歌と「インターナショナル」が合唱された。クニャルは白馬の騎士ではなかったと思われるが、白髪と、そして赤い旗がとてもよく似合う闘士であった。

政治の動物　マリオ・ソアレス

九〇歳を超えてもなお

さて、レジスタンスの王様とでも言えそうなアルバロ・クニャルの後は、レジスタンスの貴公子とでも呼びたくなるマリオ・ソアレスについて触れておこう。ソアレスもすでに九〇歳を超え、貴公子という言葉を使うのはためらわれるのだが、彼の生い立ちを見るとそう呼んでみたくなるのである。人を見た目で判断してはいけないというのは百も承知の上だが、若かりし頃も貴公子然とはしていないものの、なかなか育ちはよい人物なのである。ソアレスは「革命」の直前に西ドイツで結成されたポルトガル社会党（Partido Socialista、PS）の党首を長く務め、首相としても困難な時代にポルトガルの舵を取っている。ポルトガルのEU加盟の立役者の一人でもある。一九八六年から九六年までは、共和国大統領を二期連続で務めたのである。

そのマリオ・ソアレスだが、二〇一三年一月には脳炎を患って一〇日間ほど入院し、国民を心配させたことがあった。高齢にもかかわらずすぐに復帰するところはさすがだが、本当にさすがだなと思うのは、マリオ・ソアレス元大統領は自らが犯したミスに動じることがない点である。ミスをしてもすぐに、何事もなかったかのように次の仕事に取りかかれる。それは彼の政治家としてのキャリアにプラスに作用したと思われる。

二〇一四年三月には、ポルトガル駐在の外国人記者クラブによって、「二〇一三年の人物」として表彰されている。国民の困難を前にしてけっして押し黙ることなく発言し続けたことが評価されたのである。さすがは「政治家」であるが、もちろん、一部国民の間からは、「いい加減に黙れ！」という声も聞こえてくる。国政だけでなく、出身母体の社会党の動向にも口を挟むのだから、口やかましい存在である。九〇歳を過ぎているのだから、老害という言葉を使いたくなる人がいるのも当然だろう。ただし、ポルトガルの歴史学者ルイ・ラモスは、「ソアレスは他の政治家とは違う。彼ほどの強度を持って政治に全身全霊を捧げた政治家はいない」と述べ、高く評価している。

さて、一九一〇年一〇月五日に始まるポルトガル共和国の大統領一九人の生涯を綴った著作『ポルトガル大統領の狂った人生』の中で、著者オルランド・レイテらはマリオ・ソアレスの章を興味深いエピソードで始めている。一九八六年、ソアレスが大統領選挙に立候補したときのキャンペーンのさ中、ポルトガル南部のアルガルベ地方のファロを遊説中、路傍にいたたくさんの子供たちを目にした彼は、選挙カーから降りて、そのうちの一人を抱き上げたつもりだったのが、よく見るとその〝子〟には髭が生えていて、実は小人だったのだ。けれども、ソアレスは何事もなかったかのようにそのままキャンペーンを続けたという。「ソアレス・エ・フィシュ！」（ソアレスは最高だ！）というスローガンが一日に何十回も耳に届いた時期の話である（その後に対立候補を野次る「フレイタス・ク・ス・リシュ」という韻を踏むことばが続いた。「くたばれフレイタス」という意味だ）。私がfixeという単語を覚えたのはそのときであった。膨らんだ頰を強調した似顔絵がメディアをにぎわした時期でもあり、「ボシェシャス」というニックネームで子供たちの間でも人気があった。

また、軍人の階級を間違え、ランクが下の兵士のほうに握手を求めてしまっても、動ずることなく職務を全うしたという。国会の途中で居眠りしてしまっても、外国の要人と面談している最中にコクリ、コクリとやってしまっても、悪びれたりはしない。数字に弱く、報告書はＡ４一枚以内にまとめさせ、全体像は把握しながらも詰めが甘いがゆえにいくつもの誤りを繰り返しながらも、そこは抜群のレトリックで切り抜けた。悪く言えば図々しいのだろうが、このミスに動じない図太い神経というものは政治家にとって重要である。小さなミスにこだわり続け、駆け巡る時代に取り残されてしまっては、政治家は務まらないはずである（日本のサッカー選手が好んで使うフレーズを用いれば、すぐに切り替えることが不可欠なのである。もちろん、ミスをした理由をきちんと突き詰めなければ選手としての成長はないと思うのだが）。

反体制派ソアレスの経歴

マリオ・アルベルト・ノブレ・ロペス・ソアレスは一九二四年一二月七日、リスボンで生まれた。父親のジョアン・ロペス・ソアレス（マリオの息子もジョアンであり、政治家になっている）は著名な司祭であり教師であり共和主義の政治家でもあった。メイソンだったとも言われる。すでに触れたが、アルバロ・クニャルが一時期とはいえ教師になったコレジオ・モデルノを一九三六年に創設したのはマリオ・ソアレスの父親ジョアンであった。

ジョアン・ソアレスは第一共和制時代、ドミンゴス・ペレイラ内閣（一九一九年）の植民地大臣であり、その後はサラザールの独裁制に反対した人物であった。王制にも反対し、サラザール体制にも批判的で、何度も刑務所行きとなった。植民地相としてジョアン・ソアレスは、共和制の樹立とともに禁止されていた宗教使節団をあらためて植民地につれもどしたり、後に大統領選の候補にもなるノルトン・デ・マトス将軍をアンゴラの高等弁務官に任命するなど、いくつかの重要な改革に取り組んでいる。植民地省を新たに設けるなど、共和主義者たちも〝植民地主義者〟ではあったものの、一定の自治は認めており、サラザール時代の植民地支配とは違いが見られた。マリオ・ソアレスは一二歳になるまで、逮捕や地下活動を繰り返す父親と接する時間があまりなく、その一方で母親は宗教に興味を示さなかった。それゆえにマリオ・ソアレスは、政教分離を信奉するようになったとも言えるかもしれない。

だが、父親を心から愛し、尊敬したマリオ・ソアレスは、一九七〇年七月、その危篤の知らせに接したときはローマにいたが、すぐに飛行機に乗り、誰にも告げず帰国したという。父親は政敵サラザールより四日間長生きで、死の間際にはシャンペンの代わりにコップの水で乾杯しようとしたという。息子マリオは葬儀には参列できたのだが、その日のうちに国外へ出るように命じられた。けれど、飛行機に間に合わず、自家用車で家族とともにフランスに逃れた。PIDEから冷たいようで、温情深いところもあるように思える。次の帰国は一九七四年四月二八日。すでに「革命」後であった。

もちろん、父ジョアン・ソアレスは神父をやめてエリーザ・ノブレ・バティスタと結婚したから、マリオ・ソアレスが生まれたのである。エリーザは裕福な家庭の生まれではなかったが、美人であった。社会的格差を越えた恋愛であった。しかも、ジョアンと結婚したときはいわゆる「バツイチ」であった。ジョアンはなかなか神父を辞めることができず、エリーザの離婚承認にも時間がかかったため、二人の結婚が正式に成立したのは一九三三年のことであった。マリオ・ソアレスが生まれたとき、両親はまだ正式には結婚していなかったのである。なお、マリオ・ソアレスがのちに結婚するときも、妻となる女性マリア・バローゾのお腹には赤ちゃんがいた。いわゆる「できちゃった婚」であるが、当時としてはかなり珍しいケースであった。

マリオ・ソアレスは勉強好きというよりは遊びが好きな悪戯っ子だった。父親が創設したコレジオ・モデルノで学んでいる。同校の教師たちは父親ジョアンとともにサラザール体制の打倒に向け秘密会議を繰り返した。すでに述べたが、アルバロ・クニャルとマリオ・ソアレスはコレジオで出会っている。父ジョアンは息子のために三人の家庭教師を雇っているが、その中の一人がアルバロ・クニャルなのであった。

マリオ・ソアレスは、すでに逮捕も経験していた共産党員クニャルから、知的な成熟という意味で強い影響を受けたという。ソアレスのクニャル評価の一つに、一貫性があり、理想主義者で、魅力的で、革命を夢見る純粋な人物、というのがある。クニャルは一九四一年からマリオ・ソアレスに勉強を教えた。マリオ・ソアレスが自分に対して憧れのような気持ちを抱いていたことに気がついたクニャルは、彼を共産党主催の集まりに連れて行ったりもした。また、「全力を尽くすことができる目標の存在ほど人生に美しさを与えるものは何もない」という教訓をマリオ・ソアレスに与えたこともあった。偉大な政治家はやはり良いことを言うものである。

リスボンで幼少時を過ごしたマリオ・ソアレスはカトリック式の教育を受けたが、次第にライシテ（非宗教性）、不可知論（アグノスティック）を身につけていった。一七歳にしてすでに普遍的な政治の教養を身につけていた。高校最後の年には、共産党系の大学生たちとの接触があったと思われる。

数学には興味が持てず、リスボン大学では歴史哲学部、そして後に法学部に学んだ。父親は息子を弁護士にしたかったので法学部に入学させたかったのだが、マリオ・ソアレスはクニャルらの助言を受け、まずは歴史哲学部を選ぶことにした。法学部は体制に仕える者の巣窟だというのがクニャルらの言い分であった。実は、マリオ・ソアレスは歴史哲学部を選んだ判断を後悔している。だが、マリオ・ソアレスにとって、クニャルは労働者階級の政党の人格化であり、反ファシズムの戦いのエンジンのような存在であった。

一九四二年に歴史哲学部に入学し、リスボン大学法学部を卒業するのは一九五七年のことであった。なお、若き日のマリオ・ソアレスが「ポルトガル青年団」の制服を着て、にこやかに行進する姿を覚えている元同級生という人たちもいるのだという。「ポルトガル青年団」とはヒトラー・ユーゲントを模して作られた青年軍事組織である。

ここで一つ気がつくことはないだろうか。クニャルもマリオ・ソアレスも二人ともリスボン大学で学んでいるのである。次章で見るフランシスコ・サ・カルネイロもポルト出身でありながらリスボン大学法学部で学んで弁護士になっている。私がポルトガル語を学び始めた頃、ポルトガルを代表する最高の大学といえばコインブラ大学であった。少なくともそう言われていた。二〇一四年日本でも公開された映画『リスボンに誘われて』（原題は『リスボンへの夜行列車』）でも、主人公の医師アマデウと親友ジョルジュはリスボンの人間でありながらコインブラ大学で学び医師になり薬剤師となった。一九一一年までコインブラにしか大学はなかったのだから、長きにわたりポルトガル一の名門大学と見なされるのも当然だったのかもしれない。

サラザールもコインブラ大学で学び、そのまま教授になっていた。だが、私がポルトガルに留学した頃（一九八〇年代半ば）になると、ポルトガルで最高の大学はリスボン大学という評判も耳にした。確かに、政財界で活躍する人たちの出身大学を見るとリスボン大学が多かった。それが二一世紀に入った今では、ポルト大学が最も人気のある、最優秀の学生を集める大学に変わっている。二〇一四年九月のランキングでも、最もレベルが高いとされる学部はポルト大学医学部であった。時代が変わり、ポルトガルが変わり、大学の評価も変わる。大学の評価がかなり固定されてしまっている感のある日本よりもポルトガルのほうがダイナミックではないか？　少なくとも、大学に関しては、そう思う。私が所属する大学・学部・学科も頑張らねばいけないと心から思うのである。

話を元に戻そう。父親の影響を強く受け、反サラザール主義者であったマリオ・ソアレスは学生時代から反体制組織に所属した。具体的に言うと、共産党青年部である。なぜ、共産党か？　ソアレスは後になって大学内に他に組織立った反体制組織がなかったからだと弁解をしている。驚くことに、一二度の逮捕歴を持つのだ。アルバロ・クニャルは偉大だが、マリオ・ソアレスもなかなかどうして筋金入りである。「革命」後の民主主義の権化のような人物が過去に一二度も逮捕されていたことで、サラザール時代がいかに反民主主義であったことがよくわかるというものである。牢獄経験は三年間を超え、一九六八年にはギニア湾に浮かぶ植民地サントメ・プリンシペ島に流刑にされている。

ちなみに、クニャルもマリオ・ソアレスも、サラザール体制末期の首相となる元リスボン大学法学部長マルセロ・カエタノの教え子だが、カエタノによる二人の評価が興味深い。クニャルのほうが知的に優れ一貫性もあったのだが、ソアレスは政治的直感、術策に長けていたという。確かに、クニャルに比べると、ソアレスには政治哲学というものがあまり強くは感じられないのである（最近の政治家は、みんなそんな感じだが）。そうは言っても、ソアレスの瞬間的な判断力は評価できるし、臨機応変なところはまさに「政治の動物」そのものである。「アニマル・ポリティコ」（政治の動物）という表現は彼のためにあるかのようだ。クニャルに比べれば、反ファシズムの言葉遣いも穏やかで、戦略にも交渉にも優れていた。政治信条は薄かったかもしれないが、時代には合っていた。ポルトガルに「革命」が起こったとき、ヨーロッパ政界にはクニャルより、ソアレスを受け入れる素地ができつつあった。ソアレスにしてもクニャルにしても尊敬すべき政治家だと思うのだが、二人の政治人生を振り返るとき、カエタノが下した評価には納得できるような気がするのである。

また話は戻って、一九四二年にマリオ・ソアレスは重要な出会いを果たしている。芝居に熱中し、大学の授業を欠席し、試験を受けられなくなって悲しんでいたマリア・バローゾとキャンパス内で知り合うことになったのだ。そのときはまだ二人は恋愛を意識していなかったが、三年後の五月、第二次世界大戦に反対するデモで再会し、その日以降、二人は離れ離れになることはなかった。いや、二〇一五年にマリア・バローゾが亡くなっているので、とうとう離れ離れとなってしまった。一九四二年、マリオ・ソアレスはもう一つ重要な出会いを果たしている。夏休みの間に、リスボン大学法学部卒業の共産党員ウンベルト・ロペスと出会ったのである。アルバロ・クニャルと知り合いだと言うと、ロペスは驚き、そしてソアレスを仲間に加え、かわいがってくれた。

ソアレスの世代の人間にとって、サラザール体制に反対することは共産党に入ることであった。共和主義は第一共和制の失敗から極めて評判が悪かったのである。クニャルもそうだが、マリオ・ソアレスも裕福な家庭の生まれであり、貧しさゆえに共産党に入ったわけではない。知的な意味で共感を覚えたから入党したのである。

一九四五年には共産党青年部では目立った存在となっており、アメリカや英国の大使館に行き、学生が戦争に関する映画をただで見られるようにチケットを配るように依頼していた。だが、目立ち過ぎたのか、四五年にはPIDEによる最初の逮捕を経験することになった。

一九四九年二月一三日にはPIDEによってまたしてもマリオ・ソアレスは逮捕されてしまう。その際、法律の力が及ばないと言われた「PIDE本部の四階」を経験することになった。ある朝、捜査官がピストルをもてあそびながらこう口にしたという。「もしここで今、君を殺したとしても、何も起こりはしないのさ。私の正当防衛だったと誰もが信じるのだよ……」。PIDEの恐ろしさがよく表されたエピソードである。

一九四九年二月二二日、マリオ・ソアレスが刑務所に収監されている間に結婚が成立した。すでに触れたが、「できちゃった婚」であった。当時のポルトガルでは、左翼の人間でもためらう形である。この夫妻にはイザベルという娘とジョアンという息子がいる。マリオの父親と同じ名前だ。祖父の名を引き継ぐのはポルトガルではよく見られることである。ジョアンもやはりコレジオ・モデルノに通い、社会党員として政治家となり、リスボン市長を務めたこともある（一九九五－二〇〇二年）。二〇一五年一一月には文化大臣になった。そして、メイソンだとも言われる。一九八九年九月には、当時はまだ内戦下にあったアンゴラの反政府組織ＵＮＩＴＡの基地があったジャンバという土地で飛行機事故に遭い、瀕死の重傷を負ったこともある。搬送された南アフリカ共和国の病院で治療を受け、九死に一生を得たのである。

どうも話が方々に飛び過ぎてしまうが、マリオ・ソアレスに戻って。一九四九年の大統領選挙にフリーメイソンの元グランド・マスターであるノルトン・デ・マトス将軍が立候補することになり、ソアレスは共産党員としてキャンペーンに深く関わることになった。そのときに国内を広く回り、ディープなポルトガルに接したことで、国情を知ることになる。それも大切な出来事であったが、ソアレスの政治人生にとって重要だったのは、キャンペーンの最中に生じた疑念、すなわち共産党は彼を地下活動家にしようとたくらんでいるというもの。さらには、マトス候補との関わり方をめぐって党との間で対立が生じ、ソアレスの心は次第に共産党から離れ始めたのである。当時はまだ、ソ連かアメリカを選べと言われれば、ソアレスはソ連を選んだだろうけれど。

そしてとうとう、一九五一年、共産党の作ろうとした組織の幹部を打診されたものの拒んだため、党から除名処分を受けることになった。機関紙『アバンテ』で「オポチュニスト＝機会主義者」、そして「裏切り者」というレッテルを貼られることになった。クニャルとの決別のときであった。友人らを失うことになり、つらい時期だったという。ポルトガル語で言う「砂漠の横断」の時期である。ただし、ソアレス自身は、共産党との決別は複雑なプロセスで、はっきりといつだったと言うことはできないとも述べている。一つ言えるのは、ソアレスが三下り半を突きつけたわけではないということ。少しずつ、彼の育ちの良さが邪魔をしたのだろう。しかし、くじけることなく、一九五二年にはリスボン大学法学部に入学、五年間かけて父の夢をかなえてあげることができた。父親が作ったコレジオ・モデルノでも教えながら、卒業後すぐに弁護士業を開業、政治犯を救うために法廷に立つようになった。

一九五八年、ウンベルト・デルガード将軍が大統領選挙に立候補すると、中央支援委員会のメンバーとなった。選挙ではデルガード候補が圧倒的に有利に思えたが、開票の際に不正が行われ、改革派の同候補は敗れてしまった。もし当選した暁にはサラザール首相をどうするつもりかという記者の質問に対し、「当然ながら罷免する」という将軍の言葉は今でもさまざまな場面でよく引用される。例えば、サッカーチームの監督を辞めさせたいときなどにも使われる便利な表現である。「もちろん、辞めろ」という意味である。マリオ・ソアレスは六一年にも逮捕されるが、反政府活動を止めず、海外にも活動の範囲を広げていった。

一九六四年四月、ソアレスはチェコスロバキアを訪問する機会を得た。初めて足を踏み入れた社会主義国であった。ポルトガル以上に教会に人が溢れていることに感銘を受けると同時に、プラハの町の美しさに魅了されながらも、その背後にある貧困や悲しさには失望している。ところで、実はこの訪問の際ソアレスは、久しぶりにアルバロ・クニャルと会っている。現実の社会主義は思い描いていたものとはずいぶんと違ったのだが、クニャルとの隔たりも大きくなっていた。クニャルはソアレスを「博士様」(セニョール・ドトール)と呼ぶなど、以前とは違う冷めた言葉遣いで接してきたのである。弁護士としての顧客を譲ってくれたクニャルの父アデリーノのことを話題にしても、「共産主義者はプライバシーについては話さない」とそっけなかった。ソアレスはクニャルをもはや人間的な付き合いのできない、遠い存在と感じたことだろう。関わるとしても政治の利害だけが理由。一方、クニャルにとって、ソアレスは社会民主主義者であり、反ファシズム闘争の同志ではなかったのだ。ポルトガルの情報がほしいから会ってみた、その程度なのであった。

バレエ・ローズ事件

一九六五年は重要な出来事が二つあった。マリオ・ソアレスは盟友たちと一九六四年、ジュネーブで「ポルトガル社会主義行動」（ＡＳＰ）という社会党の前身となる組織を立ち上げていたが、このグループはそれ以前の民主主義グループと異なり、六五年に反植民地主義を明らかにしたのである。六一年アンゴラで植民地戦争が始まったとき、多くのグループは民主主義勢力とはいえども植民地主義的愛国主義を守りサラザールの政策を擁護したのだが、ソアレスたちは大きな歴史的断絶を演じてみせたのである。ソアレスらが創設したＡＳＰはヨーロッパ的な社会主義政党、歴史の流れに乗った反植民地主義的な政党の前身なのであった。ただし、政治的に目立ったせいもあり、ＰＩＤＥによるソアレスに対する監視は強化されてしまった。

もう一つの大事件と言えば、一九六五年四月二七日の話。ポルトガルを揺るがす大事件が起こった。ブラジルに亡命していたウンベルト・デルガード将軍が、ポルトガルとの国境付近のスペインの小村ビジャ・ノバ・デル・フレスノで死体となって発見されたのである。ソアレスはこの出来事に深く関わることになった。将軍の未亡人の代理人としてソアレスは査証を受領し、弁護士をもう一人同伴させながら、遺体の確認のために国境を越えようとした。しかし、この弁護士の書類不備のためスペイン側に入ることができず、ソアレスも国境越えを断念せざるを得なかった。デルガード将軍の死はのちにＰＩＤＥの犯罪であったことが明らかになるのだが、当時は当局によれば、単なる遺恨による犯罪でしかなかった。ソアレスはあらためてスペインに向かう途上エルバスでＰＩＤＥに捕まり、二週間も監禁され、しかも貴重な裁判資料も没収されてしまった。

この事件をきっかけにマリオ・ソアレスの名は海外でも知られるようになり、世界中の社会主義者たちとの人的つながりができた。語学の才能はなくても（長年フランスに亡命していたもののフランス語はあまり達者ではない。昔ポルトガル人がよく笑いのネタにしていた）、外交センスは抜群のソアレスの真価が発揮されようとしていたのである。ウンベルト・デルガード将軍の弁護を買って出て以来、彼は海外に友人ができるようになり、フランスではフランソワ・ミッテラン（元大統領）と親交を結ぶこともできた。

目の上のたんこぶのようになったマリオ・ソアレスを政治的に抹消するために、ＰＩＤＥは性的なスキャンダルを利用しようとした。どこの国でも使われる手なのだろう。いわゆる「バレエ・ローズ事件」である。娼婦、娼婦の娘（一〇歳にも満たない少女もいた）と大物財界人や大臣（経済大臣コレイア・デ・オリベイラは一九七六年パリのビルの八階から飛び降り自殺を図った）や侯爵や伯爵など貴族の称号を持つ者を巻き込んだ大事件であった。大物たちの性的スキャンダルというと二〇〇二年秋に暴露されたカザ・ピア事件を思い出すが、サラザール時代にも乱交やサドマゾといった言葉が使われる事件があったのだ。娼婦たちが自分の娘たちを体制側のお偉方に提供していたのだ。カトリックの国ポルトガルでこのような事件は独特な意味合いを持つのだろう。

ちなみに、なぜ「バレエ・ローズ」と呼ばれたかというと、裸になった少女たちがローズ、すなわち「バラ」色の照明の下で踊った（踊らされた？）からである。「バレエ・ローズ事件」は後に国営放送局ＲＴＰによってドラマ化されたりもした。特権階級の者たちがバラ色のライトの下で遊興にふけっている間、地方の農村地帯ではまだ電気さえ通っていない地域もあったというのに。ポルトガルでは、電気が来たのが一九七〇年代、いや八〇年代の地域もあったというから驚きである。どうでもいいことだろうが、一九六〇年代、リスボンからサラザールの生家および墓地があるサンタ・コンバ・ダゥンまで電車で六時間かかったのだが、今は四時間もかからない。ポルトガルもずいぶんと狭くなったのだ。リスボンから北部ポルトまでバスで七時間もかかった。これもまた長旅を感じさせたものである。今なら三時間もあれば足りるのだ。

さて、話は一九六七年のことである。司法警察がジェノヴェーヴァという女性ドレスメーカーを逮捕したことがスキャンダル発覚のきっかけである。ある日、一人の少女（一六歳）が母親と恋人に付き添われ、とある弁護士事務所に姿を見せた。未成年少女たちに売春させていた女性ドレスメーカー（＝ジェノヴェーヴァ）の自宅住所を教えるように司法警察が執拗に迫ってきたというのだ。逮捕されることを恐れ、少女と母親たちは弁護士のもとを訪れたのである。この少女は九歳のときから性的に虐待されていたのだという。ジェノヴェーヴァを逮捕すると、少女たちの顧客リストが見つかった。弁護士はリストにあった大物たちの名前を公表しようとしたが、司法警察はそこまではさすがに認めなかった。なにしろサラザール体制に深く関わる大物たち、実業家、大臣クラスの政治家、爵位を持つ者などの名前があったのだ。

ところで、バラ色の照明の下でダンスをする「バレエ・ローズ」の他に、ハイソな人々が何をしていたかというと、エストリルというリスボン郊外の別荘地の邸宅の庭で裸の少女たちにさまざまな色のリボンを結んで走らせ、やはり裸になった男たちもリボンをつけ、同じ色の少女を捕まえ、性的関係を持つという「遊び」であった。農村地帯では極貧の生活にあえぐ人々も少なくなかったこの時代、この格差はいったい何なのだろうか。ポルトガルは現在もジニ係数が高くて格差社会と言ってもよい状況にあるのだが、当時の上層階級の腐敗ぶりはひどいものであったようだ。過酷な肉体労働は農民や工員に任せ、有閑階級はこんなことをしていたのである。貧しい農民たちは肉や魚も贅沢品で主に野菜や果物を食べていた。地方の庶民たちは公の場でのデートなどままならず、男女は窓越しで会うか、誰かの監視付きで会ったのである。

本当ならこれらの格差を理由として革命が起こってもよさそうなものだが、ポルトガルの市民社会はまだ未成熟だった時代。コルポラティズム（組合協調主義）の国らしく、革命も一つのコルポラサゥン（組織・機関）である軍隊が起こした。エスタード・ノーボ体制は、さまざまなコルポラサゥンが協調できなくなって崩壊したのである。市民は後から軍隊についていったと言ってもよいだろう。

「バレエ・ローズ事件」は海外でも報道されるところとなってしまった。だが、当時のお偉方がしていたことを思うと、「バレエ・ローズ事件」という名称はミスリーディングで、もっと衝撃的な激しい言葉を使ってもよかったくらいにも見える。イタリアのメディアは「大臣の庭園のロリータ狩り」と呼んだ。なんとも酷い！　さらに、ある企業人は娼婦たちを拷問するための部屋まで持ち、しかも一人の死者を出していたことまで明らかになった。

もちろん、政府も国家の名誉（？）を守るために無策だったわけではなく、少女の弁護士の電話器に盗聴器を仕掛け、外国メディアとの接触を妨げようとし、また、一連のスキャンダルは反体制派による国家への名誉棄損、でっち上げであると反論したのである。政府は司法警察や法務大臣にも圧力をかけ、隠ぺいを図ろうとした。司法警察による捜査は一九六八年には打ち切りとなったが、裁判は七一年まで続いた。証言に信憑性を欠いたため、立件されながらも大半は無罪となり、有罪となったのはジェノヴェーヴァ、銀行幹部、ホテル・オーナーくらいであった。今に至るまで続く、権力者に対する「不加罰性」を見るような気がする。

しかも、もちろん性的スキャンダルには何の関係もなかったのだが、何が何だかわからないうちに、海外のメディアと親交が深かった「反体制派」マリオ・ソアレスは、情報漏えいの容疑でPIDEによってまたしても逮捕されてしまったのである。当時、ポルトガル国内のプロパガンダ以外の情報を海外に提供できるのはソアレスくらいだった。ソアレスはスキャンダルについてはほとんど知るところはなかったようで、ロンドンの『サンデー・テレグラフ』紙の記者に取材すべき相手を紹介しただけなのである。なのに、カシアス要塞に三カ月間も拘束。しかも季節は冬であった。後に、記事を載せたイギリスの『サンデー・テレグラフ』が情報提供者はソアレスではないと明言すると釈放された。サラザールは最古の同盟国イギリスとの関係には慎重であったということだろう。

ソアレスはその後、ポルトガルの名誉を損ねたという理由で、一九六八年春にサントメ・プリンシペ島へと抑留されてしまった。逮捕ではなく抑留である。彼はその植民地が地図上のどのあたりに位置するのかもよくわかっていなかった。地元住民は六万人ほど、そこに三千人くらいのヨーロッパ系住民が暮らしていた。抑留の地へと向かう飛行機の窓からは警察に取り押さえられる小さな集団が目に入ったが、その中にはソアレスの妻と娘がいたはずであった。胸を締めつけられる思いとはこのことだろうか。彼の心配は杞憂ではなく、PIDEは群衆に向かって確かに暴力をふるった。もちろん、ソアレスの抑留は「バレエ・ローズ」の一件だけが原因ではなく、それ以前の行動が考慮されてのことであったはずだ。ポルトガルは一九四九年からずっとNATO（北大西洋条約機構）のメンバー国だが、かつてソアレスは共産党員としてポルトガルのNATO加盟に反対するビラを兵舎の前で配布したりもしていたのである。

飛行機が滑走路を飛び立ったのは小雨の夜であった。突然の抑留に意表をつかれたソアレスはもちろん混乱していた。彼に同行したＰＩＤＥの捜査員の回想によれば、息子（ジョアン）がマルクス・レーニン主義に興味を持っていることを心配していたという。そして、一切の政治活動をやめるのでリスボンに戻らせてほしいとまで提案したのだという（本当だろうか。ソアレスは機内食をとったあとはアンゴラの首都ルアンダまでずっと寝ていたと回顧しているが。ソアレスは政敵に対しても愛想を振りまいたりするので、冗談くらいは口にしたかもしれない）。

もしこの提案が本当で、それをサラザール政府側が了承していたら、ポルトガルの歴史は大きく変わっていたはずである。ソアレスのいない「革命」は、かなり「左」へと急旋回したままで、混乱はさらに大きくなっていただろう。あるいは、ポルトガルは共産化するというキッシンジャーの予言は当たっていたかもしれない。サントメ島に行くにはアンゴラの首都ルアンダで乗り継ぎが必要だったのだが、ルアンダ市内を散策したソアレスはその美しさに魅了され、対アフリカ政策の見直しさえ口にしたという。

サントメ島に着くと、地元の人々の好奇心と恐怖の入り混じったような視線で迎えられた。空港にはコレジオ・モデルノの元同僚が待っていた。逮捕ではなく抑留ということで、町から出るときは許可が必要だが、どこで何をしようが自由だと当初は言われた。実際はすぐに厳しい監視がつくようになり、自家用車は常に追跡されたし、テレビがない島で唯一の娯楽だった映画を見に行けば、一列後ろの席にＰＩＤＥが必ず張りついた。時はナイジェリアのビアフラ戦争の時期。サントメ島の空港では、武器や物資を輸送する飛行機が数多く発着を繰り返した。ナイジェリアで戦われていたビアフラ戦争を取材に来た海外のジャーナリストも頻繁に島に立ち寄り、ポルトガルの反体制派指導者の一人ソアレスはちょっとしたスターのような扱いでもあった。

ギニア湾の島でソアレスは何をしたかというと、やはり本業である弁護士を続けようとした。当時、島には三人しか弁護士がいなかったのである。しかも、彼自身、生活費を稼ぐ必要があったし、時間をもてあましてもいたのだ。

運よく、知り合いのつてから仕事が見つかりそうになった。それは意外にも、体制を支える大コングロマリット＝CUFグループの弁護士になってほしいという依頼であった。かつてソアレスは、同グループの一族の遺産相続権をめぐる裁判で弁護を担当したことがあった。当初はその申し出に対して懐疑的だったソアレスも、依頼を受けることにしたのだが、その計画をPIDEの報告で知ったサラザールが反発、ソアレスは仕事のチャンスを失うことになった。

ちなみに、この一件にはもう少し突っ込んだ解釈をする人もいて、ジャイメ・ノゲイラ・ピントというジャーナリストは、反体制派の大物（＝ソアレス）が来て小さな島内で影響力を行使されては困るので、同植民地総督がポルトガルの大財閥CUFの家長に頼み、同社の弁護士になるように要請してもらったと説明するのである。つまり、政治家ソアレスの無力化という戦略である。だが、極右のメディアが、将来的に政権の座につくかもしれない若い反体制派指導者を「買う」のはけしからんと論陣を張ったため、その計略は頓挫したのだという。

いずれにしても、弁護士要請が撤回された背景には、サラザールの圧力がかかったと言われる。総督の一声があったのかどうかは定かではないが、サラザールの力が大きく作用したことは確かなようである。ソアレスは島の高校教師になることも試みたようだが、やはり妨害に遭って実現できなかった。

することもなくなり、ソアレスは執筆に専念するようになる。後に亡命先のパリで出版されることになる『猿ぐつわを咬まされたポルトガル』を書いたのである。この本の中でソアレスはポルトガルのEU（当時は欧州経済共同体だが）加盟と基幹産業の国有化を主張しており、どちらも「革命」後に実現している。それにしても、執筆とは何もすることがなくなったときにすることなのだろうか。確かに用事が多くては、落ち着いて執筆業に専念することは難しいが。最近の大学の先生はこの問題に苦しめられている。だがそれはソアレスの人生には関係ない。反体制運動の間では、ソアレスを船舶あるいはヘリコプターを使って逃亡させるという計画も練られたようだが、空想の域を出ず、現実味のある話ではなかった。

ほどなくして、サラザールが椅子から落ちて病気になる。一九六八年八月から九月にかけてのことである。ソアレスはそのニュースを床屋にいるときに聞き、「サラザール体制の終わりだ」と叫びながら街中を走ったという。ところが、興奮していたのは彼一人、島民たちの冷めた反応には失望してしまう。九月二六日にソアレスの予想どおりにマルセロ・カエタノ政権が誕生すると、一一月にソアレスはリスボンに戻ることが認められたのである。

その後、ソアレスは一九六九年の選挙に向け、民主統一選挙委員会（CEUD）を立ち上げ、社会主義者、王党派、カトリック教会の候補をまとめ、共産党とは別の野党として候補者を擁立した。それに対しソアレスの活動をよくは思わなかった共産党のほうは、ソアレスとPIDEは裏で手を結んでいるとして批判した。裏切り者のソアレスはマルセロ・カエタノと結託している、という非難さえあったのだ。選挙の結果を見ると、それはソアレスを失望させるものでしかなく、議会には一人の議員も送り込むことができなかった。共産党の批判は根拠があったようにも思えないし、ソアレス側の選挙キャンペーンはＰＩＤＥの妨害にも遭っていた。

ソアレスとカエタノに関して噂になったのは、カエタノがソアレスのグループを野党第一党にして、共産党や極左を権力から遠ざけ、さらにサラザールの右派からも距離を置くための戦術として、ソアレスを利用したのではないかということである。真偽のほどはともかくとして、ソアレスはカエタノ政府に幻滅し、「冬眠」の時期も必要と考えて、ポルトガルを後にしたのである。

ただし、ＣＥＵＤに関し少なくとも一つの功績は記しておくべきだろう。一九六九年当時、政治的自由のなかったポルトガルにも、共産党以外にも野党勢力が存在することになったのである！　ソアレスがＣＥＵＤを立ち上げたとき、反体制派にはさまざまな「声」がなければならないという思いがあった。野党勢力の「一致団結」もいいが、民主的であるためには野党勢力にも複数の意見が存在し得なくてはならなかったのである。なぜなら体制側からは、政府に逆らう輩はすべて共産党と言われていたからである。いずれにしても、共和制の終わりから半世紀がたち、サラザールを国家の救世主と崇めた世代が去り、都市部の中産階級の人々は裕福になり、フランスの高級紙を購読し、エスタード・ノーボ体制を過去の遺物と見なすようになっていた。

パリへ

マリオ・ソアレスは翌七〇年、自らの意思でローマ、そしてパリへ亡命することにした。パリでソアレスはポルトガルにおける自由や人権の迫害について積極的に発言した。彼がお世話になった下宿の大家さんはポルトガル移民が大嫌いだったそうだが、七四年四月二五日にはソアレスを見直してくれたそうだ。バンセンヌ大学でポルトガル文明についての授業を担当して定期的な収入を確保したのはよいが、当初は独裁者カエタノのエージェントという悪名を着せられ、授業妨害さえされた。もちろん、サラザール体制に何度も逮捕され、サントメ島に抑留された経験を口にするとすぐに誤解は解けたのだが。そのうちレンヌの大学からもオファーがあり、生活には困らなくなった。

一方、ソアレスはポルトガル人移民の顧客を数多く抱えるポルトガル系銀行バンク・フランコ・ポルテュゲーズの顧問弁護士にもなっている。マルセロ・カエタノ首相はモレイラ・バティスタ内務大臣をパリに派遣し、ソアレスを解雇するように銀行頭取に圧力をかけたらしいが、頭取は首を縦に振らず、逆に「もし体制が崩壊しあなたがパリに亡命するときは、あなたを雇ってあげます」と提案したという。実際にそのとおりになったというから世の中は面白い。

なお、この話には逆のバージョンがあって、先ほども触れたジャイメ・ノゲイラ・ピントというジャーナリストは、カエタノの命を受けたバティスタが頭取にソアレスに職を提供するよう依頼したというのである。もしそうなら、ソアレスはカエタノのエージェントという話が真実味を帯びてくるのだが、真偽のほどはどうなのだろうか。ピントの主張を容れるなら、カエタノはいずれ民主派に政権の座を譲ろうとしていたかのようにも解釈できる。反体制派を守っていたところを見ると、ただの保守的政治家ではなかったようであるが、ソアレスはそんな説明を一笑に付すに違いない。

ソアレスは一九七二年、ソ連を訪問しているが、そこではクニャルともポルトガル共産党の代表者とも誰とも会わなかった。しかし、一九七三年九月にはフランス共産党の施設内で、ポルトガル共産党党首クニャルと会談している。翌月ポルトガルでは総選挙が予定されていたのだ。当時、二人の党首が望み得たことと言えば、クニャルにしてみれば共産党を政党として承認してもらうことであり、ソアレスはできれば社会党選出の一議員になりたいということであり、どちらもすぐに政権の一翼を担うなどとは夢にも思っていなかったはずである。ポルトガル国内を見ると、一九七一年から七二年以降は警察による締めつけが厳しくなり、体制の崩壊が近いとは予測できなかった。ただし、共同文書は出されており、植民地戦争の終結、ポルトガルの自由の回復、独占企業と帝国主義への従属からの脱却などが合意されていた。

一九七三年四月九日、ソアレスは、ウィリー・ブラントが首相を務めていた西ドイツで社会党を創設する。このタイミングがあったから、共産党ほどではなかったものの、「革命」直後に組織的に行動できたし、クニャルらの行きすぎを止めることもできたのである。また、同じ頃、ポルトガル国内では若手将校たちがクーデターの準備をそろそろ始めようとしていた。新しい息吹がシンクロしていたのである。

社会党員になった人たちの中には、一九二六年、第一次共和制が終わり、サラザールによって権力の座から追放された人々の子孫がけっこういた。つまり、彼らには旧体制に対するルサンチマンがあっただろうし、第一共和制が犯した失敗、誤り、罪の遺産を引き継いでもいた。「革命」直後、極左勢力がカトリック教会を攻撃しようとしたとき、マリオ・ソアレスがその動きを止めたのは、歴史から学んでいたからなのだろう。一九七四年になっても、五〇年前に終わった第一共和制についての記憶がどこかに残されていたのに違いない。

「革命」後のソアレス

クニャルとの対立

一九七三年九月の会談では大きな成果はなかったものの、七四年三月、今度はフランス社会党が用意した部屋でソアレスとクニャルは対談している。サラザール体制が断末魔の叫びをあげていた頃のことである。二人はポルトガルの政治・経済・社会情勢を話し合い、カエタノ政権が腐りきっていることで一致をみた。もちろんこのときはまだ二人とも、およそ二カ月後にはポルトガルで政権の一角を担っているとは夢にも思わなかっただろうけれど。興味深いことに、そのときの会談の共同文書の公開予定日はなんと四月二五日なのであった。二人が「国軍運動（ＭＦＡ）」の計画と無縁だったことの傍証になるだろう。

四月二五日のクーデターでサラザール体制は崩壊した。そして、二人がポルトガルに戻る日が来た。一九七四年四月二八日の日曜日。予定より遅れてソアレスは「自由の列車」に乗ってリスボンのサンタ・アポロニア駅に到着した。カーネーションの花束をV字にして手に持っていた。その日に限れば、世界で最も群衆から待望された人物であっただろう。最高のヒーローであったはずだ。彼自身も予期せぬくらいに。人々はまだ「革命」直後の「パーティー」の余韻に浸っていたい時期であった。そして、「革命」のヒーローを待望していた。「国軍運動」の将校たちはまだ無名の存在だったのだ。

リスボンの終着駅サンタ・アポロニア駅のベランダから、歓迎してくれた群衆に向けて演説し、そのまま救国評議会議長になったばかりのスピノラ将軍の元へと向かった。「革命」後最初の大統領となったスピノラ将軍だって英雄候補であるが、旧体制との関係がネックとなった。そのスピノラ将軍も、ソアレスも、生まれ変わるポルトガルにとって何が必要なのかがよくわかっていた。すなわち、「革命」の国際的な承認である。将軍は世界の扉を開くことをソアレスに要請した。ソアレスはすぐにイギリス、ベルギー、西ドイツ、フィンランド、イタリアを訪問し、新しいポルトガルの承認を得たが、その際は彼の社会党コネクションが大いに有効であった。

当時、もう一人国際的な名声を持つ政治家と言えば、共産党のアルバロ・クニャルがいたが、彼がよく知る世界は「東」側なので、スピノラ将軍とは相容れなかった。ソアレスが第一次暫定政府の外相になり、クニャルが無任所大臣になったところに、「革命」の性質がよく見て取れるのではないか。その後もブレはあったものの、ポルトガルは「西」側の国になるつもりだったのだ。

「革命」の直前、パリで会談していたソアレスとクニャルは、反ファシスト勢力として共闘する計画もあったのだが、ソアレスはクニャルの帰国後の姿を見てすぐに懐疑的になる。唯一しっかりとした組織を持っていた共産党の存在は無視できないものではあったのだが、クニャルはポルトガルを新しいキューバに変えようと考えているように思えたのである。空港に迎えに行ったソアレスに対しクニャルの対応はそっけないもの。「革命」後、初のメーデーの集会でも二人はともに壇上に上がり演説を行ったが、そこには連帯の可能性のかけらも見られなかった。

年長であり恩師でもあるクニャルをソアレスは尊重し、労働大臣に推挙もしたのだが、二人の間にあるのは亀裂だけであった。クニャルは労働大臣のポストを拒み、そこに共産党員を就かせただけでなく、自らは無任所大臣となった。「革命」後最初の内閣には共産党員が二名もいたのだ。そのように導

ソアレスの父親が創立し、クニャルが教え、ソアレスが学んだコレジオ・モデルノ。

いたクニャルはなかなか頭がよいと思う。ソアレスは国民の前ではクニャルと手をつないでみせたが、裏では共産党の躍進を阻むためには社会党に対する支援が必要であると英国や米国の要人に主張していたのである。一方で、共産党は社会党を必要としない、あるいは邪魔者と感じていたのだろう。そして、一九七四年末には共産党が共産主義革命をポルトガルに起こそうとしていることがはっきりとしていた。なお、唐突なことを言うけれど、一九一〇年に共和制に移行したときは、国際的承認を得るためにけっこう海外のサッカーチームのゲームが組まれたが、一九七四年の際はそのようなことはなかったように思える。

ソアレスは一九七五年三月まで外相を務め、旧アフリカ植民地の独立に至るプロセスを指揮した。ソアレスが脱植民地化の主役になるのを恐れたクニャルは独立には慎重になるように求めたとも言われる。旧体制派の人たちなら、アフリカの「宝石」をソ連に渡しただけとソアレスを批判するかもしれない。同時に、ソアレスは七五年四月二五日に実施された制憲議会選挙で社会党を勝利させることにも成功している。社会党が四割近い票を獲得したのに対し、共産党は一割をわずかに越えるだけだった。ポルトガルは「革命」

後の一年半あまり内戦の危機にさえ置かれたが、ソアレスが民主化のプロセスにおける文民指導者として最大級の貢献を果たしたことは間違いない。右派勢力がなかったとも言える時期、ソ連の支援を受けた共産党に唯一抵抗できる勢力として社会党を率いたのであった。

マリオ・ソアレスは一九七六年から七七年まで、七八年、そして八三年から八五年まで、三度も首相の座に就いている。「革命」後のポルトガルが目標とした「三つのＤ」こと「民主化」「脱植民地化」「経済発展」の達成に向け、国全体がまだもがき苦しんでいた困難な時代に国家の舵を取った勇気は讃えられてしかるべきだろう。首相としてのキャリアのピークは、一九八五年七月一二日、欧州経済共同体（現在のＥＵ）加盟条約に署名できたことだろうか。「大西洋国家」ポルトガルが、ヨーロッパのポルトガルになった瞬間であった。

さてここで、先を急ぐ前に、ソアレスとクニャルの関わりについてあらためて一言触れておきたい。一九七四年四月三〇日にソアレスから二日遅れてクニャルがパリからの飛行機で帰国したとき、ソアレスは空港まで迎えに行き、二人は手を取り合ってリスボン市内の目抜き通りをパレードした。ほほえましい光景であるが、人々が二人のそうした姿を目にするのはそれが最初で、実は最後なのであった。あくまでもソ連に忠実な共産党とは、反サラザール体制の戦いでは手を結べても、「革命」後のポルトガルの進路に関しては、ソアレスは距離を置かざるを得なかったのである。

一九七五年五月一日の、「革命」後二度目のメーデーでは、共産党の妨害によってソアレスは式典に参加させてもらえなかったくらいである。ソアレスは社会党の同僚たちと一緒に強引に貴賓席までたどり着こうとしたのだが（その途中、背後から刃物で刺されそうにもなった）、貴賓室のドアを開けた組合員に「ここには労働者階級に対する裏切り者は入れないのだ！」と言われ、目の前で扉を閉じられてしまったのである。ポルトガル社会の一部の極端な左傾化を物語るエピソードの一つである。

さらに、一九七五年一一月六日には、ソアレスとクニャルの討論会が国営テレビ局RTPで放送された。ポルトガルにおける政治家のディベートの嚆矢である。『国民に答える』と名づけられた番組は二部構成。時間は無制限。第一部は司会者の質問にそれぞれが答えるというもの。後半は二人の討論であった。党首同士の討論会のアイディアはソアレスから出されていた。当初、クニャルはこの二部構成という案に反対したのだが、国民に共産党と社会党の違いをはっきりさせるためには後半がなければいけないというソアレスの主張が勝った。そして、放送後には、両党の立場の違い、和解が不可能であることが国民に知らされることになったのである。

二人の激しい言葉のバトルは三時間と四〇分にも及んだ。通りからは人の姿が消え、誰もがテレビ画面にくぎ付けになっていた。夜一〇時に始まって、終わったのは深夜二時近くだった。まだ政治が生きていた時代の話であるが、今でもポルトガル人の記憶からは消え去っていない出来事である。司会者がタバコを指にはさんで煙をくゆらせていたのがなんとも時代を感じさせる。

対立軸は「(共産主義) 革命」か「(西欧型) 民主主義」かであった。ソアレスは極左暴力を陰で支援する共産党を批判した。ソアレスの攻勢を前に守勢に立ちながらもクニャルは早口で自説を滔々と述べて、頭の回転の速さを見せた。だが、独りよがりと言えば、そう言えたかもしれない。一方、ソアレスのほうは特徴的な粘っこい口調でゆっくりと意見を述べ、クニャルを追い詰めるだけでなく、そこには視聴者にわかりやすく自説を伝えようという配慮もうかがわれた。

面前にいる政敵を倒すことに集中する政治家と、テレビカメラの向こう側にいる有権者さえも意識する政治家の違いと言ってもよいだろう。どちらの弁舌のほうが優れていたのかは一概に甲乙つけがたいのだが、ソアレスの話のほうが庶民にはわかりやすかったのではないか。イデオロギーは別にして、おそらく過半数の人たちはソアレスに軍配を上げたのではないだろうか。ポルトガルの進路を予感させる討論番組であった。それにしても、「革命」前は植民地独立、企業の国営化、農地改革などについて合意点を見出していた両者だが、一九七四年四月二五日を境にしてずいぶんと互いに離れ離れになってしまったものである。

当時の政治テーマをいくつかに分けて話し合った番組中で有名になったのが、クニャルの「オーリュ・ク・ナゥン」というフレーズ。ソアレスが共産党はポルトガルをあらためて独裁制国家にしようとしていると非難したのに対し、「そんなことはない」と繰り返して答えたのである。クニャルがタジタジになる場面であった。五日後に予定されていたアフリカ南西部の旧植民地アンゴラの独立については、共産党はMPLA（アンゴラ解放人民運動）という左派勢力だけをアンゴラ人民の代表として認めるように要求したが、ソアレスはFNLA（アンゴラ民族解放戦線）とUNITA（アンゴラ全面独立民族同盟）という解放組織も交渉相手として認めるべきであると反論した。この点に関してはクニャルが勝利した。だが、アンゴラは独立してもすぐには平和な日々を迎えることはできず、その後も長く内戦に苦しまされることになった。

階級のない社会主義を信じるも個人の自由を尊重する社会党党首ソアレスと、ソ連型の社会の実現を求める共産党党首クニャルのビジョンが真っ向から対立した討論番組。社会主義型の社会とはどのようなものか、どうあるべきなのか、両者のビジョンは大きく異なった。ソアレスが発した、ポルトガル国民は反共産主義なのではなく、反ポルトガル共産党なのだということばが印象深い。さらに西洋型民主主義になれば、ポルトガルは独裁制の時代に逆戻りするとしたクニャルの敗北は明らかであった。また後に在ポルトガル米国大使館の公電によって明らかにされたところでは、ソアレスは番組に臨むにあたり軍人たちの信頼を勝ち得ることも目的としていたようなのだが、それも達成できたと言えるだろう。

だが、二人の党首間対立の最終的な決着は、同月二五日の極左勢力のクーデター失敗でついた。ポルトガルは東側的共産主義ではなく、西側の社会主義を選んだのである。ポルトガル国民の多くは今もポルトガルが共産主義国家にならなくて済んでよかったと思っているだろうが、最後の防波堤はソアレスなのであった。なお、クニャルを全面否定したわけではないものの、国民はソアレス的な思想に未来を託したのである。翌日の二六日、ポルトガルに平静さが保たれていることを確認するために、ソアレスは娘イザベルのミニクーパーに乗ってリスボン市内をドライブしてみせた。ソアレスが嫌いな人なら、ただのパフォーマンスと批判するだろうが、彼の勇気を垣間見ることも可能だろう。

首相から大統領へ

一九七六年に入り、ポルトガル社会は落ち着きを取り戻しつつあったのだが、国庫が底をつきかねない状態であった。三億ドル必要だったのだが、公務員の給料さえ支払えない！　ソアレスは閣外にいたが、急きょ西ドイツへ飛んで、ヘルムート・シュミット首相（当時）から融資を受けることに成功した。ポルトガルは独裁制から脱したが、経済は壊滅的な打撃を受けていたのである。七月に首相の座についたソアレスは国家財政の再建を目指すようになった。

国家の救世主的な活躍であるが、頬のふくらみゆえに「ボシェシャス」というニックネームをつけられたのはこの頃のことであった（七四年四月二五日革命直後帰国して間もなくとも言われる。どちらでも大した政治的な意味はないだろう）。一九七八年から八〇年まで、ソアレス内閣は、最初の国際通貨基金

（IMF）による支援を仰ぐことにした。通貨（エスクード）を切り下げ、政府支出を減らし、増税した。国家を救うために、ソアレスはやむなく「社会主義を引き出しにしまった」のである。当時、ソアレスはどこに行っても批判の矢面に立たされたものであったが、それはポルトガルが本来ならばやらなければならないことをあえて実行したからであったと言えるだろう。ポルトガルが立ち直るために必要なのはヨーロッパの仲間になること。一九七七年になると、ソアレスはEEC諸国を歴訪し、ポルトガルの加盟を支持するように訴えた。ただし、当時のラマーリョ・エアネス大統領と対立してしまい、最初のソアレス内閣は七七年一二月にはあえなく崩壊してしまった。親日家としても知られるエアネス大統領は、七五年の「一一月二五日」のクーデター計画を鎮圧させた英雄的軍人であった。

年が明け、一九七八年にはすぐにまた首相になるが、またしても大統領、そして社会民主党や共産党からの批判を受けて、彼の政権は長くは持たなかった。ソアレスは野党党首の座に甘んじることになる。だが、それとても受難の日々で、一九八〇年一二月の大統領選挙と言えば、次章で見るように、サ・カルネイロ首相が飛行機事故で命を落とすことになる時期であるが、そのときソアレスは最初はエアネス候補を支持しながら後に意見を変えてしまい、その翻意によって社会党内でさえ立場を危うくしているのである（結局、党首の座を失うことはなかったけれど）。第二次民主連合政権（社会民主党と民主社会中道党の連立政権）の財政政策失敗の後始末として、八二年から八五年まで、ポルトガルは二度目の国際通貨基金の支援を受けている。このときもソアレスは政府支出を削減し、通貨を切り下げ、給与も減額し、もちろん国民から批判された。しかし、ずいぶんと短期間で二度も国際通貨基金の介入を受けたものである。いくら革命後の混乱があるとはいえ、国家財政の運営がだらしなさすぎるのではないか。ついつい疑念がわいてしまう。

当時、リスボンの街を歩くと、建物の壁に「ソアレス、ルア！」とあるのをよく目にしたものである。「ルア」とはストリートのことだが、一瞬、もう「ソアレス通り」が求められるほどこの政治家は尊敬されているのだろうかと不思議に感じたものだが、それなら語順は逆で「ルア・ソアレス」とあるべきだから、すっきりしないままであった。けれど、ある日、下宿先のご夫婦がけんかしているときに奥さんのほうが夫に向かって「ルア、ルア、ルーア！」と叫びながら家から追い出すようなしぐさをしていたのを見て意味がわかった。「ソアレス、ルア」とは「ソアレス、出て行け！」という非難の言葉なのであった。道理で字面に刺があったわけだ。ポルトガル語は語順がわりと自由な言語であるが、やはり文の意味を取るうえで重要なのである。ちなみに、本物の「マリオ・ソアレス博士大通り」なら、アマドーラ市に二〇一四年一二月に誕生したばかりである。通りの表示板の除幕式は市民からまったく無視されていたが、「自由と民主主義の戦士」ことマリオ・ソアレスは式典でしっかりと政府と大統領を批判していた。面目躍如である。

なお、国際通貨基金がポルトガルの財政再建の支援を行う三度目は二〇一一年から一四年までだが（このときは欧州中央銀行と欧州委員会のトロイカ体制であった）、こんなにも短期間で三度の支援を受けた国も珍しいだろう。なんでもかんでも民活と口にすればよいものでもないだろうけれど、やはりもう少し政府を小さくしたほうがいいのかもしれない（と思っていたら、二〇一五年一一月に生まれたアントニオ・コスタ政権もかなりビッグサイズである）。

ところで、一九八二年と言えば、「革命」後、最初の改憲が行われた年である。各政党が共和国議会（国会）で熱い議論を戦わせたが、そのときの大きなテーマの一つが「国有化の不可逆性」を消去するかどうかであった。ソアレスを党首とする社会党は終始、この文言の改編に反対であったけれど、もしこの時点で国営企業の民営化に踏み切っていたらポルトガル経済はどうなっていただろうか。民営化が進むのは次の改憲を経て九〇年代に入ってからである。他の欧州諸国が民活導入に踏み出したのに比べポルトガルは別の道を歩んでしまった。見方にもよるのかもしれないけれど、この国はどちらかと言うと民間資本が嫌いで、それをしかたなく受け入れるという印象さえ与えるのだ。ソアレスに代表される左派の政治家たちが下してきた政治判断が批判されるポイントの一つであろう。考えてみれば、「発見の時代」の偉大な航海の数々も国家事業であったし（長い時代の間、国家の支援なく活躍した商人も数多くいただろうけれど）、最近なら、独裁者サラザールにとって、国の発展を導くのは国家の役割なのであった。国家依存はポルトガルの慢性病なのかもしれない。

さて、一九八三年四月の総選挙で社会党は勝利したが、社会民主党と連立を組むことにした。いわゆる「ブロコ・セントラル」という政権である。「中道ブロック」とでも訳すのだろうか。それを機に、ソアレスはポルトガルのEEC加盟をさらに進めようとしたのである。だが、八四年も八五年もポルトガルの経済状況は改善されることはなかった。そして、八五年夏、社会民主党党首に選ばれたばかりの大学教授カバコ・シルバが連立解消を決断、総選挙の実現を求めたのである。

EEC加盟にこだわったソアレスは六月一二日に加盟条約に署名した翌日、内閣の総辞職を宣言した。ちなみに、一九八四年二月、ソ連では最高指導者のユーリ・アンドロポフが死去したが、ソアレスは葬儀に参列するためにモスクワを訪れている。そのとき、クレムリン宮殿でクニャルとすれ違ったのだが、無視されたという。キューバのフィデル・カストロ大統領は丁寧に挨拶してくれたようだが、クニャルの態度はそっけないものであった。

ソアレスの社会党は八五年の選挙で敗れた。政権は社会民主党に移ったのである。当時、ポルトガル人家族のアパートの一室を間借りしていた私は、奥さんが夕食の席で、「今までは夫の選ぶ政党（社会党）に投票してきたけれど、今回はもう自分で選ぶことにする」と高らかに宣言したのを記憶している。かつてポルトガルでは一家の主である夫が妻の投票行動にも大きな影響を与えていたと聞いたことがあるが、「革命」から一〇年が経ち、女性にも政治的自由が手に入ったということなのだろうか。

選挙で敗れたソアレスはすぐに、翌年一月に予定されていた大統領選挙に立候補することを表明した。ただでは転ばないのである。というよりも、彼は逆境に強い。苦難の時期にこそ真価を発揮する政治家なのである。一九八六年一月、当初はソアレスの劣勢は明らかであった。あるアンケート調査によれば、わずか八％の支持率だったのである。社会民主党の支持を受けた民主社会中道党のフレイタス・ド・アマラル候補に大きく水をあけられていた。

しかし、同一五日、ポルトガル中部の町、共産党の支持基盤が強いマリーニャ・グランデに遊説に向かった際、棍棒を手にした群衆の一人に襲われることになった。前もって党員の一人から「行かないほうがいいですよ、殺されます」と警告を受けていたのだが、ソアレスは「そうなのか？　なら行こうではないか」と答えたのだという。乱闘にさえなったそのときの映像がテレビで放送されると、流れが変わり、ソアレス支持者が次第に増えて行った。

そうは言っても、いきなりの劣勢挽回はならず、第一回投票では二五％の得票にとどまり、アマラル候補にかなわなかった。しかし、共産党の消極的協力を得た第二回投票では見事に逆転、「革命」後初の文民大統領になったのである。共産党は一九八三年の総会でソアレスには投票しないと決めていたのだが、臨時で会議を開き、右派候補アマラルを倒すためにソアレスに投票することを認めたのである。クニャルは党員たちにこう言ったのだという。「そうなった場合（ソアレスに投票する必要が生じたときということだ)、ソアレスの名前を呼んではならない、肖像画を見てもならない。彼の名前の上にある枠にX(エックス)を記すのだ」。ある共産党員女性は、ソアレスというカエルを飲み込むために消化薬をずっと飲んでいるとテレビのインタビューに答えたりもした。フレイタス・ド・アマラル候補には常にサラザール体制に「協力した」というイメージがつきまとったが、選挙運動中ソアレス陣営はそこを上手についていた。なお、第二回目の選挙運動中、共産党は沈黙を守っていたが、しっかりと支持候補を勝たせてしまうところに、ポルトガル政界におけるその隠然たる力を見せつけられたような気がしたものである。なお、ポルトガルに文民の大統領が誕生したのは、一九二六年五月の軍事クーデタで失脚した元大学教授ベルナルディノ・マシャード以来六〇年ぶりのことであった(ちなみに、このマシャードはメイソンであった)。

いったん選挙に勝利すると、ソアレスは自らを首相の座から追い落とした前任のエアネス(元)大統領とは異なる色を出そうとした。政府の方針にはあまり口を出さず、対話と協調を重視し、政権との対立を極力避けるようにしていた。その傾向はとりわけ一九八六年から九一年までの第一期で目立った。「すべてのポルトガル人の大統領」であることを標榜し、今でも語り継がれる「開かれた大統領府」を実施、全国各地を訪問し、庶民の抱える問題やニーズを直接聞き出し、親近感を醸し出すことに成功した。当時の首相はカバコ・シルバ(二〇〇六年から一六年まで大統領)。彼の出自はけっして裕福ではないが、どこかエリート然として近寄り難さをただよわせていた。それに比べエリート的な育ちをしたソアレスのほうが政治家としては庶民派であった逆説が興味深く思えたものである。

ソアレスの大統領の一〇年間というと、数多くの外遊を思い出す。とにかくよく外国を訪問していた(現在の財政危機下では無理だろう)。もちろんそれに対しては税金の無駄遣いという批判が絶えなかったのだが、ソアレスの旅は彼自身の名声を高めただけでなく、新しい民主国家としてのポルトガルのイメージを世界に広めるのに明らかに貢献した。ソアレスは優れた外交官なのであった。ポルトガルの国際的地位も上昇し大統領の支持率も増した。一九九一年の大統領選挙では、なんと七〇%を超える票を得て、再選を果たしたのである。二期目の特徴としては、社会民主党政府に対しても、出身母体である社会党に関しても、必要と判断したならば遠慮なく批判するようになったこと。ただし政策批判が度を越したこともあり、カバコ・シルバ首相（当時）から「仕事をさせて欲しい」などと言われたりもした。

一九九六年、大統領の三選は憲法で認められないため、同じく社会党のジョルジュ・サンパイオにその座を譲った。ソアレスは自らの名を冠する財団（マリオ・ソアレス財団）を率いるようになり、それ以外にもさまざまな国内そして国際的な要職にも就いた。ところが、もう政治家としてのキャリアに追加するものは何もないだろうと思っていた矢先、誰もが驚いたのが、二〇〇五年夏、翌年の大統領選挙に立候補すると表明したことである。結局、ソアレスは三位に終わり、勝利はカバコ・シルバ元首相のものとなったのだが。決選投票は必要もなかった。ソアレスの立候補は、同じ左派の候補者マヌエル・アレグレから票を奪う形になったのだから、迷惑に感じた政治関係者も少なくなかっただろう。キャンペーン中、北部バルセロスの町でソアレスはまたしても暴漢に襲われることにもなった。マリーニャ・グランデの再現である。ただし、今度は選挙の風に変化はなく、ソアレスはあえなく敗れている。それにしても、二度も暴漢に襲われるとは、他の大統領選挙候補者にはあまり見られない現象である。

ソアレスのオープンな性格がそうさせるのだろうか。政治家としてはどうなのかと思わせるような姿も写真に撮らせていた。年は取っていても上半身裸で海水パンツだけの姿、セイシェル島ではウミガメの甲羅に乗ってみたり、インドでは象の背中に乗って歩いた。ビーチでトップレスの女性と言葉を交わしたこともあった。そんなマリオ・ソアレスが私は好きだし、多くのポルトガル人も大好きだと思う。この世にはけっこうたくさんのソアリスタ（ソアレス支持者、信奉者）がいるはずである。だが逆に、煙たがる人も少なくないのかもしれない。

すでに述べたように、二〇〇六年の大統領選挙で唐突に立候補を表明。さすがにそのときはかつてのような支持を得ることはできず、得票数で三位に終わったが、同時に、政治の表舞台からまだ去るつもりがないことを見せつけた。自らが創設した社会党にも口を挟まないわけにもいかないようだ。二〇一一年に財政再建のために「トロイカが」やってきてから、社会民主党+民主社会中道党による連立政権が取る緊縮財政政策へも批判をやめなかった。かつて自分も似たような政策を取ったのだから少しは理解を示してもよさそうであるが、まずは野党的に批判するのだろう。この人は根っからの野党なのだ。あるいはこうも言えるかもしれない。ポルトガルでは長期安定政権を築くには、政治家はむしろ無口なほうがよいのだと。例えば独裁者サラザールがそうであった。一方で、よくしゃべる政治家（例えばソアレス）は政権を取っても不安定で、短期間で終わるのである。ポルトガル政界では沈黙は金ということのようである。

それにしても、「政府が借金を返済できないときは払わなければよい、アルゼンチンを見なさい、払わなくても何も起きなかった」などと言い放ってしまうのはどうなのだろうか。もし支払わなかったら、ユーロ圏から追放されてしまうのではないだろうか。ソアレスはそれでもかまわないということか。うーむ。変化を拒む社会主義者、社会党というのはどこかの国にもあったように記憶するが、ポルトガルでもかなりの抵抗勢力である。そろそろ政治的発言をやめてもよいような……、でも、死の直前までポルトガルの政治に干渉しそうな気がする。政治の動物以上に怪物の域に達しているかもしれないのだ。

そうは言っても、九〇歳を超えたマリオ・ソアレスは人として長生きだし、政治家としても極めて長生きである。さすがに最近は鏡を覗き込むとき自らの死を思わないわけにはいかないようだが、たとえその死がいつ訪れたとしても、ポルトガルの現代史を語るとき、ソアレスの名前を欠かすことは誰にもできないはずである。

ガラリと話は変わって、マリオ・ソアレスと言えば、フリーメイソンとの関わりを思い浮かべないわけにはいかない。ずいぶん前から、かなり公然と、ソアレスはメイソンである、とポルトガルのメディアで言われてきたのである。一九一〇年の共和制樹立におけるメイソンたちの活躍ぶりを証明する著作『共和政樹立とフリーメイソン』もマリオ・ソアレス財団から出版されており、彼も序文を寄せている。

また、すでに見たように、一九八六年の大統領選挙では苦戦が予想されたが、最後は共産党の消極的支持を得て当選を果たした。この選挙でグランデ・オリエンテ・ルジターノ（GOL）は、フランス亡命時代にフリーメイソン（グラントリアンではなく、より右派とされるグランド・ロッジのほうだが、後者のほうがポルトガルの民主化には熱心だったという）に入会したというソアレスを応援したとも言われる。フリーメイソンの支持を得たから大統領選挙に当選できたと言うつもりはないが、こういうときにフリーメイソンの名前が出てくるところは注意しておいてよいだろう。

しかし、ソアレス自身が言うには、フランスに亡命中に確かにフリーメイソンの入会の儀式は受けたものの（一九七二年一二月のことのようだ）、それほど大きなメリットは受けてこなかったようである。そもそもなぜ入会したかというと、パリ在住を始めた頃、仲の良かったポルトガル人がフリーメイソンのメンバーになることによって地元警察と親しくなり、身を守るために大いに役立ったと聞き、その友人から強く勧められて、たいして興味もなかったのだが儀式に臨んだのである。ソアレスははっきりと儀式の様子を「ひどい」ものだと形容しており、メイソンになって学んだことは何一つなく、唯一よかったのは、ホテルから出るために家を貸してくれる人物と知り合えたことだったと回顧している。

メイソンの兄弟愛によって人脈作りはできたものの、フランスのフリーメイソンは実践的というよりは理論的で、人として興味深い経験ができたくらいだと総括している（そう言いながらも、ソアレスが新メンバーを勧誘しているところは面白い）。また、彼はメイソンとしての義務はしっかりと果たしていたという。フリーメイソンの活動をすることで、直接的に経歴にプラスになることはなかったとしても、情報を取る上では有益だったともいう。

「革命」を経て、帰国後はメイソンとしての活動は行わなかった。ソアレスが「革命」後のポルトガル政治で大きな役割を果たすことができたのは、フリーメイソンのバックアップがあったからというわけでもなさそうである（彼の言葉を信じるならばの話だが）。ただし、すでに述べたように、「革命」後、フリーメイソンがサラザール時代の抑圧を経て、生き返ったことは確かである。

ちなみに、「四月二五日革命」で活躍した軍人の中で、現在は「四月二五日協会」の幹部の一人でもあるバスコ・ロレンソは後にフリーメイソンに入会しているし、また作戦行動に関わったジョゼ・フォンタンもメイソンである。メイソンたちが起こした革命ということではなさそうだが、革命後にメイソンになった功労者はいるようだ。立派な社会貢献が評価されたということなのだろう。

第六章　謎の死を遂げた二人の偉人政治家——アミルカル・カブラルとサ・カルネイロ

残り二人の主役

すでに記したことであるけれど、私が初めてポルトガルを訪れたのは一九八一年の夏のことであった。もう三〇年以上も前のことになるのだから、ずいぶんと長いつき合いになったものである。もっとも、ポルトガルと日本の「長い話」は五〇〇年になろうというのだから、それに比べればほんの一瞬の出来事なのかもしれないけれど。

ちなみに、『長い話』とは、日本とポルトガルの間で結ばれた日本ポルトガル修好通商条約の締結一五〇周年にあたった二〇一〇年にポルトガルで製作されたテレビ番組のタイトルである。同番組の監督を務めたフランシスコ・マンソ氏はポルトガルで有名なドキュメンタリー映像の監督で、同番組には私も教え子たちと一緒に出演させていただいた（ちなみにマソンではない、マンソである。片仮名だと紛らわしいので平仮名にすると、「まんそ」であって「まそん」ではないのだ。ぜんぜん意味が異なるので要注意！）インタビューされた自分の姿をポルトガルのテレビ画面で見るのは何とも感慨深いものがあった。その後もメールのやり取りくらいは続いていて、彼との関わりも密ではないものの、思ったよりは「長い話」になりそうである。

ちなみに、のあとに今度は余談になるが、マンソ監督が二〇〇九年に製作した映画『サンタ・マリア号襲撃』は、一九六一年一月にエンリケ・ガルバン大尉という軍人がサラザール体制への抗議を世界に知らしめるために起こしたシージャック事件に基づく作品で、公開された直後に私もコインブラの映画館で鑑賞した。史上初めて政治的目的を持って船の乗っ取りに成功した実行犯たちが「サンタ・リベルダーデ」（聖なる自由）という新しい船名を掲げるシーンはなかなか圧巻であった（「聖母マリア」が悪いと言っているわけではないです）。

ただし、歴史学者の視点から見ても史実を歪曲するようなことはしていなかったと言われるものの、演出の一環としてなのだろうか、大ヒット映画『タイタニック』をあからさまに思い起こさせるような男女の恋愛が紛れ込まされていて、その部分だけはちょっと興ざめであった。マンソ監督はなんであんな安っぽい演出を『タイタニック』公開から一〇年以上も経ってからしたのだろうか。映画批評家の中には、ポルトガル語の縮小辞ジーニョを付して、『タイタニックジーニョ』（「タイタニックの出来損ない」とでも意訳しようか）と命名し、からかっている向きもあった。身分を超えた恋愛沙汰は、プロデューサーの意向でもあったのだろうか（サラザールの時代にはほとんどあり得ないことだったのだが）。

話は戻って、一九八一年のポルトガルの夏は、とにかく暑い日々が続き、コインブラ大学恒例のポルトガル語文化サマーコースに参加するためにやってきた（西）ドイツ人女子学生が到着の翌日には暑さのあまり体調を崩し、帰国していたことを今でも覚えている。街を歩きながら、私も日差しの強さに何度も押しつぶされそうになったものである。それでも、確かに日中、直射日光の下では過酷な暑さにさらされたが、日陰に入るとけっこう過ごしやすいということも学んだのだった。誰もが思うことだろうけれど、湿気のないポルトガルの夏は心地よい。北欧の人々が太陽と青い空を求めてポルトガルを訪れる気持ちはよくわかるのである。

ところで、一九八一年夏と言えば、「四月二五日革命」からまだわずか七年あまりしかすぎていなかったのだ。街角には政党のポスターや政治メッセージの落書きが至る所に溢れていたことが思い出される。大学生の発言も極めて政治的で、校舎の壁に彼らなりの主張が書かれていた。すでに学生が政治に無関心になっていた日本との大きな違いを感じたものだった。当時は、ずいぶんと青いんだな、としか感じなかったけれど、若者が政治に対して真剣になれるということは素晴らしいことだと今にして思う。それとも、若者が政治に無関心なままでも国家が粛々と運営されていく日本のほうが幸せなのだろうか(もっとも、二〇一五年夏の国会前を見ると日本の学生もけっこう行動的に思えたが)。

当時、私はポルトガルの政治にはまったくの無知で(今も心もとないのだが)、誰が首相で誰が大統領なのかも現地に行くまではろくに知りもしなかった。念のために記しておくと、首相は社会民主党所属のマリオ・ピント・バルセマン。大統領はラマーリョ・エアネス将軍であった。バルセマンは「革命」直前に誕生した週刊新聞『エスプレッソ』の社主であり、エアネス将軍は親日派としても知られる人物で、だいぶ年老いたとはいえ二人ともまだ存命である。

バルセマン元首相にしてもエアネス元大統領にしても、「革命」後のポルトガル政治を語るうえでは避けて通れない存在であるが、やはりすでに四〇年間に及ぶ時代の主役は誰かと訊かれたら、マリオ・ソアレスとフランシスコ・サ・カルネイロの名前を挙げざるを得ない。ソアレスもかなり老いたとはいえ今もなお折を見て政治的な発言を行うし(すでに見たように、不要だという人もいる)、著作も数多く出版し続けているが、一方のサ・カルネイロのほうは、私が初めてポルトガルを訪れたときにはすでに前年の一二月四日の飛行機事故（あるいはテロ事件だが、この点については後で詳述する）で死亡していた。

マリオ・ソアレスについては第五章で紹介したので、ここではサ・カルネイロを取り上げてみよう。サ・カルネイロと言えば、もともとはサラザール体制に近い人間であったし、サラザールと直接戦ったというわけではないのだが（サラザールの後継者マルセロ・カエタノとは戦った）、「新国家（エスタード・ノーボ）」の末期には体制側と一線を画し、のちにポルトガルの民主化、発展を彼なりのやり方で目指した。けれども、あまりにも早く道半ばにして、非業の死を遂げたのである。今になって思えば、激しい生き様には生き急ぎの感もあった。ポルトガルが必死になって民主化に向かおうともがき苦しんでいた時代、もしかしたら国際政治の陰謀の犠牲になったのかもしれない政治家なのである。彼の早すぎた死は、不惑の年を超えたポルトガル民主主義の最大の暗部の一つであろう。

一方で、ソアレスは「革命」の直前に西ドイツで結成された社会党（ＰＳ）の党首を「革命」後も長く務め、首相としても困難な時代にポルトガルの舵を取った（私がポルトガルに暮らし始めた一九八四年秋には、リスボンの目抜き通りの壁面に「ソアレス・ルア！」（ソアレス、出て行け！）という落書きをずいぶんと目にしたものだが）。また、ポルトガルのＥＵ加盟の立役者の一人でもある。サ・カルネイロはもう一つの大政党である社会民主党（ＰＳＤ）の党首として政権の座に就いたが、その期間は一年にも満たなかった。

しかし、カリスマ性はずば抜けており、彼が生きていればポルトガルの政治は明らかに違ったものとなっていたはずなのである。よくなったのか、悪くなったのかについては議論が分かれるところだろうけれど。いずれにしても、ソアレスとサ・カルネイロは「革命」後ポルトガルを代表する二大文民政治家である。二人が一つの政党を作り共闘していたらどうなっていただろうかと想像してみたりもするのだが、どちらも個性が強すぎて両立しなかった可能性のほうが高そうである。

そして、本書を締めくくるにあたり、サラザールと戦ったもう一人の人物についても触れておきたい。サ・カルネイロの人生とは直接交錯する部分はなかったと思われるが、その死が今もミステリアスだという意味では共通点がある。それはアミルカル・カブラルである。カブラルはアフリカの地に生まれ、ポルトガル領アフリカに独立をもたらした政治指導者。ポルトガル植民地主義に鉄槌を下した人物と言ってもよいだろう。カブラル自身も早すぎる死ゆえに祖国の独立を目にすることはできなかったのだが、彼の暗殺はサラザール体制の断末魔の叫びでもあったとも言えるだろう。

本章では、この二人に関し政治家としての活動ももちろん紹介したいのだが、中でもその死について詳しく論じてみたい。そこにはポルトガル植民地体制の闇、そして民主化後の政治の闇、二つの闇が浮かび上がってくると思われるのである。

フランシスコ・サ・カルネイロの人生

べつに深い意味はないのだが、カブラルより先にサ・カルネイロの人生から振り返ってみよう。

フランシスコ・マヌエル・ルンブラレス・デ・サ・カルネイロは一九三四年七月一九日、北部のポルト市で生を受けた。つまり、「トリペイロ」である。それに対し、リスボン生まれのマリオ・ソアレスは「アルファシーニャ」である。

トリペイロとは「トリパ」を食べる人のことだが、トリパとは「腸」「臓物のシチュー料理」のことで、ポルトの名物料理の一つである。栄養豊富で、勤勉な人々には相応しそうな料理だと言えよう。一方アルファシーニャとは「アルファセ」を食べる人のことだが、それはレタスのことで、低カロリーで労働を好まない人々にはそれで十分という食材である。「ポルトは働き、コインブラは勉強し、リスボンは遊ぶ」とポルトガル人はよく口にするが、そうした発想をよく反映した呼び名だと思う。

サ・カルネイロの長い名前の中に「ルンブラレス」の姓があるが、彼の叔父にあたるジョアン・ルンブラレスはサラザールに忠実だった閣僚の一人であった。サ・カルネイロの父親は弁護士、母親は侯爵家の出身という裕福な家柄。いわゆる名家の血筋である。貴族の血を引く、保守的で敬虔なカトリック信者であったが、後で見るように、サ・カルネイロの行動様式は必ずしも保守的ではなく、むしろラディカルなところもあった（ソアレスと異なり、私が知る限り直接フリーメイソンと結びつけられることはないと思う）。生まれたときの体重は四五〇〇グラムもあったのに、その後は健康とは無縁の成人になってしまった。交通事故で危うく一命を取り留めたこともあった。幼少時は両親と四人の兄弟に囲まれながらも、最後まで波乱万丈の人生で

ビゼウ市で見つけたサ・カルネイロ像。

あった。

ポルト出身でありながら、一九五一年からリスボン大学法学部に学び、のちに父親と同じく弁護士になる。大学卒業時の成績は優秀だったという。もしまだ生きていれば、八〇歳を超える。一九五六年にリスボン大学法学部を卒業。翌年、学生時代に知り合ったイザベル・マリアと結婚し、すぐにポルトで弁護士事務所を開業した。同時に夫婦して宗教教育の教室にも通った。一九六一年には、個人と社会、社会と民主主義の関係を論じたテキストを刊行している。タイトルから見て、社会民主主義者としてのデビューと言えそうである。カトリック信者たちも、政治や社会について立ち位置を明白にすることを求め始めていた。そして、六八年に政界入りを決意することになる。

サラザール政治に批判的であったがゆえに亡命を余儀なくされていたポルト司教アントニオ・フェレイラ・ゴメスの帰国を要請する書簡を、父親とは友人関係にあったマルセロ・カエタノ首相（当時）に宛て、政治家としての第一歩を踏み出した。一九六九年一〇月、同首相の依頼を受け、熟慮した末に与党・国民連合から立候補することを了承、一定の自由を得たリベラル派（アーラ・リベラル）の国会議員として当選を果たすことになる。サラザール体制の時代は国民連合が唯一の合法的な政党であり、国会に行くにはそこから立候補するしかなかったのだ。サラザール亡き後のサラザール体制は、政治の自由化、西欧型民主主義、そして何よりも新しい血、つまり新しいアイディアを持つ若手政治家を取り入れようとしていたのである（少なくともそのように見えた時期があった）。そんな時期に、サ・カルネイロも独裁制を徐々に西欧型の民主主義へと変容させようと努力したのである。

毎週火曜日、ポルト－リスボン間を鉄道あるいは空路で往復し、家庭、弁護士事務所と両立させながら、議員活動を精力的にこなした。演説の訓練のため毎日、テープレコーダーを利用し、磨きをかけたという。また、彼には宣教師としての精神が宿っていたのだろうか。政友たちと独立前のアンゴラを訪問、ポルトガル領アフリカの諸問題を解決することの重要性に気がついた。けれども、一九七一年の憲法改正に関する議論の中で、頑迷なカエタノ体制に幻滅することになってしまう。リベラルな思想を披露したそのときの一時間に及ぶ演説によって、自身が政界での尊敬を得ることにはなったのだが。

憲法改正では挫折を味わったものの、一九七二年になってもひるむことはなかった。七月に予定されていた、大統領選挙に向け、アントニオ・スピノラ将軍に立候補を要請したのである。一九七四年の「革命」後に初代大統領になる軍人である。サ・カルネイロにとって、大統領の地位に相応しい威厳を持つ軍人は、ポルトガルにはスピノラしかいなかった。アフリカ領植民地には段階的に自治を認めるという同将軍の提案にも共鳴していた。けれども、スピノラ将軍は政界入りに興味を示さず、要請を受けることはなかった。一九七四年の「革命」後と異なり、そのときはまだ政界よりも戦場を選んだのである。

サ・カルネイロは大統領選挙では現職のアメリコ・トマス将軍に投票することはなく、西ドイツやスカンジナビア諸国の社会民主主義者をモデルとして（キリスト教民主主義者ではないということだ）、反体制の立場を明瞭にしていった。社会民主主義をポルトガルのカトリック信仰に基づく伝統社会に適合させようと考えたのである。国家よりも個人の権利や義務を重んじ、国営企業の民営化を擁護、中層・中下層階級の労働者から支援を受けた。彼は「ポルトガル的社会民主主義」を目指したと言ってよいだろう。

同年冬の国会会期中は、改革の可能性を信じ、三年前に立候補を受け入れた際の無邪気さを悔いるかのように、反抗的な態度でふるまい、周りから白い目で見られるような議員となった。集会・結社の自由、民法改正、ＰＩＤＥの活動に対する調査、政治犯の恩赦など、体制側が嫌がるような法案を次々と出した（もちろん、すべて否決されてしまった、というよりも審議さえされなかった……）。

一九七三年一月二五日、「革命」のおよそ一年前には、民主化のための政治活動を続ける理由がなくなったとして議員辞職している。「自分は間違えた。終わった。私の政治人生は終わり。アーラ・リベラルなんて存在しない」。そう考えたうえでの決断。議員でいることは、自らの尊厳に相応しくないのであった。能動的な放棄というのも戦いの一形式である、そう口にした。そうしてポルトに戻り、弁護士業に専念したのである。

だが、四月には弟リカルドが運転する乗用車で事故に遭い、瀕死の重傷を負ってしまう。誰もが死を覚悟した瞬間であった。この事故以来サ・カルネイロは一切死を恐れないようになったが、それが一九八〇年一二月の飛行機事故にもつながっているようにも思える。夏には奇跡的な回復を見せ、盟友ピント・バルセマンが社主を務める『エスプレッソ』紙で政治コラムの執筆を担当することになった。政治へのサウダーデ（ノスタルジー）であろうか。『エスプレッソ』は七三年一月に創刊されたばかりであった。その後、同紙は、「革命」の直前と直後で大きな影響力を発揮することになったし、今日に至るまで高い信頼性を誇るメディアであり続けている。

議員辞職をしたことにも利点があり、これによって「革命」後は、旧体制側の人間だとは見なされなくなった。もっとも、クニャルやソアレスのようにずっと以前から反体制を貫いていた者たちからすれば、滑り込みセーフのようなサ・カルネイロたちの姿勢にはむかついただろうけれど。

当時、ポルトガルのリベラル派と言えば、価値観は左翼的。非宗教性（ライシテ）を唱える者もいれば、進歩的カトリックもいた。資本主義を信じるものの、完全にリベラルというよりは社会民主主義的なところもあったのである。進歩的な中道右派、そしてヨーロッパ的なテクノクラート。外交面でもヨーロッパ重視の欧州主義者たち。サ・カルネイロとその取り巻きたちは、体制自由化の前衛であろうとした。

議員であったおよそ三年間でサ・カルネイロは、出版法や政治犯の人権問題や改憲の面で尽力した。練習の成果もあってか、演説の才能は誰もが認めるところ。法案も六つ通した。一時的だが反体制派に対する抑圧も少し弱くなり、検閲も緩み、政治犯の帰国も認められるなど、「マルセロの春」と呼ばれた時代に光り輝いたのである（日差しは長くは続かなかったかもしれないけれど）。あまりに頑固でラディカル、そして個人主義者だった。だが、勇気溢れる政治家はメディアの注目を集めるようになっていた。

「革命」後のサ・カルネイロ

一九七四年四月二五日、「国軍運動」（ＭＦＡ）の蜂起を知ったのはポルトの弁護士事務所内であった（自宅でシャワーを浴びている最中だったとも言われるが、ま、どちらでもいいだろう）。「革命」の勃発については何も知らないまま、同年三月、ポルトガルには中道政党が必要であるとジャーナリストたちを前に明言していたように、新党の立ち上げを準備していたという。しかし、さすがじっとしていられない性格の持ち主である。翌二六日にはリスボンへと向かい、何が起こっているのか、自分の目で確かめている。ソアレスやクニャルより先に「革命」の現場を目撃したのである。

二七日にはすぐにピント・バルセマンなど盟友たちと集まり、新党の立ち上げを準備。革命直後の一九七四年五月六日、志を一にする仲間たちと人民民主党（Partido Popular Democrata、ＰＰＤ）を創設し、書記局長となり、新政府の無任所大臣にも任命された（パルマ・カルロス首相の補佐担当大臣でもあった）。カエタノ時代初期の「アーラ・リベラル」のメンバーが中心であった。不惑の年にして自身の政党を作るのはなかなか立派である。なお、同党の準備段階ではメイソンのメンバーの事務所を借りて準備に取り組んだというけれど、フリーメイソンが政党を立ち上げたというわけではないだろう。当時のポルトガル社会は革命の余波を受けて全体的に左傾化する傾向にあり、中道右派と呼ぶことができる人民民主党も極右と見なされたりもしたのである。革命直後に物事を中立的かつ冷静に見るということはいかに難しいことか。アルバロ・クニャルも無任所大臣、ソアレスは外務大臣で、三人が同一内閣にそろい踏みをしたのはこのときだけである。

なお、サ・カルネイロは党名に「社会民主党」を考えていたのだが、「キリスト教社会民主党」が直前に創設されており、混同を避けるために敢えて「人民」にしたのである。「革命」直後のポルトガル政府は、「ソーシャル」であるよりも「革命的」であろうとしたから、「人民」という語彙の選択は相応しいものであったかもしれない。五月後半には党員数は三〇〇〇人を超えていた。だが、「革命」後のポルトガル政治は混乱を極め、七月には第一次暫定政府が崩壊、サ・カルネイロは政府を離れ、党の活動に専念することになった。不運なことに、年が明けると間もなく健康上の問題を抱えるようになり、ポルトの自宅で政治の傍観者とならざるを得なかった。

一九七五年四月二五日の制憲議会選挙では、人民民主党は社会党に次ぐ議席数を獲得、サ・カルネイロ自身も共和国議会（国会）の議員に当選した。しかし、ポルトガル政治がのちに左傾化し、ソビエト化の傾向まで見せたため、七五年三月一一日の右派によるクーデター未遂の後は、健康問題もあってイギリス、スペインへと居場所を変えていた（うつ病の疑いもあったという）。このクーデター未遂をきっかけにポルトガルは経済の根幹をなす銀行業界、保険業界、輸送業界、セメント業界の国有化を実行するのだが、この判断はポルトガル経済にとって大きなダメージを与え、長い間、傷を残すことになった。いったん国を離れた大企業の経営者や官僚が戻るのは一九九〇年代に入ってからである。ポルトガルの政治が大きく揺れ動き、国際社会もその動向を注視していた時期に自国を留守にしたことは、もしかしたらサ・カルネイロにとってマイナスだったかもしれない。

七五年九月、共産党に勝つことができると確信し、帰国、党首に戻った。ポルトガルを極端な左傾化から救った「一一月二五日」のクーデターの日には西ドイツの首都ボンにいた。パラシュート部隊の蜂起を、のちに大統領となるラマーリョ・エアネスの部隊が鎮圧し、「革命」の時期から「制憲」の時期へと移行するのである。

年が明け、七六年四月二五日の総選挙では、サ・カルネイロの人民民主党はやはり社会党の後塵を拝することになった。まだ社会党のソアレスの時代であった。七七年一一月に党首の座を降り、翌年夏には復帰。その頃は、むしろ執筆活動のほうが目立った。だが、七九年七月、人民民主党（社会民主党と党名を変えていた）と民主社会中道党（ＣＤＳ）が中心になり民主連盟（Aliança Democrática、ＡＤ）を結成、同年一二月の総選挙で圧倒的な勝利を収め、八〇年一月三日についにポルトガルの首相の座を射止めたのである。だが、勝利も束の間、同年一二月には再び選挙が行われ、そして、民主連盟は勝利したものの、サ・カルネイロが首相の座に就くことはなかった。

なお、一九七六年一〇月には党名の一部 Popular をやめて Social に変えている。社会民主党。ＰＳＤ（ペー・エス・デー）。国家のあり方を「革命的」よりも「ソーシャル」にしようとし、社会主義を目指した当時のポルトガルとしては当然の変化だったのだろう。

私生活でも真っ直ぐに

さて、ここで少しだけ彼の私生活の領域に入るが、人間サ・カルネイロを理解するうえでは、重要な点でもある。政治の話なのにプライバシーを持ち出すなという方もいるかもしれないが、やはり避けては通れない話題である。サ・カルネイロは既婚者で五人の息子がいた。しかし、一九七六年一月、当時国会議員であった女性詩人ナタリア・コレイアの紹介で、スヌ・アベカシスという、ポルトガル大手出版社ドン・キショテ社の女性編集者にして創設者と、リスボンのレストランで知り合うことになった（余計な説明かもしれないが、ドン・キショテとはドン・キホーテのことである）。ドン・キショテ社は今も健在だが、サラザール時代は反体制的な内容の本を出版することで知られ、政治警察ＰＩＤＥからも目をつけられていた。ソ連から詩人を連れてきて、詩集を出版したこともあった。バスコ・アベカシスというポルトガル人とロンドンで知り合い結婚し、一九六二年ポルトガルにやってきた。ポルトガルが世界に誇る思想家エドゥアルド・ロレンソを世に知らしめた功績はスヌ・アベカシスのものである。

ポルトガル語に関わっている者にとっては、スヌとは珍しい名前である、というよりもポルトガル語ではない。デンマーク語で「お利口」を意味し、子供の頃からその名で呼ばれていた。両親ともにジャーナリストであった。スヌ・アベカシスの本名は、エッバ・メレテ・サイデンファーデンといい、デンマーク人である。アベカシスというポルトガル人と結婚したので、ポルトガルではアベカシスという苗字で知られる。真偽のほどはわからないが、リスボンのアルファマ地区のレストランでサ・カルネイロに彼女を紹介したときナタリア・コレイアは「（あなたにとっての）生涯の女性を紹介する」とささやいたという。

糟糠の妻としては余計なことをしてくれたものだと嘆きたくなっただろうが、程なくしてサ・カルネイロはバツイチで三人の子持ちだったスヌと暮らし始めた。サ・カルネイロの妻はポルトで暮らし続け、スヌの夫婦関係も冷めていたという事情もあった。「生涯の女性」だと直感し、確信できたのだろう。

すぐに行動に移すところがすごい。サ・カルネイロの五人の息子のうち一人は父親の新しい人生に付き添った。すでにカトリック信者の離婚は認められていたが、サ・カルネイロの妻は離婚を受け入れなかった。つまり、サ・カルネイロとスヌは正式に結婚できず、事実婚として暮らすことになったのである。

当時のポルトガルはまだ保守的な価値観が十分に強かった。離婚するだけでも世間からは非難のまなざしを向けられた。もともと保守的な土壌であるポルトガル北部出身の中道右派の政治家が家族を捨て、いくら北欧女性とはいえ（つまりプロテスタントであった）別のバツイチ女性と暮らし始める。いくら愛ゆえにと言っても、勇気というよりは無謀かつ無分別な行動と受け止められても文句は言えまい。政治生命にかかわる恐れだって懸念された。「罪」という言葉を用いられても反論できない状況だったはずだ。それでも、自分の意志を貫くところがサ・カルネイロの偉大さの証でもあっただろう。保守的な社会の偏見に立ち向かったスヌ・アベカシスという女性ももちろん立派だが。

もっとも、今と違って、メディアが政治家の私生活を暴露することに血道を上げる時代ではなく、見て見ぬふりをしてくれたのは助けになったかもしれない（サ・カルネイロの性格ならば、現在でも自分の判断を信じ、同じように振る舞っただろうけれど）。サ・カルネイロの行為をよく思わない同僚たちには、自分と一緒に働くにはスヌを受け入れるしかないと納得させ、もし政治家としての立場か妻か、どちらかを選べと迫られれば、後者を選ぶと公言した。愛は勝つのであった。

首相にはなったけれど

一九七九年六月、サ・カルネイロはディオゴ・フレイタス・ド・アマラルを党首としていただく民主社会中道党と連立し、民主連盟を結成した。ド・アマラルや民主社会中道党創設メンバーは、社会的にも政治的にも家系的にも旧体制に関連を持つ人々であった。民主社会中道党は七四年七月に生まれた政党である。ド・アマラル党首自ら、リスボン大学法学部時代はマルセロ・カエタノの助手を務めていたのだ。ド・アマラル党首の父親も国民連合選出の国会議員だったが、特にアメリコ・トマス大統領と近かった。母方の祖父は作曲家にして政治家だったが、その祖父の家にはまだ若かった頃のサラザールが足しげく通い昼食をともにしたりしていた。前章で見たけれど、ド・アマラル党首は彼自身の履歴や血筋ゆえに大統領になれなかったのである（理由はそれだけではないだろうが）。

一九八〇年一二月の飛行機事故でサ・カルネイロと一緒に死亡することになるアマーロ・ダ・コスタも民主社会中道党の創設メンバーの一人だが、彼の父親はサラザール政府の副大臣を務めたことがあった。政党名に「中道」とあるのは、「右派」と見なされるのがいやだったからだろう。ド・アマラルがついていたのは、七四年二月の内閣改造の際にカエタノから入閣要請を受けていたものの断っていた点である。もし入閣していたら、民主主義時代の将来はなかったはずである。

反対側の左翼サイドでは、社会党と共産党の連立は無理に思えたから、民主連盟は賢い判断であった。民主連盟はポルトガルの産業地帯である北部に基盤を置いた。革命から五年、ポルトガル人の心はあらためて右寄りに傾いていた。同じ頃の世界情勢を見ても、イギリスでサッチャー政権が、アメリカでレーガン政権が生まれるなど、リベラルな経済政策の時代が到来したのである。ポルトガルが世界の潮流と無縁でないことがわかる。

同年一二月、民主連盟は絶対過半数を取って選挙に勝利したが（二五〇議席のうち一二八議席）、それはポルトガル史上初めて、野党が選挙によって政権を奪取した瞬間であった。革命から五年半後、初めての右派政権であり、与党だった社会党が共産党に対しても票を失った選挙でもあった（共産党が社会党を呑みこんだ、と言われた）。この選挙結果を受けて盛んに言われたのが、ポルトガル政治の「二極化」。政界地図が右派と左派の両極に分かれるだろうという予想であった。左派の極はもちろん共産党である。今になって振り返れば、この予想は外れ、ポルトガルは社会民主党と社会党の中道政党が政権を交代し合うという曖昧な対立軸による政治が続いているのである。

また、当時の社会党党首アントニオ・マセードは「もし右派が勝てば内戦になる」と言っていたが、そんな事態にはならなかった。民主連盟は明らかにポルトガル政治に新風を巻き起こした。この功績だけでも歴史にサ・カルネイロの名前を刻んでもいいだろう。サ・カルネイロはさまざまな構造改革の条件が整ったと判断したが、欧州経済共同体加盟を何よりも優先事項とみなした。

一九八〇年一月三日、選挙結果がなかなか確定できず、ずいぶんと時間が無駄遣いされてからようやく、サ・カルネイロは首相となった（こういうときにもたもたしてしまうのがポルトガル政治の悪い癖である。日本も他人のことは言えないか）。しかし、その年の一二月には飛行機事故（事件？）の犠牲になってしまう。事故というよりは事件であることが疑われ、犯行は共産党員に帰されたこともあった（おそらくそれは誤りである）。彼の突然の死には国中が大きな衝撃を受け、本来ならば正式な結婚をしていなかったサ・カルネイロのためにカトリック教会は葬儀を実施しないはずであったが、状況が状況だっただけに立派な葬儀が執り行われた。葬儀の模様はテレビで生中継されたが、政治家の死がこのときくらい強い国民的な感情を巻き起こしたのは、一九七〇年夏のサラザールの死以来一〇年ぶりのことであった。マリオ・ソアレスはこの教会の優柔不断な判断を激しく非難したことがある。サ・カルネイロの突然の死ということの重大な出来事については次節で詳しく説明したい。ちなみに、サ・カルネイロの前任の首相はマリア・デ・ルルデス・ピンタシルゴという女性政治家であった。

サ・カルネイロの評価は今も分れる。偉大なステートマンだったという人もいれば、決して天才的なポリティシャンではなかったと言う者いる。サ・カルネイロがいればポルトガルはこんな状況になっていなかったはずだ！　こう嘆く人はポルトガルに今も残るとされる救世主待望論（いわゆるセバスティアン信仰）にとらわれているだけだと批判する声もある。いずれにしても彼の勇気、戦闘性、率直さは誰もが認めるところだ（それゆえ空気を読まない人間に見られることもあっただろうけれど）。社会民主党と連立を組んだ民主社会中道党の元党首フライタス・ド・アマラルはサ・カルネイロを高く評価している。政策実現のためには根回しなど一切せずに、自分の直感、判断力を信じ、すぐに行動に移したサ・カルネイロはいかんせん敵を作りすぎた。「興ざめ」という評価を得る一方で、心から尊敬されたりもした。本人の能力は極めて高いのに、毀誉褒貶の激しさは、どこかサッカーのジョゼ・モリーニョ監督を思い出させたりもする。

だが、本来ならもっと長くてもよかったであろう彼の政治生命は、人生の終わりとともに唐突に幕を下ろした。一九八〇年一二月四日。四六歳という早すぎる死であった。

カマラテの真相はどこに？

どこの国の政治の世界にもミステリアスな事件というものがある。アメリカなら、ジョン・F・ケネディ元大統領の暗殺にまつわる謎は今もなお米国民全体、というよりは世界中の人々の興味を呼び起こすだろう。ポルトガルの政治の世界にも、謎に包まれたままとなっている事件がいくつかある。その中でも、サ・カルネイロの飛行機事故（事件？）による死亡がやはり今も国民的な関心を呼ぶのである。

一九七四年四月に始まった民主化の時代では、最初の政界スキャンダルと言ってもよいだろう。驚くべきは、「革命」から四〇年が経ち、事故（事件?）から三〇年以上が過ぎたのに真相発見に至らないことである。第一〇次まで立ち上げられてきた共和国議会の調査委員会は概ね事件（テロ）として扱っていると言ってよさそうである。何冊も出版されていた調査本も事故ではなく事件を示唆している。航空機の墜落（事件）に直接関与したと告白する人物さえ出てきてもいる。だが、すでに時効を迎えた事件（事故）はもはや警察によっては調査されないようなのである。

日本人がサ・カルネイロ元首相の死にまつわるミステリーについて知る意味があるのか？ と問われると、堂々と胸を張って「ある！」とは断言しにくいところもあるのだけれど、ポルトガルをもっとよく知りたいという方にとっては意味があるのではないだろうか。ポルトガル政治にも「闇」の部分が横たわることを知っておくことは損ではないと思うのである。

さて、ポルトガル政治の流れを大きく変えたと言ってもよい運命の日は突然にやってきた。「革命」を挟んでおよそ一〇年間にわたって大きなプレゼンスを示してきたサ・カルネイロが急にこの世から消えることになってしまったのである。死の原因は病気ではなく、彼が搭乗した航空機の墜落であった。

それは、一九八〇年一二月四日木曜日に起こった。北部の都市ポルトをめざしリスボンのポルテーラ国際空港（厳密に言えば、同空港内にある通称フィーゴ・マドゥーロ軍用空港である）を飛び立った直後のセスナYV－314P機が、リスボン郊外にある小さな集落カマラテの住宅街フォンタイーニャ地区に墜落してしまったのである。墜落といっても、空中で爆発しすでに火の玉のようになっていたという目撃証言もあるので（つまりテロの被害に遭ったという意味だ）、機体の残骸が落下してきたと言うべきかもしれない。ここからしてすでに謎が始まるのだが。

同機にはサ・カルネイロ本人、〝妻〟スヌ・アベカシス、国防大臣アデリーノ・アマーロ・ダ・コスタ（同大臣の妻マリア・マヌエル・アマーロ・ダ・コスタ、首相官房長官アントニオ・パトリシオ・ゴベイア、二人の操縦士が乗っていたが、七人全員が死亡した。アマーロ・ダ・コスタ大臣は第一章で話題にしたオプス・デイの有名なリクルーターであった）、さらに墜落現場となった民家にいた住民も一人巻き添えになって亡くなっている。合計八人の生命が一瞬にして奪われたのである。墜落事故の地名を取って、「カマラテの事故」あるいは「カマラテ事件」とも呼ばれる。「事故」だけでなく、「事件」となるのは、何度も言うように、飛行機墜落の原因としてテロの可能性が指摘されるからである。死を恐れない首相にしても、その日のフライトが人生最後のものとなるとは思っていなかったはずである。と言うよりも、そのフライトによって、人生の最期を迎えることになってしまったのである。

錯綜する捜査

墜落の原因究明など調査は事故当日の夜から行われ、二〇〇六年九月まで続けられたものの、明確な答えは出されないまま今日に至っている。つまり、裁判で審理されるには至っていないのだ。最初は事件性を疑わせる証拠を見つけるのが困難だっただろうし、その後は再捜査を開始するのが難しくなってしまったということもあるだろう。さらに、もし事件性が見つかったとしても、それを公表できなかった可能性もある。なにしろ事故当時は「革命」からまだ六年半しか経っていなかったのだ。ポルトガルの若かった民主主義は、首相がテロで亡くなるという事態に耐えることはできなかったと思われるのである。

二〇〇六年一一月には、事故当時のサ・カルネイロ首相のSP、元護衛官ジョゼ・エステヴェスという人物が、大統領選挙の候補者だったソアレス・カルネイロ将軍を驚かすために爆弾を作成し、機内に置いたと〝自供〟するという出来事があったが、すでに時効を迎えており、エステヴェスが裁判にかけられることはなかった。エステヴェスは、爆弾は飛行機が離陸する手前、滑走路内で爆発するはずだったのだが、誰かが爆弾を代えてしまったのだと述べた。この告白については、もう少し後で触れることにしよう。

単なる事故ではなかったと思わせる理由は、このような驚くべき告白がなされたりもするからであり（未解決のままにしているから出てくるとも言えるが）、議会の調査報告に疑問を抱かせる点があったことと、さらには当時のポルトガル政治や国際政治の状況を考慮すると、実は背後には大きな国際的陰謀が存在したのではないかと想像させるからでもある。

事故が起きた日についてもう少し記しておくと、ポルトガルは大統領選挙の最終局面であった。サ・カルネイロ率いる社会民主党とアマーロ・ダ・コスタ防衛大臣が所属していた民主社会中道党（CDS）は民主連盟（AD）という連立を組んでいた。民主連盟は疲れを知らないカリスマ的政治家アマーロ・ダ・コスタ大臣が推薦したソアレス・カルネイロ将軍を候補者に選んでいた。独自候補を出せなかった社会党の支持も得ていたエアネス大統領（当時）の対抗馬としては、カリスマ性にも欠け、知名度も低く、地味すぎるという反対意見もあったのだが、憲法上の問題からまだ文民大統領の時代ではないという判断の下、最終的に同将軍支持の決定が下されたのである。飛行機事故での死亡はともかく、候補者選定においてサ・カルネイロは大きく誤っていたようにも思える。

三日後の一二月七日に投票日が迫っていた。当時のポルトガルは大統領の権限が強く、サ・カルネイロとしては、なんとしても自陣営の候補者を当選させたいと考えていた。そして、民主連盟が推薦する候補者ソアレス・カルネイロ将軍の選挙運動の最後を締めくくるためにポルトに向かおうとしたのであった。有権者に、「(議会) 過半数、内閣、大統領」を求めた。つまり、一政党 (あるいは連立) が議会で過半数を占め、首相がその中から選ばれて組閣し、大統領も同じ政党から選出され、ポルトガルに政治的な安定を与える。それこそが重要なのであった。「革命」の後ずっと、その前年サ・カルネイロが政権の座に就くまではポルトガル政治は不安定であったから、悲願とも言えた。ソアレス・カルネイロ将軍を支持することに決めたのは同年七月のことで、一〇月の時点では同将軍が有利だったのだが、一一月になると不利の予想も出てきて、サ・カルネイロ自身も選挙のラストスパートに力を入れ始めたのだった。

三日に続き、投票直前の四日にもう一度ポルトで集会を開くことにした直接的理由は、ポルトの応援集会の後サ・カルネイロと副首相フレイタス・ド・アマラルがポルト市内のレストランで夕食をとった際、民主連盟の支援者から、「大統領選挙はエアネス現職大統領の勝利で決まり。もう一人のことは誰も知らない」と言われたからである。一九七五年一一月、ポルトガルを急激な左傾化から救い出し、国民から厚い信頼を寄せられていたエアネス将軍を破るには、さらなるテコ入れが必要と思われたのであった (そもそもポルトガルの大統領選挙では基本的に現職が有利なのである)。

運命を分けた無名の人の一言であった。アマーロ・ダ・コスタ大臣がソアレス・カルネイロ将軍と掛け合って、キャンペーン用のセスナ機を手配したという。同じ頃、ソアレス・カルネイロ将軍はリスボン南部の都市セトゥーバルへと向かった。アマーロ・ダ・コスタ大臣は、他の政党の指導者からも必要とされるくらい有能な政治家で、「革命」後のポルトガルで初めて文民の防衛大臣となった人物であった。彼はサ・カルネイロを背後から支える戦略家だったとも言われる。

見るからに不具合による懸念を抱かせる機体だったと述べた人もいる。リスボンのポルテーラ国際空港を離陸したセスナ機の飛行時間はあまりに短かった。わずか四三秒（離陸からは二六秒）。空中で火だるまになっているのを目撃したという証言者も存在するし（ということは爆発物によるテロだろうか？）、墜落後、家屋にぶつかってから燃え上がったという人もいる。夜の八時一七分（一八分とも言われるが大差はないだろう）に墜落が確認されている。高圧線に接触し、失速した後で、空港のすぐ近く、リスボン郊外カマラテのフォンタイーニャ地区にセスナ機は墜落した。

ベテランパイロットが飛行機の異常を何も管制官に伝えていないのも気になるところだ。最初に現場に到着した記者は、現地は静かで、住民たちが墜落について話し合い、自宅で家族に見せるため飛行機の破片を持ち帰ろうとしていたという。消防士たちは消火活動に取り組み、遺体の収容も行っていた。この時点では、住民も記者も犠牲者の素性を知らなかったと見られる。

だが、一時間後には国営放送局ＲＴＰが突然画面を切り替え、臨時ニュースを流した。奇妙なことに、現場に赴いた女性記者が集めた住民のインタビューなどは放送で使用されなかった。録画したテープも保管庫からすぐに消えてしまったらしい（誰かが隠したのだろうか？）。アナウンサーは首相と防衛大臣が飛行機事故で亡くなったと伝えた。続いて、いきなり政府ナンバーワンになってしまったフレイタス・ド・アマラル副首相が画面上に姿を見せ、事故原因は現時点ではわからないが、厳正に調査すると約束した。使われた言葉は「事件」ではなく、「事故」である。国民に動揺を与えてはいけないという判断も加味されていたのだろう。

アマラル副首相はテレビ出演のわずか前は自宅でゆっくりと夕食をとっていた。墜落の報告をしにきた護衛官にも「けが人は？」と訊ね、まさか全員が死亡したとは思っていなかった。もちろん全員死亡と聞いてすぐに、背筋に寒いものが走ったのだが。けれども、すぐに気を取り直し、臨時閣僚評議会を開き、エアネス大統領にも知らせ、その後で国民に向かってニュースを伝えたのである。アマラル副大臣とエアネス大統領は、大統領選挙は予定どおり実施する、そして政府の解散は週明けの月曜日にすると決定した。それが国民に動揺を与えないための最善策だという判断なのであった。

まだ七四年の「革命」からわずか七年足らず。独裁者サラザールの死から一〇年とわずか。不安定な社会情勢の時代、首相がテロ行為で命を落としてしまう。そんなことになってしまったら、国民はどんな反応を見せただろうか。そして、首相と防衛大臣を同時に飛行機事故で失ってしまう。国民の動揺はいかばかりであったか。内閣解散を翌週に延ばし、大統領選挙を予定どおり実施した当時の代理首相アマラルの判断は正解であったのだろう。

その日の夜、サ・カルネイロは不運だったとしか言いようがない。サ・カルネイロは席を予約していたポルトガル航空ＴＡＰのＴＰ一一〇便ポルト行きのチケットをキャンセルし、アマーロ・ダ・コスタ大臣の厚意を受け入れてセスナに便乗したのであった。よく遅れたり、突然のストで欠航したりするのでポルトガル航空ＴＡＰのことをTake Another Planeの頭文字だとポルトガル人自身が言うのだが(本当はTransportes Aéreos Portugueses)、このときばかりは冗談抜きで他の飛行機（選挙運動用のセスナ機）に乗るべきではなかった。

だが、ここで運命が分かれたし、テロではなく事故だったという仮説が有力になり、たとえテロだったとしても本当のターゲットはサ・カルネイロ首相ではなく、アマーロ・ダ・コスタ大臣だったのではないかという仮説が生まれるのである。急きょ変更になった飛行機に爆発物を仕掛けることは無理があるし、また直前に搭乗することになった首相を狙ったテロは不可能だというのである。それにしても、

ＴＰ一一〇便は予定より一〇分遅れて離陸しているのだが、首相らを乗せたセスナが墜落しながらもその後の全便が予定どおり運行されたというのは不思議だし、不用心にも思えるのである。

アマラル副首相やエアネス大統領の判断は正しかったかもしれないが、不要なデマが飛び交うのを防ぐために暫定的であれ、事故に関する民間航空局（ＤＧＡＣ）の調査結果を国民に伝える必要があった。その結果報告によれば、墜落はあくまでも「事故」であり、犯罪の可能性は否定されていた。「左翼に燃料の供給が不足した」。いずれそう発表されたのであった。もちろん、燃料不足が人為的なものだったら、やはり事件（テロ？）となるのだが……。

燃料不足説も無視できないが、セスナ機がいつ火災を起こしたかも重要である。もし空中なら爆発物の存在が疑われる。ＤＧＡＣは墜落後に機体が火災を起こしたとしているが、ポルテーラ国際空港に残ったサ・カルネイロ首相の護衛官は離陸後すぐに航空機が炎上したと証言している。墜落はその後だというのである。墜落現場の近くにいた住民たちの中にも、飛行中に炎を見たという人はけっこういるのだ。

さらに、事故直後に行われた検死が、短い時間でたった一人の医師によるものだったというのも疑惑を抱かせる原因になっている。犠牲者の服に火薬などは付いていなかったのだろうか。また、犠牲者には骨折の跡もなかったと言うが、それもまた彼らが墜落の時点ですでに意識がなかった（つまり爆破で亡くなっていた）ことの証拠にもなり得るのではないか。

なお、飛行機墜落の数日後、前首相のマリオ・ソアレスがリスボン市内で交通事故に遭っているのだが、事故現場に居合わせた市民の間からは、「これも襲撃事件。最初にサ・カルネイロを殺し、今度はこれだ！」という声が上がったという。当時、ポルトガル人が政治情勢をどう捉えていたのか、雰囲気が伝わってくる。

この飛行機墜落事故（事件？）が大統領選挙にどう影響したのか推し量ることは難しいが、選挙の結果は現職のエアネス候補の勝利であった。選挙前の予想ではエアネス大勝だったわけで、事故がなくてもエアネスの勝利だったのかもしれない。突然の死という心理的な要因はあったとしても、それでも、一六ポイントも差をつけたのだから完勝と言ってもよいだろう。むしろこの選挙で注目すべきは、一九七六年の選挙では大きな支持を集めた「四月二五日革命」の英雄オテーロ・サライバ・デ・カルバーリョがほとんど票を取れなかったことではないか。すでに（極）左翼勢力の退潮傾向が明らかになっていたのだろう。そんな中で、右派のカリスマ的政治家二人が亡くなるというのは、ポルトガル政界にとって大きな衝撃を与えるものであった。

事故調査は内務省（公共省）と司法警察によって行われ、一〇カ月後の一九八一年一〇月九日に報告書が提出され、そこでは飛行機事故に犯罪性はないと見なされたが、調書の作成は慎重を期して、さらなる証拠の提出・発見を待ってからということにされた。だが、その三日後には、今度は検察庁がすべての疑念を晴らすために公開捜査として調査を継続するように決定した。この調査は一九八三年二月まで続き、やはりさらなる証拠が見つかるまで調書の作成を待つことになった。いずれにしても煮え切らない終わり方である。

一九八三年七月には、今度は議会内に調査委員会が設立された。もちろん事故（事件？）の原因や状況を調べるためである。実を言うとこの共和国議会の調査委員会もなかなか結論を出せず、今まで一〇度の委員会が立ち上げられ、結論はテロ行為であったという場合もあれば、単なる事故だったという結論に落ち着いてしまうこともある。委員会が設置されても、国会が解散されてしまい、いつの間にか消滅してしまうこともある。二〇一三年一月に発足した第一〇次調査委員会は、アメリカ、ドイツ、英国政府の情報機関に資料提出を要求しているが、今のところ具体的な成果はないように思える（二〇一五年、テロ説に近い犯罪性を疑う結論を出した）。

カマラテ事故・事件はこれまで何度も調査が繰り返されながらもいまだに結論が出ないこともあって、「ポルトガルのケネディ事件」と呼ばれたりもする。民主化したポルトガル政界、最初のスキャンダルだけのことはあって、なかなか答えが出せないのだろう。一九九一年の第四次調査委員会の報告書に基づき、内務省は立件に向けての書類の提出を求めたが、けっきょく、判事の判断は証拠不十分ということになり、立件まで進められることはなかった。一方で、一九九九年夏に結論が出された第六次調査委員会の報告書は「犯罪」、すなわちテロ攻撃を示唆していたものの、その後の進展は見られなかった。

二〇〇二年五月に設置された第八次調査委員会は、それまでとは趣が異なった。いくつかの国への武器違法輸出とカマラテ事故（事件？）の関連が取り上げられたのである。この点はあとで触れたい。

一つ言えるのは、調査が重ねられれば重ねられるほど、事故ではなく爆破物によるテロ行為、つまり事件ではないかという疑いが強くなるのである。二〇〇〇年、リスボン控訴裁判所は、燃料不足は証明できないとしている（他の原因を提示したわけではなかった）。事実、二〇〇四年一二月に第八次調査委員会が出した結論では、セスナは爆破物が原因で墜落したとされる。「海外領土軍事防衛基金」とイランへの武器輸出を調査していたアマーロ・ダ・コスタ防衛大臣がターゲットであったという。この武器の密輸説を取るのが現代史研究家アントニオ・ジョゼ・テーロで、彼によれば「カマラテ」は、長い間続いてきた武器密輸を告発しようとしたダ・コスタ大臣に対するテロ行為であり、不運にもサ・カルネイロは巻き添えを食っただけなのだという。

はたして結論は？

最近、カマラテ事故（事件？）の背景としてよく話題になるのが、第八次調査委員会が話題にした国軍の「海外領土軍事防衛基金」の存在である。設置は一九三〇年代というからまだサラザール体制の時代だが、アフリカでの軍事行動を容易にするため、会計検査院の監査なしに使える基金であった。ポルトガルがアフリカの植民地を手放したのは一九七五年のことであるから、一九八〇年になっても「海外領土」を付した基金が存続していたこと自体何やらきな臭い感じもする。軍事に関わることから、ターゲットはサ・カルネイロ首相ではなく、むしろダ・コスタ防衛大臣だったという見方が正当化されることになる。ダ・コスタ大臣はこの基金の金の出所、使い道を調査しようとしていたとも言われるのだ。実際、八〇年八月からはダ・コスタ大臣は護身用に銃を身につけていたらしい。重大な何かを発見していたのだろうか。それを嫌った勢力がテロ行為に走ったということなのだろうか。まさか、と思いたいが、この基金に関する調査も行われたことはないのである。

二〇一〇年一一月にカマラテ事件に関する著作『カマラテ――未解決の事件』を発表したアマラル元副首相（二〇一〇年当時は外相）も基金について触れている。しかも、その金が当時続いていた旧アフリカ植民地の内戦（おそらくはアンゴラ）やイラン・イラク戦争の武器購入に充てられたという疑惑さえ出てくるのである。とんでもないような国家的かつ国際的陰謀ゆえに、サ・カルネイロ首相たちは暗殺されてしまったのだろうか。アマラルはさらに、カマラテ事故（事件？）からまだ日が浅い頃、イギリスの警察から、テロを疑わせる文書を受け取ったが、それがいつの間にか消失してしまったことも述べているのだ。

二〇一〇年一二月四日。事故（事件？）から三〇年の月日が過ぎ、メディアはあらためてカマラテの墜落事故について大きく取り上げていたが、真相に近づいたという印象はなかった。リベイロ・イ・カストロという民主社会中道党所属の議員は第九次調査委員会の立ち上げを要求したが、真相究明につながったとは思えない。経済・財政危機の真っただ中にあった国民の中には、三〇年前の出来事などに関わっていられないという声も聞かれたけれど。

一方で、事故（事件？）当時の大統領であったラマーリョ・エアネスは、「海外領土軍事防衛基金」の会計管理は厳密に行われており、国軍はすべての出納を記録していたと述べ、疑惑を否定している。エアネスは一九七六年から「基金」が廃止される一九八〇年末までその責任者であったが、七四年の「革命」以後、この「基金」の金で兵器の売買は一切なかったと言う。エアネス元大統領の発言を信じるならば、「基金」による疑惑はなかったことになり、したがって、ダ・コスタ大臣に対するテロという仮説も根拠を失ってくる。やはり単純な「事故」だったのだろうか（エアネス将軍は誠実で実直な人柄で知られる人物であるが……）。

さらにまた、二〇一一年二月には、ソアレス・カルネイロ将軍の補佐だった社会民主党議員マリオ・ダビドが「カマラテ」について発言し、サ・カルネイロらの死を引き起こしたセスナ機はその前のフライトから左翼に問題を抱えており、セスナを製造したアメリカ企業も最終的に事故説を取ったと明らかにした。やはり事故説もまだ生きているのである。政治家の伝記を書いたりするベテラン・ジャーナリスト、ジョアキン・ビエイラも、二〇一四年に発表した『四月からトロイカまで』という著作の中で、事故説に傾いているように見える。

このカマラテの墜落事故（事件？）について、前章で登場してもらったマリオ・ソアレスの見解も聞いておいてよいだろう。一九九六年に出版された『ソアレス　民主主義』というインタビュー集によるのだが、そこで彼は、サ・カルネイロ暗殺説に関しては何もわからない、長く事故説を信じてきたし、深く研究したこともなく、やはりわからない。ただし疑問は残る。だから調査は続けるべきである、と述べている。そのとおりになっていると言えば言えるのだろうが、時間稼ぎをして先延ばしになっているようにも思える。彼が本気になれば、ポルトガル社会はもっと真相解明に熱心になるように思えるのだが。また、彼のわりと素っ気ない言葉は逆に何かを知っていることの裏返しなのだろうか。気になるところである。

二〇一二年一〇月には、フレデリコ・ドゥアルテ・カルバーリョというジャーナリストが『カマラテ――サ・カルネイロとイランへの兵器』という著作を発表している。その中で著者は、カマラテの事故（事件？）はポルトガル、アメリカ合衆国そして中東情勢が複雑に絡みあっており、真実を明らかにすることが困難であることを示唆している。もしすべての真実が今知られてしまったら、ポルトガルとアメリカの外交関係だけでなく、中東和平にも影響を与えかねないと言うのだ。

一九八〇年前後の国際情勢を思い出してみると、アメリカは前年一一月からのイランアメリカ大使館人質事件で苦しんでいた。イスラム法学校の学生らがテヘランにあるアメリカ大使館を占拠し、さらに人質を取ったのである。民主党のジミー・カーター大統領政権時代の大事件である。しかも、一一月には大統領選挙が控えていた。一方で、民主党のライバル共和党はカーター大統領の再選をどうしても阻止したかったのだが、そのためにはイランの人質問題が解決しないほうがかえって好都合だった。そこでポルトガルからイランへの武器支援の実施が画策されたのである。大西洋に浮かぶアソレス諸島に米軍基地の駐留を認めているポルトガルは、アメリカ、ソ連、そして中東の間の軍事バランスを取る上で重要な地政学位置を占めているのだ。

だが、反米と目されていたサ・カルネイロ率いる当時の政権はそれを認めようとしなかったのである。となると、アメリカの共和党側にとり、首相とコスタ防衛大臣の二人は邪魔な存在となるだろう。だから、テロが仕組まれたのである……。同書を要約するとこうなる。なお、著者カルバーリョはマリオ・ソアレス元大統領にEメールでの取材を申し込んだが、返事は来なかったことも記している。ソアレスはなにか真相を隠しているのだろうか。二〇一五年に刊行された『ビルダーバーグ会議のポルトガル計画』の著者ルイ・ペドロ・アントゥーネスも同じような見方を示している。

これらの説はあくまでも推測にすぎないわけだが、もしこのような国際的な陰謀が背後にあるのだとしたら、真相が明らかにされることは当分の間はないと思われる。セスナという小さな飛行機の墜落事故だが、ポルトガルだけでなく、アメリカにも及ぶことになり、その影響は今もあまりに大きすぎるのだ。

もう一つ記しておくべきことがある。別件で逮捕され獄中にいるフェルナンド・ファリーニャ・シモンイスという人物が二〇一二年三月にはカマラテ事故（事件？）の全容を明らかにするような書簡を発表し（今でもネット上で読める）、物議をかもしたことがある。このアップロード作業を担当したのが先に触れた元護衛官ジョゼ・エステヴェスである。ある時期までCIAに協力していたというシモンイスは、自身がカマラテの墜落を準備したのであり、したがってテロ事件であったことを主張した。ポルトガルやアメリカの大物政治家や軍人たちの名前も次々と出てきて、もし本当ならばとんでもない衝撃を国際社会に与えるに違いないと思わせる。

カマラテに関する第九次調査委員会は二〇一一年四月、共和国議会の解散によって中断されてしまった。二〇一三年一月一〇日、真相解明を目的として、新しい事実を基に、第一〇次調査委員会が設立されるというニュースがその一週間前に報道された。調査委員会の立ち上げ回数があまりに多くて、すでに一四次だと数を間違えてしまう議員もいたくらいだ。回数の多さから、粘り強い調査が行われていると見なすこともできるのかもしれないけれど、ただ結論を先延ばしにしているだけとも思えてしまう。悪く言えば、税金の無駄遣いになってしまっているのだ。なお、この第一〇次調査委員会も一三年一二月にはいったん中断されてしまったが、一五年春には再開され、やはり「事件」であるという専門家の意見が聞かれた。綿密な準備に基づく計画的犯行という見立てである。

いずれにしても、事故（事件?）の原因が何であったのかはともかく、カマラテ事件でサ・カルネイロを失った民主連盟は力を失い、ソアレス・カルネイロ候補も、二期目に挑んだエアネス大統領に敗れることになった。もともと現職候補のエアネス有利と見なされており、決選投票にもつれ込むことなく、第一回投票で決着がつくという調査結果があった。死の直前に録画されたビデオメッセージの中で、サ・カルネイロはもしソアレス・カルネイロ候補が選挙に敗れたら、自分も首相を辞めると口にしていたのだが、政界を引退すると言っていたわけではないから、やはり彼が生命を失った意味は大きい。

「カマラテ」が単に八名の命を失った以上に、ポルトガルの政治に大きな影響を残した飛行機事故（事件?）であったことは間違いない。サ・カルネイロが生きていたら、マリオ・ソアレスの政治人生は大きく異なったと思われる。一九八六年から九六年までの大統領はサ・カルネイロだったかもしれない。だが、共産党のクニャルには大きな影響はなかったかもしれない。当時は財務大臣だったカバコ・シルバ現大統領の政治の表舞台への登場も遅れたかもしれない。逆に、「闘鶏」と呼ばれた政治家が亡くなったので、コンセンサス重視のポルトガル政治に安定が戻ったという意見も聞かれたりもしたけれど。

もし今もサ・カルネイロが生きていたら? 誰もが発したくなる問いである。「歴史にもしはない」

と頑なに主張される方は別だろうけれど。ポルトガル史上最高の政治家の一人に恵まれた社会民主党は、もっとしっかりとした政党だったかもしれない。ポルトガル政治はもっとクリーンだったかもしれない。いや逆に、サ・カルネイロはもう一人の独裁者になったのだろうか。カリスマ的人物としてサ・カルネイロを描いていた、社会民主党を中心とする右派陣営が神格化しただけの人物だったのだろうか。英雄も不慮の事故で突然姿を消してしまうことがあり得るという冷酷な事実をポルトガル人が受け入れようとしないだけなのだろうか。いずれにしても、ポルトガル人は死後でないと人を褒めないとも言われる。ある人物の価値が死んでからでないと判断できないというのは悲しいことである。

思い出せば、一九七六年四月の選挙期間中、サ・カルネイロ党首がアソレス諸島で暗殺されたというデマが流れたことがあった。もちろん本人は無事に演説をしていたわけだが、サ・カルネイロが早い段階から誰かに狙われていたことを暗示しているかのようでもある。さらに、同じ頃、別れた妻であるイザベル・マリアの回顧によれば、マデイラ島から家族そろってチャーター機でポルトに戻ろうとしたとき、着陸態勢に入った途端空港の照明が消えてしまい、着陸をやり直す羽目になったことがあったと言う。サ・カルネイロは気にも留めなかったのだが、イザベルはこの出来事を暗殺未遂と考えているようだ。「飛行機」と「暗殺」という二つのキーワードがそろっている点がなんとも恐ろしい。この選挙のときは、社会党が過半数は無理でも勝利すると見られ、そうなれば人民民主党との連立が模索される見込みだったが、サ・カルネイロが障害になるのではないかと考えられていた。それにしても、彼の死の夜、喜びのあまり花火を打ち上げた人がいたというのは驚きだし、いくらイデオロギーが相容れないとしても、あきれ返るような行為だと思う。

繰り返しになるが、サ・カルネイロはリスボンからポルトへと向かう予定だったセスナ機の墜落によって亡くなった。そのポルトにある空港は現在「フランシスコ・サ・カルネイロ空港」と呼ばれている。命を失うことになったフライトの当初の目的地の空港に彼の名をつけるのはあまりエレガントではないのではないかという反対意見も聞かれたのだが、最後は賛成意見が勝った。サ・カルネイロはポルトの出身なのだ。もし日本だったらこういった場合どういう判断が下されるだろうか。興味深いテーマになりそうだ。いや、そもそも日本人は政治家の名前を空港につけないか。いや、国民全体にとって空港など公共の施設に名前を残したくなるような政治家がいないというほうがより大きな問題かもしれない。

ところで、空港の名前で思い出したが、リスボンの国際空港（ポルテーラ空港）は二〇一六年三月一五日をもってウンベルト・デルガード空港と名称変更することに決まった。同将軍の功績に見合った判断ではないだろうか。

ポルトガル植民地支配に鉄槌を！

二つの国の子ども、アミルカル・カブラル

それではいよいよ、本書の最後を飾る人物に登場してもらうことにしよう。これは議論が分かれるところだろうけれど、私は二〇世紀ポルトガル政治の中心は、独裁者オリベイラ・サラザール、第五章で取り上げた二人すなわちアルバロ・クニャルとマリオ・ソアレスの三人だと考えている。サ・カルネイロもポルトガル政治史に大きなプレゼンスを残し得た政治家だろうけれど、あまりにも人生が短すぎた。今、彼の名前を思い出すときの多くは、前記した飛行機墜落によるミステリアスな死について語られる

場合である。

だが、二〇世紀のポルトガルにとって、もう一人忘れてはならない政治家がいると思う。国籍としてはポルトガル人だろうけれど、ポルトガル植民地支配打倒のために人生を捧げたアフリカ人、アミルカル・カブラルである。一九世紀末頃からポルトガル人の心の中ではナショナリズムが植民地保有と結びつけられることになったが、その植民地支配に鉄槌を下すことになった最大の貢献者はカブラルであるだろう。つまり、ポルトガルという国、ポルトガル人という国民にとって、無視できない影響力を今日に至るまで行使しているのが、このアフリカが生んだ稀有の政治思想家・活動家である。ポルトガル近現代史を語る本書のトリを務めるにふさわしい人物だと確信する所以である。

さて、舞台はポルトガルを離れて、旧アフリカ領土。その中でも、カボベルデ共和国とギニアビサウ共和国がメインとなる。どちらも一九七〇年代半ばまでポルトガルの植民地であった国である。前者は西アフリカの沖合に、大西洋の中にポツリと浮かぶように見える島嶼国家。後者は西アフリカでセネガルとギニア共和国というフランス語圏の両国に上と下から挟まれるようにして見える小さな国である。それぞれが独立国であるけれど、カボベルデとギニアビサウという二つの国は、旧ポルトガル領植民地という歴史的事実以外にも、深いつながりを持っている。

一五世紀半ば、ポルトガル船団によって「発見」されたとき、カボベルデ諸島はまだ無人島だったとされるが、その後は今日のギニアビサウに相当する地域を含む大陸側から奴隷が連れてこられて、ポルトガル人と一緒に混血の社会、すなわちクレオール社会を形成したのであった。つまり、カボベルデ人とギニアビサウ人の間には長く深い血のつながりがあることになる。血を分けた兄弟のようなものである。

血のつながりだけではない。カボベルデとギニアビサウの間には言葉のつながりもある。どちらの国でもポルトガル語の語彙をベースにしたクレオール語が話されるのだが、この二つのクレオール語の間では共通する文法的特徴も多く見られ、また相互理解が可能だと言われる。一五世紀半ばに始まったポルトガルによる植民地支配の時代に形成された両国のクレオール語の起源についての議論は、ナショナリズムも絡んで興味深いのだが、その問題に関してはここでは展開しないでおこう（最近は、まずはカボベルデでクレオール語が形成され、その後ギニアビサウ側に伝えられたという見解のほうが説得力があるように見える）。いずれにしても、二つの領土の間で頻繁に人の移動が繰り返される中、クレオール語も互いに影響を与え合い、今でも通じ合える言葉であり続けているのだと思われる。

民族人種的なつながり、そして言葉のつながり。「兄弟国」と呼びたくもなるくらい深いつながりがあるカボベルデとギニアビサウなのだが、両国を結びつけるもう一人の大きな存在について以下論じてみたい。両国を旧宗主国ポルトガルからの独立へと導いた英雄アミルカル・カブラルである。カボベルデ諸島はゲリラ戦争を展開するには不向きで、両国の独立戦争はギニアビサウを主舞台とし、一九六三年から七四年まで続いた。カブラルは、一〇年にわたって二つの植民地の住民たちの戦闘を指揮したのである。とにかく先見の明に溢れた思想家であった。誰をも友人にしてしまうような魅力的な人柄を持つ指導者であった。彼の思想の詳細をここで論じることはしないが、アフリカだけでなく世界の現実を理解した、リアリズムとプラグマティズムにのっとった思想家であり活動家であり革命家であった。そして、まとめ役であり組織作りの人でもあった。

カブラルの思想・思考・哲学を論じるための章ではないとは言うものの、その一端だけでもかいつまんで記しておこう。人は理想や他人のために戦うのではない、平和の裡に生活が向上する、あるいは子供の未来が明るくなると信じるから戦うのだ。暮らしがよくならないのなら、自由も平等も友愛も意味のない空疎な言葉に過ぎない。知識のための知識ではなく、生活と自由のための知識こそが大切なのである。実践的な思想の持ち主であった。

自らの弱さとの闘いこそが最も困難であることも知っていた。教室の内外で学び続けることの必要性を強く訴えていた。人種というプリズムを介して世界を眺めたが、人種の虜になることはなかった。独立後、国家の運営に植民地体制下の役人を採用する必要があることも見越していた。独立後の甘い汁につかり腐敗する輩が現れるだろうことも予期していた。首都に権力が集中することを恐れ、各省庁をいくつかの地域に分散する構想もあたためていた。そうすれば、権力と庶民との距離を縮めることができ、具体的な問題を把握しやすくなると考えたのである。

私は、机上の空論ではない、地に足の着いた彼の思想に深い共感を覚える。彼の残した言葉の一つ、家に泥棒が侵入してきたときは影を撃ってはならない、泥棒の体を撃て、というのは問題の解決には根本となる原因を除去せよ、ということである。社会的にも政治的にも文化的にも、すでに経験された良いもの、良いことは他者からどんどん学べ。だが猿真似はダメ。自らの現実を踏まえた真似ならすべき、という点も正しいと思う。また、アフリカの独立を求めるときに、いきなり武器を手に取るのではなく、まずは政治的に理論武装する必要があると考えたところも素晴らしいと思う。ポルトガル人（民）と、独裁者サラザールが思い描いた複数大陸的ポルトガルは区別されねばならない、という点も正しい。悪いのは政治体制であり、国民は別であると考えたのである。国民が悪いとしたら永遠に遺恨が残るだろう。人種主義を撲滅するとき、人々を叩いても進歩はない、人種主義の原因を攻撃しなければならないのだとも言った。人種差別を終わらせることができない現代人に聞かせたい言葉である。

さらにカブラルがすごいのは、革命の理論家であっただけでなく、優秀な農学者（独立後も農業改革が重要であることを認識していた）、詩も書いた知識人、さらに賢明な政治家、熟練した外交官でもあったことである。若者を引きつけるために新しいメディアの重要性も理解していた。政治運動の指導者は参加してくれる人々の文化を、その経済発展の度合いは関係なく、理解していなければならない、という教えも貴重だ。革命も民族解放もそれぞれの体形にあったドレスでなければならないという比喩も納得がいく（頭でっかちで、ただ理論を押しつければよいというものでもあるまい。コンテキストの把握が大切なのだ）。大げさではなく、二〇世紀が生んだ偉人の一人である。二〇一三年末に亡くなったネルソン・マンデラもアフリカ大陸が生んだ偉大な指導者であるが、カブラルが生きていれば、負けないくらい高い評価を得る政治家として評価されたはずである、私はそう確信している。

さて、この人物、本名はアミルカル・ロペス・ダ・コスタ・カブラルだが、ロペス・ダ・コスタを省略したアミルカル・カブラルの名で知られる。本章ではさらに縮めてカブラルとも呼ぼう。実は、カブラルはすでに故人である。残念ながら、とどうしても言いたくなってしまう。一九七三年一月二〇日、部下の一人によって銃殺されたのである。殺人の背景にポルトガルの秘密警察が関与したのかどうかは、死後四〇年以上が過ぎた今も歴史の検証を待たねばならない状況にあるが、独立という崇高な目的のために共に戦っていたアフリカ人によって発砲された凶弾に斃れたというのがなんとも切ない。

カブラルはカボベルデ人の両親を持ち、ギニアビサウで生まれ幼少時代を過ごし、その後カボベルデとポルトガルで学び、そしてまたギニアビサウに戻り、二つのポルトガル領土を宗主国から解放し、独立へと導いた。つまり、すでに述べたように、両国のつながりを体現するかのような人物である。

正確に言えば、カボベルデとギニアビサウが独立を達成したとき（それぞれ一九七五年七月五日と一九七三年九月二四日）、すでにこの世にはいなかったのだが、彼なしに両国の独立はあり得なかったことは間違いない。独立からすでにおよそ四〇年が経っても、両国の人々はアミルカル・カブラルの功績を忘れることはないのである（尊敬の念は言葉の上だけだという批判的見方をする人も中にはいるけれど）。ギニアビサウに関しては、独立から四〇年以上が過ぎた状況が、カブラルが描いた夢とあまりにかけ離れたものだとしても、いや、かけ離れれば離れるほど、私はカブラルを思い出したくなるし、思い起こしてしまうのである。

カブラルの思想と行動はポルトガル語圏の枠を超えて世界中から注目を集めてきた。英語でもフランス語でもスペイン語でも、彼に関する文献は存在する。いや、日本でも彼の思想に共鳴し、論じた人たちがいる（僭越ながら、私もその一人である）。だから、今でも研究書の類は出版され続けている。多くの人々にとって、今もなお「カブラルは死んではいない」、すなわち「カブラルは生きている」（クレオール語でCabral ka muri. という）のである。最近でもアミルカル・カブラル研究の新しい成果が発表されている。本章では、それらの新しい知見を踏まえながら、あらためてこのアフリカの英雄の一人について論じてみたいと思うのである。そして、彼のミステリアスな死についてもあらためて取り上げてみよう。

農学者から大地の解放者へ

カボベルデとギニアビサウの間には長く深いつながりがあると述べた。切っても切れない関係が築かれてきたと言うべきであろう。一五世紀半ば、ポルトガル船団によって発見されるまでカボベルデは無人島であったとされ、そこに住みついたのはポルトガル人とギニアビサウなどアフリカ大陸側から連れてこられたアフリカ人たちであった。こうした歴史背景を知ると、皆さんはどんなことを想像するだろうか。

ギニアビサウ側が新しく生まれたプランテーション社会であるカボベルデを支配下に置いた？ それとも、ポルトガル人とアフリカ人の混血から生まれたクレオール社会であるカボベルデがギニアビサウ側をコントロールした？ どちらだろうか。正解は、言うまでもないかもしれないが、後者。つまり、カボベルデがギニアビサウを支配下に置き続けたのであった。そのせいもあり、何世紀にもわたって、カボベルデ人のイマジナリー（想像界）の中ではギニアビサウは冒険や英雄譚の舞台であり続けたのである。アミルカル・カブラルの人生は、ある意味で、この史的背景をなぞっているかのようにも思える。

さて、カブラルの偉大な功績について見ていく前に、その生涯をざっとおさらいしておこう。カブラルは一九二四年九月一二日、ポルトガル領ギニア（現在はギニアビサウ共和国）のバファタで生まれた。三二年には両親とともにカボベルデ諸島に移住、四三年にはリセウ（高校レベルに相当）の教育をサンビセンテ島のミンデロで終えた。四四年には首都プライアで国立印刷局に職を得る。四五年、奨学生となり、リスボンの高等農業学院に入学。五〇年に卒業、ポルトガル国内のサンタレン農業ステーションに職を得た。

一九五二年、農業技師としてギニアビサウの首都ビサウに戻る。五五年、政治的な理由によって植民地総督から退去を命じられ、ポルトガルの旧アフリカ領土の一つアンゴラに向かい、解放組織ＭＰＬＡ（アンゴラ解放人民運動）と接触を持った。五六年にはギニアビサウでＰＡＩＧＣ（ギニア・カボベルデ独立アフリカ党）が創設される。六〇年、ＰＡＩＧＣは独立を果たしたばかりのギニア共和国のコナクリに代表団を設置、また中国がPAIGCの幹部養成を支援し始めた。

一九六一年、モロッコがPAIGCのメンバーの入国を認めた。六三年一月二三日、ポルトガル領ギニアで独立へ向けた武装闘争開始、南部ティテにあるポルトガル軍宿営地を攻撃した。同年七月、北部でも戦線を開く。七〇年七月一日、教皇パウロ六世がアミルカル・カブラル、アンゴラのアゴスティニョ・ネト（MPLA指導者）、モザンビークのマルセリノ・ドス・サントス（FRELIMO指導者）の謁見を認める。同年一一月二二日、コナクリに置かれたPAIGC基地の破壊を狙ったマル・ヴェルデ作戦が練られ、実行されるが失敗に帰す。そして、一九七三年一月二〇日、コナクリでアミルカル・カブラルは暗殺された。以上がカブラルの生涯の概略であるが、では、以下にもう少し詳しくアミルカル・カブラルの生涯を見ていこう。

アミルカル・ロペス・ダ・コスタ・カブラルは一九二四年九月一二日に生まれた。出生地は、首都ビサウから一五〇キロほど東に行ったバファタの町である。ポルトガルによるアフリカ植民地支配がまだ当然とされていた時代である。バファタは、同国の東部に位置するギニアビサウ第二の都市で商業的な重要性が大きい。民族的にはフルベ人とマンディンカ人が多いが、商業都市ということで、レバノン人移民もいた。ちなみにバファタとはマンディンカ語で、「川の死」あるいは「川は満ちている」という意味である。

植民地支配の徹底化を狙ったポルトガル軍による「平定作戦」がまだ続いていた一九一五年。カブラル誕生の九年前に、パペル人のリーダーはポルトガル軍のテイシェイラ・ピント大尉に屈しようとはせず死刑に処せられたのだが、手足をもがれ、目をくりぬかれ、生き埋めにされ、また妊娠中の妻は腹に一撃を食らったという。カブラルが幼少時を過ごしていた頃はまだ残忍な平定作戦は継続中で、終わるのは一九三六年のことであった。ポルトガル植民地支配に対する当時の抵抗運動は、いずれカブラルが解放闘争を始めるときのヒントになっていたのではないだろうか。

すでに述べたように、カブラルは一九七三年一月二〇日、つまりギニアビサウもカボベルデもまだ独立していなかったときに暗殺されてしまったので、国籍は生涯にわたってポルトガル人であったが、旧ポルトガル領アフリカ植民地が独立を果たした今となっては、カボベルデ人の両親の間に生まれたと言うべきなのだろう。カボベルデ人にとりギニアビサウは冒険や英雄譚の舞台であったのだが、カブラルの両親も人生の可能性模索の舞台をアフリカ大陸側に求めたのである。ギニアビサウで生まれたカボベルデ人。カブラルは両国を独立へと導くに相応しい出自を持っていたと言うこともできるだろう。

父の名はジュベナル・アントニオ・ダ・コスタ・カブラル。一八八九年カボベルデ生まれ。ジュベナルの母方の祖父は大地主で、人並み以上の暮らしぶりだったようだが、のちに干ばつで財産を失ってしまった。父方の祖父は教養があり、ローマ時代の風刺詩人ユウェナリスから取ったジュベナルという名前を孫（アミルカルの父親）に残した。ジュベナルの父親は早死にで、彼は養母の世話になって勉強を続けることができた。当初は聖職者になる願望を持ち、ポルトガル北部のビゼウという都市にあるセミナリオ（神学校）で学んだ。ということは、ポルトガルの独裁者サラザールと同じ学校の出身ということになる。何か因縁めいたものを感じさせられる。

カボベルデをしばしば襲う大干ばつの影響でジュベナルのポルトガル留学は中断、帰国を余儀なくされてしまう。代わりにサンニコラウ島のセミナリオに通学したが、一八歳のときに退学、職を求めてポルトガル領ギニアへと旅立ったのである。ビジャゴス諸島の一つボラーマ島で公務員になった後は、免状を持たないまま小学校教師となった。経験を介し、ポルトガル植民地支配の文化的側面をよく理解していた。生涯で、複数の妻との間に六〇人を超える子供ができたというが、本当なのだろうか。

カブラルの父ジュベナルは、一九世紀末から二〇世紀初頭のポルトガル領ギニアの「平定作戦」を指揮したポルトガル軍人を讃えたことがあったとも言われる。時代が違うとはいえ、息子とはずいぶんと異なる思想を持っていたようである。ただし、政治意識は高く、思ったことを口にすることをためらうことはなかった。ジュベナルは一九四一年、植民地相に宛てた覚書の中で、歴史的検証に基づき、干ばつを予測し、さらには対策も進言していた。また、現地総督に手紙を書き、カボベルデ人が置かれた過酷な生活環境についても抗議をしていた。ジュベナルは、ギニアビサウにもっと学校を建設する必要があることを植民地総督に直訴したこともあった。ギニアビサウにとって教育問題の解決の重要性は今も変わらない。

一九二四年九月一二日、カブラルが生まれたとき、ジュベナルはバファタで小学校の教員をしていた。アミルカルの出生届にはHamilcarと記されていたが（ポルトガル語では語頭のHは読まない）、それはカルタゴの将軍・ハンニバルの父親、ハミルカル・バルカに敬意を表してジュベナルが選んだ名前である。ハミルカル・バルカは第一次ポエニ戦争ではローマ軍を相手に武勲を立てたが、のちに戦死している。どこか予言的なものを感じてしまう。

なお、ジュベナル・カブラルの数多くいた子供の中でもう一人の著名人にルイス・カブラルがいる。アミルカルとは異母兄弟となる。ルイスはアミルカルほどのカリスマ性はなかったが、まじめで勤勉で、カボベルデとギニアビサウの独立のためにアミルカルとともに戦い、独立後はギニアビサウの初代大統領にもなったのだが、一九八〇年のクーデターで失墜し、最後は二〇〇九年にポルトガルで死を迎えている（ちなみに、ルイス・カブラルはメイソンであったことが知られる）。

それはさておき、アミルカル・カブラルの母の名はイバ・ピニェル・エボラといった。見ればわかるように、ポルトガル語の名づけ方法と異なり、母親の名前はアミルカルに受け継がれなかったのだ。ジュベナルとイバの間にアミルカルが生まれたとき、ジュベナルにはすでに一三人の息子がいたという。イバは一八九七年一二月三一日、カボベルデのボアビスタ島で生まれている。家庭は貧しく、家族の教育水準も低かった。アミルカルが生まれる数カ月前からジュベナルと同居していた。

こうしてみると、知的な側面、すなわちギニアビサウとカボベルデの農業問題や政治への関心における影響を息子に与えたのは父ジュベナルであっただろう。ポルトガル領アフリカを独立に導いたカブラルの知的な種となったのはジュベナルの影響だろうけれど、アミルカルの勉学の金銭的支援は母親が担った。優秀なアミルカルに勉強させるには教科書代を工面するだけでも大変であったはずだが、母親が商店やペンションを経営して、お針子としてそして缶詰工場で働いて、なんとかやりくりしたのである。規律、自立心、目的意識、倫理観、鉄の意志は母親譲りであった。そうは言っても、やはりカブラル家も貧しく、貧しさゆえにアミルカルはいずれポルトガル植民地支配に対して立ち上がったのである。そして、イバの奮闘を見て、解放闘争における女性の重要性にも気づくことになったのだろう。

このように、アミルカルはまさに父と母の合作であった。父ジュベナルは息子に政治意識と行動力を与え、一方で母は優しさや勤勉を教えた。一日の長い時間ミシンで裁縫していた母イバは、一家の生計を立てるうえでは貢献度大であった。母親の献身は次世代の若者のモデルになるべきであった。アミルカルが小学校に入学するのは一二歳のときだが、わずか一年間で義務教育を終えてしまう。イバが亡くなったのは一九七七年八月、八三歳のときであったから、息子よりもずっと長生きであった。

父親ジュベナルは実際に学のある人物で、彼が生きた時代を論じた自伝的な著作『追憶と省察』

（一九四七年）も残しているくらいである。一九三二年、ジュベナルを育ててくれた養母シモアが死去、ジュベナル、イバ、アミルカルの三人家族はカボベルデに戻ることになった。第二次世界大戦の苦しい時代は父の故郷で過ごした。物価は上昇し、商品も店頭から姿を消した。

一九三七年、アミルカル少年は、母親イバに面倒を見てもらいながら、カボベルデのサンビセンテ島にあったリセウ（リセー）・ドン・エンリケ校に入学した。この学校は後に国立リセウ・カボベルデ校となり、さらにリセウ・ジル・エアネスと名前を変えていった（ジル・エアネスとは一五世紀ポルトガルの航海士の名前である）。リセウ在籍中、アミルカルは常に最優秀生徒で、さまざまな学内、学外の活動に参加した。カボベルデに暮らしていた間、アミルカルは一二万人の住民のうち二万人を死に至らしめた一九四〇年の飢饉を経験し、おそらくは自身も飢えに苦しんだと思われる。さらに、四二年から四八年までの間に三万人以上の犠牲者を出した飢饉も厳しい体験であったに違いない。

ただし、その間にも、アミルカルは休暇を利用して、プライアに建てた家で過ごしたのであった。サンティアゴ島にはポルトガル軍が駐屯、島民との衝突も繰り返され、人種差別、植民地支配が強化されていった。政府の支援もなく、島民たちはサントメ・プリンシペやアメリカ合衆国へと移民することになった。それゆえ、島民の数は減少したのである。アミルカルが少年期、青年期を過ごしたのはそんな時代のことであった。

アミルカルが二〇歳になったときには、カボベルデ人の困難は十分に意識していた。よりよい明日を夢見て、政治的な理想に燃えていた。第二次世界大戦後の混乱の中から新しい世界が生まれることを切望していた。一九四一年には、カボベルデに来訪した大臣宛てに同植民地の飢餓や干ばつに関する覚書をしたためたくらいである。問題の解決策として、水不足解消策、森林化、農業保護、土地税廃止、農業信用金庫創設などがあった。父親は早くから息子に社会問題について教育を施していたから、影響は大だったということである。あるいは、アミルカルは政治を頭の中に持って生まれたと言ってもよいかもしれない。ジュベナルは何でもアミルカルに話して伝えたのだ、と回顧している。四一年といえば、カブラルは一七歳、父親にはかなわなかったかもしれないが、カボベルデ島民の困難はかなり理解していたはずである。

ところで、アミルカル・カブラルといえば、サッカー選手としての才能もあったと言われるが、文学的才能も備えていた。Cabral を後ろから読んだ Larbac（ラルバック）というペンネームを使って愛の詩を作ったりもしていたのである。本当に詩心があったのだ。「キューピッドの矢がターゲットを射抜くとき」なんていうタイトルの詩を書いたりしていた。タイトルを見ると、古典文学に親しんでいたことが想像できる。アミルカルは実はずいぶんと女性にもてたと言われるが、彼の叙情的な部分が女性を虜にしたのだろう。

父親に教養があったため、カブラルも両親の故郷カボベルデのサンビセンテ島の高校を卒業し、さらにポルトガルの大学で農業学を学ぶに至ったと言われるが、母親の影響を完全に無視してよいものかどうか、意見は分かれるところである。すでに述べたが母親には学はなくとも、知性の基盤となるべき人格は備わっていたのだから。ただし、大学での農業学専攻を決めたときは、父親の助言があったと言われる。一九五〇年、大学を卒業したときは成績優秀者として表彰されてもいる。なお、カブラルが農学を学ぶに至った理由は、父のアドバイス以外にも、カボベルデの干ばつ被害を目の当たりにした経験があったからである。

飢饉をなくすために農業学を学ぶというと、日本の民俗学者柳田国男を思い出したりもする（生まれた日付けは三〇年近く違うけれど）。また、柄谷行人によれば（『遊動論　柳田国男と山人』）、柳田国男は「帝国主義諸国の統治下におかれた各地の島人たちの問題を普遍的に考える」ために沖縄に向かったわけで、この意味でもカブラルとの関係を想像してしまう（もちろん、柳田の頭の中にははるか遠くのカボベルデのことはなかったと思うけれど）。アミルカル少年は周囲で貧困に苦しむ人々を大きくなったら救いたいと思ったのである。二〇世紀の人類史に大きな足跡を残したカブラルの原点は、やはり身近なところで始まったと言えよう。地に足のつかない思想はもろいものだが、カブラルの場合は本物であった。だからこそ今でも多くの人々がカブラルを忘れられないのである。

「帝国学生ハウス」跡地前の道路にはめられた記念プレート。

　リセウを一七点という当時としては異例の優秀な成績で卒業したアミルカルは、母イバと兄弟を伴い首都プライアに引っ越した。首都プライアの印刷局で助手としての職を得て、同時に留学のための奨学金受給を待った。一年間、印刷局で働き、リスボンにあった「帝国学生ハウス」が提供する奨学金が受けられることになり、リスボンに向けて出航したのは一九四五年末のことであった。農業技術者になるだけでなく、同時に詩人になる夢も抱いていた。アミルカル青年も期待に夢を膨らませてリスボンに着いたが、大戦が終わった一九四五年はポルトガルの民主主義勢力も新しい時代を求めていた。しかし、ポルトガルを支配していた独裁者サラザールは政策を変更することなく、夢をしぼませてしまったのだが。

リスボンでの活動

リスボンでアミルカル・カブラルは「帝国学生ハウス」に暮らすことになったが、四九年には学生組織の幹部にまでなった。さらに、留学先の高等農業学院でカブラルは重要な出会いを果たす。一つは最初の妻となるマリア・エレーナ・デ・アタイーデ・ヴィリェーナ・ロドリゲスと同期生だったことである。もう一つは、ポルトガルに来ていた他のアフリカ植民地からの留学生たちとの交流である。アンゴラ人マリオ・デ・アンドラーデ、アゴスティニョ・ネト（アンゴラ初代大統領）、マルセリノ・ドス・サントス（モザンビーク）、フランシスコ・テンレイロ（サントメ・プリンシペ）などである。彼らは同じ本を読み、同じ問題意識を持った「カブラル世代」であった。何か理由を見つけては会合を開き、特に毎週月曜日には、故郷の家族に手紙を送付するという理由でリスボンのレスタウラドーレス広場にあった郵便局に集まった。しかし、次第に政治警察ＰＩＤＥから警戒のまなざしを向けられるようになり、安心して会える場所を探す必要が生じてしまった。

そこで、カブラルたちが目をつけたのは、カザ・デ・アフリカ（アフリカの家）であった。それは一九二五年に創設された協会で、サントメ・プリンシペ出身のジャーナリスト、アルトゥール・カストロが会長であった。カストロの思想には植民地支配に対し問題意識が見られたが、実質的に「家」自体の活動は休眠状態であった。そこで、カブラルたちが会員総会で一種のクーデターを企て、協会を乗っ取ろうとしたのである。しかし、カストロは最後まで会長の座を譲らず、協会の活動も芝居の上演などにとどまってしまったのであった。

高等農業学院では、アフリカ系の学生はただ一人で、クラス内では当然のように目立った。しかも、頭脳は明晰、すぐに同級生たちの間で話題になった。クラスで反ファシズム運動について議論するときも、弁が立つカブラルが中心になった。ユーモアのセンスも抜群で、誰とでもすぐに打ち解け、友人になる。おしゃれで服のセンスにも恵まれた。その頃すでに政治リーダーの資質を発揮していたのである。父親を同じくする兄弟、ギニアビサウ初代大統領ルイス・カブラルによれば、解放闘争中、ソ連人が地対空ミサイル〝ステラ〟を提供してくれたのも、またイタリア人が将校用の軍服を提供してくれたのも、兄アミルカル・カブラルの人間的魅力によるのであった。

勉学にも励み、政治活動にも精を出し、恋愛も楽しみ、しかもお気に入りのスポーツ、すなわちサッカーでも頭角を現したカブラルは数多くの才能に恵まれた人物だった。彼に関するさまざまな記録によれば、もしその気になればプロのサッカー選手にだってなれただろうというのである。大学のサッカーチームでスターだった彼には、リスボンの名門クラブ、ベンフィカから声がかかったというから本当にすごい。同じポルトガル領アフリカのモザンビークからやってきて世界的なプレーヤーとなったエウゼビオの大先輩になったかもしれない。しかし、アミルカルは入団の誘いを断ってしまい、仲間たちとの草サッカーどまりで終わったのだが、アフリカの解放と人類の自由のためには賢明な判断だったと言うべきだろう。

農業の勉学に励む中、しだいにアミルカルはポルトガルの生活に染まるのではなく、「アフリカへの帰還」を意識するようになる。母なる大陸で苦しむ無数の無名の人々が自らの貢献を求めていることに気がついたのである。アフリカの一部には近代の恩恵は届いていたが、恩恵に浴していない住民が数多くいることに、不正義を感じ取ったのである。自分がどんな目に遭っても、損をすることになったとしても、アフリカ人のために人生をささげる決意を固めたのであった。

カブラルが最も大きな影響を受けた書物は、セネガル共和国の初代大統領となるレオポルト・セダン・

サンゴールが編集した『黒人・マダガスカル新詩集』であったという。世界のいたるところで黒人が目を覚ましつつある、そう実感させてくれた。カボベルデの住民の多くは黒人と白人の混血だが、カボベルデ性とも言うべき精神はある。アフリカでもありヨーロッパでもある。アフリカ人の魂の叫びに共鳴しないわけがない。

大学五年生の長期休暇の期間中、カブラルはカボベルデに戻り、大学で学んだ土壌の腐食についての知識を故郷の人々に伝えようとした。地元ラジオ局の番組にも出演している。教育を得た者たちは名もない農民たちを啓蒙する義務があると考えていたのである。カボベルデ人にもっとカボベルデのことを知ってもらう。ひいては、カボベルデ人の政治意識を覚醒させる。それがカブラルの任務であった。だが、ポルトガル当局はカブラルの活動を快くは思わず、ラジオ放送も、学校における夜間コースでの授業も禁止してしまったのである。

リスボンに戻ると、カブラルは再び他の植民地出身の学生たちと交流した。そして、集会場所を探して、二度目の試みに挑んだ。狙いは彼に奨学金を提供してくれた「帝国学生ハウス」。一九四三年にアンゴラ人学生ハウスがまず開設され、それに続いたモザンビーク人学生ハウス、カボベルデ人学生ハウスが統合され、「帝国学生ハウス」となっていた。当時の植民地大臣アルミンド・モンテイロは、植民地からの留学生を一カ所に集めてしまい、ポルトガル領土の全青年の身体能力向上、人格形成、祖国への献身を育てるため一九三六年に創設された「ポルトガル青年団」によってその場所を厳しく監視させることを目論んでいたのだろう。

学生ハウスにはブラジル人も多くやってきたが、主にアフリカ植民地からの留学生たちによって利用されることが多かった。本国から植民地に移民した入植者たちの子息が完全に支配していた。もちろん彼らは植民地イデオロギーを信奉していたのである。ただし、学生ハウスには食堂、広間、会議場、医療施設があり、さらに『メンサージェン』（メッセージ）という月刊紀要が一九四八年から刊行されていて（一九六四年に廃刊）、そこには利用価値があった。カブラルは学生ハウスの活動に積極的に関与し、紀要にカボベルデの干ばつの苦しみに寄せる思いを綴った文学作品を発表したりしたのである。

すなわち、準政府機関であった「帝国学生ハウス」とは、アフリカの同化民や知識人が交流する場所であった。同化民とは、ポルトガル植民地支配下で、「原住民」と異なり、ポルトガル語の読み書きを学び、ポルトガル文明に相応しい振る舞いを身につけた者たちに付与された身分である。

話が少し先に飛んでしまうが、「帝国学生ハウス」に関わった〝革命家〟たちは一九五七年、「反植民地運動」（Movimento Anti-Colonialista）、通称ＭＡＣを創設することになる。もちろん、そんな活動をしていれば、サラザール政府の逆鱗に触れることは当然で、当局は一九六五年に学生ハウスを閉鎖させてしまう。カブラルたちの発言、行動はポルトガルの植民地体制にとって脅威になり得ると判断されたのである。なお、アンゴラの作家ペペテラはこの「帝国学生ハウス」を舞台にした小説『ユートピアの世代』を一九九二年に刊行している。もちろん登場人物などは架空の存在だが、一九六〇年代頃のアフリカ人留学生たちの生活の一端が描かれており、当時の雰囲気を知る上では役に立つ。日本語訳は刊行されていないが、一読の価値がある作品である。

ポルトガルに留学しに来た若者たちはアフリカ都市部の中産階級出身で、教育水準が高いだけあって問題意識も強く、植民地支配に対しては反対する者たちがいた。そうした若者たちは誰もがポルトガルの民主主義運動組織の中で活動した。ただし、カブラルたち一部のアフリカ人留学生はポルトガル人反体制派と異なる部分があった。精神の再アフリカ化を目標としていたのである。アフリカの歴史の模索とも言ってよいだろう。これはポルトガル人にはできないことである。

時代を一九五一年に戻そう。父ジュベナルの死の年でもある。カブラルとその仲間たち(フランシスコ・テンレイロ、マリオ・デ・アンドラーデら)は、最終的には、「アフリカの家」でも「帝国学生ハウス」でも完全に指導権を握ることはできなかった。アイデンティティ模索の中で、三度目の正直と言わんばかりに、カブラルはサントメ・プリンシペ島出身のエスピリト・サント家の息子たちを住まわせるための邸宅内(アトール・ヴァレ通り三七番地)にアフリカ研究センターを設立したのであった。このエスピリト・サント家の娘が二〇一〇年に亡くなったアルダ・エスピリト・サントという大詩人である。若者たちの面倒を見たのがアンドレーザという女性。政治運動に関与した人物ではなかったが、アフリカをもっと知り、アフリカが抱える問題を解決しようとする若者たちの活動に対して理解を示してくれた。そのおかげもあって、サラザール体制を支えた政治警察PIDEにマークされながらも、ポルトガル支配下のアフリカをテーマとし、カブラルを中心に定期的に言語、政治、経済、文化、歴史、同化民政策、植民地体制などについての講演会が開かれ、議論が戦わされたのであった。資金不足でジャーナルは出版できなかったものの、一九五三年には研究センターの若者たちはフランスの雑誌『プレザンス・アフリケーヌ』の「黒人学生たちは語る」という特集記事に協力することができた。ちなみに、アフリカ研究センター創設の必要性の認識は、アンゴラで始められた「アンゴラを発見しよう」という文化運動が元であったとされる。

なお、一九五三年にはサントメ・プリンシペで反植民地主義運動の萌芽とも言えるバテパの虐殺が起こることになる。それをきっかけにPIDEは留学生たちへの警戒を強め、センターの活動にも圧力がかかるようなった。アミルカル・カブラルの異母兄弟ルイス・カブラルは逮捕され、マルセリノ・ドス・

サントスはパリに逃れ、アゴスティニョ・ネトは逮捕と釈放を繰り返した。アルダ・ド・エスピリト・サントは学業を終えサントメ・プリンシペに帰郷。センターの活動は五四年四月には終わりを迎えることになる。そうはいっても、短い期間だったが、参加した若者たちにとり、アフリカの地理、歴史、文学、言語、政治問題について大いに学ぶことができたのは有意義であった。補足しておくと、この頃はまだ植民地支配に対する武装闘争という考えはカブラルになかったと思われる。

アフリカへの帰還

一九五〇年に大学を卒業したカブラルは二年間にわたってサンタレンの農業ステーションで働いている。そして、ついに五二年に、有能な若手農学者としてビサウに旅立つのである。文字どおり、アフリカへの帰還である。林学者になった妻マリア・エレーナは三カ月後に合流した。このときマリア・エレーナは初めてビサウの町を知ることになった。ビサウの町はいわゆる「文明化」した住民が暮らす地区と、「原住民」が暮らす地区に二分されていた。

　しかし、カブラルの目的は農業指導だけでなく、庶民を覚醒させることも重視していた。カブラルにはポルトガル国内で就職する可能性も、他のポルトガル領アフリカ植民地で働く可能性もあったのだが、あえて職場としてポルトガル領ギニアを選んだ。契約条件はけっしてよくはなかったにもかかわらず。

　カブラルはビサウに着いたその日から、ポルトガル植民地支配に対する戦いに庶民を仕向けようと試みた。〝エンジェニェイロ〟（エンジニア）と呼ばれたカブラルは、農民たちと密に付き合えるという恵まれた環境に置かれた。ただ、労働者たちの中にはカボベルデ人もいたのだが、一部の例外を除き、ギニアビサウ人との連帯を育むことは困難であった。この困難（＝不可能？）が彼の死を招く一因になったことは後で見よう。カブラルは農業調査を継続しながら、各地住民たちの社会構造や文化に関する知識を深め、さらに政治的な活動も展開した。カブラルの農業調査の成果は、今日でもその価値を失っていないと言われる。

一九五四年、地元青年たちの政治教育のためにスポーツ・クラブを立ち上げることにした。先に独立を果たしていくイギリス領アフリカ、フランス領アフリカでも、そうやって若者たちは反植民地支配に目覚めていったのである。サッカーの試合が終わると、カブラルと仲間たちは人目につきそうもない場所へと移動し、試合について話し合うふりをしながら、実際はアフリカの歴史、文化、闘争、ポルトガル植民地支配や人種主義の負の側面について語り合ったのである。サッカーの政治利用は必ずしも悪くないということか。しかし、彼らの会合も有名になりすぎたのか、PIDEの内通者が入りこんでしまい、政府命令によってクラブは廃止の憂き目を見てしまう。

独立に向けた闘いとサッカーの関わりで思い出すのが、ギニアビサウ解放軍の指導者の一人にして、元植民地代表選手ボボ・ケイタのことである。一九三九年に生まれたケイタは子供の頃からサッカーの虜になり、しかも才能に恵まれていた。ある日のこと、白人女性を連れたエンジニア、つまりアミルカル・カブラルと出会い、ボールをプレゼントされたこともあったという。

家庭環境は政治の世界とは無縁だったが、ポルトガル領ギニアを代表してガーナを訪問したとき、ガーナ独立の英雄クワメ・ンクルマの演説を耳にして、ポルトガル植民地支配に対する怒りに目覚め、アミルカル・カブラルが創設したPAIGC（ギニア・カボベルデ独立アフリカ党）に身を投じることになる。ンクルマは彼に「ポルトガル領ギニアも独立国になれる」と述べたのだという。ボボ・ケイタにとって「独立」という言葉を耳にするのはそのときが初めてであった。

その後、政治思想はカブラルの薫陶を受け、軍人としての訓練は東ヨーロッパで受けた。ＰＡＩＧＣが基地を置いたギニア共和国の首都コナクリに着いてからは同国のサッカー代表チームでプレーするよう誘われたりもしたが、祖国の独立のために武器を手に戦うことを選んだ。独立戦争中は何人もの兵士を率い、いくつもの地域を解放し、東部戦線司令官にまで出世した。独立後は軍の要職に就いたりもしたが、最後はカボベルデに移住することになり、二〇〇九年にポルトガルの首都リスボンで亡くなっている。ちなみにボボ・ケイタの誕生日は九月二四日。ギニアビサウの独立宣言の日と一緒である。サッカーによって世界を広げ、政治意識に覚醒し、歴史を変えるための活動の一翼を担う。そんな人生もある。サッカーは政治と無縁でなければならない、などとは一概に言えないということでもあるだろう。

話を戻して、カブラルは最初からポルトガルの法律を破るつもりはなかった。合法的に運動を継続する意向だったのだ。だからギニアビサウ人なら誰でも参加できるスポーツ・クラブの規約も書き上げた。しかし、規約に署名した関係者の身分証明書に不備があるという理由で、ポルトガル当局は承認しなくなってしまったのである。非同盟運動の契機となるバンドゥン会議が開かれた一九五五年には、メロ・イ・アルビン総督はカブラルを領土から退去させることに決めた。帰郷は家族に会うため、年に一度のみと制限されてしまった。

ビサウを追われたカブラルがどこに向かったかというと、同じポルトガル領であるアンゴラへだったのである。もちろん、同地でも精力的に活動することになる。同植民地でも農業エンジニアとしての仕事を得ると同時に、アンゴラを独立へと導くことになるＭＰＬＡ（アンゴラ解放人民運動）の創設時からメンバーたちと深く交流した。エンジニアとしては、土壌図を作成し、土壌の塩化を解決し、コーヒーの木の突然枯死を研究するために各地に赴いた。しかし、一九五九年、ついにカブラルは仕事仲間から離れ、農業技師を辞めることになった。リスボン時代の恩師が「あの日、私と農業学は貧しくなったが、その分、世界はより豊かになった」と口にした決断である。

実のところ、カブラルはアンゴラに来る前から、リスボン時代にアンゴラ人留学生と知り合っており、アンゴラのナショナリズムとは無縁ではなかった。アンゴラでは一九四五年に「アンゴラを発見しよう」という反植民地主義的な文化運動が結成され、五五年には独立を目指すアンゴラ共産党も創設されていた。そして、共産党の貢献もあり、アンゴラ・アフリカ人統一戦闘党（PLUAA）が誕生した。カブラルはこの新政党の結成に深く精力的に関わっている。具体的な一例を挙げれば、アルジェリアで軍事訓練を受ける若者の選抜を担当したのである。また、首都ルアンダ郊外の貧民街（ムセッケ）住民向けのパンフレットを作成したりもした。

そして、このPLUAAからMPLAが生まれるのである（前者のマニフェストが後者によって採用された）。そのときに書かれたマニフェストには、アンゴラ人が思想や哲学や社会的身分の違いを超えて一致団結し、ポルトガル植民地主義・帝国主義を打倒する必要が訴えられていた。このときカブラルはすでに、専門的な農業技師そして詩人になる夢は完全にあきらめていた。カブラルはギニアとカボベルデだけではなく、アンゴラの解放にも尽力し、貢献している。そう、ポルトガルの植民地支配に鉄槌を下した男なのである。

一九五九年にビサウに立ち寄った際、九月一九日、アミルカル・カブラルは、アリスティデス・ペレイラ、ルイス・カブラル、ジュリオ・デ・アルメイダ、フェルナンド・フォルテス、エリゼー・トゥルピンらと一緒にPAIGCを創設した。PAIGC創設時から指導層はカボベルデ人、戦士はギニアビサウ人という区分が見られた。それがカブラルの死の原因になったとも言われる。ギニアビサウで生まれたとはいえ、アミルカルはカボベルデ人と見なされていた。スタート時は非合法政党であったが、四年後ギニア共和国の首都コナクリに代表部を設置してからは合法組織となった。その頃、アミルカルは農業の研究も続けながら、同時にアンゴラ、ギニア、ポルトガルの間を飛び回っていた。

ＰＡＩＧＣ創設前の一九五七年一一月、ポルトガル植民地主義に反対する会合に参加するためパリに出向いたことがある。パンアフリカニズム運動の会合のためガーナのアクラに足を運んだりもした。ポルトガル政府との交渉は不可能であることを決定づけた五九年八月三日のピジギティの虐殺のときには、アンゴラに向かう途上であった。ピジギティとはビサウ港付近の地名で、その日、労働条件の改善を求めてストを決行した港湾労働者らが五〇名以上もポルトガル警察によって虐殺されたのである。

一九六〇年一月はチュニスで第二回アフリカ人民会議に参加、同年五月はコナクリにいた。さらにロンドンの国際会議で初めてポルトガル植民地支配に対する批判を行った。カブラルが立派だったのは、彼らの戦いはポルトガル人に対してではなく、ポルトガルの植民地体制に対してであると言い続けたこと、しかも、ポルトガル政府を批判しながらも、常に交渉に応じる姿勢を明らかにしていたことである。

一九六〇年から六二年にかけて、ＰＡＩＧＣは隣国ギニア共和国の首都コナクリを基地として活動した。国際支援を得ること、活動家や幹部クラスを育成すること、周辺諸国の支援を得ることが三本柱であった。最も困難だったのは、最後の課題。コナクリのセク・トゥレ大統領はギニアビサウ人を自身の政策に利用しようという野心があったと言われるし、セネガルはなかなかカブラルの政党を支援しようとはしなかったのである。しかも、セク・トゥレには仏領ギニア（ギニア共和国）とポルトガル領ギニア（今のギニアビサウ）を統合し、大ギニアを作ろうという野心があったともされるのである。

最初の国際的支援は中国からやってきた。カブラルたちを招き、イデオロギー教育を施し、ゲリラ戦術を教えてくれた。翌年には、モロッコ王国が同じような支援を始めてくれた。そして、一九六三年、ギニアビザウの解放闘争が始まるのである。一〇年間の独立戦争の展開についてはここでは述べないことにするが、ＰＡＩＧＣはカブラルの指揮下、紆余曲折を経ながらも、戦果を着実に積み重ねていったのである。

今も残る謎——アミルカル・カブラル暗殺

一九七三年一月二〇日。ギニアビサウとカボベルデはもちろん、旧ポルトガル領アフリカ植民地、さらにはアフリカ大陸の未来を信じた者たちにとり、極めて忌まわしい日付けである。その日、アミルカル・カブラルがギニア共和国の首都コナクリで銃弾に斃れた。ギニアビサウの独立宣言が同年九月二四日だから、そのおよそ半年前の出来事。享年四八歳。暗殺の実行犯は、意外かもしれないが、ポルトガルの植民地主義者ではなく、闘争の仲間の中にいた裏切り者たちであった。民族解放闘争は勝利に近づきつつあったにもかかわらず、逆に言えば、勝利が近づくにつれ、政党内の緊張感が高まっていたということでもあるのだろう。ＰＡＩＧＣを破壊できるのは誰でもない我々だけである、カブラル自身そう述べたことがあった。

誰が至近距離からカブラルを射殺したのか、ならすぐに答えられる。側近の部下の一人だったギニアビサウ人、イノセンシオ・カニという名の青年である。ＰＡＩＧＣ海軍の司令官にまで登りつめたゲリラ戦士であった。本来ならきちんと背後関係を明らかにするためにももっと長く時間をかけるべきだったが、この実行犯は半年後には処刑されてしまった。カニから正確な供述を取らなかったことから、カブラルの死にまつわるミステリーが始まったとも言えるだろう。今になってみると、とても残念なことである。

なぜなら、このカニの背後に誰がいたのかとなると、謎は深まるばかりなのである。いや、ポルトガルの政治警察PIDEが背後で糸を引いたというのが大方を納得させる説明だと言えるだろう。とはいえ例えば、ジョゼ・ペドロ・カスタニェイラというポルトガル人ジャーナリストが書いた『誰がアミルカル・カブラルの暗殺を命じたのか』という著作を読んでみると、あまりすっきりとはせず、モヤモヤ感が残る。一読後に、よくわかった、と言う人はいないだろう。ケネディ暗殺も大いなる謎だが、カブラル暗殺もけっこうミステリアスなのである（さすがにユダヤ資本が背後にいるとか、フリーメイソンの仕業とかいう陰謀論は聞かないけれど）。

カブラルの暗殺の真相を暴くよりも、カブラルの思想を受け継ぐことのほうが大切だと言われたりもする。確かにそうだが、やはり謎を明かしたくなるのも人情というものだろう。よって、ここでカブラル暗殺に関する諸説をおさらいしてみたい。関与した人物、組織が多すぎて真相にたどり着くのはそもそも無理なのかもしれないが、わかっていることは記しておくべきだと思うのである。

時代の大きな流れに逆らい、植民地の保持にこだわり続けたサラザール体制下のポルトガルは、ただ戦場で敵（テロリスト）と砲火を交えていただけではなかった。例えば、ギニアビサウなら、カブラルが指揮したPAIGCの基地建設を許していたギニア共和国でその基地を破壊する計画を決行したことがある。国内問題を抱えるセネガルに対しても外交戦を仕掛け、カブラルたちへの支援を断ち切らせようと試みている。国連の場で諸外国から何度も非難されながらも、ポルトガル植民地体制も必死の生き残り策を講じていたのである。一九七二年三月頃から、カブラルは自分自身に対する暗殺計画が存在することに気づいていたという。ポルトガル側はカブラルを殺し、ＰＡＩＧＣを一気に崩壊させようともくろんだのであろう。

カブラルの暗殺は一九七三年一月二〇日、夜一〇時三〇分のことである。惨劇はギニア共和国首都コナクリから一一キロ離れたカルムにあった自宅前で起こった。その日は、同じくポルトガル植民地支配から脱するための戦いを続けていたモザンビークの解放組織ＦＲＥＬＩＭＯの執行委員会メンバーだったジョアキン・シサノがＰＡＩＧＣの幹部を前に講演するためコナクリに来ていた。この行事のために多くのＰＡＩＧＣメンバーがカブラルのそばから離れていたことは事実である。なお、ジョアキン・シサノはのちにモザンビーク共和国の大統領（一九八六－二〇〇五年）になる人物である。

一方、カブラルはシサノの講演を聞いていたわけではなかった。彼は二番目の妻アナ・マリアを伴ってポーランド大使館のレセプションに出席していたのである（アナ・マリアは今も生存する唯一の目撃者である）。カブラルの側近だったアリスティデス・ペレイラ（後のカボベルデ共和国大統領）は一一時に予定されていたカブラルの帰着を党本部で待っていた（ペレイラはいつも夜遅くまで仕事する人物であった）。そうした状況の中で、カブラルはフォルクスワーゲンに乗ってポーランド大使館を後にしたのである。

カブラルの様子は落ち着いていたという。戦闘の最前線から届く報告では、ＰＡＩＧＣ軍にとって戦況は順調だということであった。党戦闘執行委員会の組織改編も、現場における戦闘に新たな勢いを与えるはずであった。アフリカ統一機構もＰＡＩＧＣの支援を表明していた。ポルトガルの支配から解放された地域で選出された人民議会は間もなく一方的独立宣言を発する予定で、しかも多数のアフリカ諸国、非アフリカ諸国が独立を即座に承認してくれることも確認できていた。自身に対する暗殺計画の存在については気づいていたが、その日の夜にかぎっては無防備であった。

自宅のそばまで来て、車を停めようとしたとき、フォルクスワーゲンのドライバーは対向車のヘッドライトで一瞬目が見えなくなった。カブラルはPAIGC所有のジープが止まるのがわかった。車から降りて、対向車から降りてきた三人の軍人に対して「何があったのか？」と訊ねると、銃口を向けられた。作戦行動を指揮していたのはイノセンシオ・カニ、PAIGC海軍の司令官の一人である。カニは党との間でトラブルを抱えていた。口論しながら、彼らはカブラルを縛りつけようとする。カニはカブラルについてくるように命じているところから、すぐに射殺するつもりがなかったことが見てとれる。他のどこかに連れて行こうとしたのである（ビサウにいたポルトガル当局者のもとに連れて行く予定だったともされる）。

しかし、カブラルは拒み、自宅で待っているはずだった守衛を呼んだが、誰も答えてはくれなかった。実はカブラルの護衛官ナボニアは裏切り者で、反乱者たちにカブラルらの行動を密告しておいたのだ。カニたちはカブラルが一人きりになっていることを知っていた。ロープを持って近づいてくる相手に向かってカブラルは、誰にも縛られるつもりはない、ロープで縛りつけるなんてことはあってはならないのだ、鎖から解き放たれるために戦っているのだ、と答えた。さらに、事務所へ行こう、幹部たちを集めて、どんな問題でも議論する用意はある、とも述べた。

逆に恐怖に駆られたカニは、一瞬ためらったものの、ピストルを取り出し、至近距離から発砲した。頬に被弾した（肝臓という説もある）カブラルは大量の出血をしながら地面に倒れた。だが、実はカブラルは即死だったわけではなく、出血しながらももう一度、立ち上がることもできたのである。カニ以外の二人に近づき、「どうしてこんなことに？　もし異論があるなら議論する、それが党の方針だぞ」

と述べた。その瞬間、一斉射撃が起こった。フォルクスワーゲン車内から一部始終を見ていた妻アナ・マリアも拉致されることになった。本来、暗殺が目的ではなかったため、現場は大いに混乱したのである。

同夜、行動を起こしたのはイノセンシオ・カニのグループだけではなかった。ママドゥ・ジャイのグループはPAIGC党本部を襲い、銃声を耳にしてドアに鍵をかけていたアリスティデス・ペレイラを捕らえ（おそらくは）ビサウへ連れて行こうとした。そこには総督アントニオ・スピノラが待っているはずであった。スピノラは一九七四年四月二五日ポルトガルで起こる「革命」の後に大統領になる軍人である。第三のグループは、PAIGCの監獄を襲撃、収容されていた元幹部らを釈放した。元幹部の一人は自由の身になるとセク・トゥレ大統領に会いに行こうとした。

最初の通報を行ったのは、カブラル暗殺の現場から遠くない場所に公邸を所有していたキューバ大使。陰謀を企てた者たちは逃亡を図ったが、セク・トゥレ大統領の命令を受けた海軍がすぐに出動し、犯人たちを拘束し、人質の解放にも成功した。犯人の逮捕という側面だけなら、簡単な事件であったのだ。

暗殺の翌日、すなわち二一日にはさっそく、事実解明のため、セク・トゥレ大統領の発案で調査委員会が設置された。委員会メンバーの中には、モザンビーク解放戦線（FRELIMO）幹部、ギニア共和国民主党幹部、キューバとアルジェリアの在ギニア大使が含まれていた。裏切り者たちの素性が明らかになり、彼らは一二時間も続けて休みなく聴取を受けた。PAIGC元議長ラファエル・バルボーサ、モモ・トゥレことママドゥ・トゥレ（PAIGCの初期からの幹部、一九六二年三月に逮捕された）、アリスティデス・バルボーザ（一九六二年七月一八日PIDEによって逮捕、カボベルデのタラファル収容所で過ごし六九年八月三日にアントニオ・スピノラの特赦によって釈放、ビサウから逃れて党に加わった。謀反を起こした者の中で唯一のカボベルデ人であった）、ジョアン・トマス、ソアレス・ダ・ガマ、ママドゥ・ンディアイェ・コバ、ナボニア、ヴァレンティノ・マンガナ、ネネ、イノセンシオ・カニ。

どれもＰＡＩＧＣ内部で要職を占めた人物であるが、誰もが党との間で問題を抱えたことがあった。裏切り行為で訴えられたこともあった。特に、モモ・トゥレ、アリスティデス・バルボーザ、ジョアン・トマス、ソアレス・ダ・ガマは怪しげな人物たちで、カブラル暗殺の数カ月前に党を除名されていたのだ。モモとバルボーザは暗殺の日はまだコナクリの牢獄にいたくらいである。ジョアン・トマスはポルトガル人との共犯を疑われ、一〇年間の強制労働を科されていた。カブラルのリーダーシップのよいところであり、欠点でもあるのだが、彼は失敗を犯した同志を赦し、自らの側に配属させ、更生を助けようとしたのである。立派な行為だが、リスクは大き過ぎた。カブラルは、あまりにも人を信じすぎたのではないか。

調査委員会で、主だった被告たちはポルトガル当局との関連を否定したが、中には正直に語る者たちもいた。密告や陰謀や裏切りが調査についてまわった。中でも、ヴァレンティノ・マンガナの告白によってポルトガル側の陰謀が明らかになった。彼の供述によれば、ポルトガルはカブラル暗殺だけでなく、さらにはＰＡＩＧＣ壊滅をもくろんでいたのであった。そして、ポルトガル政府は二つの条件の下、ギニアビサウ人に独立を譲渡すると約束していた。すなわち、まずＰＡＩＧＣを解散する。次に、カボベルデ人を解放組織から除外する。ポルトガルと南アフリカ共和国の航空輸送にとって死活的な存在だったカボベルデ列島を失うことは、あってはならないことだったからである。ＰＡＩＧＣからカボベルデ人を除外した後で、協力者たちによるギニアビサウ政府の樹立を認め、ポルトガル軍がカボベルデ側から支援を提供するというのであった。

マンガナによれば、ポルトガルの提案に共鳴したギニアビサウ人がおり、彼らは植民地軍（ポルトガル軍）から逃亡してきたかのように装い、さらに熱烈な独立派のふりをして、ＰＡＩＧＣ内部に浸透し、カブラル暗殺を準備したのであった。これがポルトガル陰謀説である。

また、ＰＡＩＧＣ通信部の責任者の一人だったネネは、カブラルの暗殺を無線で伝えているが、それは計画の背後にポルトガル情報部がいたことの証だとされることもある。カブラルの全幅の信頼を得ていた護衛官ナボニアは、カブラルの予定を暗殺実行犯たちに前もって知らせていたことを認めている。けっこう計画的な犯行だったことになるだろう。

セク・トゥレ大統領の考えでは、暗殺者の目的は、黒人（ギニアビサウ人）と混血（カボベルデ人）、つまり内陸で戦闘を行う者たちと外部にいる指導者層を対立させ、ＰＡＩＧＣ内部に分裂を生み出すことであった。一緒に独立を目指し戦っていたとはいえ、両者は長く対立していた。カボベルデ人の形成にはギニアビサウ人の「血」が必要だったとはいえ、両者の対立は近親憎悪のようなものだったのだろうか。

混血（カボベルデ人）は植民地支配の時代、黒人（ギニアビサウ人）より優遇され、教育を受ける機会にも恵まれ、それゆえＰＡＩＧＣ内部でも重要なポストに就くことができた。逆に、最前線に立つ戦闘員は九九％以上が黒人。頭脳は混血、黒人は手足になって死んで行くという構図が出来上がっていたのだ。本章の冒頭で、カボベルデ人とギニアビサウ人は血を分けた兄弟のようだと述べたが、どう見てもカボベルデ人が兄でギニアビサウ人が弟のように見えてしまう。反カボベルデ感情が生まれるのも当然であっただろう。

ポルトガル人はその対立の存在をすでに知っていて、利用しようと試みたのだろう。ポルトガル人はカボベルデ人をＰＡＩＧＣから切り離したかった。理由はすでに述べたように、カボベルデ列島が戦略上重要だったからである。さまざまな状況証拠、証言を信じれば、ポルトガルの政治警察ＰＩＤＥがカブラル暗殺の背後にいたことはまずは間違いないと思われる。ただし、実際に手を下した者たちは人種的な対立を根拠としていたのかもしれない。ＰＡＩＧＣは公式にはカボベルデ人とギニアビサウ人の対立、つまり混血対黒人の対立の存在を認めようとはしなかったし、だから議論の対象にもしなかったが、そのつけをカブラル暗殺という最悪の形で払うことになったのだ。また、ＰＡＩＧＣの組織的な欠陥、例えば最終決定権がカブラルだけにあり、反論することができなかったというのも大きな問題であった。カブラルの死は単にカボベルデ人とギニアビサウ人の対立だけに帰すことはできないのも事実である。

このカボベルデ人とギニアビサウ人の対立は解放闘争とともに始まったわけではなく、長いポルトガルによる植民地支配の枠組みの中で築き上げられたものだ。混血のカボベルデ人が大陸側に来て、ポルトガル人との間に入って支配を助けた過去がある。何世紀にもわたって、カボベルデから商人、奴隷貿易商、兵士、行政官、宣教師、教師がギニアビサウにやってきたのだ。カブラルの父、ジュベナルは公務員あるいは教師として海を越えたのだった。カブラルの母ピニェル・エボラも商人として海を越え、大陸側でジュベナルと出会ったのである。

だが一方で、ポルトガルのＰＩＤＥではなく、セク・トゥレ大統領が裏で糸を引いたという見方もある。一九五八年にギニア共和国を独立させた偉大な指導者も次第に国際的な影響力を失いつつあった。一方で、カブラルは国際社会での評価を高め、中国、共産主義諸国、北欧諸国に味方を増やしつつあった。同じアフリカ人指導者とはいえ立場が逆転しつつあったのだ。そうした背景もあって、凶行にゴーサインを出したのはセク・トゥレ大統領だと言われるのである。一九七四年五月のことだから、ポルトガルの「革命」から一カ月後のことであるが、実際に、セネガルの大統領サンゴールがカブラル暗殺の背後にいたのはセク・トゥレだと発言している。

しかも、さらに遡れば、ギニア共和国もセネガル（南部）も歴史的にはギニアビサウと深い関係がある。これら三カ国はかつて西アフリカ一帯で繁栄したカアブ帝国の一部であった。歴史的な統一体であったのだ。だから、コナクリを中心とする大国家を建設することも、セネガルを中心に大国家を作ることも、あるいはビサウを中心として国家をつくることも可能である（少なくとも想像上は）。国際的に評判の高かったカブラルの登場を恐れるギニア共和国とセネガルのアフリカ人指導者の思惑がカブラル暗殺の背景にあっても不思議ではない。すなわち、長い歴史のしがらみや現代政治の謀略によってカブラルという歴史に名を残す人物の生命が奪われたのだ（もちろん解放闘争の支援に隣国とのつながりは有益だったが）。

四〇年後の見解

最近では、二〇一四年九月、カボベルデで出版された『アミルカル・カブラル　新しい視線』という本を書いたカボベルデ人研究者ダニエル・サントスがやはりセク・トゥレ首謀説を示唆している。それはつまり、ポルトガル人は無関係だと暗示することになる。サントスによれば、一九七三年一月二〇日、カブラル暗殺に関わった二〇名の「親分」たちのための夕食をセク・トゥレ大統領は執務室で準備していたのだという。だが、この本の内容がメディアで報じられるとすぐに反論が出された。セク・トゥレ首謀説を決めつける決定打となるかどうかはわからないのである。ダニエル・サントスの言明の直後には、ギニアビサウ人歴史家レオポルド・アマードが地元新聞『オ・デモクラタ』（「民主主義者」の意味）のインタビューに答えていて、セク・トゥレ首謀説を排除し、さまざまな思惑が交錯したとはいえ、最終的な責任はあくまでもポルトガルの政治警察ＰＩＤＥに帰せられるのだと主張している。

四〇年前に話を戻して、一九七三年二月一九日号の『アフリック・アジー』で、同じポルトガル領植民地だったサントメ・プリンシペの民族解放主義者アキノ・ダ・ブラガンサは、カブラルの暗殺は、ＰＡＩＧＣを離れてＰＩＤＥに雇われ、ラファエル・バルボーザに指揮された者たち、ＰＩＤＥのために活動したコナクリ基地のＰＡＩＧＣ幹部たち、さらにポルトガル軍の合同作戦であった、と述べている。ブラガンサはセク・トゥレ大統領が設置した調査委員会に唯一参加が認められたジャーナリストだったが、ＰＩＤＥを主犯と見なした彼の報道はその後の研究者に大きな影響を与えることになった。また、内部ではなく、外部に責任の所在を置くこの見解は、ＰＡＩＧＣが戦闘を継続させるうえでは都合の良い（必要な）ものであった。

ところで、直接の暗殺犯であるカニは、むしろＰＡＩＧＣとの問題を抱えていた。カニはソ連で二年間訓練を受け、帰国後はＰＡＩＧＣ海軍の司令官でもあったが、闇の市場でボートを売却したことから党内での地位を失い、党の指導者たちに対して不満を抱えていたのである。ＰＩＤＥがカブラル暗殺をもくろんでいたことは否定できないのだろうが、大きな理由は党内の対立だったのではないか。そうも思えるのである。戦闘を継続するには、内部分裂が原因であってはならず、ポルトガルという共通の敵が必要だった。暗殺直後の調査委員会の結論は今から見ればかなり政治的意味合いを帯びていたようにも思える。ＰＩＤＥの関与を排除する見方も可能ではある。

結局、イノセンシオ・カニら四人の実行犯は七三年七月三一日に銃殺されてしまう。興奮と緊張の中で行われた裁判の結果、およそ一〇〇人のメンバーが処刑されたのだが、その中には無実の者もいたと言われる。絶対的な指導者の喪失を前に、完全なる正義の実現は望むべくもなかったのである。

今さら言うまでもないけれど、カブラルの死はＰＡＩＧＣにとって大きな損失であり、打撃であった。独立後の大統領候補を失ったのである。国際舞台で信頼に足る発言をできる政治家を失ったのである。しかし一方で、独立へ向けて大きな勢いを残された同僚たちに与えたこともまた事実である。ＰＡＩＧＣは一九七三年、「カブラル作戦」を遂行、カブラルが予言したとおり、同年九月二四日、一方的ではあるが、東部マディナ・ド・ボエで独立宣言を行うことになった。逆に言えば、ポルトガル軍もカブラル暗殺で何も得をしなかったのである。七三年三月、ステラ地対空ミサイルを入手したゲリラ軍はポルトガル軍から制空権を奪い去ってしまう。五月にはスピノラ将軍が、シルバ・クーニャ大臣に「軍事的崩壊に近づきつつある」と伝えているくらいである。

カブラルはゲリラ戦争にとって指導者の死が大きな損失となることを熟知していた。にもかかわらず、自らの身の安全にはあまり関心を寄せていなかった。同胞を信頼したかったのかもしれない。いや、自分が死んでしまっても、ギニアビサウとカボベルデ人の中から第二、第三、いや第百のカブラルが現れると信じていたようなのである。六七年、六九年に暗殺未遂が発覚していて、裏切り行為に警戒心は持っていたのだが。貧困がアフリカ人を裏切りへと向かわせることだって理解していた。

もちろんＰＩＤＥも知っていた。一九七〇年にはセネガルのダカール在住のカボベルデ人のグループがカブラル銃殺をもくろんだが、実行には移されなかった（背後にはＰＩＤＥがいたと思われる）。七一年にもカボベルデ人がＰＩＤＥの資金援助と引き換えにカブラル暗殺をもくろんだことがあった。だからこそ、カブラルは七二年三月には、ＰＡＩＧＣ党員に向け、ＰＩＤＥが賄賂を使って党内部に密通者を入り込ませ、党指導層の命を狙っていると伝えたのであった。裏切り者はいったんＰＡＩＧＣ内部に入ると、組織の弱点を探り、不満分子を見つけ、機会を見て党のまとまりを破壊しようとしたのである。

さらに深く浸透すれば、カブラルを暗殺し、党を乗っ取り、ポルトガル政府と交渉に入り、ポルトガル連邦の旗の下で一定の自治を得るという計画であった。

こうして見てくると、暗殺の原因は一つだけではないのだろう。カブラルは、裏切りはミスの積み重ね、小さなミスが重なり大きなミスとなり、裏切りを生むと考えていたが、残念なことに、彼は正しかったのだ。

ＰＡＩＧＣは軍事的にポルトガル軍に勝利することはなかったものの、一九七四年四月にはポルトガルで若手将校たちがクーデターを成功させ、脱植民地化がポルトガルの重要な政治課題となった。そしてまずは九月二四日にギニアビサウの独立が認められた。さらに、七四年一一月一二日にはリスボンで、カボベルデ独立に向けた交渉がポルトガル政府とＰＡＩＧＣの間で行われた。翌年七月五日、人民議会議長アビリオ・ドゥアルテがカボベルデの独立を宣言した。

ところで、二〇一三年一月といえば、カブラル暗殺からちょうど四〇年が経った時期であった。しかも、解放闘争の開始からは五〇周年記念であった（一九六三年一月二三日、ＰＡＩＧＣ軍がティテにあるポルトガル軍宿営地を攻撃したのが始まり）。ポルトガルやカボベルデ、ギニアビサウのメディアではカブラル暗殺事件についての記事やコラムが数多く見られた。また、シンポジウムが開催されたりもした。もちろん、暗殺の背景に関する決定打が出たわけではないのであるが、興味深い点もあった。一九九三年に『誰がアミルカル・カブラルの暗殺を命じたのか』を出版したポルトガル人ジャーナリスト、ペドロ・カスタニェイラは、「ＰＡＩＧＣ犯行説にますます傾きつつある」と述べていたし、それに対し、カボベルデ初代大統領ペドロ・ピレスはＰＡＩＧＣ犯行説はあり得ないと厳しく反論していた。ピレス元大統領によれば、ＰＡＩＧＣ犯行説は帝国主義者を利するだけなのである。

私の個人的友人でもあり、なんと言ってもコナクリ時代の二年間ほぼ毎日のようにカブラルとともに仕事をした経験を持つギニアビサウ人歴史家マリオ・シソコは、いつも物議を醸す発言を行うのだが（カブラル暗殺当時二五歳に過ぎなかったシソコがカブラルの何を理解していたのだ？　という疑問を出すことも可能だろう）、二〇一三年一月にも「カブラルは自己中心的だった」「カブラルに聖人のレッテルを貼るのは間違いだ」「カブラルは時に明瞭とは言えない手段を使って何でもやって地位に就いた」「カブラルの人格崇拝は過剰である」「カブラルは戦闘仲間との問題を上手に処理できなかった。特にギニアビサウ人との間では」「独立まで生きていたとしても、カブラル（政権）は長持ちしなかっただろう」「決断において不当なところもあり、それが死の原因となったのだろう」などと発言した。だからPAIGCのメンバーに殺されたのだとは断じてはいないが、カブラルに敬意を抱く者にとっては感情を逆なでされたように感じたはずである（当然のように、彼の発言は多方面から反発を招いた。もちろん、彼はそれに動じるような人物ではないのだが）。

また、二〇一三年三月三一日には、ポルトガルの『エスプレッソ』紙のインタビューに対し、現在は政界から離れているカボベルデのベテラン政治家ジョゼ・レイタン・ダ・グラッサは「アミルカル・カブラルは超越した存在で、人民の集団的人格を尊重せず、たくさんの人々の処刑を命令した」と批判した（解放闘争の途上で裏切り者たちを処刑したのは確かである）。グラッサはカボベルデとギニアビサウの統一には反対だったようだが、彼はその考えは「両国家に損害を与えたが、それは両国独立の父の耳には届かなかった」と述懐する。グラッサがマリオ・シソコの発言に触発されたのかどうかはわからないが、カブラル批判がまったくないわけではないのだ。だが、それは言論の自由があるという証拠である。生きていれば、カブラルも議論を歓迎したはずである。

二〇一三年九月には、PAIGCの司令官として戦い、一九七五年七月の独立宣言では党を代表した元カボベルデ首相・大統領ペドロ・ピレスがやはり『エスプレッソ』紙に対し答えている。PAIGCの計画はギニアビサウとカボベルデの独立と、その後の両国統一であったが、後者はうまくいかなかった。その責任をアミルカル・カブラル一人に押しつけるのは客観的でもないし合理的でもない。失敗の責任は計画を具体化できなかった後継者たちにある。両国の統合が失敗し始めたのは、カブラルが暗殺され、同時にアリスティデス・ペレイラが拉致されたときである。そのとき、ギニアビサウ人とカボベルデ人の間の信頼関係が損なわれたのである。そしてピレスは、解放闘争を戦った人民革命軍が暴政と非行の道具に変わってしまったことを嘆くのである。

もちろんこの発言に対しても反論がすぐに行われ、ギニアビサウ国軍の報道官が「ペドロ・ピレスはギニアビサウを知っているつもりだが、そこから遠く離れ、何を言っているかわかっておらず、知っていることを口にしていない。非行ならカボベルデのほうがひどい。ギニアビサウ人はカボベルデ独立のためにも戦ったが、カボベルデ人はギニアビサウ人旧兵士をまったく助けようともしない」と批判した。二〇一五年五月には、アンゴラ独立のために戦ったサントメ・プリンシペ人トマス・メデイロス（詩人・医師）が、カブラルを殺したのは、PAIGCの元ゲリラ兵士にしてギニアビサウ元大統領のニノ・ヴィエイラ（故人）だと発言し、話題になった。かように、その死から四〇年が経ってもカブラルに関する議論は人々を熱くするし、死にまつわる謎は一向に解かれそうにないのである。サ・カルネイロの場合も同じだが、偉大な政治家の死はミステリーと切っても切り離せないものなのかもしれない。誰がカブラル暗殺を命じたのか。これまで指摘されてきた誰が命じていても不思議ではない。逆に言えば、誰も命じていなかった可能性だってある。暗殺の関与者が数多くいるということは、それだけカブラルの闘いが国際的に、そして歴史的に大きな意味を持っていたということなのだろう。

さて、いきなり古い話になるが、一九九三年一一月末。ギニアビサウ共和国の独立二〇年を記念した国際会議が首都ビサウで開催され、私はただ一人のアジア人として参加した。会議の合間を縫って、アメリカ人研究者リチャード・ロバン教授と二人で市内にあるアムラ要塞を訪ねることができた。そこは一九七三年に暗殺されたアミルカル・カブラルの遺体が眠る場所である。私たちが訪れたとき、要塞内では解放闘争で用いられた武器・兵器の展示会も開かれていたのだが、実際にゲリラ兵士たちと行動を共にしたことのあるロバン教授がしみじみと展示を見ている間、案内を買って出てくれた若い兵士が私たちに「早く金儲けがしたい」というようなことを口にした。たった一人の兵士の言葉で決めつけるのは良くないことは承知のうえで、カブラルの夢は潰えてしまったのだろうか、とつい考えてしまった。このアムラ要塞とは、ギニアビサウの植民地化、二〇世紀初頭に行われた平定作戦に貢献したポルトガル人の英雄たちが葬られている場所でもある。なんとも好対照というか、皮肉な組み合わせではある。

それにしても、カブラルが一般人の墓地でなく、要塞で軍人たちに囲まれて葬られているという現状はどうなのだろうか。しかも、アムラ要塞には軍トップから特別の許可を取らないと入ることはできない。一般人は国民的英雄の墓をお参りすることもできないのだ。彼自身は庶民の自由と尊厳のために一生をささげたのに。この矛盾がその死後から四〇年後のギニアビサウの、ひいてはアフリカの矛盾を象徴しているかのようでもある。

アフリカのフリーメイソン

話はがらりと変わるが、数年前のこと、勤務先の大学に講演に来てくれたアフリカ人神父が話の流れの中で、アフリカにおけるフリーメイソンの活動に関して少しだけ触れたとき、苦々しい表情を浮かべたことが印象に残った。そのときはやはり、カトリック教会にとって今もフリーメイソンはあまり好感情を抱かせない結社なのかなと思うくらいであったが、その後もアフリカにおけるフリーメイソンというキーワードは気になり続けた。

そんなとき、二〇一二年春、フランスのアフリカ専門雑誌『ジューヌ・アフリック』がアフリカにおけるフリーメイソンの権力に関する特集を組んだのが目に入った。あくまでもフランス語圏アフリカ諸国が対象なのだが、いくつかの国で政府要人の中にメイソンがいるという報道であった。具体的に彼らがメイソンとして何かをしたということが明らかにされるわけではないのだが、フリーメイソンがアフリカにも浸透していることがわかる特集であった。

では、ポルトガル語圏はどうかというと、やはりフリーメイソンは権力者の中に浸透しているようである。詳細はもちろん明らかにされていないのだが、可能な範囲で記しておきたい。

ポルトガル領アフリカにフリーメイソンが伝えられたのは一九六〇年のことであったが、確かに、フリーメイソンはポルトガル語圏諸国ですでに根を下ろしつつある。ポルトガルの正規フリーメイソンであるポルトガル正規グランド・ロッジ（Grande Loja Legal de Portugal　GLLP／GLRP）はポルトガル語が話されるすべての国や地域でロッジを持っている。正規フリーメイソンのグランド・マスター、ジョゼ・モレノによれば、例えばアンゴラには三つのロッジがあり、一五〇人のメンバーが属する。カボベルデには二つのロッジ、そしてギニアビサウ、サントメ・プリンシペ、東ティモール、マカオにはそれぞれ一つのロッジがある。マカオには正規派だけでなく、非正規派フリーメイソンもある。

ブラジルとモザンビークのフリーメイソンはポルトガルのそれに従属しておらず、ブラジル正規グランド・ロッジ、モザンビーク正規グランド・ロッジがすでに存在する。モザンビークのグランド・ロッジの独立は二〇〇九年に承認され、三つのロッジ、そして二〇〇名のメンバーがその時点で存在した。つまり、ブラジルとモザンビークには独自のグランド・マスターがいるのである。しかも、国際的な承認も得ている。一方で、アンゴラなどのグランド・ロッジはまだポルトガルに従属している。ジョゼ・モレノによれば、次に独立を果たすのはアンゴラだろうと見込まれる。一方でカトリック教会側もフリーメイソンの拡大には警戒心をすでに明らかにしている。

また、二〇一五年一月六日の『オ・ソル』紙の報道によれば、ポルトガル正規ロッジはポルトガル語圏アフリカ諸国の政府要人の間でメンバーを増やしているようである。サントメ・プリンシペの大統領マヌエル・ピント・ダ・コスタとその政敵であるパトリス・トロボアーダは同じロッジのメンバーなのだそうだ。外相のマヌエル・サルバドール・デ・ラモスもメイソンなのだという。カボベルデでは二〇一四年九月に新しいロッジができ、そこには司法関係者、警察の有力者、銀行業界の大物などが所属している。ペドロ・ピレス元大統領もメンバーだったことがあるようだが、現在は活動していない。アンゴラでは、元スポーツ大臣にして在ポルトガル・アンゴラ大使も務めたルイ・ミンガスがメイソンであるとされている。数年前ポルトガルで起こったフリーメイソンを巻き込んだスキャンダルの影響で、アンゴラではフリーメイソンから距離を取り始めた人が増えたが、その潜在的な可能性はポルトガル側から見れば極めて大である。東ティモールではノーベル賞を取ったラモス・オルタ元大統領がメイソンだとされるし、首都ディリに暮らすポルトガル人司法関係者などもメンバーに加わったという。マカオでは中国系住民はメイソンにならないようで、主にポルトガル系住民がフリーメイソンに入会するようである。

第一章の末尾で、正規フリーメイソンがポルトガル語を公用語にしたと記したが、近年メディアをにぎわせる「ルゾフォニア」にとりフリーメイソンは重要な存在となるのだろう。ここで言うルゾフォニアとは「ポルトガル語の使用」でもあり「ポルトガル語圏」の意味でもある。

最後に

私は今もなお、どうしてもアフリカの独立に自由や平等など、人類の理想の実現という夢物語を描いてしまいがちな人間なのだが、それは単なるロマンチストのはかない妄想に過ぎないのだろうか。ギニアとカボベルデの統合に国境のない世界の萌芽を夢見てしまうのだが、やはり考えが甘過ぎるだろうか（歴史を見れば、甘過ぎたことは明白だ。独裁制下に置かれていたポルトガルの民主化を促すきっかけとなった一九七四年の「四月二五日革命」の萌芽はギニアビサウにあったという見解もあるくらいであり、ギニアビサウとカボベルデの独立運動の重要性を貶めたくはないのだが）。

独立なんてしないで、旧宗主国の支配下に残っていたほうが自分たちの身のためであるとしてしまったら、アフリカを文明化するのがポルトガルのミッションだと言っていた独裁者サラザールが正しかったと認めることになる。確かに、自己保身や自己利益の追求などリーダーシップが誤って発揮されてしまっているせいで、アフリカ諸国は今も貧困や政情不安定に苦しんでいる。だが、なによりも自分の運命は自分で決めることができることがスタートである。今はまだ失敗が多いが、独立の意味を再確認するべきだろう。民族問題や宗教対立があっても、国境紛争が起こっても、麻薬国家だと批判されても、開発が思ったようには進まなくても、首都に電気と水が提供されなくても、義務教育が年間三カ月間しか機能しないとしても、ギニアビサウの、そしてアフリカの未来を信じたいと思うのだ。

また、近年は「ルゾフォニア」という言葉の下で、未来志向的なポルトガル語圏のまとまりが強調されるが、その背後に見え隠れする植民地支配という過去の忘却、あるいは隠ぺいの意図があるのか否か、その検証作業がおろそかにされようとしているようにも見える。だが、植民地主義を徹底的に批判したカブラルの思想を振り返るとき、現在の無批判かつ無邪気なルゾフォニア幻想が見えてくるはずだ。ポルトガル語圏の連帯は素晴らしいが、過去を消さないためにはカブラルという原点に回帰する必要がいつでもあるのだろう。そんな時代、カブラルの思想は、流行の思考に惑わされないための「杭」となるはずである。

また、それぞれの文化に価値を見出したカブラルなら文明は衝突するものではなくて共存し得るのだと述べてくれたのではないだろうか。アフリカをその多様性を無視して語る傾向が見られる中、それぞれの地域に異なる文化があることを尊重し、独立の戦いに活かそうとしたカブラルは、多文化主義の〝流行〟を何十年も前に予見していたのである。カブラルという原点に戻るべき所以である。

我々はカブラルを歴史の墓場に葬ってよいのか？　忘却の彼方に押しやってしまってよいのか？　生物学的には故人となってしまったものの、その思想はまだ滅びてはいない、つまり「カブラルは生きている」（カブラル・カ・ムーリ）と思いたいのである。カブラル暗殺者が誰であったのかは別として、彼の理想は生きているはずである。つまり、彼が信じた、信頼した、アフリカ人の、いや人類の闘いと自己犠牲の精神を私も信じ続けたいと思うのである。

あとがき

ポルトガルの歴史と言うと、どうしても大航海時代となってしまう。日本の学校で行われる世界史の授業でポルトガルという国が主役級の扱いを受ける時代はそこだけなのだから、しかたないとも言える。二〇一四年九月に日本で公開された映画『リスボンに誘われて』は一九七〇年代初頭の反独裁制運動に身を投じた者たちの人間模様が描かれた名作だと思うけれど、同作品に寄せられた感想の中には、ポルトガルの現代史をまったく知らなかった、という類の意見が数多く見受けられた。しかし、それは日本人が無知だというわけではなく、無理のないことでもあるだろう。というのは、そもそもポルトガル人だって、自分たちの歴史を学ぶときは、一五、一六、一七世紀に時間をかけることになるのだから。大航海時代の話題ともなれば、生徒たちを前にして教師の声にも自然と力が入るのだ。

ところで、同じ時期をポルトガル人は「発見の時代」と呼ぶことを実際に現地の大学で学ぶまで恥ずかしながら知らないままであった。だがそれは、どこに視点を合わせるかの違いでもある。ポルトガル人なら、未知の大海原の向こうに数多くの土地や民族や文化を「発見」したという事実を強調したいだろうし、べつに「発見」してもらったわけではない日本人からすれば、ずいぶんと長い距離を航海したものだという驚きや尊敬の念を込めて大航海時代と称したくなるのだろう。「西」と「東」。同じ時代を別の名称で呼んでも、多少の不便はあるかもしれないけれど、歴史の歪曲というような問題にはならないと思われる。違いを自覚し、互いに尊重し合えばよいと思う。

大切なことは、ポルトガルの歴史が大航海時代で終わったわけではなく、今日まで脈々と続いている、という当たり前と言えば当たり前の現実を知ることである。しかしながら、地図から消えてしまう国というのもあるわけで、本当は国家の存続というのは大前提のことではなくて、お隣の大国スペインを脅威に感じているだろうポルトガル人からは、国家の存続を当然のように軽々しく言わないでほしいとクレームがついてしまうかもしれない。ポルトガルでは、『スペイン人をいら立たせてきた九〇〇年間』なんていうタイトルの本も出ているくらいなのである。

それはさておき、本書で見たように、途中で王制から共和制へと移行し、それに伴い国名も変更されているものの、ポルトガルはポルトガルである。ポルトガルという国が未知の土地を発見する可能性は今や限りなく狭まり（ポルトガルの企業が新規マーケットを開拓する余地はいくらでもあると思うが、例外的ケースはあるものの、その覇気はあまり強く感じられない）、広大な海外領土もすべて喪失してしまったけれど、イベリア半島の一角を占める領土はほとんど変更を被ることのないままに、二一世紀を迎えている。なかなかしたたかに歴史の中を生き抜いてきた国に思えるのである。

そこで、ポルトガル近現代史を知りたくなる（そんなことはないですか?）。そして、知ってみれば知ってみるほど、興味深い出来事に溢れていることに気がつく。私自身は気づくのが遅すぎたと後悔もするのだが、後悔することは何もしないままでいることよりはずっとましなので、後悔の念を抱えながらも研究に取り組み始めたのである。ポルトガル語で言う、Mais vale tarde do que nunca。すなわち、「何もしないよりは遅くなるほうがよい」なのである。

百も承知の上ではあるが、本書の中身について、私の力不足ゆえに、あれも書いてない、これも書いてない、いやそもそもこの部分、あの部分の説明は不十分、あるいは解釈に疑問が残るという指摘は可能だろう。まだまだ語られなければいけない史実、論じられなければならない出来事はいくらでもあるはずだ。事実誤認もあるかもしれない。さらなる研鑽は私自身の課題でもあるけれど、ぜひとも一人でも多くの方にポルトガルの歴史に興味を持っていただき、研究を発展させてもらえればと願う。野放しにしておくのは本当にもったいない肥沃の大地である、ポルトガルの歴史は！　さらに、ポルトガル語圏世界の歴史へと視野を広げれば、もっと楽しいはず。そうなれば、まさに世界史と直結することになり、私たち日本人にとっても遠く離れた出来事ではなくなる。いや、直接的に私たちの生活に影響はなくても、ポルトガル語を話す人々と意見を交わし、彼らからたくさんのことを学ぶこともできるはずである。

例えば、現在の経済・財政危機への対応である。確かに、ポルトガルには「嘆きの文化」とでも呼ぶべき特徴があって、自らの危機の原因を他人（というよりも国あるいは政府）のせいにしようとする傾向が見られる。何でもかんでも自分が悪いと決めつけてしまう自虐的な態度もよろしくはないだろうけれど、政府や国家に責任をなすりつけすぎるきらいは確かに彼らの中にあると思う。悪いのは御上、そんな感じである。ポルトガル人は政治家の悪口をよく言うけれど、政治家を変えるための努力は何もしないと批判されたりもする。

そうは言っても、日頃の不平不満や怒りを包み隠さず堂々と訴える彼らのやり方にはうらやましさを感じたりもする。自分たちの生活が脅かされていると気づいたときの、彼らの抵抗の表現には学ぶべき点があるのではないだろうか。デモ行進で大声を張り上げるだけでなく、象徴的な意味を持つ曲を合唱してみたり、誰もがその由来を理解できる赤いカーネーションを掲げてみたり、あるいは警備を担当している警察官にハグしてみたり……(日本では公務執行妨害で逮捕されてしまうのだろうか)。未曾有の危機下にありながらも彼らのどこか余裕を感じさせる行動には共感を覚えるだけでなく、思わず微笑んでしまうのである。ふと思うのだが、数万人という単位でデモ行進に参加するとき、ポルトガル人は「四月二五日革命」の頃の「我々にはできる！」という気持ちを思い出しているのではないか。

リスボン大震災後の復興を指揮したポンバル侯爵については多言を要すまい。侯爵は反対する者たちを迫害し、この世から抹殺しようとさえした。もちろん、それは民主主義者の振る舞いではない。二一世紀に彼と同じ手法はけっして許されはしない。しかし、判断の速さ、ぶれない決断、意志を最後まで貫く強じんな精神力、などなど、「三・一一」で露呈した我が国の混迷を見ると、一八世紀後半のポルトガルがうらやましくもなるのである。強い指導者に好き勝手をやられても困りものではあるけれど、危機の時代には批判をエネルギーに変えてしまうくらいの資質を持つリーダーというものが求められるのではないか。一七五五年のポルトガルにはそんな人物がいた。それはポルトガルにとって幸運なことであっただろう。

ところが、そんなポンバル侯爵が復興させたリスボンであるが、二〇一四年一〇月には大洪水被害を出してしまい、地震に強い町であるかどうかはさておき、大雨には脆弱性をさらけ出してしまった。リスボンは世界中に誇れる美しい町であるとはいえ、当然ながら修繕も改善も必要である。財政難だからといって、手入れを怠ってはならないのである。災害に弱い首都というのも魅力に欠ける。

大航海時代という栄華の時代はあったものの、ポルトガルは次第に国力を失っていった。ヨーロッパの周縁に位置する小国が世界の中心でいられる時間はそう長くは続かなかったのである。一九世紀末と言えば、帝国主義の時代。つまり、弱肉強食の世界。ポルトガルも、バスに乗り遅れるな、と言わんばかりにアフリカ領土を実効支配しようと試みたものの、頼りにしていた同盟国イギリスの横やりもあって壮大な夢は破れてしまう。それでもなお、王制を廃止、共和制に移行してさえ領土を守ろうとしたのである。褒められたものではないけれど、一九七五年まで帝国を保持し続けたことは、ある意味で驚嘆に値する。世界情勢を観察し、自らの能力の限界を測りながら、生き残る。ポルトガルに関しては、やはり、したたかな国という印象が残るのである。ただし、同盟国を頼りにし過ぎては寝首を掻かれるというのは、外交上の大きな教訓となるのではないか。一国は自立を目指さないといけないのであろう。もちろん、独りよがりなプライドを頼りにして孤立しろ、などと言っているのではない。

近代化が進み、社会の世俗化が進めば、しだいに宗教の影響力は失われてしまうと考えられがちである。だが、現在の世界を眺めてみれば、宗教の重要性を理解せずにいれば、何もわからないままになってしまうだろう。日本でも、特定宗教の信仰を深めるためではなく、国際情勢の把握の助けになるべく書かれた宗教関連書が少なからず出版されている。グローバル化が進む時代、宗教の理解は不可欠なのだと多くの人々が気づいているのだろう。

今から一〇〇年前のポルトガルでは、都市部の近代性と農村地帯の伝統的な信仰が対立し、「奇跡」が起こった。それを無知な農民たちを騙すためのでっちあげだと笑う者もいれば、信心深い者たちはそこから真の意味を理解しようと信仰を守り続けた。どちらが正しい（正しくない）、賢い（愚かである）という議論をしても結論は出ないだろうけれど、いずれにしても、我々にとって大きな教訓とは、人間がよりよく生きようと望むとき、宗教の力はけっして無視できないだろうということである。人間は祈りの言葉なしでは生きていけないというのは普遍、そして不変の真実ではないか。

人気スポーツは大衆を動員してみせる。何万人というレベルであれば、一カ所に人々を集めることができるし、映像を用いれば何百万人、何千万人あるいはそれ以上の人々に同時にメッセージを伝えることが可能である。そこに政治が関与、干渉しようとするのは当然なのかもしれない。だが、スポーツには勝ち負けがあり、過剰なまでに効果を期待してはリスクが大きすぎる。半世紀近くに及ぶ一体制がずっとサッカーを利用し続けるなどということはあり得ない話であろう。だが、確かに政治がスポーツにすり寄る時期というものはある。五輪での金メダル数が二〇一二年のロンドン大会までにわずか四つしかないように、ポルトガルはスポーツの国際的な成功がけっして多くはない国だけれど、スポーツと政治の関係には常に注視が必要である。スポーツ振興には政治の力は不可欠であり、スポーツと政治を完全に切り離すということは無意味な試みであろうけれど、スポーツに介入してくるときの政治的意図を見極める努力を怠ってはならない。

政治家にとって必要な資質とは何か？　政治家ではないし政治学者でもない私はあまり深く考えたりもしないのだけれど、二〇世紀ポルトガルの政治家たちの人生を辿ってみると、おぼろげながらもその答えが見えてくるような気がする。しっかりとした躾と教育を若いうちに受けること。仲間や友人に恵まれること。何が正しいのか信念を身につけること。行動力を持つこと。失敗しても、挫折しても、けっして夢をあきらめないこと。歴史から学び、先見の明を持つこと。他にも挙げればきりがないだろうが、最後に行きつくところは勇気の有無ではないのだろうか。複数の選択肢を前にしたときに最終的な決断を下す勇気。裏切りの恐れを懸念しながらも人を信じてみせる勇気。批判に屈しないだけの勇気。勇気のない政治家はあり得ないだろう。勇気があるから、独裁制に抵抗し、厳しい環境の中でも戦闘を続けることができ、不死鳥のようによみがえり、歴史に名を残すのである。

偉大な政治家は死をも恐れない行動力や決断力を見せるが、死そのものを突きつけられる運命を辿ることもある。実力ある政治家はときに大規模な陰謀に巻き込まれ、その死が謎として残される。ポルトガルでもミステリーに包まれる政治家の死というものがあるのだ。その謎がいつの日にか、解かれるのか否か。なんとなく「否」のような気がするのだが、ポルトガルの歴史が興味をそそってやまない理由の一つではある。もちろん、言うまでもなく、政治家の暗殺は繰り返されてはならない行為であるし、起こってしまった場合は真相究明のための調査は徹底的に続けられなければいけない。

ここで、二〇一四年四月末のポルトガル訪問について少しだけ記すことをお許しいただきたい。その年は民主化するポルトガルの開始からちょうど四〇年という節目に当たる年であった。ポルトガルの民主主義が「不惑」なのかどうか、昨今の社会情勢を見ると、ちょっと疑問も感じないわけでもないのだけれど、民主化のきっかけとなった「革命」を記念する一日をポルトガル国民がどう祝賀するのかを直接現地で知ることは無意味ではないと考えたのである。

革命記念日の一連のイベントに顔を出していつも感銘を受けるのは、「革命」開始の合図の曲として利用されたジョゼ・アフォンソのプロテスト・ソング『グランドラ、ヴィラモレーナ』が流されると、メロディーに合わせて周囲と一緒になって歌い始める人々がいることである。四〇年目もそうであった。ポルトガルが世界に誇るファド歌手アマリア・ロドリゲスも歌った『過ぎ去る風の抒情詩』（一九六三年）の「いつでも抵抗する人はいる／いつでもノーを言う人はいる」という歌詞にも魅かれるが、私にとって、「革命」の歌と言えば、やはり『グランドラ』なのである。

四月二四日は前夜祭のようなもの。でも、四〇年前も厳密に言えば、二四日の夜遅くにクーデターが始まったのであった。「革命」の日付けは二五日だとはいえ、二四日も忘れてはいけないのである。

二〇一四年四月二四日夜、リスボンではコメルシオ広場を囲む建物の壁面を画面として、四〇年前の一日を振り返る映像が映し出された。歴史を学べるようによく編集されていて、感心してしまった。特に若い人に見てほしかったが、彼らの興味はむしろ、上映の後に予定されていたコンサートのほうだったのかもしれない。

ポルトガルのカレンダーを見ると、四月二五日は「自由の日」と記されている。一九七四年の同日クーデターに参加した一兵士が、公共の交通機関がマヒしたことに不平を述べた通勤途中の女性に予言したとおり、その後ずっと国民の祝日となっている。経済・財政危機を克服するため、二〇一三年からは五年間にわたっていくつかの祝日が〝執行停止〟されているのだけれど、四月二五日は祝日のままである。「自由の日」を自由に過ごす権利を国民から奪うことは、たとえどんな危機が訪れても、民主主義の時代にはあってはならない。サラザールが墓場から蘇りでもしないかぎり、ポルトガル人は四月の末に一日余計にお休みできるだろう。理想を言えば、若い人たちもなぜその日が「自由の日」と呼ばれるのか、その意味をじっくりと一日かけて考えてほしいものである（祝日の〝執行停止〟だが、二〇一六年には廃止された。一六年からは少し多めに休みを取れるのだ）。

一九九四年、九九年、二〇〇四年、二〇〇九年の四月二五日の午前、記憶違いがなければ、私はホテルの部屋でテレビの画面を前に、共和国議会で行われる記念式典の生中継に見入っていたはずである。しかし、二〇一四年はちょっと趣向を変えて、外出することにした。地下鉄（ブルーライン）に乗り、ポンティーニャ駅で下車。ふだんなら閑散としているはずの駅前広場にマラソン姿のランナーたちが溢れていて、思わずポルトガル語で「キ・エ・イシュトゥ？」と発してしまう。「なんじゃこりゃ？」。けれど、答えはすぐにわかった。革命記念日の朝の恒例になっている市民マラソンのスタート地点がそこなのであった。いつもなら、リスボン中心地にあるリベルダーデ大通りでマラソン選手たちの雄姿を私は目にするのだが、彼らがポンティーニャ駅前からスタートするのは知らなかった。革命を開始させた作戦司令基地がポンティーニャに置かれていたから、記念日のマラソンもポンティーニャから始まるのだろうか。良くできたコース設定のように思えた。

そうなのだ。ポンティーニャ駅前には、一九七四年のクーデターの作戦司令本部が設置された軍事基地があるのだ。その名も第一機械化連隊本部。四〇周年を記念して一般公開されると聞いたので、私にとってはあこがれの地でもあるので、どうしても見学しておきたかったのである。これといった警備もなく、そのまま基地内に入ると、公園にいるかのようなのどかな雰囲気に拍子抜けする。作戦司令本部となった建物を見つけられず、妻と二人でうろうろしていると、向かい側から歩いてきた男性に、「作戦司令本部だろ？　もう通り過ぎているよ。戻りなさい」と言われる。彼が指さしてくれた先を見ると、それらしき平屋の建物が目に入った。確かに周囲に何人かの見物人が立っていた。

今はちょっとした博物館のようになっているが、当時は倉庫として使用されていたという。たいした用途もなかったから、逆に利用しやすかったのだろう。中に入れてもらうと、四〇年前の四月二四日から二五日にかけての三〇時間くらいを再現したとされる様子を目にすることになる。今となっては骨董品としか言えないような通信機器。ダイヤル式の黒電話を見ると、この四〇年間いかに通信手段が発展、進歩してきたのかを実感することになる。

クーデターの最中、リスボン市内の要所を押さえるために奔走した兵士たちは、公衆電話を使ってこの本部と連絡を取り合ったのだと言われる。ポケットに小銭をジャラジャラとさせていたのだろう。電話器の他には、壁にポルトガル全土の道路地図が貼られていた。軍がクーデターを起こすのに、オートモービルクラブが作った地図を頼りにするというのは何とも言えない。でも、地図上に制圧できた拠点が画鋲で記されているのを見ると、当日の緊張感が蘇ってくるように思えた。

だが、最も印象に残ったのは、作戦行動に参加した若手将校を模したマネキン人形が展示されていたことだ。人形の出来栄えそのものは「サンダーバードの出来そこない」と言うのが率直な感想だが、歴史を変えた革命を指揮した現場に足を踏み入れることができて、私は感動を禁じ得なかった。思えば、「四月二五日革命」は世界的な民主化の波の発信源とされることもあるわけで、それならばいっそのこと、この倉庫跡の建物を、あるいは基地全体をユネスコの世界遺産に登録申請してもよいのではないだろうか、そんなことを思うのであった。リスボン市民も大きな興味を抱いている様子ではなかったが、その歴史的意義に相応しい価値をポンティーニャの基地には与えてほしいと思うのである。

お昼休みの時間を挟んで、開始が予定されていた同日午後三時から少し時計の針が回った頃、リベルダーデ大通りで毎年恒例のデモ行進が実施された。開始地点は、ポンバル広場である。興味深いのは、広場のロータリーから四方八方に広がる道路の名称は、「リベルダーデ（自由）」を除くとどれも王制時代末期の人物たちに基づくことである。一九世紀後半、ポルトガルのインフラ整備を進めたフォンテス・ペレイラ・デ・メロ大臣の名を持つ通りもポンバル広場のロータリーから発している。彼らが残した負の遺産、すなわち借金の返済は二一世紀になってやっと終わったのであるが、デモ行進に参加する人たちのほとんどはそんなことには無頓着であっただろう。

このデモ行進のプラカードを見ていると、時代の移り変わりを実感することになる。一九九九年のときは東ティモール独立を求めるメッセージを目にした。二〇〇九年は同性婚の承認を求めるメッセージが目立った。一四年はもちろん、と言ってはいけないかもしれないけれど、カバコ・シルバ大統領（当時）

や政権の座にあったパッソス・コエーリョ首相に対する批判が圧倒的であった。緊縮財政に苦しむ国民としては、どうしても発したくなるメッセージであっただろう。

このデモ、最後の団体が終点のロッシオ広場にたどり着くのには三時間くらいかかるだろうか。午後六時を過ぎるとさすがに辺りは薄暗くなる。祭りの後は、いつでもさみしいものだ。とりわけ、四〇周年の二〇一四年四月は、民主主義の時代の恩恵よりもむしろ過酷な現実と向き合わされているのだ。ポルトガルの緊縮財政はさらに一〇年も一五年も続くとさえ言われる。一九八六年一月、夢と希望を抱いて加盟した「ヨーロッパ」は消滅してしまった。ポルトガルを統治する者はリスボンにはおらず、ベルリン、ブリュッセル、ワシントンにいるという現実にも気づかされた。民主化の達成感よりも経済危機の抑鬱感のほうが勝るのではないか。ポルトガル人が感じたのは、ほろ苦くて甘酸っぱい味わいに違いない。

けれど、「自由の日」にリスボンに来るたびに感じることだが、「四月二五日」のデモ行進は美しい。目に入ってくる色彩は、カーネーションの「赤」がメインとなるが、それ一色だけではない。緑も青も、黄色だってある。虹の七色よりもカラフルである。人々が発する言葉だけでなく（中には下品なのもあるが）、色使いにも表現の自由を感じ取ることができるはずだ。

ところで、リスボンは今、ヨーロッパで最も〝クール〟な町なのだそうだ。かつて暮らしていた頃はとてもクールだとは実感できなかったけれど、今ならそれもわからないでもない。長い歴史を持つだけに深みのある町だ。でも、「古さ」だけにこだわるのではなく、四〇年前から始まった「四月二五日」の記念行事全体をアピールして、観光客を世界中から集めてはどうか、などと考えてしまう。知れば知るほど「カーネーション革命」はクールな出来事であるし、舞台となったリスボンはクールな町である

2014年の革命記念日。大統領批判の横断幕（左）。同日、大統領たちがマフィアとして描かれている（右）。

と言われるし、記念行事のどれもがクールである。海や川、山や谷、都市部にしても農村地帯にしても、ポルトガルは観光資源に恵まれた国だと思うのだが、そこにもう一つの魅力をプラスすることだって可能だろう。

「古さ」ばかりに目が行きがちなポルトガルの名所だが、新しい歴史遺産にも目を向けてほしい。何よりも「革命」の意義を世界中の人々にもっとよく知ってほしいと願うのである。自由の尊さを知るにはリスボンを、ポルトガルを訪れるべし、というのは言い過ぎだろうか……。

しめくくるにあたり、二〇一五年一〇月四日に行われたポルトガル総選挙について触れておきたい。結果は二〇一一年から政権を担当していた社会民主党と民主社会中道党による連立の勝利であった。社会民主党のパッソス・コエーリョ首相は選挙を控え、安定政権をさらに四年間続けさせてほしいと何度も国民に訴えていた。四年間におよび非常に厳しい緊縮財政政策を国民に課してきたわけで、難しい選挙戦も予想されたわけだが、ライバルとなった野党第一党社会党党首アントニオ・コスタのたび重なる失策もあり、勝利をものにした。

とはいえ、連立政権が共和国議会の議席（二三〇）の絶対過半数を占めるわけでもなく、社会党や共産党などの左派勢力が勢力を結集できれば大きな力を発揮できる余地も残された。この微妙なバランスから読み取れるのは、ポルトガル人は緊縮財政政策の妥当性は渋々認めながらも、度を越せばいつでも政府打倒に立ちあがる意思があることを示したということだろうか。しかも、驚いたことに、パッソス・コエーリョ政権は一カ月も持たずに倒壊してしまい、左派勢力の連立政権が誕生したのである。

二〇一六年、年明け早々には大統領選挙が実施された。二〇〇六年から二期務めたカバコ・シルバ大統領は三期連続では立候補できないため、ポルトガルは新しい国家元首を選ぶことになった。選挙戦のかなり早い段階から当選確実と見なされていた、テレビのコメンテータとしてなじみのある法学者マルセロ・レベーロ・デ・ソーザが順当に当選したわけだが、二〇一六年以降も予断を許さない時代が続きそうである。

何度も強調したことだけれど、ポルトガルは衰退しきってしまった国ではないし、停滞しているわけでもない。常に変化しているし、興味をかき立ててやまない新しい出来事も次々と起こっている。もちろん、まだまだ日本では詳しく紹介されていない歴史もあるわけで、個人的には史的な発掘作業を繰り返しながら、同時に現在も見つめ、そしてこれからの未来においてもポルトガルという国、さらにもっと広くポルトガル語圏の世界と向き合っていきたいと思っている。読者の皆さん、どうぞおつき合いのほどをお願いいたします。

本書の企画を思いついたのは、もう五年以上も前になる。なかなか筆が進まなかった理由を日常の忙しさのせいにするつもりはないのだけれど、それにしてもずいぶんと時間がかかってしまった。私自身も執筆の途中段階で息切れしそうにもなったし、もしかしたら出版計画を断念することも現代書館の編集担当の吉田秀登氏は考えたかもしれない。にもかかわらず、同氏はあきらめずに粘り強く見守ってくれ、おかげでなんとか刊行の日を迎えることができた。優しい言葉で鋭いアドバイスを与えてくれる同氏には、いつもながら頭が上がらない。そして、最後までお読みいただいた読者の方たちにも心から感謝の気持ちを伝えさせていただきたい。

Muito obrigado para todos!　皆さん、どうもありがとう！

市之瀬　敦

ポルトガルの歴史年表（一八世紀から二一世紀まで）

年号	出来事
一七〇三年	イギリスとメシュエン条約締結。
一七〇六年	ジョアン五世即位。
一七〇八年	ブラジルから大量の金とダイヤモンドが流入。
一七一九年	大規模地震がリスボンと南部アルガルべ地方を襲う。
一七二九年	リスボン水道橋の建設開始。
一七三八年	セバスティアン・ジョゼ・デ・カルバーリョ・イ・メロ（後のポンバル侯爵）ロンドン着任。
一七四五年	セバスティアン・ジョゼ・デ・カルバーリョ・イ・メロ、ウィーン着任。
一七五〇年	ジョアン五世逝去。ジョゼ一世即位。セバスティアン・カルバーリョ・イ・メロが外相就任。
一七五五年　一一月一日	リスボン大地震。翌年から復興計画始まる。
一七五八年	ジョゼ一世暗殺未遂。
一七五九年	イエズス会追放。
一七七一年	黒人奴隷解放令。
一七七二年	コインブラ大学改革。
一七七七年	ジョゼ一世逝去。ポンバル侯爵失脚。
一七八二年	ポンバル侯爵死去。
一七八三年	ポルトガル、アメリカ合衆国の独立を承認。
一八〇二年	グランデ・オリエンテ・ルジターノ創設。リスボンに五つのロッジ。

一八〇六年	ナポレオン、大陸封鎖令。
一八〇七年	ナポレオン軍侵攻。ポルトガル王室、ブラジルに避難。
一八〇九年	第二次ナポレオン軍侵攻。
一八一〇年	第三次ナポレオン軍侵攻。
一八二二年　九月七日	ブラジル独立宣言（ポルトガルが承認するのは一八二五年）。
一八四六年	庶民の蜂起「マリア・ダ・フォンテの反乱」。政府崩壊につながる。
一八四八年	コインブラでカルボナリア創設。
一八五一年	第一回ロンドン万博に出展。
一八五六年	ポルトガル初の鉄道開業。
一八六四年	初の人口調査、約三八〇万人。
一八六七年	死刑廃止。
一八七一年	カジノ会議、ポルトガル衰退論が唱えられる。
一八八〇年	カモンイス没後三〇〇年記念式典。
一八八四年	ベルリン会議に参加。アフリカ大陸南部の探検が活発化。
一八八九年	アントニオ・デ・オリベイラ・サラザール誕生。
一八九〇年	「バラ色地図」に対し英国が最後通牒。初めてのメーデー。後の国歌となる「ア・ポルトゥゲーザ」制作。
一八九二年	ポルトガルで最初の『資本論』翻訳。
一九〇〇年	パリ万博に参加。
一九〇二年	リスボンが完全に電化される。

一九〇六年	ジョアン・フランコが首相となり、独裁制を敷く。
一九〇八年	国王カルロス一世暗殺。
一九一〇年　一〇月五日	共和国宣言。フランス、スイスに次いで欧州三番目の共和国となる。宗教教団追放。国旗と国歌が制定される。
一九一二年	ポルトガル、初めて五輪（ストックホルム）に参加。
一九一七年　五月一三日	ファティマで聖母マリアの出現。
一九一八年	フランス北部の戦闘でポルトガル遠征隊大敗を喫する。
一九二一年	ポルトガル共産党創設。
一九二六年	ブラガで軍事クーデター。第一次共和制崩壊。
一九二八年　五月一三日	ファティマで聖堂の建設開始。
一九三二年	サラザール、閣僚評議会議長（首相）就任。ロンドンでマヌエル二世逝去。
一九三三年	アントニオ・フェロ、国家宣伝局長官に任命される。
一九三六年	カボベルデにあるタラファル収容所に最初の政治犯が送られる。
一九三九年　九月	第二次世界大戦での中立を宣言。
一九四〇年　五月	ポルトガル政府と教皇庁がコンコルダートを締結。一九一〇年に国有化された教会財産の返却、信教の自由、教育機関のカトリック教育が承認される。
六月	ポルトガル世界博覧会開催。植民地帝国の称揚。「大航海記念碑」の建設。
一一月	共産党の再組織化。
一九四一年　七月	スペインあるいはドイツの侵略を受けた場合、アソレス諸島に避難すると政府が発表。

一九四二年	二月	日本軍が東ティモールを侵略。
	一〇月	リスボンのポルテーラ国際空港が開港。
一九四三年	八月	アソレス諸島の基地使用をイギリスに認める。日独が抗議。
一九四四年	六月	国立競技場開設。
一九四五年	五月八・九日	連合国の勝利を祝福する集会。サラザール体制の終焉を求める。サラザールは連合国との「協力的中立」だったと弁明。
	六月	英米がサラザール体制の支持を表明。
	一二月	リスボン・ポルト間が空路で結ばれる。
一九四六年	二月	タラファルから政治犯一一〇人が帰還。
	八月	ポルトガル国連加盟を申請するが、ファシスト体制であるという理由でソ連の反対に遭う。
一九四七年	四月	空軍によるクーデター未遂。
一九四八年	一月	ポルトガル、マーシャルプランを拒否。
	一二月	ポルトガルが国連のオブザーバーに承認される。
一九四九年	二月	カルモナ大統領再選。民主化を求めたノルトン・デ・マトス将軍は立候補を断念。マリオ・ソアレスと共産党の関係悪化。
	四月	北大西洋条約に署名。ＮＡＴＯ創設メンバーとなる。
	一〇月	エガス・モニス、ノーベル医学賞を受賞。
一九五〇年	九月	サラザール、スペイン訪問。
一九五一年	四月	カルモナ大統領死去。
	六月	法的にポルトガル植民地帝国の終焉。憲法改正により植民地が海外県となる。
	七月	大統領選挙でクラベイロ・ロペスが当選。
一九五四年	一月	タラファル収容所閉鎖。

一九五五年	一二月	スペイン、ハンガリーなどと並びポルトガルが国連の正式メンバーとなる。
一九五六年	九月	ギニア・カボベルデ独立アフリカ党（ＰＡＩＧＣ）創設。
	一二月	アンゴラ解放人民運動（ＭＰＬＡ）創設。
一九五七年	二月	英国女王エリザベス二世がポルトガル訪問。
	三月	テレビ放送開始。
一九五八年	五月	ウンベルト・デルガード将軍、大統領選挙当選の暁にはサラザールを「もちろん更迭する」と発言。
	六月	大統領選挙。敗れたデルガード将軍は違法性を主張。
一九五九年	一月	デルガード将軍ブラジル大使館に避難。政治亡命を認められる。
	五月	クリスト・レイ像完成。
	八月	ビサウのピジギティ湾の虐殺。ストを張った港湾労働者五〇人が殺される。
		リスボンの地下鉄開通。
一九六〇年	一月三日	アルバロ・クニャルがペニーシュ刑務所から脱獄。
	一月	ポルトガル、ＥＥＣに加盟しない諸国から成るＥＦＴＡの創設メンバーとなる。
	一二月	国連、ポルトガル領植民地に民族自決権を承認。
一九六一年	一月	マイアミ沖で客船サンタ・マリア号のシージャック。主犯のエンリケ・ガルバンはブラジルに政治亡命。
	二月	アンゴラのルアンダで暴動。解放闘争の開始。
	三月	アルバロ・クニャル共産党書記局長に選出。
	四月	サラザール更迭をもくろむモニス国防大臣によるクーデター未遂。
一九六二年	六月	モザンビークでモザンビーク解放戦線（ＦＲＥＬＩＭＯ）創設。
一九六三年	一月	ギニアビサウで解放闘争開始。

一九六四年	四月	「ポルトガル社会主義行動」（ＡＳＰ）創設。七三年に社会党となる。
	九月	モザンビークで解放闘争開始。
一九六五年	二月	スペイン国境付近でウンベルト・デルガード将軍がブラジル人女性秘書とともに暗殺される。
	五月	アンゴラ人作家ルアンディーノ・ビエイラの作品『ルウアンダ』に賞を授与したためポルトガル作家協会が政府により解散させられる。
	九月	「帝国学生ハウス」閉鎖。
一九六六年	六月	ワールドカップ・イングランド大会で初出場ポルトガル代表が三位になる。
	八月	テージョ川にサラザール橋（現在の四月二五日橋）が完成。
	九月	アフリカ解放組織のメンバー収容のため、タラファル収容所が再開。
一九六七年	五月	教皇パウロ六世ファティマ訪問。
一九六八年	三月	マリオ・ソアレス、サントメ島に追放（帰還は一一月一〇日）。
	八月	サラザール、椅子から落ちて頭部に負傷。
	九月	アメリコ・トマス大統領、サラザールの後継者にマルセロ・カエタノを任命。
一九六九年	一月	マルセロ・カエタノ首相、テレビ画面を通じて国民と対話する番組『家族で会話』に出演。メディア化する社会に適応しようとする体制の変化の象徴。
	二月	モザンビーク解放闘争の指導者エドゥアルド・モンドラーネ暗殺。
	四月～九月	「六九年の大学危機」。トマス大統領のコインブラ大学訪問の際、学生と警察が衝突。
一九七〇年	七月	アンゴラ、ギニアビサウ、モザンビークの解放組織のリーダーがパウロ六世に謁見する。ポルトガル政府は抗議。
		サラザール死去。
一九七一年	五月	ポルトガル、アフリカ独立運動への支援に抗議し、ユネスコ脱退を表明。
一九七二年	五月	セネガルで同国サンゴール大統領とスピノラ将軍（ポルトガル領ギニア総督）の秘密会談。
	七月	アメリコ・トマス大統領再選。
	一一月	国連、ポルトガルにアフリカ独立運動と交渉を開始するよう勧告。
	一二月	モザンビークで「ウィリアムの虐殺」。ポルトガル軍が四〇〇人以上を殺害。

一九七三年	一月	アミルカル・カブラル暗殺。
	四月	西ドイツでポルトガル社会党結成。
	九月	ギニアビサウ共和国独立宣言（国連は一一月に承認）。
一九七四年	二月	スピノラ将軍の『ポルトガルとその将来』出版。
	三月一六日	カルダスの反乱。
	四月二五日	「国軍運動」による軍事クーデター成功。「エスタード・ノーボ」体制終わる。
	五月一日	新体制下最初のメーデー。
	七月	スピノラ大統領、植民地の独立を承認。
	九月	スピノラ大統領支援のデモが妨害される。同大統領辞任。
一九七五年	一月	アルボール合意。アンゴラ独立に向けた諸条項が決まる。
	三月一一日	クーデター未遂。スピノラ元大統領はスペインへ亡命。二〇日、国家救済評議会が革命評議会となる。
	三月	外資系を除く、銀行、保険会社の国有化。
	四月二五日	革命後初の総選挙。社会党の勝利。
	六月	モザンビーク独立。
	七月	カボベルデ独立。サントメ・プリンシペ独立。
	一一月	アンゴラ独立。
	一一月二五日	共産党系民兵の支援を得たパラシュート部隊の反乱。軍穏健派により無力化される。
一九七六年	四月	新憲法承認。 総選挙。社会党の勝利。
	六月	「一一月二五日」の英雄ラマーリョ・エアネスが大統領に選出。
	九月	共産党の「アバンテ・フェスティバル」が始まる。
一九七七年	三月	ポルトガル正式にEEC加盟を申請。

一九七八年	五月	国際通貨基金とエスクード切り下げなどを合意。
一九七九年	一月	国連非常任理事国となる。
	一二月	民主連盟（社会民主党と民主社会中道党）が総選挙で勝利。「革命」後初の過半数を獲得。
一九八〇年	三月	ＲＴＰカラー放送開始。
	一二月四日	社会民主党党首サ・カルネイロ搭乗の飛行機墜落。
一九八一年	七月	ウンベルト・デルガード将軍暗殺の裁判終了。
一九八二年	八月	憲法改正。軍部と大統領の権限が縮小される。
一九八三年	四月	総選挙で社会党が勝利。
一九八四年	八月	ロサンゼルス五輪でカルロス・ロペスが男子マラソンで優勝。ポルトガルに初の五輪金メダルをもたらす。
一九八五年	三月	「革命」後最初の民営銀行ＢＰＩ開業。
	六月	ポルトガルのＥＥＣ加盟条約に署名。
	一〇月	総選挙で社会民主党が勝利。
一九八六年	一月	ポルトガル、ＥＥＣ加盟。
	二月	マリオ・ソアレス、大統領選挙に勝利。
一九八七年	三月	中国政府とポルトガル政府がマカオ返還で合意（返還は一九九九年）。
	七月	総選挙で社会民主党が絶対過半数を獲得して勝利。
一九八八年	八月	リスボン、シアード地区の大火災。
一九八九年	六月	憲法改正。社会主義色が弱まる。
一九九〇年	四月	最初の民営化企業決定。 エボラでアンゴラ和平交渉開始。
	一〇月	反サラザールの闘士ウンベルト・デルガード将軍の亡骸が国立霊廟（パンテオン）へと移される。

一九九一年	一月	マリオ・ソアレス、大統領に再選。
	五月	ローマ法王ヨハネ・パウロ二世ポルトガルを公式訪問。
	一〇月	社会民主党、総選挙で再び絶対過半数を獲得。
	一一月	東ティモールの首都ディリのサンタクルス墓地でインドネシア軍による虐殺。
一九九二年	一月	ポルトガル、初めてEC議長国になる。
一九九三年	一月	欧州単一市場執行。
一九九四年	二月	ポルトガル、欧州文化首都となる。
一九九五年	三月	シェンゲン条約発効。ポルトガルは七カ国のうちの一つ。
	九月	フレイタス・ド・アマラルがポルトガル人として初めて国連総会議長に選出。
	一〇月	社会党が総選挙で勝利。アントニオ・グテーレスが首相に。
一九九六年	一月	ジョルジュ・サンパイオが大統領に選出。
	一二月	東ティモールのジョゼ・ラモス・オルタとシメネス・ベロ司教がノーベル平和賞受賞。
一九九八年	五月	リスボン万博開幕。
	一二月	ジョゼ・サラマーゴがノーベル文学賞を受賞。
一九九九年	一〇月	総選挙で社会党勝利。
	一二月	マカオ統治権を中国へ譲渡。
二〇〇〇年	一月	ポルトガル、二度目のEU議長国就任。
二〇〇一年	一月	ジョルジュ・サンパイオ大統領再選。
二〇〇二年	一月	通貨エスクードがユーロに切り替わる。
	三月	総選挙で社会民主党勝利。
	一二月	ポルト地下鉄開通。

二〇〇三年	一月	ポルトガル、アメリカのイラク戦争を支持。
	三月	アソレス諸島でブッシュ大統領、ブレア首相、アスナール首相が会談。ドゥラン・バローゾ首相がホストとなる。四日後イラク戦争が開始、「戦争サミット」と呼ばれる。
二〇〇四年	六月	サッカーの欧州選手権（ＥＵＲＯ）開催。地元開催のポルトガルは準優勝。
二〇〇五年	二月	総選挙で社会党が勝利。
二〇〇六年	三月	カバコ・シルバ一九代目共和国大統領に就任。
二〇〇七年	七月	ポルトガル、三度目のＥＵ議長国を務める。
	一二月	リスボン条約締結。
二〇〇八年	四月	ポルトガル、リスボン条約を批准。
二〇〇九年	九月	総選挙で社会党勝利。
二〇一〇年	一〇月五日	共和制移行一〇〇周年記念式典挙行。
二〇一一年	一月	カバコ・シルバ大統領再選。トロイカ（国際通貨基金、欧州中央銀行、ＥＵ）に財政支援要請。
	六月	ジョゼ・ソクラテス内閣辞職、総選挙で社会民主党が勝利。
二〇一二年		緊縮財政策に対する抗議行動続く。
	七月	リスボン空港まで地下鉄が伸びる。
二〇一三年	八月	山火事で七人の消防士が死亡。「今年のことば」に「消防士」が選ばれる。
二〇一四年	一月	ポルトガルサッカーのレジェンド、エウゼビオ死去。
	五月	安倍晋三首相、日本の現役首相としては初めてポルトガル訪問。
	六月	トロイカによる監視体制が終了。
	七月	日本のポルトガル語諸国共同体（ＣＰＬＰ）オブザーバー訪問参加が承認される。
	八月	名門エスピリト・サント銀行破綻。
	一一月	ジョゼ・ソクラテス元首相が汚職・資金洗浄・脱税の容疑で逮捕。
	一二月	「今年のことば」に「汚職」が選出。

二〇一五年　三月	ペドロ・パッソス・コエーリョ首相訪日。
一〇月	総選挙。社会民主党と民主社会中道党の連立政権成立。
一一月	連立政権倒壊。左派による連立政権が発足。
二〇一六年　一月	二〇一五年の「今年のことば」に「難民」が選出。 マルセロ・レベーロ・デ・ソーザが大統領選挙に勝利。

参考文献

第1章

荒俣宏『フリーメイソン――「秘密」を抱えた謎の結社』（二〇一〇年、角川ONEテーマ21）
加治将一『石の扉　フリーメーソンで読み解く世界』（二〇〇六年、新潮文庫）
竹下節子『フリーメイスン　もうひとつの近代史』（二〇一五年、講談社選書メチエ）
玉木俊明『ヨーロッパ覇権史』（二〇一五年、ちくま新書）
辻隆太朗『世界の陰謀論を読み解く　ユダヤ・フリーメーソン・イルミナティ』（二〇一二年、講談社現代新書）
秦郁彦『陰謀史観』（二〇一二年、新潮新書）
皆神龍太郎・有澤玲（共著）『トンデモフリーメイソン伝説の真相』（二〇〇九年、楽工社）
吉村正和『フリーメイソン　西欧神秘主義の変容』（二〇一〇年、講談社現代新書）
スティーブン・ナイト『知られざるフリーメーソン』（一九九〇年、中公文庫）

Antunes, Rui Pedro., Lima, Carlos Rodrigues., Simões, Rui Marques. (2012) O *poder da maçonaria portuguesa.* Gradiva/Diário de Notícias

Arnault, António. (2009) *Introdução à maçonaria.* Coimbra Editora

Carvalho, António Carlos. (1993) *Para a história da maçonaria em Portugal 1913-1935.* Vega

Catarina, Guerreiro. (2015) *O fim dos segredos.* A Esfera dos Livros

Ferreira, José Medeiros. (2014) *Não há mapa cor-de-rosa. A história (mal)dita da integração europeia.* Edições 70

Marques, A. H. De Oliveira. (1975) *A maçonaria portuguesa e o Estado Novo.* Dom Quixote

Moura, Marisa. (2014) *O que é que os portugueses têm na cabeça?* A Esfera dos Livros
Pimenta, Costa. (2009) *Salazar o maçon.* Bertrand Editora
Pinheiro, Miguel. (2014) *A noite mais longa.* A Esfera dos Livros
Pinto, Joaquim. (2014) *Do Pântano não se sai a nado.* Gradiva
Raimundo, Orlando. (2014) *A última dama do Estado Novo.* Dom.Quixote
Santos, Boaventura Sousa de. (2012) *Portugal. Ensaio contra a autoflagelação.* Almedina
Vilela, António José. (2013) *Segredos da maçonaria portuguesa.* A Esfera dos Livros

第二章

クライン、ナオミ『ショックドクトリン　惨事便乗型資本主義の正体を暴く〈上・下〉』（二〇一一年、幾島幸子、村上由見子訳、岩波書店）
黒崎政男『今を生きるための哲学的思考』（二〇一二年、日本実業出版社）
Buescu, Helena Carvalho. & Cordeiro, Gonçalo. (coord.) (2005) *O grande terramoto de Lisboa. Ficar diferente.* Gradiva
Cardoso, Arnaldo Pinto. (2005) *O terrível terramoto da cidade que foi Lisboa. Correspondência do Núncio Filippo Acciaiuoli (arquivos secretos do Vaticano).* Editores Aletheia
Chantal, Suzanne. (2005) *A vida quotidiana em Portugal ao tempo do terramoto.* Editora Livros do Brasil
Franco, Eduardo. & Rita, Annabela. (2004) *O mito do Marquès de Pombal. A mitificação do Primeiro-Ministro de D. José pela maçonaria.* Prefácio
Gomes, Laurentino. (2010) *1822* Porto Editora
Letria, José Jorge. (2012) *Mal por mal, antes Pombal.* Clube do Autor

辻田真佐憲『たのしいプロパガンダ』(二〇一五年、イースト新書Q)

原田実『オカルト「超」入門』(二〇一二年、星海社新書)

カール・セーガン『人はなぜエセ科学に騙されるのか〈上・下〉』(二〇〇六年、青木薫訳、新潮文庫)

Acciaiuoli, Margarida. (2013) *António Ferro. A vertigem da palavra. Retórica, política e propaganda no Estado Novo*. Bizancio

Azevedo, Carlos Moreira. & Cristino, Luciano. (2007) *Enciclopédia de Fátima*. Principia

Coelho, João Nuno. (2010) *Portugal: a equipa de todos nós. Nacionalismo, futebol e media*. Edições Afrontamento

Drumond, Maurício. (2010) *Nações em jogo: esporte e propaganda política em Vargas e Perón*. Editora Apicuri

Fernandes, António T. (1999) *O confronto de ideologias na segunda década do século XX. À volta de Fátima*. Edições Afrontamento

Guterman, Marcos. (2009) *O futebol explica o Brasil. Uma história da maior expressão popular do país*. Editora Contexto

Melo, Victor A. & Bittencourt, Marcelo. (2013) O esporte na política colonial portuguesa: o Boletim Geral do Ultramar. Revista Tempo. Vol.19 n.34. pp.69-80

Pinheiro, Francisco. & Melo, Victor Andrade de. (coord.) (2013) *A bola ao ritmo de fado e samba. 100 anos de relações luso-brasileiras no futebol*. Edições Afrontamento

Port, Len. (2010) *O fenómeno de Fátima. Graça divina, ilusão ou fraude?* Guerra & Paz

Raimundo, Orlando. (2015) *António Ferro. O inventor do salazarismo.* Dom.Quixote

Rampinelli, Waldir J. (2010-2011) Fátima, o salazarismo e o colonialismo. Lutas Sociais. N.25/26, pp.58-71

Rodríguez, Ángel R. (2007) Nuestra Señora de Fátima y el nacionalismo del Estado Novo. Revista Académica de Relaciones Internacionales. N.7. pp.1-12

Santo, Moisés E. (2006) *Os mouros fatimidas e as aparições de Fátima*. Assírio & Alvim

Serrado, Ricardo. (2009) *O jogo de Salazar. A política e o futebol no Estado Novo*. Casa das Letras

Serrado, Ricardo. & Serra, Pedro. (2010) *História do Futebol Português. Das origens ao 25 de Abril*. Vol.I., Prime Books

Serrado, Ricardo. & Serra, Pedro. (2010) *História do Futebol Português. Do 25 de Abril à Actualidade*. Vol.II., Prime Books

Torgal, Luís Filipe. (2007) *As "aparições de Fátima" Imagens e representações*. Temas & Debates

——— (2011) *O sol bailou ao meio-dia*. Tinta da China

第五章

池上彰、佐藤優『新・戦争論　僕らのインテリジェンスの磨き方』(文春新書、二〇一四年)

Avillez, Maria João. (2004) *Conversas com Álvaro Cunhal e outras lembranças*. Temas & Debates

Comissão das Comemorações do Centenário de Álvaro Cunhal. (2013) *Álvaro Cunhal – fotobiografia*. Editorial Avante!

Castano, David. (2012) *Mário Soares e a revolução*. Dom. Quixote

Fonseca, Pedro Prostes da. (2014) *A porta para a liberdade*. Edições Matéria-Prima

Leite, Orlando., Oliveira, Raquel., Trigueirão, Sónia. (2012) *A vida louca dos presidentes de Portugal A história que faltava contar*. Marcador

Lourenço, Camilo. (2013) *Saiam da frente!* Ediçoes Matéria-Prima

Madeira, João. (2013) *História do PCP*. Tinta da China
Matos, Helena. (2013) *Álvaro Cunhal no país dos sovietes*. Aletheia Editores
Milhazes, José. (2013) *Cunhal, Brejnev e o 25 de abril*. Dom.Quixote
Neves, José. (2008) *Comunismo e nacionalismo em Portugal. Política, cultura e história no século XX*. Tinta da China
Pinto, Pedro Feytor. (2011) *Na sombra do poder*. Dom.Quixote
Samara, Maria Alice. & Henriques, Raquel Pereira. (2013) *Viver e resistir no tempo de Salazar*. Verso de Kapa
Santos, Bruno Oliveira. (2000) *Histórias secretas da PIDE/DGS*. Nova Arrancada
Silva, João Céu e. (2005) *Uma longa viagem com Álvaro Cunhal*. ASA Editores
——— (2013) *1975 O ano do furação* revulucionário. Porto Editora
Vieira, Joaquim. (2013) *Mário Soares. Uma vida*. A Esfera dos Livros

第六章

柄谷行人『遊動論　柳田国男と山人』（文春新書、二〇一四年）
Antunes, Rui P. (2015) *Os planos Bilderberg para Portugal*. Edições Matéria-Prima
Carvalho, Frederico Duarte. (2012) *Camarate. Sá Carneiro e as armas para o Irão*. Planeta
Freitas do Amaral, Diogo. (2008) *A transição a democracia. Memórias políticas II (1976-1982)*. Bertrand Editora
Gasner, Daniele. (2005) *NATO's Secret Armies*. Cass
——— (2010) *Camarate. Um caso ainda aberto*. Bertrand Editora

Haydara, Abou. (2012) *L' influence des guerres de libération sur la révolution des oeillets*. L' Harmattan
Lopes, Carlos. (2010) *Africa's Contemporary Challenges. The Legacy of Amílcar Cabral*. Routledge
López, Virginia. (2013) *Impunidade*. A Esfera dos Livros
Medeiros, Tomás. (2012) *A verdadeira morte de Amílcar Cabral*. Althum.com
Ndjai, Tcherno. (2013) *O pensamento político de Amílcar Cabral*. Novas Edições Académicas
Pereira, Aristides. (2002) *Guiné-Bissau e Cabo Verde. Uma luta, um partido, dois países*. Editorial Notícias
Santos, Daniel dos. (2014) *Amílcar Cabral. Um outro olhar.* Chiado Editora
Sousa, Julião Soares. (2011) *Amílcar Cabral. Vida e morte de um revolucionário africano*. Vega
Tomás, António. (2007) *O fazedor de utopias. Uma biografia de Amílcar Cabral*. Tinta da China

インターネットサイト

http://www.dn.pt/inicio/default.aspx
http://expresso.sapo.pt/
http://www.gllp.pt
http://www.gremiolusitano.pt
http://www.institutosacarneiro.pt/
http://www.ionline.pt/
http://www.jeuneafrique.com/
http://www.jornaldigital.com/
http://www.lusa.pt
http://www.observador.pt/

http://www.odemocratagb.com

http://www.publico.pt/

http://www.sabado.pt/

http://www.sol.pt/SOL/Index?aspxerrorpath=/PaginaInicial/Default.aspx

http://www.vidaslusofonas.pt/

https://www.youtube.com/?gl=JP&hl=ja

市之瀬　敦（いちのせ・あつし）
一九六一年、埼玉県生まれ。東京外国語大学大学院修了。外務省在ポルトガル日本大使館専門調査員を経て、現在、上智大学外国語学部教授。ポルトガル語学、クレオール諸語研究とともにポルトガル社会論、ポルトガル語圏アフリカ文学に関する研究もおこなう。
著書『海の見える言葉　ポルトガル語の世界』『出会いが生む言葉　クレオール語に恋して』（ともに現代書館）、『クレオールな風にのって――ギニア・ビサウへの旅』『ポルトガルの世界――海洋帝国の夢のゆくえ』『ポルトガル・サッカー物語』（ともに社会評論社）、『砂糖をまぶしたパス――ポルトガル語のフットボール』『ポルトガル語のしくみ』（ともに白水社）、『ポルトガル　革命のコントラスト――カーネーションとサラザール』（上智大学出版）、共著『抵抗と創造――ギニアビサウとカボベルデの独立闘争』『モザンビーク――〝救われるべき〟国の過去・現在・未来』（ともに柘植書房新社）、共編著『サッカーのエスノグラフィーへ』（社会評論社）、訳書にペペテラ『マヨンベ』（緑地社）、アンドレ・リベイロ、ヴラジール・レモス『背番号10――サッカーに魔法をかけた名選手たち』（白水社）などがある。

ポルトガル
震災《しんさい》と独裁《どくさい》、そして近代《きんだい》へ

二〇一六年四月十五日　第一版第一刷発行

著　者　市之瀬　敦
発行者　菊地泰博
発行所　株式会社現代書館
東京都千代田区飯田橋三―二―五
郵便番号　102-0072
電　話　03（3221）1321
FAX　03（3262）5906
振　替　00120-3-83725

組　版　プロ・アート
印刷所　平河工業社（本文）
東光印刷所（カバー）
製本所　積信堂
装　幀　伊藤滋章

校正協力・渡邉潤子
 ISBN978-4-7684-5781-8

http://www.gendaishokan.co.jp/

活字で利用できない方のための
テキストデータ請求券
『ポルトガル　震災と独裁、
そして近代へ』